ADOLESCÊNCIA
CLÍNICA, EDUCAÇÃO E DISPOSITIVOS

Editora Appris Ltda.
1.ª Edição - Copyright© 2025 dos autores
Direitos de Edição Reservados à Editora Appris Ltda.

Nenhuma parte desta obra poderá ser utilizada indevidamente, sem estar de acordo com a Lei nº 9.610/98. Se incorreções forem encontradas, serão de exclusiva responsabilidade de seus organizadores. Foi realizado o Depósito Legal na Fundação Biblioteca Nacional, de acordo com as Leis nos 10.994, de 14/12/2004, e 12.192, de 14/01/2010.

Catalogação na Fonte
Elaborado por: Dayanne Leal Souza
Bibliotecária CRB 9/2162

A239a 2025	Adolescência: clínica, educação e dispositivos / Deise Matos do Amparo, Regina Lúcia Sucupira Pedroza, Alexandre Alves Costa Neto, Bruno Cavaignac Campos Cardoso (orgs.). – 1. ed. – Curitiba: Appris, 2025. 341 p. ; 23 cm. – (Geral). Vários autores. Inclui referências. ISBN 978-65-250-7187-9 1. Adolescência. 2. Clinica. 3. Educação. 4. Dispositivos. 5. Psicanálise. I. Amparo, Deise Matos do. II. Pedroza, Regina Lúcia Sucupira. III. Costa Neto, Alexandre Alves. IV. Cardoso, Bruno Cavaignac. V. Título. VI. Série. CDD – 155.5

Livro de acordo com a normalização técnica da ABNT

Appris editora

Editora e Livraria Appris Ltda.
Av. Manoel Ribas, 2265 - Mercês
Curitiba/PR - CEP: 80810-002
Tel. (41) 3156 - 4731
www.editoraappris.com.br

Printed in Brazil
Impresso no Brasil

Deise Matos do Amparo
Regina Lúcia Sucupira Pedroza
Alexandre Alves Costa Neto
Bruno Cavaignac Campos Cardoso
(orgs.)

ADOLESCÊNCIA
CLÍNICA, EDUCAÇÃO E DISPOSITIVOS

Appris
editora

Curitiba, PR
2025

FICHA TÉCNICA

EDITORIAL	Augusto Coelho
	Sara C. de Andrade Coelho
COMITÊ EDITORIAL	Ana El Achkar (Universo/RJ)
	Andréa Barbosa Gouveia (UFPR)
	Antonio Evangelista de Souza Netto (PUC-SP)
	Belinda Cunha (UFPB)
	Délton Winter de Carvalho (FMP)
	Edson da Silva (UFVJM)
	Eliete Correia dos Santos (UEPB)
	Erineu Foerste (Ufes)
	Fabiano Santos (UERJ-IESP)
	Francinete Fernandes de Sousa (UEPB)
	Francisco Carlos Duarte (PUCPR)
	Francisco de Assis (Fiam-Faam-SP-Brasil)
	Gláucia Figueiredo (UNIPAMPA/ UDELAR)
	Jacques de Lima Ferreira (UNOESC)
	Jean Carlos Gonçalves (UFPR)
	José Wálter Nunes (UnB)
	Junia de Vilhena (PUC-RIO)
	Lucas Mesquita (UNILA)
	Márcia Gonçalves (Unitau)
	Maria Aparecida Barbosa (USP)
	Maria Margarida de Andrade (Umack)
	Marilda A. Behrens (PUCPR)
	Marília Andrade Torales Campos (UFPR)
	Marli Caetano
	Patrícia L. Torres (PUCPR)
	Paula Costa Mosca Macedo (UNIFESP)
	Ramon Blanco (UNILA)
	Roberta Ecleide Kelly (NEPE)
	Roque Ismael da Costa Güllich (UFFS)
	Sergio Gomes (UFRJ)
	Tiago Gagliano Pinto Alberto (PUCPR)
	Toni Reis (UP)
	Valdomiro de Oliveira (UFPR)
SUPERVISORA EDITORIAL	Renata C. Lopes
PRODUÇÃO EDITORIAL	Daniela Nazario
REVISÃO	Ana Lúcia Wehr
DIAGRAMAÇÃO	Andrezza Libel
CAPA	Kananda Ferreira
REVISÃO DE PROVA	Alice Ramos

SUMÁRIO

INTRODUÇÃO..9

CLÍNICA DO TRAUMÁTICO E DISPOSITIVOS PARA ADOLESCÊNCIA

ADOLESCÊNCIA CONTEMPORÂNEA E A CLÍNICA DOS EXTREMOS: PROPOSIÇÃO DE UM DISPOSITIVO CLÍNICO....................................15
Deise Matos do Amparo
Alexandre Alves Costa Neto
Nayanne da Ponte Meneses
Ana Luiza Pereira Chianelli
Ana Clara de Oliveira Alves

ADOLESCÊNCIA: FRATURAS SUBJETIVAS NAS EXPRESSÕES DO TRAUMÁTICO 35
Mônica Medeiros Kother Macedo
Adriana Silveira Gobbi

PSICODIAGNÓSTICO INTERVENTIVO PSICANALÍTICO (ESCOLA DE PARIS) COM ADOLESCENTES NOS LIMITES................................ 57
Nayanne da Ponte Meneses
Bruno Cavaignac Campos Cardoso
Álvaro José Lelé
Roberto Menezes de Oliveira

DISPOSITIVOS DE GRUPO E FAMÍLIA NA CLÍNICA DA ADOLESCÊNCIA

ADOLESCÊNCIAS E O DISPOSITIVO GRUPAL: REFLEXÕES ACERCA DAS LIGAÇÕES INTERSUBJETIVAS 83
Maristela Muniz Gusmão
Jordana Beatriz De Marco Carneiro
Daniela Magalhães Zendersky
João Victor Carneiro Freitas

AS CONSULTAS TERAPÊUTICAS COM PAIS DE ADOLESCENTES-LIMITE NO SERVIÇO-ESCOLA DE PSICOLOGIA 105
Clara Alves Diniz
Sebastião Venâncio
Alexandre Alves Costa Neto

DISPOSITIVO CLÍNICO NO ATENDIMENTO AO ADOLESCENTE NA TOXICOMANIA 129
Pedro Martini Bonaldo
Deise Matos do Amparo
Mariana Lima Martini Bonaldo
Marjorie Roques

A MALDIÇÃO: TRANSGERACIONALIDADE DO SOFRIMENTO MATERNO EM ADOLESCENTES LIMÍTROFES... 145
Bruno Cavaignac Campos Cardoso
Jordana Beatriz De Marco Carneiro
Geovanna Ferreira Gontijo

ATENDIMENTO DE ADOLESCENTES EM DISPOSITIVOS ON-LINE

ELEMENTOS DO ENQUADRE ANALÍTICO NO ATENDIMENTO ON-LINE .. 167
Sebastião Venâncio Pereira Júnior
Wilma Zuriel de Faria Maschke

O ATENDIMENTO PSICOLÓGICO ON-LINE DE ADOLESCENTE DURANTE A PANDEMIA DE COVID-19: REFLEXÕES TEÓRICO-METODOLÓGICAS 185
Andreza de Souza Martins
Lizandra Oliveira de Araújo
Karla Nunes Froz de Borba
Marck de Souza Torres

EDUCAÇÃO E SOCIEDADE: DISPOSITIVOS DE INTERVENÇÃO E FORMAÇÃO

PRÁTICAS SOCIOEDUCATIVAS FEMINISTAS E A PROTEÇÃO INTEGRAL DAS ADOLESCENTES PRIVADAS DE LIBERDADE......................... 201
Daniela Lemos Pantoja Costa
Regina Lucia Sucupira Pedroza

NARRATIVIDADES E SOCIOEDUCAÇÃO: O ENCONTRO DO VERBO COM O SILENCIAMENTO 221
Thaywane do Nascimento
Deise Matos do Amparo

DIAGNÓSTICOS DE ADOLESCENTES NA ESCOLARIZAÇÃO: UMA INCURSÃO NA NOVA ESCOLA 239
Layla de Albuquerque Borges Brandão
Laís Macêdo Vilas Boas
Susane Vasconcelos Zanotti

A CLÍNICA NA UNIVERSIDADE: PSICANÁLISE COM ADOLESCENTES, O DESEJO DE SABER 259
Vanessa Correa Bacelo Scheunemann
Daniela Scheinkman Chatelard

CORPO E GÊNERO NA ADOLESCÊNCIA

INQUIETANTES ADOLESCÊNCIAS: IDENTIFICAÇÃO, CORPOREIDADE, SEXUALIDADE E SOCIEDADE 279
Paola Amendoeira
Veridiana Canezin Guimarães

ATAQUES AO CORPO NA ADOLESCÊNCIA E REPARAÇÃO DAS FALHAS DAS FUNÇÕES DO EU-PELE 291
Fernando Márcio de Souza Ferreira
Carlos Eduardo dos Santos Sudário
Deise Matos do Amparo

CLÍNICA DA ADOLESCÊNCIA E DISSIDÊNCIA DE GÊNERO 311
Saturno Fernandes Rezende Nunes
Cibele Gugel Silva

SOBRE OS AUTORES 329

ÍNDICE REMISSIVO 337

INTRODUÇÃO

Este livro, *Adolescências: clínica, educação e dispositivos,* organizado por Deise Matos do Amparo, Regina Lúcia Sucupira Pedroza, Alexandre Alves Costa Neto e Bruno Cavaignac Campos Cardoso, acontece no contexto de uma coletânea de produções teóricas e práticas, sendo este o quarto volume publicado sobre o tema *adolescência*.

É com grande satisfação que trazemos à comunidade científica essa nova contribuição, que tem como objetivo fazer uma intersecção da adolescência com clínica, educação e seus dispositivos. Para atingir esse objetivo, foram convidados professores, profissionais e clínicos que estão se debruçando sobre o tema da adolescência na atualidade buscando dispositivos de intervenção e problematizando as mudanças contemporâneas.

O nosso livro está organizado em cinco grandes eixos temáticos. Clínica do traumático e dispositivos para adolescência; Dispositivos de grupo e família na clínica da adolescência; Atendimento de adolescentes em dispositivos on-line; Educação e sociedade: dispositivos de intervenção e formação; e Corpo e gênero na adolescência. Esses eixos congregam 16 dezesseis capítulos com contribuições de pesquisadores de diversas regiões do Brasil e da França, considerando as singularidades das reflexões sobre a clínica, o contexto educativo e os dispositivos atuais de trabalho nesses campos.

O eixo temático da **Clínica do traumático e dispositivos para adolescência** tem como primeiro capítulo *Adolescência contemporânea e a clínica dos extremos: proposição de um dispositivo clínico*, produzido por Deise Matos do Amparo, Alexandre Alves Costa Neto, Nayanne da Ponte Meneses, Ana Luiza Pereira Chianelli e Ana Clara de Oliveira Alves, e visa apresentar um modelo de atendimento plurifocal para a clinica dos extremos na adolescência. O segundo capítulo, com autoria de Mônica Medeiros Kother Macedo e Adriana Silveira Gobbi, trata da *Adolescência: fraturas subjetivas nas expressões do traumático* discutindo o tema do traumático na clínica da adolescência. O terceiro capítulo convida o leitor a refletir sobre o *Psicodiagnóstico Interventivo Psicanalítico (Escola de Paris) com adolescentes nos limites* trazendo as reflexões de Nayanne da Ponte Meneses, Bruno Cavaignac Campos Cardoso, Álvaro José Lelé e Roberto Menezes de Oliveira sobre o psicodiagnóstico interventivo na perspectiva da psicanálise e da Escola de Paris, propondo um modelo de intervenção no contexto de avaliação clínica de casos limites.

O eixo temático dos **Dispositivos de grupo e família na clínica da adolescência** levanta no seu primeiro capítulo a discussão sobre *Adolescências e o dispositivo grupal: reflexões acerca das ligações intersubjetivas*, as autoras Maristela Muniz Gusmão, Jordana Beatriz De Marco Carneiro, Daniela Magalhães Zendersky e o autor João Victor Carneiro Freitas abordam o tema da construção do grupo psicoterapêutico como dispositivo clínico de intervenção refletindo particularmente sobre o trabalho nas ligações intersubjetivas. Clara Alves Diniz, Sebastião Venâncio e Alexandre Alves Costa Neto se ocupam da temática *As consultas terapêuticas com pais de adolescentes-limite no serviço-escola de psicologia* enfocando o trabalho clínico com as famílias dos adolescentes a partir de uma perspectiva winnicottiana. A seguir, Deise Matos do Amparo, Pedro Martini Bonaldo, Mariana Lima Martini Bonaldo e Marjorie Roques abordam o *Dispositivo clínico no atendimento ao adolescente na toxicomania* retomando a complexidade da clínica da toxicomania e a importância da construção de dispositivos clínicos específicos para este público. Por fim, Bruno Cavaignac Campos Cardoso, Jordana Beatriz De Marco Carneiro e Geovanna Ferreira Gontijo focalizam *A Maldição: transgeracionalidade do sofrimento materno em adolescentes limítrofes* contribuindo com a reflexão metapsicológica sobre a parentalidade nessa clínica complexa.

O eixo temático do **Atendimento de adolescentes em dispositivos on-line** problematiza, na perspectiva de Sebastião Venâncio Pereira Júnior e Wilma Zuriel de Faria Maschke, os *Elementos do enquadre analítico no atendimento on-line* trazendo as especificidades do enquadre clínico nesse dispositivo. Em seguida, Andreza de Souza Martins; Lizandra Araújo; Karla Nunes Froz de Borba e Marck de Souza Torres discutem *O atendimento psicológico on-line de adolescente durante a pandemia de Covid-19: reflexões teórico-metodológicas*, refletindo sobre particularidades desse dispositivo e sua importância para dar conta de um cenário catastrófico durante a pandemia.

O eixo temático da **Educação e sociedade: dispositivos de intervenção e formação** aborda as *Práticas socioeducativas feministas e a proteção integral das adolescentes privadas de liberdade* na perspectiva de Daniela Lemos Pantoja Costa e Regina Lucia Sucupira Pedroza, trazendo um olhar inovador sobre o feminismo em contextos das medidas socioeducativas. A seguir Thaywane do Nascimento Gomes e Deise Matos do Amparo discutem sobre *Narratividades e socioeducação: o encontro do verbo com o silenciamento* apresentando de forma instigante os múltiplos dispositivos utilizados com adolescentes nesse contexto. Layla de Albuquerque Borges Brandão, Laís Macêdo Vilas Boas e Susane Vasconcelos Zanotti refletem sobre o *Diagnósticos de adolescentes na escolarização: uma incursão na Nova Escola*, trazendo uma análise do enredo discursivo de educadores relacionados ao diagnóstico de adolescentes para analisar os efeitos da pandemia no processo de escolarização. Para finalizar esse tópico, Vanessa Correa Bacelo Scheunemann e Daniela Scheinkman Chatelard apresentam uma reflexão crítica sobre *A clínica na universidade: psicanálise com adolescentes, o desejo de saber,* trazendo uma leitura lacaniana para essa discussão.

O quinto e último eixo temático do **Corpo e gênero na adolescência** convoca o leitor a refletir sobre *Inquietantes adolescências: identificação, corporeidade, sexualidade e sociedade* na perspectiva de Paola Amendoeira e Veridiana Canezin, abordando a clínica contemporânea da adolescência contextualizada na cultura atual. *Ataques ao corpo na adolescência e reparação das falhas das funções do Eu-pe*le é desenvolvido por Fernando Márcio de Souza Ferreira, Carlos Eduardo dos Santos Sudário e Deise Matos do Amparo, considerando a experiência clínica com adolescentes e o impacto no corpo próprio. A *Clínica da adolescência e dissidência de gênero,* elaborado por Saturno Fernandes Rezende Nunes e Cibele Gugel Silva, aborda de forma crítica a questão da escuta e da complexidade das vivências de adolescentes dissidentes de gênero.

Entendemos que este livro, ao apresentar estes estudos, mostra mais uma vez o nosso compromisso com a construção teórica e com o campo da intervenção em contextos clínicos e educativos no trabalho com adolescentes.

Agradecemos a parceria com o Projeto de Pesquisa e Extensão VIPAS – Violências e Psicopatologias na Contemporaneidade: Diagnóstico e Intervenção - EDITAL PROGRAMA DE EXTENSÃO DA EDUCAÇÃO SUPERIOR NA PÓS- GRADUAÇÃO N.o 0001 /2024 que permitiu o desenvolvimento de muitas das reflexões abordadas neste livro e a todos e todas que contribuíram com a autoria de capítulos e, em particular, agradecemos o apoio do projeto da Universidade de Brasília – Coletivos On Line – Coll Psi – Edital Chamada Pública COPEI -DPI /DEX n. 01/2021 – Apoio à execução de projetos de pesquisa cientifica, tecnológica de inovação e de extensão de combate à Covid-19 que aportou recursos financeiros para publicação deste livro.

Os organizadores

CLÍNICA DO TRAUMÁTICO E DISPOSITIVOS PARA ADOLESCÊNCIA

ADOLESCÊNCIA CONTEMPORÂNEA E A CLÍNICA DOS EXTREMOS: PROPOSIÇÃO DE UM DISPOSITIVO CLÍNICO

Deise Matos do Amparo
Alexandre Alves Costa Neto
Nayanne da Ponte Meneses
Ana Luiza Pereira Chianelli
Ana Clara de Oliveira Alves

O presente capítulo tem como objetivo discutir o processo do adolescer contemporâneo e suas interpelações à teoria e técnica psicanalítica para a construção de um dispositivo clínico de escuta a suas especificidades. Mais precisamente, abordaremos inicialmente como conjunturas como a pandemia de Covid-19 e as condições culturais e políticas do neoliberalismo permeiam a subjetivação dos adolescentes atualmente, trazendo possibilidades e desafios para a travessia desse complexo período do desenvolvimento. Diante desse contexto, analisa-se como novas configurações sintomáticas se tornam prementes, com a primazia do ato em detrimento da linguagem, e em alguns casos, que denominamos clínica dos extremos, passagens ao ato nos limites entre a vida e a morte como tentativas de suicídio, escarificações e abuso de substância.

Assim, convocamos uma reflexão metapsicológica dos limites quanto à adolescência, que possui comportamentos extremos em suas manifestações sintomáticas, e apresentamos uma proposta de dispositivo clínico plurifocal que favoreça a associatividade e a continência dos excessos intra e intersubjetivos, permitindo o trabalho psíquico desses adolescentes.

A pandemia de Covid-19 e as dimensões culturais e políticas do neoliberalismo: reflexos na subjetivação dos adolescentes e na clinica contemporânea

A emergência da pandemia de Covid-19 tomou de assalto o cotidiano da humanidade no início do ano de 2020. Sua ocorrência disruptiva acarretou graves consequências, demandando um intenso e longo esforço global para seu controle. Uma geração teve sua adolescência atravessada por esse fenômeno que demandou medidas de distanciamento e rearranjo nas configurações de vínculo social. Processos naturais da adolescência, que ocorrem levando o sujeito ao seu limite, como os inaugurados pela puberdade, ganharam um desafio adicional à medida que as restrições impostas pela pandemia impactavam o cotidiano. As aulas passaram a acontecer virtualmente, e o contato social passou a ser restrito ao círculo familiar mais próximo. O contato físico e pessoal foi restringido à máxima necessidade, e tanta restrição gerou consequências. A experiência de confinamento para os adolescentes empurrou ao limite algo já excessivo para patamares mais exigentes. Portanto, cabe indagar o impacto de tamanho desafio no desenvolvimento dos adolescentes.

A pandemia de Covid-19 desencadeou um período compartilhado de terror, no qual o desconhecido encarnado na indeterminação da ameaça causada por um vírus de que pouco se sabia escancarou a fragilidade da vida e a impotência geral frente à ameaça instalada. Uma força tarefa foi montada para sequenciamento genético do vírus e, posteriormente, a criação de uma vacina para solucionar um problema de difícil contorno. Enquanto a solução não vinha, saídas intermediárias eram criadas, não sem que a impotência frente à persistência da ameaça pandêmica se mantivesse.

A impotência, vivência-limite característica da travessia da adolescência, é marcada por uma passividade frente à violência pulsional que modifica os corpos, antes infantis, e impõe ao psiquismo a necessidade de fazer frente ao seu excesso pulsional. Naturalmente, essa necessidade tornou mais dura a travessia para quem a viveu durante a pandemia. O desconhecido relativo ao recalcado ganha nova coloração com a aterrorizante ameaça desconhecida do vírus. A castração ganha intensidade, bem como as possibilidades de alívio catártico tornaram-se restritas. O adolescente passa a experienciar um confinamento psíquico, colocando em xeque sua capacidade de simbolização ainda precária.

Para Cardoso (2001):

> Situações envolvendo profunda ruptura, em especial aquelas que incidem diretamente sobre a dinâmica pulsional e sobre a economia libidinal, produzem no sujeito a repetição da experiência de passividade, de desamparo e, consequentemente, a exigência de dominar esse estrangeiro interno (p. 33).

Tal descrição dessa exigência imposta ao psiquismo frente ao excesso pulsional inerente à adolescência parece definir precisamente o fenômeno da pandemia de Covid-19, indicando que o desafio da adolescência durante o período pandêmico foi potencializado, dado que a ruptura promovida pelo pubertário, realidade inexorável da adolescência em condições normais, demandaria a necessidade de dominação do excesso pulsional.

A adolescência é um período complexo de mudanças e possui desafios próprios, caracterizando-se por uma série de ajustes vividos pelo sujeito em seu corpo e em seu psiquismo. É um período-limite entre a infância e a adultez, no qual a vivência da passividade é experimentada como uma verdadeira violência pulsional relativa às mudanças sofridas, física e psiquicamente, em um corpo que se torna estranho.

Segundo Savietto e Cardoso (2006), na adolescência, há uma mudança marcante na qual é deixado para trás um corpo infantil em prol de um novo corpo, adulto, e, portanto, genitalizado. Como consequência, há a promoção da experiência pulsional não vivida antes dessa transformação. Este novo corpo genitalizado implica a atualização das vivências do complexo de édipo que passam a ser reencenadas em um novo palco modificado pela inauguração da função reprodutiva, antes inexistente.

Cardoso (2001) chama atenção para a importância do desamparo durante a adolescência. Nesse período, o desamparo constituiria "uma espécie de elo entre diferentes situações vividas... particularmente as situações de rupturas e perdas" (p. 34). Se a adolescência é inerentemente marcada por perdas, essa se configura em um momento crítico para experiências de luto e desenvolvimento da capacidade de elaboração e simbolização. Tal processo é animado pela perda da infância, dentre outras como: do corpo infantil, das referências identificatórias, que geram angústia.

Para dar conta de tantas mudanças, é urgente que o adolescente se engaje em um dispendioso trabalho psíquico para fazer frente aos desafios demandados por esse período complexo. Por definição, esse trabalho é de ligação pulsional, de objetalização de si e do mundo que o circunda. Sua meta é lidar com o excesso pulsional inerente ao processo que corre risco de transbordamento em ato, no corpo ou no pensamento. Isso ocorre uma vez que a ligação pulsional tem como função preparar o aparelho psíquico para fazer frente ao excesso de estimulação que o invade, sendo base de um movimento objetalizante (Green, 2010).

Nos limites entre a infância, idealmente resguardada da sexualidade genital, e a adultez, demarcada pelas exigências civilizatórias de renúncia e responsabilização, a adolescência é marcada pelo período pulsional da latência. A latência, como fase do desenvolvimento psicossexual, tem a função essencial de propiciar o desenvolvimento do processo sublimatório, possibilitando um desvio de meta da pulsão sexual para alvos não sexuais, para objetos socialmente valorizados, que serão essenciais na vida adulta. A adolescência, portanto, tem a função de resguardar tal processo, uma vez que, para a efetivação da sublimação e seu desenvolvimento, deve obedecer a certas condições de investimento e proteção.

Tal função evidencia a centralidade da adolescência para a articulação e montagem de condições suficientes para emancipação do sujeito, dando-se a partir de exigências sociais, mas também e principalmente por ajustes e movimentos pulsionais. Cabe questionar-se sobre o impacto que a crise sanitária da Covid-19 teve no desenvolvimento de adolescentes que a experimentaram. Em uma parte, pode-se intuir, de maneira extrema, dado esse evento ter sido carregado de traumatismos com impacto no corpo, no psiquismo e no laço social que ainda podem se fazer sentir.

Para além do momento traumático da pandemia da Covid-19, a especificidade do período da adolescência suscita questões, tanto de um ponto de vista intrapsíquico e intersubjetivo como sobre as relações que constituem essa fronteira. Considerando-se que a adolescência marca o paulatino processo de trânsito entre o lugar familiar e o lugar social, pode-se colocar uma questão sobre que condições a cultura oferece como suporte para a subjetivação do adolescente.

A adolescência pode ser compreendida como uma experiência de despojamento da infância e, ao mesmo tempo, de reconstrução (Le Breton, 2017), com investimento em novos objetos. O adolescente, ao mesmo tempo, busca paradoxalmente uma maior autonomia, mas deseja não perder a proteção dos pais. A tonalidade da passagem da adolescência está inexoravelmente ligada à capacidade dos pais em acolher seus filhos, que lhes impõe muitas questões e desafios (Le Breton, 2017). Além disso, esse acolhimento pode ser dificultoso devido ao fato de que os adolescentes se desenvolvem hoje em um mundo inédito, muito distinto daquele que os seus pais vivenciaram na mesma idade.

As mudanças culturais, sociais, relacionais e, principalmente, tecnológicas na contemporaneidade abarcam consigo novos recursos e possibilidades, mas também novas formas de sofrimento e impasses ao adolescer, os quais demandam outros tipos de olhares e intervenções, pois toda geração é marcada pela singularidade de sua história social e cultural. A contemporaneidade se revela como um manancial permanente de surpresas para o sujeito, produzindo, com isso, dificuldades de regulação e de antecipação dos acontecimentos, pois um turbilhão de informações jorra de maneira incontrolável ao seu redor, seja de forma real, seja de forma virtual. O efeito mais visível disso, no sujeito contemporâneo, é a vertigem e a ameaça do abismo, fazendo-o vacilar em suas certezas e crenças (Birman, 2020).

Diante desse contexto, mais fluído e descentralizado, torna-se importante pensar quais paradigmas podem estar presentes na relação das famílias em relação aos adolescentes. Segundo Le Breton (2017), há uma tendência na qual o adolescente é colocado como parceiro em uma vida partilhada, ao invés daquela diante da qual se deve exercer uma função de autoridade e de guia. Com isso, esse mesmo autor aponta que essa nova postura relacional está ligada a um processo de "adultização" das crianças e dos adolescentes e da propensão ao individualismo.

No que se refere ao individualismo, Le Breton (2017) exprime que este prejudica o processo de institucionalização de papéis, já que deixa a iniciativa para cada "ator", que precisa diferenciar-se e construir-se a partir de referências sociais e culturais – que, no mundo contemporâneo, cada vez mais se multiplicam, concorrem entre si e, ao passo que relativizam umas as outras, produzem interferências e confusões de toda ordem. Consequentemente, parece não existir mais fundamentos seguros e consensuais de existência, pois "uma sociedade de indivíduos conduz à individualização do sentido, e portanto à necessidade de se instituir primeiro por si mesmo, tornando-se mais difícil a passagem da adolescência" (Le Breton, 2017, p. 86).

Na medida em que os temas da individualização e da conquista de um lugar no social são sensíveis na construção da adolescência, como a atomização do social e do sentido, primada na ordem política do neoliberalismo, permeia a constituição da subjetividade adolescente? Como ficam os impasses concernentes ao corpo, à imagem, ao encontro com o outro, com a sexualidade e com a morte, em suas dimensões dúbias de embaraço e transformação?

Uma faceta pungente que pode dar notícia dessas questões tem se dado na tensão existente no âmbito de marcadores sociais (e corporais), como sexualidade, raça, gênero e classe, tendo como resultante a identificação de novas vulnerabilidades. Esses marcadores, por um lado, podem ser uma âncora de reconhecimento social e coletivo de realidades diversas e de expressão para os adolescentes encontrarem espaços de elos comuns. No entanto, a lógica neoliberal tem contribuído para diminuir a dimensão coletiva desses movimentos, em favor de uma inflação narcísica e de pertencimento alcançado por meio do consumo (Gontijo & Bicalho, 2020). Nesse sentido, os laços se tornam regidos pelo funcionamento de concorrência dentro dos grupos e entre eles, enfraquecendo sua coesão. Ganha força o empoderamento individual, e o encontro com o outro é hiperdimensionado na rivalidade e oposição, fenômenos intensificados pelas mídias sociais digitais. Assim, observa-se que este cenário demonstra que os conflitos entre o individual e o social ganharam novas dimensões, a serem elaborados na travessia adolescente.

Nessa direção, tem-se que as maneiras como as coordenadas políticas definem lugares e posições sociais intervêm sobre o real pulsional a ser elaborado na adolescência (Rosa & Carmo-Huerta, 2020). De acordo com Birman (2020), no lugar das antigas modalidades de sofrimentos centrados no conflito psíquico, nos quais havia uma oposição entre os imperativos das pulsões e os das interdições morais, o mal-estar contemporâneo se evidenciaria sob o signo da dor, inscrevendo-se nos registros do corpo, da ação e das intensidades, e isso se reflete na passagem pela adolescência. Centrado nesses registros, haveria uma ruptura do espaço e do tempo, em que o espaço passa a dominar todo o território do psiquismo.

Com isso, o corpo assume a forma do somático, materializando-se como volume e profundidade, perdendo qualquer dimensão significante. A imobilidade, a informidade e a invisibilidade são suas formas de ser, justamente pela ausência dos mecanismos de simbolização e da incidência da temporalidade. Seriam essas, em contrapartida, que possibilitariam a constituição da mobilidade, da forma e da visibilidade na experiência psíquica, inscrevendo a conflitualidade psíquica na superfície corporal sob a forma de encenações e enunciando, então, o embate pulsional sob a forma de retóricas, que se inscrevem no corpo propriamente dito (Birman, 2020, p. 91)

A partir dessas premissas, Birman (2020) é categórico ao afirmar como consequência a anulação da ordem do pensamento, que serviria de terreno para a linguagem perder seu poder mediador e metafórico, sendo permeada cada vez mais por imagens, que se condensam no corpo e na ação. Segundo ele, o discurso dos adolescentes é paradigmático disso, tendo em vista que é perpassado todo o tempo, não apenas por imagens, mas também por imagens de ação. Um dos métodos de analisar e tratar que vai na contramão desse movimento, que, apesar da elasticidade da sua técnica, fundamenta sua atuação a partir da importância primordial da fala, da linguagem, é a psicanálise.

A psicanálise surgiu no século XIX como uma tentativa de resposta e enfrentamento do mal-estar na modernidade (Birman, 2020). No entanto, cada vez mais ela tem sido solicitada a aprimorar seus dispositivos para se expandir e atender grupos específicos. Perante essa conjunção contemporânea citada de empobrecimento da linguagem, a psicanálise perde sua força motriz, porém, seguindo o espírito de sua constituição, o campo psicanalítico se mantém interessado em dar respostas, tanto por meio de pontuações sobre as transformações histórico-políticas e suas consequências na clínica quanto nos dispositivos propostos para atender às problemáticas do adolescer atual.

Ante a este enorme desafio, para se manter mais viva e atuante, os psicanalistas precisam ir além da reedição das obras de seus grandes teóricos (Matheus, 2020). Traçar uma condução da clínica psicanalítica *standard* às especificidades da clínica de adolescentes contemporâneos não é uma tarefa que deva ser proposta sem que antes uma série de questões seja levantada e ponderada a respeito da especificidade do caso. Portanto, mostra-se primordial a construção de dispositivos clínicos adequados, considerando a capacidade de simbolização do adolescente (Roussillon, 2019).

A corrente psicanalítica que convoca o paradigma contemporâneo realiza a interseção transmatricial das matrizes epistemológicas freudo--kleinianas e ferencziana (Figueiredo & Coelho Junior, 2018). Bion da matriz freudo-kleiniana e Winnicott, que, embora seja de outra tradição, apresenta uma inspiração na matriz ferencziana e possuem grande influência para esse debate contemporâneo sobre a elasticidade da técnica psicanalítica, além de outros autores, como Green, que também contribuem no presente para esta reflexão (Figueiredo & Coelho Junior, 2018).

A partir desta configuração, desta suplementaridade de uma matriz a outra, é que são pensadas a relação da clínica contemporânea, em eixos políticos e culturais, com as manifestações sintomáticas, indicando para uma posição extrema e indefensável do sujeito, quanto à inabilidade de manejo diante de suas situações traumáticas, da identidade e na relação com o mundo externo, social (Chagnon & Marty, 2010; Figueiredo & Coelho Junior, 2018). Nestes casos, os processos de pensamento relacionados à associatividade, simbolização e reflexividade são colocados em questão, indicando para situações que podem ser consideradas graves, a que estes sujeitos se submetem.

Nesta direção, Green e Urribarri (2019) apostam para uma nova clínica psicanalítica, atenta às transformações sociais e relacionais, mas especialmente para a condução de emergências não neuróticas, com reflexões desenvolvidas para a análise da compulsão à repetição extrema, por vezes mortífera. O clínico frente a estas especificidades é chamado a uma reflexão metapsicológica dos limites quanto à adolescência que possui comportamentos extremos, observados em suas manifestações sintomáticas.

Metapsicologia dos limites e adolescência nos extremos na clínica contemporânea

A adolescência, em sua manifestação contemporânea, pode ser descrita como um estado limítrofe do sujeito (Rassial, 1999). O adolescente se vê imerso em um desafio constante, travando embates com os confins de sua corporeidade, as amarras do convívio social e os intrincados meandros do relacionamento com o próximo, sendo convocado, em alguns momentos, a situações extremas (Jeammet & Corcos, 2005).

Trata-se de uma etapa do desenvolvimento na qual os processos de identificação e o trabalho de distinção em relação ao outro são orientados em prol da complexa empreitada de construção da identidade. Ocorre que, por vezes, o adolescente no processo de subjetivação dessas mudanças não possui recursos de simbolização para os acontecimentos, que podem ser vistos como traumatizantes (Amparo et al., 2020). É um período que convoca o processo do adolescer em seus aspectos psicológicos, sociais, biológicos e culturais, no qual é importante ter em mente que o próprio processo de transformação é um potencial formador de crises, como os processos de mudanças corporais, os lutos e as simbolizações das perdas podem ser sentidos como violentos (Amparo et al., 2010).

É notável que o período da adolescência, sob certas circunstâncias, possa engendrar desafios exacerbados em indivíduos cujo traumatismo remonta a uma fase precoce e crítica de seu desenvolvimento. Por exemplo, no que tange à dinâmica sexual, em que os aspectos antes relacionados ao autoerotismo na infância começam a se dirigir para obter objetos externos genitalizados, levando à necessidade de uma reorganização libidinal e corporal e, consequentemente, a uma reconstituição do narcisismo e do Eu, de modo que as fragilidades antes não demonstradas podem tornar-se mais evidentes. Tratando-se da relação Eu-Corpo, os aspectos internos e externos são convocados em seus limites para alguns jovens e podem ser sentidos como ameaçadores da integridade psíquica do Eu (Amparo et al., 2010).

É importante entender a terminologia "limite" como conceito metapsicológico, que se propõe não a delimitar uma linha, mas, sim, a toda uma zona de transformação entre o dentro e o fora do sujeito. Portanto, trata-se de uma posição intermediária (Green, 2017), tal como a experiência da fase intermediária de não ser mais uma criança e tampouco ser um adulto. Portanto, o limite remete à regulação quanto à circulação dos processos de transformação que acontecem na passagem de um espaço (interno) para outro (externo), por exemplo (Candi, 2010). Dessa forma, o adolescente precisará compreender os seus processos de amadurecimento, frente à questão dos limites.

Esse aspecto teórico concernente aos limites é influenciado pela teoria de Winnicott (1975), no que se refere aos fenômenos transicionais. Para o autor, quando este limite do mundo interno e externo não se constitui de forma apropriada, predominam-se as diferentes defesas de cisão, como: entre o Eu e a realidade externa, ou afeto e a representação, ou os diferentes núcleos do Eu com as instâncias psíquicas, demandando do clínico e do paciente o trabalho do negativo (Green, 2010), que tem como função-final o estabelecimento do duplo limite do aparelho psíquico (Green, 2017). Nesse sentido, a pele é um dos primeiros representantes para o processo de constituição dos limites Eu-Outro, psiquismo-corpo (Anzieu, 1989); e no caso da adolescência, o corpo se torna um importante palco desses conflitos, podendo ser utilizado como suporte concreto para a tentativa de subjetivação do sofrimento, como ocorre em um dos sentidos possíveis da escarificação na adolescência (Cardoso & Amparo, 2021).

O termo duplo limite cunhado por Green (2017) traça conceitos importantes para a reflexão clínica da condução do tratamento quanto aos processos de pensamento de um paciente, em que se levantam as questões metapsicológicas quanto: aos limites, aos processos de representação e de ligação da simbolização do que é representado, e à capacidade de abstração no que se refere a conceber os derivados pulsionais e a carga afetiva advinda da experiência (Candi, 2010).

Por conseguinte, no processo de tratamento de pessoas em situações extremas, percebe-se uma grande dificuldade de se observar, na constituição do pensamento, o estabelecimento deste duplo limite (Green, 2017), resultando em experiências sentidas de forma anaclítica, isto é, associadas a um estado de dependência frente ao objeto primário (Bergeret, 1996), sem a diferenciação do Eu-Outro implicando a forma e manifestação do pensar. Ou seja, o estabelecimento concreto de um duplo limite implica a capacidade de tomada de escolha e reflexão diante de uma carga afetiva experienciada e que possa ser representada pelo sujeito na sua relação com o mundo externo e interno e na utilização de seu espaço transicional, criativo.

Um exemplo prático dessa questão da temporalidade psíquica e de processos transicionais, no contexto da adolescência, é que este envolve o desafio de reatualizar a relação objetal quanto à separação e dependência do objeto primário; consequentemente, engendra-se a capacidade de realizar o processo de diferenciação do Eu-Outro. Durante esse processo, o adolescente pode encontrar na temporalidade da ação, como no abuso de substâncias tóxicas, por exemplo, paradoxalmente, um exercício da transicionalidade. Na tentativa de separação de um objeto tóxico, em um adolescente com limites internos e externos pouco estabelecidos, a passagem ao ato pode ser marcada pela volta ao estado zero de tensão (Zornig, 2014).

Esse exemplo, portanto, evidencia uma falha na função transicional, no *handling* quanto à relação do corpo e o ato, no que se refere às substâncias tóxicas, e na diferenciação do objeto de separação e dependência, em uma busca por uma satisfação plena, que pode ser extrema. Por isso, trata-se de uma questão que convoca a compreensão metapsicológica da associação entre espaços transicionais, o duplo limite do sujeito e eventos que têm potencial traumatizante e adoecedor.

O que é importante de ser associado aos espaços transicionais descritos por Winnicott (1975) e mais bem-conceituado por Green (2017), no que se refere à conceituação do duplo limite, é a associação entre realidade psíquica e realidade externa; em como determinado objeto pode ser criado em uma realidade subjetiva e ser percebido também em uma realidade objetiva, ou o inverso. Podemos exemplificar a complexidade dessa afirmação por meio da relação percebida por um sujeito como uma vivência traumática. O traumatismo convoca a análise da situação vivida quanto a um objeto subjetivo. Portanto, só pode ser concebido mediante experiência pessoal daquele sujeito e/ou objeto percebido objetivamente por outros, o que, independentemente de construções pessoais e do julgamento moral, pode ter, portanto, seu marco posto como um evento traumatizador.

Logo, o ambiente experiencial do sujeito é indispensável na problemática intrapsíquica no que tange ao que é um evento traumático e à articulação do mundo interno e o mundo externo do sujeito, tal como sua dinâmica transicional, que, diante de sua capacidade de trânsito, simbolização e reflexividade, atestam processos de saúde ou adoecimentos psíquicos.

Embora não necessariamente a clínica contemporânea aqui citada trate-se de uma clínica das psicopatologias-limite, também chamadas de *borderline*[1], e nem todas as pessoas que atravessam a adolescência se coloquem em condições extremas, a especificidade da clínica dos extremos de adolescentes na contemporaneidade compartilha de uma interseção análoga às patologias-limite, principalmente no que se refere a uma conduta de risco, expressa por comportamentos de adolescentes que se colocam em perigo, por vezes mortíferos, por meio de sua relação com o corpo, social e/ou seus processos identitários, convocando ao adoecimento psíquico (Amparo et al., 2020).

Considerando a intersubjetividade da pessoa, seu ambiente de formação psíquica (interno, externo e transicional), suas relações com os outros e o potencial adoecedor, pode tornar-se uma situação traumática, em que as circunstâncias de vida podem ser sentidas internamente como um perigo (Figueiredo & Coelho Junior, 2018). "É o potencial traumático que nos leva a situar a angústia – ou angústias – no centro mesmo das experiências humanas e dos processos de adoecimento psíquico" (Figueiredo & Coelho Junior, 2018, p. 35).

De acordo com Green e Urribarri (2019), nas estruturas não neuróticas contemporâneas, o trauma se faz presente no processo de constituição do Eu. Para quem apresenta um caráter psíquico-limite, esse

---

[1] Os diagnósticos de transtornos de personalidade devem ser realizados a partir dos 18 anos para que não se confundam aspectos relacionados ao processo subjetivo do atravessamento da adolescência.

traumatismo interfere no manejo de sua atividade psíquica e somática. Observa-se as defesas mais arcaicas, portanto, percebe-se uma convocação ao comportamento passivo, à mortificação, ao se deixar morrer e demais comportamentos paralisantes, indicando uma gravidade e a necessidade de uma análise mais cuidadosa quanto à constituição desse traumatismo (Figueiredo & Coelho Junior, 2018).

Bergeret (1970) aponta dois traumatismos que podem posicionar-se de forma desorganizadora para a estrutura psíquica do sujeito, gerando estas dificuldades de estabelecimento dos limites psíquicos, o que resultaria em comportamentos extremos.

O primeiro se dá de forma precoce, o que envolve severas frustrações e a ameaça de perda de objeto, em que uma organização provisória se instaura. Ou seja, uma perturbação pulsional intensa, no sentido afetivo do termo, surgida em um estado em que o sujeito não podia dispor de um sistema organizado, portanto muito pouco maduro, não sendo possível uma negociação na relação edipiana e na sua triangulação. Nesse sentido, esse excesso das moções pulsionais, por desempenhar um primeiro desorganizador, desencadeia defesas mais arcaicas como: a recusa de representações sexuais, a clivagem do objeto, a identificação projetiva ou o manejo onipotente de objeto. As defesas mais arcaicas acabam tendo como efeito a estagnação quanto à evolução pulsional do sujeito em relação a sua maturidade (Bergeret, 1996).

O segundo traumatismo apontado por Bergeret (1970) dispõe-se próximo ao fim da adolescência e propõe uma destruição da estrutura provisória não estruturada, gerando ansiedades agudas. Diante das ansiedades agudas, para que possa tentar se organizar psiquicamente, o sujeito observa três direções: a estruturação na neurose, a psicose ou a regressão psicossomática. Porém, quando o Eu do sujeito se vê interpelado por esta escolha, considerando sua formação psíquica desorganizada, observa novos mecanismos de barganha: a perversão e os distúrbios de caráter, que podem convocar situações extremas.

Neste âmbito de investigação, em que se percebe um processo traumático, os adolescentes podem ser categorizados como uma "clínica dos extremos" (Amparo et al., 2020), expressão que se vale da estrutura conceitual forjada no seio do Laboratório de Psicologia Clínica e Psicopatologia de Paris V, quando define esse conceito abarcando o paradigma fronteiriço em três eixos distintos: 1) limite da relação social inter e transubjetiva; 2) limites de identidade; e 3) limites do corpo (Chagnon & Marty, 2010).

É necessário encarar esses adolescentes, que possuem neuroses graves, patologias psicossomáticas, transtornos narcísicos e quadros depressivos graves, como casos que estão nos limites na analisabilidade, situados na "loucura privada" entre as pulsões-paixões relacionadas aos objetos primários de amor/ódio (Green & Urribarri, 2019) e que podem possuir problemáticas de ordem narcísico-identitárias (Roussillon, 1999).

Desta forma, o processo de diferenciação para esses adolescentes quanto ao que é o seu Eu e o que é o Outro mostra-se por meio de seu sofrimento psíquico, em uma regulação/desregulação narcísica em suas fixações libidinais e agressivas. Esses adolescentes podem apresentar angústias de penetração e castração acompanhadas de angústias de abandono e invasão, gerando os mecanismos de defesa, desinvestimento e clivagem, com falhas de simbolização, na expressão clínica pela impregnação de moções pulsionais do Isso monopolizados pelo trabalho do negativo (Green & Urribarri, 2019).

Roussillon (2019) aponta que esse sujeito, para sua sobrevivência psíquica, teve que se retirar, o que gera, como consequência, a (quase) não percepção de si, (quase) não se sentir, (quase) não se ver, (quase) não se escutar, gerando a sensação de uma solidão radical, para a qual necessita de outro. Isso pode vir a ser uma problemática quanto à alteridade, por um lado, por conta da anáclise; e pode ser um importante recurso clínico de espelho, por outro, para que possa ver-se, sentir-se e escutar-se. Portanto, o terapeuta pode auxiliar o adolescente em sua "economia de sobrevivência" em um modelo "sob medida", o qual deverá ser inventado em função da situação psíquica atual do sujeito (Roussillon, 2019).

Uma contribuição importante para pensar a clínica dos extremos advém da necessidade de observar as moções pulsionais (de vida e de morte) do Isso e a problemática na relação com o pensamento: a representação, a fantasia e, consequentemente, o afeto, em que a descarga se torna o referente, predominando em relação à representação (Green & Urribarri, 2019).

Em vista disso, Green e Urribarri (2019) defendem que, para o analista atuar nessa clínica, é importante que se possa observar os movimentos de investimento e desinvestimento objetal do sujeito, em que se utiliza também como referência as descargas passadas em ato, ainda que não atuado, por conta da importante função do conflito para com o negativo nesta clínica, como abordado no texto "A negação", de Freud (1925/2011), em que importa como o sujeito maneja sua capacidade de simbolização ou atuação diante de suas experiências de vida.

Considerando uma clínica de difícil continência, com um grau de sofrimento psíquico grave em evidência, um dispositivo clínico que favoreça a associatividade, a construção de simbolização e reflexividade, precisa ser pensado para um maior cuidado frente a essas demandas tão específicas.

Dispositivo plurifocal de atendimento à clínica de adolescentes nos extremos

O Grupo de Pesquisa e Extensão Sobre Violências e Psicopatologias na Contemporaneidade (Vipas), da Universidade de Brasília (UnB)[2], em parceria com os Ambulatórios de Psiquiatria do Hospital Universitário de Brasília (HUB), enfrenta o desafio de criar um dispositivo integrado plurifocal (Jeammet, 2000) de atendimentos às demandas desses adolescentes nos extremos (Amparo et al., 2020).

Constantemente, o grupo Vipas busca novas soluções clínicas, visando a construir um dispositivo sob medida, que possa ser sistematizado para essa clínica, com as propostas voltadas para melhor acolher esses adolescentes, oferecendo alternativas de suporte para um psiquismo sensível. A construção deste dispositivo tem perpassado por várias modificações na tentativa de melhor compreender as dificuldades, não somente da clínica extrema, como também as especificidades do Serviço-Escola e a formação de novos profissionais para atender esse público, considerando eixos importantes quanto à ética, à formação e ao desenvolvimento de manejo clínico em situações graves e seus entraves com a identidade profissional, sendo a supervisão também um eixo essencial de aprendizagem e de acolhimento aos estudantes/pesquisadores como mais um local de reflexividade dos casos e do direcionamento dos tratamentos.

A *Figura 1*, a seguir, descreve o fluxograma de atendimento nos dispositivos de acolhimento e intervenção aos jovens e seus familiares, bem como a interseção com a supervisão em cada um dos dispositivos e a supervisão plurifocal para o acolhimento dos estagiários de psicologia e profissionais voluntários.

---

[2] O Grupo Vipas, coordenado pela Prof. Deise Matos do Amparo, foi instituído desde 2016, na Universidade de Brasília, e agrupa pesquisas e extensão sobre o tema da violências e psicopatologias na contemporaneidade. A atuação clínica é realizada em uma parceria do Serviço-Escola de Psicologia com o Ambulatório de Psiquiatria de Adolescentes e com o Ambulatório de Psiquiatria de Transtorno de Personalidade do Hospital Universitário de Brasília.

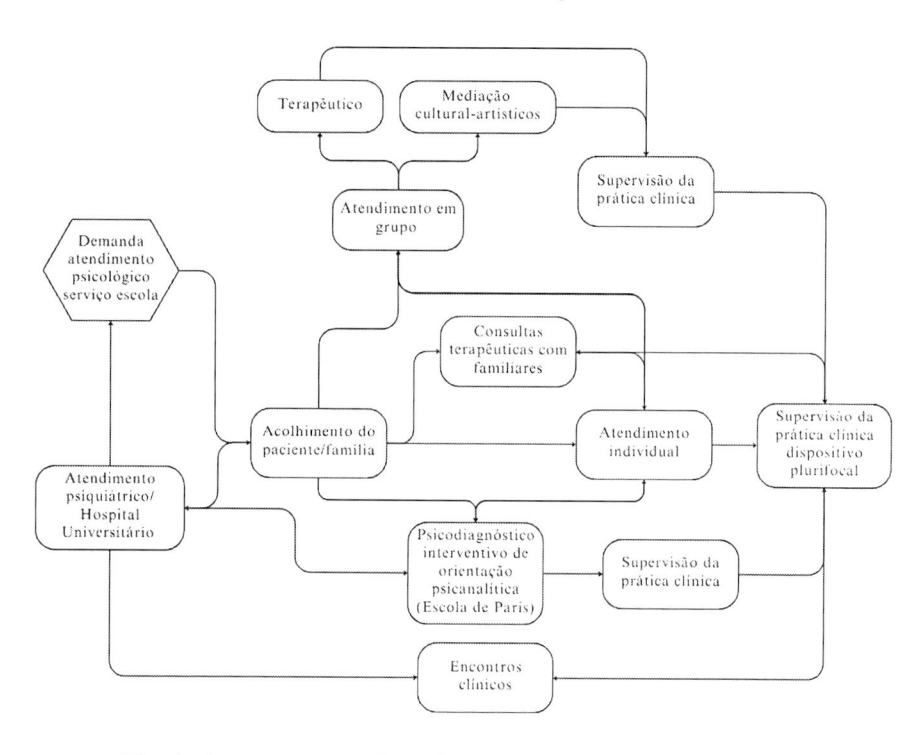

Figura 1: *Fluxograma de Atendimento do Grupo de Pesquisa e Extensão Universitário.*

```
                    ┌─────────────┐  ┌─────────────┐
                    │ Terapêutico │  │  Mediação   │
                    │             │  │cultural-    │
                    │             │  │artísticos   │
                    └──────┬──────┘  └──────┬──────┘
                           │                │
                           │         ┌──────┴───────┐
                           │         │ Supervisão da│
                           │         │prática clínica│
                           │         └──────────────┘
                    ┌──────┴──────┐
                    │Atendimento em│
                    │    grupo    │
                    └─────────────┘

  ┌────────────┐
  │  Demanda   │
  │atendimento │
  │psicológico │
  │serviço escola│
  └─────┬──────┘
        │                ┌──────────────┐
        │                │  Consultas   │
        │                │ terapêuticas │
        │                │com familiares│
        │                └──────────────┘
        │     ┌──────────────┐       ┌──────────────┐    ┌──────────────┐
        │     │ Acolhimento do│      │ Atendimento  │    │ Supervisão da│
        └─────│paciente/família│─────│  individual  │────│prática clínica│
              └──────────────┘       └──────────────┘    │  dispositivo │
  ┌────────────┐                                         │   plurifocal │
  │Atendimento │                                         └──────────────┘
  │psiquiátrico/│
  │  Hospital  │             ┌──────────────┐
  │Universitário│            │Psicodiagnóstico│   ┌──────────────┐
  └────────────┘             │ interventivo de│   │ Supervisão da│
                             │   orientação  │───│prática clínica│
                             │  psicanalítica │   └──────────────┘
                             │(Escola de Paris)│
                             └──────────────┘
                                    │
                             ┌──────┴───────┐
                             │  Encontros   │
                             │   clínicos   │
                             └──────────────┘
```

Nota. Modificado de Amparo et al. (2020).

O trabalho do Vipas tem como objetivo desenvolver e investigar estratégias de atenção e avaliação em saúde mental para jovens e adolescentes que apresentam problemáticas envolvendo violências e psicopatologias graves contemporâneas, caracterizada atualmente como "clínica dos extremos", por meio da implementação de dispositivos de atenção em saúde mental, integrados e plurifocais (Jeammet, 2000). O objetivo desse projeto de pesquisa-extensão é valorizar o modelo de compreensão desses fenômenos de forma abrangente e com uma multiplicidade de dispositivos integrados e com diferentes focos de atuação.

O dispositivo plurifocal organizado pelo Vipas, diante das problemáticas envolvidas em uma clínica dos extremos, permite que, por diversas vias, seja simbolizado o que outrora não era possível de ser representado e se apresentava pelo ato para os adolescentes, por meio de sintomatologias graves como tentativas de suicídio, escarificações, passagens ao ato violentas, comportamentos bulímicos ou anoréxicos. Visa-se a criar um ambiente suficientemente bom para o amadurecimento emocional dos adolescentes, integrando diferentes estratégias de cuidado psicológico a esses pacientes, como: atendimentos clínicos psicoterapêuticos, nas modalidades individuais e de grupo, de mediação, criação ou cultural-artísticos, consultas terapêuticas familiares, e a avaliação psicodiagnóstica interventiva psicanalítica com uso de métodos projetivos fundamentados na Escola de Paris (Piop – Escola de Paris).

Os métodos clínicos dos dispositivos centram-se na promoção da associatividade psíquica (Roussillon, 2019), visando a processos que conduzam à capacidade de trabalho sobre o duplo limite (Green, 2017) e, consequentemente, a possibilidade de simbolização àquilo que é da ordem do traumático.

Sendo assim, a consequência da clínica contemporânea é a ampliação e flexibilidade da técnica psicanalítica visando a conter os afetos sem negar a importância de um enquadramento analítico, sustentado em um *setting* ampliado, em que a escolha dos dispositivos é permeada pela necessidade frente à singularidade do sofrimento do sujeito. E diante desse fato, a transformação da clínica psicanalítica mostra-se indispensável e constante, adequando-se sempre aos novos desafios de seu tempo.

Considerações finais

Há diversos processos de construção identitária os quais o sujeito precisa enfrentar, sobretudo na adolescência, atravessando, por meio das relações sociais, a construção da sua noção de corpo e da sua posição de sujeito no mundo, que, ao mesmo tempo, convoca aspectos intrasubjetivos, isto é, na construção da experimentação entre o mundo interno e o mundo externo e da capacidade transicional entre os afetos e objetos. Porém, em alguns casos, adolescentes e jovens, no seu processo de subjetivação, são marcados por traumatismos precoces, com anáclise em suas relações primárias. Com isso, eles estabelecem comportamentos que exigem do clínico um novo modelo de contenção das angústias, tanto do paciente quanto de seus familiares.

Portanto, os desafios na clínica contemporânea, sobretudo da adolescência, são diversos atualmente, em decorrência do contexto social, cultural e político já mencionado. Porém, especialmente no que tange ao atendimento aos adolescentes e jovens com a emergência de comportamentos extremos, nos limites da analisabilidade, em uma convocação de vulnerabilidade psíquica e de riscos, eles acabam convocando os analistas a precisarem repensar o *setting* terapêutico, objetivando a criação de novos dispositivos na clínica psicanalítica. O grupo Vipas constantemente modifica suas possibilidades de atuação para disponibilizar um dispositivo plurifocal de atendimentos que seja adequado à capacidade de simbolização da população atendida em uma construção sob medida para repensar, em cada um dos casos, a gravidade dos comportamentos por vezes submetidos e as possibilidades terapêuticas.

No momento atual, é importante considerar também a consequência não somente de traumatismos estruturais, mas, também, traumatismos coletivos e sociais enfrentados pelos adolescentes diante, por exemplo, da pandemia da Covid-19, que afetou não somente a experiência dos adolescentes com seu corpo, mas com o laço social, incluindo escola, família e meio social mais amplo.

Este capítulo está vinculado à clínica contemporânea e aos seus desafios, sendo esta uma proposta para repensar a contenção das sintomáticas apresentadas pelos adolescentes e nas reflexões e nos aperfeiçoamentos necessários para o profissional repensar a clínica psicanalítica, adequando-a para as vivências traumáticas, mudanças sociais, interseções políticas e, consequentemente, as novas configurações identitárias que permeiam o mal-estar contemporâneo.

Portanto, este material é um convite à reflexividade sobre o adolescer atual, particularmente sobre a clínica dos extremos e das formas possíveis de atuação psicanalítica que não cessam as novas propostas de estudos, aprimoramentos e considerações dos analistas frente às ameaças das vulnerabilidades psíquicas, sociais e identitárias experimentadas pelos jovens na contemporaneidade.

Referências

Amparo, D. M., Brasil, K. T. R., & Wolf, L. S. (2010). Adolescência e Psicose: Traumatismo e Violência do Pubertário. *Revista Interamericana de Psicología, 44* (3), 507-514.

Amparo, D. M., Morais, R.A., & Alves, A.C.O (2020). Adolescência nos limites e a clínica da sensível como dispositivo psicoterapêutico. In D. M., Amparo, R. A., Morais, K. T., Brasil, & E. R. Lazzarini (org.). *Adolescência psicoterapias e mediações terapêuticas na clínica dos extremos*. Technopolitik.

Anzieu, D. (1989). *O eu-pele*. Casa do Psicólogo.

Bergeret, J. (1970). Les États-limites: Réflexions et hypothèsessurlathéorie de la clinique analytique. *Revue française de Psychanalyse, 34*, 601-633.

Bergeret, J. (1996) *Personalidade normal e patológica*. Climepsi editores.

Birman, J. (2020). *O sujeito na contemporaneidade: espaço, dor e desalento na atualidade* (4a ed.). Civilização Brasileira.

Candi, T. (2010). *O duplo limite: O aparelho psíquico de André Green*. Escuta.

Cardoso, M. R. (2001). Violência e alteridade: o mal-estar na adolescência. *Revista Latinoamericana Psicopatologia Fundamental, 4* (1), 27-36 https://doi.org/10.1590/1415-47142001001004

Cardoso, B. C. C., & Amparo, D. M. (2021). Por uma escuta sensível: a escarificação na adolescência como fenômeno multifacetado. *Jornal de Psicanálise, 54*(101), 221-237.

Chagnon, J. Y., & Marty, F. (2010). Cliniques de l'extrême the psychoanalyst at the border. *Perspectives Psy, 49*(4), 275-279. https://doi.org/10.1051/ppsy/2010494280.

Freud, S. (1976). *Três ensaios sobre a teoria da sexualidade*. Edição Standard Brasileira das obras completas (vol. VII). Imago. (Trabalho original publicado em 1905).

Freud, S (2011). A negação. In S. Freud. *O eu e o id, autobiografia e outros textos*. Companhia das letras. (Trabalho original publicado em 1925).

Figueiredo, L. C., & Coelho Junior, N. E. (2018). *Adoecimentos psíquicos e estratégia de cura: Matrizes e modelos em psicanálise*. Blucher.

Gontijo, L. A, & Bicalho, M. F. (2020). Rupturas da ordem neoliberal: crítica ao individualismo, à atomização política e à polarização identitária. *Revista Brasileira de Sociologia do Direito, 7*(3), 141-159.

Green, A. (2010). *O trabalho do negativo*. Artmed.

Green, A. (2017) *A loucura privada: Psicanálise de casos-limite*. Escuta.

Green, A., & Urribadi, F. (2019). *Do pensamento clínico ao paradigma contemporâneo: Diálogos*. Blucher.

Green, A. (2022). *Por que as pulsões de destruição ou de morte?* Blucher.

Jeammet, P. (2000). *La référence psychanalytique est-elle toujours d'actualité dans l'approche des troubles de la personnalité et des conduites à l'adolescence?. Dans International Society for Adolescent Psychiatry éd., Personality and conduct disorders* (pp. 125-150). Éditions GREUPP. https://doi.org/10.3917/greu.isap. 2000.01.0125.

Jeammet, P., & Corcos, M. (2005). *Novas problemáticas da adolescência: evolução e manejo da dependência.* Casa do Psicólogo.

Le Breton, D. (2017). *Uma breve história da adolescência.* Editora PUC Minas.

Matheus, T. C. (2020). *Adolescência: história e política do conceito na psicanálise.* 3. ed. – Artesã (Clínica psicanalítica).

Rassial, J. (1999). *O adolescente e o psicanalista.* Companhia de Freud.

Rosa, M. D., & Carmo-Huerta, V. (2020). O Que Resta da Adolescência: despertar nas fronteiras e nos fronts. *Estilos Da Clínica, 25*(1), 5-20.

Roussillon, R. (1999). *Agonie, clivage et symbolisation.* Paris: PUF.

Roussillon, R. (2019). *Manual da prática clínica em psicologia e psicopatologia.* Blucher.

Savietto, B. B., & Cardoso, M. R. (2006). Adolescência: ato e atualidade. *Revista Mal-estar e Subjetividade, 6*(1), 15-43.

Winnicott, D. W. (1975). Objetos transicionais e fenômenos transicionais. In D. Winnicott, *O brincar e a realidade.* Imago.

Zornig, S. M. A.-J. (2014). O abuso de substâncias tóxicas na adolescência: uma tentativa de incorporação do objeto?. *Ágora: Estudos Em Teoria Psicanalítica, 17*(spe), 51-62. https://doi.org/10.1590/S1516-14982014000300005

ADOLESCÊNCIA: FRATURAS SUBJETIVAS NAS EXPRESSÕES DO TRAUMÁTICO

Mônica Medeiros Kother Macedo
Adriana Silveira Gobbi

A noção de polissemia, alusiva ao reconhecimento plural de sentidos linguísticos, constitui-se como recurso de leitura sobre a complexidade própria à adolescência. De tal diversidade decorre, em nosso entender, a constatação de ser a adolescência uma temática que demanda sistemático trabalho investigativo à psicanálise. Dessa forma, tomamos como ponto de partida a constatação de que

> [...] pensar a adolescência é indagar os códigos em que se institui e que são próprios de cada época, de cada geração, de cada subcultura. O imaginário social propõe novas ideias, novos projetos, estimula ou apaga ilusões (Hornstein, 2015, p. 15).

Sabemos que o trabalho de abertura a interrogantes, sistematicamente demandado à psicanálise, não se restringe à adolescência, mas acreditamos que nela podemos localizar algumas especificidades. Tais condições singulares deixam ainda mais pertinente o assinalamento de Hornstein (2015), sobre o fato de que a psicanálise contemporânea tem a necessidade de abertura "aos intercâmbios com outras disciplinas e ao desafio que impõe cada conjuntura sociocultural sem perder a especificidade nem rigor" (p. 13).

É imprescindível, então, reconhecer, diante da complexidade que se apresenta na experiência clínica com adolescentes, o impacto advindo de constantes experiências relativas às demandas do laço social. Neste capítulo, a partir de uma leitura psicanalítica sobre o adolescer, na consideração às intensidades relativas à vivência da pandemia da Covid-19, exploramos a dimensão do traumático na adolescência. A fim de alcançar tal intuito, estruturamos nossos argumentos de forma a inicialmente discorrer sobre elementos teóricos, os quais, posteriormente, serão explorados a partir de fragmentos clínicos. Nessa direção, o trabalho com as vinhetas clínicas permite problematizar como, no caso da adolescência, à experiência de excesso e às conflitivas que lhes são próprias, se somaram elementos que contribuíram tanto na promoção como para o incremento da dor psíquica. Consideramos que, ao evidenciar as diversas e complexas dimensões existentes e cujo conjunto confere inegável polissemia à experiência de adolescer, a psicanálise, como teoria e clínica, encontra na adolescência pujantes ilustrações daquilo que escapa a um raciocínio linear e causal a respeito do sujeito psíquico.

As questões relativas à adolescência que serão desenvolvidas neste capítulo aludem, prioritariamente, às dimensões próprias aos campos narcísico e alteritário. Entendemos que a questão do Eu, de sua relação com o outro, ou seja, as intensidades e as vicissitudes dos investimentos narcísicos e objetais, tem destaque na temática adolescente.

O interesse pela temática adolescente, como assinala Cardoso (2001), também decorre de sua condição de fomentar a exploração da articulação entre psicanálise e cultura. Acrescentamos a essa importante constatação da autora que a adolescência testemunha a intrincada relação entre o sujeito, o outro parental e a cultura. Localizamos, nessas singulares articulações entre o sujeito, as figuras parentais e o laço social, temáticas imprescindíveis no acesso às contingências psíquicas envolvidas no adolescer.

As intensidades psíquicas envolvidas, a especificidade do trabalho psíquico demandado ao jovem, bem como a reedição de importantes conflitivas contribuem para que possamos pensar a adolescência sob a luz dos estudos psicanalíticos sobre o trauma. Não se trata, porém, de equivaler essa dimensão traumática da adolescência à patologia. Como afirmam Padrão et al. (2006), a adolescência

> [...] pressupõe, por si só, vivências traumáticas, violentas. A passividade diante da irrupção dos excessos pulsionais, associada a uma fragilidade das experiências complexas, geradoras de angústia e sofrimento psíquico (p. 139).

Frente ao reconhecimento da dimensão traumática intrínseca à adolescência, cabe a reflexão sobre o transbordamento pulsional que passa a imperar quando, à fragilidade de recursos psíquicos são acrescidas intensas demandas. É nesse sentido que as vinhetas clínicas, decorrentes de processos de escuta de dois adolescentes, revelam impasses e nos permitem indagar sobre as condições resultantes do incremento do traumático na passagem adolescente. Cabe o assinalamento de que as conflitivas referentes ao manejo do tempo intrapsíquico e ao do tempo da alteridade, as fraturas na imagem de si e nos investimentos exogâmicos ganharam inegável intensidade no recorte temporal relativo à pandemia da Covid-19. As experiências ligadas ao tema da morte, ao contágio, à ruptura de vínculos e rotinas, além do forçado isolamento e do intenso convívio no espaço endogâmico decorrentes das restrições vigentes na pandemia, somaram-se às fragilidades psíquicas já presentes nas histórias de Marcelo e Helena. Dessarte, mais do que explorar algo instaurado na pandemia, as ilustrações decorrentes da escuta analítica permitem o desvelamento de subjetividades já acometidas pelas nuances do desamparo e da indiferença.

A fim de desenvolver nossos argumentos, pensamos ser essencial abordar inicialmente as condições instituintes do sujeito psíquico. O encontro primordial entre o Eu e o outro instaura tanto recursos intrapsíquicos, como também ferramentas de circulação e investimento nos espaços alteritários. Para abordarmos os elementos singulares que ditam incontornáveis rumos na escuta clínica, é necessário que nos detenhamos na relevância de determinadas condições referentes ao par sujeito e objeto.

Se, por um lado, a experiência pandêmica não deixou dúvida sobre o que compartilhamos da vulnerabilidade humana, por outro, ela também evidenciou as distintas condições psíquicas de enfrentamento daquilo que sua vigência instaurou, incrementou ou desvelou. Nesse ponto, identificamos importante desafio à clínica psicanalítica: escutar a singularidade quando "diluída" em um fenômeno coletivo, cujo inegável impacto é conjugado no plural.

Entrecruzamentos entre o Eu e o outro – condições de existência psíquica

O modelo de subjetividade pertinente à psicanálise indica a impossibilidade de pensar o sujeito psíquico na exterioridade de seus investimentos no campo alteritário. Assim, o trabalho intrapsíquico exigido na adolescência não ocorre desvinculado da qualidade das relações experimentadas com os objetos e, tampouco, das condições vigentes no entorno.

Ao se deter sobre as condições de constituição de um *sujeito psíquico*, Bleichmar (2005) assinala que

> [...] no outro se alimentam não somente nossas bocas, senão nossas mentes; dele recebemos junto com o leite o ódio e o amor, nossas preferências morais e nossos valores ideológicos. O outro está inscrito em nós e isso é inevitável (p. 8).

Logo, desse encontro com o outro, fica um legado, a saber, inscrições psíquicas fundantes, as quais, em seu conjunto, constituem a base de experiências alteritárias e cujas condições inscrevem, psiquicamente, trilhas possíveis tanto da excitação como de seu apaziguamento.

A dimensão narcísica, profundamente implicada nas demandas psíquicas do adolescer, se sustenta nessas experiências constitutivas do sujeito psíquico. Logo, as experiências com o objeto que instauram a sexualidade pulsional dão-se, como afirma Cardoso (2001), "a partir de uma radical ruptura com o instinto, por se 'apoiar' no outro, na alteridade do outro; o campo psíquico desvia-se necessariamente, do campo endogenético, inato" (p. 45). Nessa direção, exatamente a dimensão alteritária, como instituinte da sexualidade, faz com que as fundamentais condições do encontro com o outro concorram para a relevância das questões narcísicas e alteritárias nas vicissitudes da adolescência.

O tempo primeiro da infância institui o Eu, sua base e as condições iniciais de suas fronteiras, tanto internas como operantes na relação com o outro. Ao explorar a temática do narcisismo, André Green (1988) se dedica à consideração sobre a relevância da presença e da ausência do objeto. Ambas as condições concorrem para que possam ser instituídas modalidades de identificação com o objeto que desembocam na constituição do Eu. O encontro primordial ganha, assim, contornos relevantes nos quais o experienciado, como ilusão, completude, desilusão, idealização, identificação, sublimação, dita a qualidade dos tempos posteriores. O enfrentamento e a elaboração desses impasses estão intrinsecamente implicados nos recursos dos quais o Eu poderá lançar mão frente às conflitivas intrapsíquicas e intersubjetivas.

A partir da ilusória fusão inicial com o objeto primordial, será exigido do Eu importante trabalho psíquico ligado à experiência de perda do objeto, decorrente da necessária renúncia a essa relação de dependência. No contexto da adolescência, tal trabalho ocorre no modelo de um luto cuja elaboração permite tanto a internalização identificatória de aspectos parciais do objeto, bem como a elaboração de sua perda. Assim, experiências marcadas pela qualidade dos objetos internos – cujo processo de internalização vincula-se à alternância de um equilíbrio na alternância da presença-ausência dos objetos primordiais – instituem uma constituição narcísica cujas fronteiras são delimitadas em face dos objetos internos e externos. Em tal delimitação, é possível ao Eu contar com recursos para administrar impasses e conflitivas decorrentes de questões narcísicas e/ou alteritárias. Nesse delicado, mas essencial, equilíbrio da balança de investimentos narcísicos e objetais, o sujeito psíquico é desafiado a administrar seu capital pulsional. A diferença nas possibilidades de administrar seu capital pulsional permite constar, como assinala Cardoso (2001), operações defensivas que indicam processos psíquicos elaborados ou, ao contrário, evidenciam "um curto-circuito" nessas condições.

Como afirmado na escrita de Green (1988), o encontro entre o Eu e o objeto é decisivo na constituição psíquica. Destaca-se, portanto, o caráter indissociável do intrapsíquico em relação ao intersubjetivo. Tal constatação indica que as falhas ocorridas, nos encontros primordiais, culminam em fragilidades na construção do narcisismo, bem como na precariedade de limites internos e externos e da capacidade representacional.

Na leitura que apresenta sobre a construção do Eu, Green (1988) desenvolve uma argumentação que nos parece essencial na reflexão sobre nossa proposta de dedicar especial atenção à "polissemia" da adolescência. Para o autor, desde sua origem, o Eu "está preso entre a compulsão à síntese" (por ser responsável pelo processo de unificação de si mesmo) e o "desejo de ser apenas um com o objeto" (p. 170). É nessa direção que Green (1988) enuncia uma relevante "contradição do Eu", a qual nos parece ganhar abrangência nas vicissitudes da adolescência devido à essência do trabalho psíquico nela reeditado. A contradição existente na construção do Eu é descrita de forma precisa pelo autor: "quer ser ele mesmo, mas só pode realizar este projeto através da contribuição libidinal do objeto com o qual deseja se unir. Torna-se seu cativo" (p. 170). Não temos como objetivo explorar o capítulo detidamente em relação aos tempos de constituição do Eu, mas, sim, enfatizar como esses registros fundamentais, relativos à sexualidade, ao narcisismo e à alteridade, serão reativados e atualizados na experiência de adolescer. Essa experiência (re)apresenta ao sujeito condições de efetuar nova "síntese" no trabalho de ser "ele mesmo", ou na qual passam a predominar as agruras derivadas da intensificação de condições que o deixam cativo ao objeto.

O entrecruzamento de aspectos narcísicos e alteritários adquire, portanto, contornos diversos, uma vez que a adolescência exigirá inevitáveis transformações nas relações entre o psíquico e o corpo, assim como entre o Eu e o outro. Nesse sentido, concordamos com Cardoso (2011), que propõe uma aproximação entre a *adolescência e os estados-limite*. Em ambas as experiências subjetivas, como afirma a autora, situa-se em primeiro plano a problemática dos limites ou das fronteiras internas e externas. Além disso, há que se considerar que a ideia de base traumática dos estados-limite dialoga com a potencialidade traumática da adolescência.

Na psicanálise contemporânea, André Green foi um dos autores que mais se dedicou à exploração dos *limites do analisável*. Ao se dedicar a este campo de pesquisa, propôs uma teoria consistente acerca da especificidade dos *casos-limite ou fronteiriços*. No *Informe de Londres*, em 1974, o autor expõe relevantes contribuições a este campo de estudo, dentre as quais destacamos seu empenho em não priorizar a descrição de quadros psicopatológicos específicos, já que entende os estados nos *limites do analisável* sob a ótica de um operador conceitual abrangente, cujas manifestações clínicas são heterogêneas (Green, 2008). Com especial ênfase na problemática relativa aos limites entre dentro e fora, bem como entre as instâncias psíquicas, Green (2008) propõe que o *duplo limite* do psiquismo coloca-nos diante de dois polos do conflito, uma vez que, ao polo intrapsíquico, se acrescenta o objetal.

Nas configurações subjetivas fronteiriças, observa-se que há, em maior ou menor grau, confusão nas fronteiras entre o Eu e o Isso, assim como certa indiferenciação entre o Eu e o objeto. Com efeito, nessas condições, as excitações de fonte corporal avançam, exigindo trâmite psíquico, e, concomitantemente, o Eu, já frágil, precisa lançar mão de recursos defensivos que lhe possibilitem lidar com as angústias narcisistas, de separação, abandono, intrusão, invasão em sua relação com o objeto. Nessa conjuntura, o Eu está atravessado por cisões, e o aparato psíquico, cujo modo de simbolização é precário, entra em "curto-circuito", resultando na expulsão das intensidades, via destinos somáticos ou ato. Ainda no mesmo cenário, destaca-se a elaboração original de Green (2008) sobre a existência, nesse modelo de subjetividade, de "um desinvestimento radical que procura alcançar um estado de vazio, de aspiração ao não ser e ao nada" (p. 61). Essa medida extrema, visando a neutralizar o conflito com as pulsões e com o objeto, se dá às custas da mortificação do Eu.

Tais proposições são pertinentes para pensarmos no processo subjetivo adolescente e em sua estreita ligação com o campo do ato. É nesse sentido que uma das dimensões destacadas, quando abordamos o processo adolescente, dá-se no terreno do corpo. O incremento do afluxo pulsional exigirá intenso trabalho psíquico para que o Eu possa dominar as excitações que o invadem, de forma a encontrar vias de escoamento e ligação. Há que se considerar que a violência da irrupção pulsional colocará o Eu à prova diante de uma verdadeira batalha para conter o excesso. Ou seja, o adolescente se vê diante de uma avalanche pulsional que faz pressão, frente a qual terá que lançar mão dos recursos de que dispõe. Assim, nas subjetividades atravessadas pela fragilidade do tecido narcísico, faz-se notar o predomínio da vulnerabilidade e da passividade em relação ao excesso, que, ao não encontrar possibilidades mais elaboradas de tramitação psíquica, poderá apresentar-se através do corpo e/ou via patologias do ato.

Destacamos, neste ponto, a interessante proposição de Cardoso (2011) relativa à concepção de ato na adolescência. A autora discorre sobre situações, aparentemente antagônicas, denominando-as como *"recurso ao ato"* e *"recusa ao agir"*. Em ambas as situações, o ato e/ou sua recusa surgem como respostas à destrutividade interna. Assim, na linha argumentativa que estamos desenvolvendo, encontramos, nessas duas situações – *recurso ao ato* e/ou *recusa ao agir* –, elementos importantes para explorar a situação na qual o adolescente, na tentativa de escapar da violência pulsional à qual o Eu se vê submetido, pode recorrer ao ato como recurso de domínio, assim como pode retrair-se e limitar os intercâmbios com o mundo externo e com os objetos, configurando uma espécie de "retirada do campo". Nesse movimento de retirada, aparecem as inibições, a paralisa, a apatia.

Em alguns arranjos subjetivos, o ato atende paradoxalmente a essa dupla via. Buscaremos explorar a situação paradoxal, por meio da vinheta clínica que será apresentada a seguir, de um adolescente que chamamos de Marcelo, para o qual o recurso a comer e a jogar de maneira compulsiva parecem configurar-se em tentativas de dominar o excesso por meio da compulsão ao ato. Ao mesmo tempo, observa-se, em seu relato, uma progressiva recusa ao agir, que visa, por meio de um notável desinvestimento, a resistir à invasão pulsional. Neste caso, por meio do afastamento das relações com familiares e amigos e do mundo em geral, assim como da desistência escolar, todas elas potencializadas pelo contexto pandêmico, a "retirada do campo" ganha abrangência na vida do adolescente. A recusa ao agir apresenta-se para Marcelo como um trabalho que se opõe à atividade necessária para o trânsito no processo do adolescer em direção ao adultecer.

De fato, um fenômeno que tem se observado, quando a morosidade e inação se impõem, é o prolongamento da adolescência. Nessa circunstância, um dos trabalhos psíquicos centrais do processo da adolescência parece impossibilitado: o trabalho de luto que se movimenta a partir da reorganização da economia psíquica alavancada pelo encontro com a alteridade. Como bem afirma Cardoso (2011), na adolescência, "para se realizar o trabalho de luto, faz-se necessário o investimento em novos objetos, o que significa, em última instância, efetiva abertura à alteridade" (p. 25).

Cabe, neste momento, resgatar a original proposição de Green (2008), quando, ao explorar o tema do ato nas configurações subjetivas fronteiriças, alerta sobre o risco ao Eu do predomínio de um desinvestimento radical que "aspira" ao não ser e ao nada. Nesse sentido, tal condição de aspirar ao "não ser", que constitui inegável dano psíquico, adquire singulares consequências na adolescência.

A possibilidade de investimentos em novos objetos, segundo Green (1996a, 1996b), advém da *função objetalizante*, cuja força vem de Eros, impulsionando movimentos de separação, ao mesmo tempo que tende à criação de novos objetos a serem investidos pelo Eu. Participa, portanto, dos processos de separação e luto e carrega a potencialidade de transformar qualquer coisa em um novo objeto. Nesse contexto, o que se destaca é que "o objetivo objetalizante das pulsões de vida ou de amor tem por consequência capital realizar, por mediação da função sexual, a simbolização" (Green, 1996b, p. 126). No território da adolescência, o trabalho de Eros adquire especial importância para o abandono e a elaboração da posição de onipotência infantil, acompanhada da gradativa construção de um projeto de futuro e da aposta neste "vir a ser".

Já a *função desobjetalizante*, de acordo com Green (1996b), age no sentido contrário de Eros, uma vez que, a partir da força das pulsões de destruição, tem como resultado o desinvestir. Nesse cenário, a noção de *narcisismo negativo*, formulada por Green (1988), parece-nos central para compreendermos a subversão do movimento da vida e, principalmente, para explorarmos sua ocorrência na adolescência. Quando a retração narcísica e o desinvestimento objetal estão em primeiro plano, estaríamos, segundo Green e Urribarri (2019), diante de uma espécie de "*onipotência negativa*, como se a pessoa dissesse 'posso recusar tudo, rejeitar tudo: as pulsões, o objeto e até a minha própria pessoa'" (p. 26). Sob esse viés, está em ação o desinvestimento, o qual não é sucedido por novas ligações.

A aproximação entre a adolescência e o funcionamento-limite leva-nos a pensar justamente na *polissemia* decorrente da alternância e do equilíbrio desses movimentos de investimento e desinvestimento, os quais, no momento de transição, possibilitam ou não novos investimentos e, inclusive, a criação de novos objetos. A dinamicidade desse trânsito configura-se como um dos elementos fundamentais para o investimento em espaços de experimentação do novo e do fomento ao desejo de autonomia, acompanhados por gradativa transformação na relação com os objetos. No entanto, na escuta clínica, defrontamo-nos com expressões de dor psíquica nas quais o predomínio de entraves e impasses nesses delicados e essenciais trânsitos psíquicos ilustram singulares desafios que podem apresentar-se ao adolescente.

Nos fragmentos clínicos de Marcelo e Helena, marcam presença a retração narcísica e o desinvestimento objetal por meio de um significativo fechamento para o mundo e para alteridade, que tomou proporções extremas durante o isolamento social na vigência da pandemia da Covid-19. Destacamos, ainda, que esse desligamento, operado pela função desobjetalizante (Green, 1996b), trabalha contra o necessário processo de luto do adolescer. Assim, diante da impossibilidade de criar novos objetos, o psiquismo é cativo da destrutividade e, ao não encontrar recursos necessários ao trabalho de ligação e tramitação de intensidades psíquicas, predomina a tendência à descarga, seja na recusa ao agir, seja no recurso ao ato. Nesse sentido, o recurso e a recusa ao ato testemunham o domínio de forças de destruição nas expressões da dor psíquica.

Conforme referido, a adolescência testemunha as intrincadas relações entre sujeito e cultura, comportando em si mesma uma dimensão traumática não necessariamente equivalente a uma leitura psicopatológica do adolescer. A polissemia adolescente, portanto, exige acuidade na escuta clínica que permita identificar a presença e os singulares efeitos decorrentes de uma equação psíquica na qual, à precariedade de recursos, que extrapola o traumático que lhe é próprio, se somam intensidades decorrentes dos reais impactos de uma catástrofe como foi a pandemia da

Covid-19. Parece-nos, portanto, fundamental reconhecer a pertinência de relançar e ampliar os interrogantes sobre a adolescência neste contexto.

A escuta do traumático conjugado em primeira pessoa

Ao se referir à pandemia do coronavírus, Birman (2020) identifica que a dimensão psíquica nela implicada "se conjuga necessariamente com as dimensões políticas, sociais, econômicas, ecológicas, culturais, éticas e científicas" (p. 12). É inegável que os desdobramentos da pandemia, considerados na multiplicidade das dimensões referidas, atingiram a todos e, como afirma Birman (2023), têm "um efeito marcadamente traumático sobre as subjetividades" (p. 141).

Nesse sentido, segundo Cardoso et al. (2023), é evidente a multiplicidade de resposta psíquica de cada sujeito diante do impacto da pandemia. Trata-se, portanto, ao nosso ver, de não perder de vista, também, a *singularidade do impacto*, ou, como afirmam as autoras,

> [...] analisar a ressonância subjetiva desse impacto, tendo em vista a intensidade da força que produz no mundo interno, o que está em direta correlação com a especificidade dos arranjos que cada psiquismo é capaz de realizar (p. 102).

Considerando tal afirmativa e reafirmando a impossibilidade de uma reflexão sobre a adolescência que desconsidere os impasses que envolvem o sujeito, o outro parental e os laços sociais, passaremos a explorar questões do processo de adolescer que nos parecem ter sofrido relevante impacto no recorte temporal da pandemia.

Ao se afastar progressivamente das figuras endogâmicas em busca de outras identificações, o adolescente ingressa em um tempo de experimentações. Essa travessia está permeada não só por anseios de maior autonomia, mas também por muitos medos, angústias e agonias, por vezes, paralisantes. Estamos, portanto, diante de uma condição de desamparo que pode ser incrementada pelas (im)possibilidades de sustentação de seu entorno, assim como pelos atravessamentos de eventos inéditos, como a pandemia da Covid-19. Para alguns jovens, a confluência da fragilidade narcísica e da avalanche pulsional já os deixava em uma condição de vulnerabilidade psíquica.

Ao levarmos em consideração o intenso trabalho psíquico inerente à adolescência, é preciso reconhecer a força com que a pandemia incidiu sobre o sujeito adolescente, sobretudo em determinadas condições de vulnerabilidade psíquica e social. A pluralidade das manifestações de sofrimento e dor aludem a uma complexa interação entre elementos internos e externos presentes em uma história. Não há dúvidas de que o traumático se dá nesse entrecruzamento que, ao ser conjugado em primeira pessoa, abre a possibilidade de desvelamento da singular tessitura da história e da dor psíquica. Assim ocorreu por ocasião da escuta de Marcelo e de Helena. Além disso, suas dores reverberam em nosso pensamento clínico, impondo um relevante trabalho teórico e clínico que tem como intuito ampliar as condições de escuta da polissemia na clínica com adolescentes.

Helena chegou à análise durante a vigência do isolamento social, no segundo ano da pandemia da Covid-19. Recém havia completado 15 anos e, logo, contou que havia passado seu aniversário em "branco", pois, já há algum tempo, não vinha tendo ânimo para comemorações. Em contrapartida, estava cada vez mais habitada pelo que denominava de "paranoias", por doenças que a acompanhavam de longa data. Expressões corporais, como enjoos, desconfortos abdominais, sensação de estufamento, "prisão de ventre", eram, para ela, sinais de que algo não ia bem com o seu corpo. Não necessariamente sentia dores, mas, principalmente, sensações que remetiam a problemas no "trânsito intestinal". Acreditava ser portadora de alguma doença do trato digestivo que não fora detectada por exames médicos. Dizia que seu "corpo era frágil" e tinha medo de "passar mal". Por isso, preferia ficar quieta em sua cama. Sua necessidade de quietude era tamanha que não tolerava assistir às aulas, que, naquele momento da pandemia, ocorriam de maneira remota.

Seu desinteresse pela esfera escolar ia muito além do mero efeito do ineditismo do ensino de modo on-line. Antes mesmo da pandemia, Helena vinha enfrentando problemas pelo "excesso de faltas". Dizia que não ia à escola porque era "preguiçosa", preferindo ficar em casa dormindo. Em outros momentos, o que a impedia de sair de casa era o medo de passar mal. Ausente do espaço escolar, foi afastando-se progressivamente dos colegas e fechando-se cada vez mais. Inicialmente, seus pares pareciam fazer tentativas de chamá-la; porém, ao não encontrarem resposta, pararam de insistir: "Acho que já desistiram de mim". Assim, quando o isolamento social se impôs, enquanto medida de saúde pública, ela já se encontrava em uma posição subjetiva de se retirar do mundo.

Como compreender a obstinada posição de Helena em se retirar da vida, encerrando-se em si mesma? Quais questões estavam contempladas na forma como não "digeria" as mudanças de seu corpo em crescimento e as inevitáveis demandas de trâmite pulsional do desabrochar da sexualidade? Mas se interrogar sobre o que a acometia parecia fora de questão. Suas crenças eram inquestionáveis, e, então, ela se fechava diante do incipiente diálogo analítico mergulhando em longos silêncios. Fica evidente, portanto, que, desde o início, o desinvestimento preponderava e incidia inclusive sobre as possibilidades de ligação e construção de sentidos do trabalho de análise.

Ao considerarmos as manifestações de sofrimento psíquico na adolescência, inevitavelmente somos conduzidos na direção dos intercâmbios com o objeto primordial em seu decisivo papel na instauração da sexualidade, assim como na constituição do Eu e do narcisismo. O notável desinvestimento de Helena desvela a repetição de uma condição de desamparo que, no recorte temporal da pandemia, incrementa seu potencial traumático a partir da sobreposição de elementos e situações que envolve seu entorno, mais especificamente seu núcleo familiar. Destaca-se, no contexto, o impacto que incidiu sobre ela, a decisão de mudança a uma nova cidade, que ocorreu justamente em um dos períodos mais tensos da crise sanitária. No entanto, as dificuldades iam muito além das peculiaridades "práticas" desse deslocamento em tempos pandêmicos, já que, ao ter que lidar com uma mudança, sem muito planejamento, se instauram nuances de uma violenta ruptura com os parcos investimentos que Helena conseguira estabelecer.

Tratava-se, para a mãe de Helena, de uma tentativa de (re)começo de vida, longe da família de origem de quem dependia para prover os cuidados à filha. A genitora era muito jovem quando engravidou de um homem mais velho com quem teve um breve envolvimento. Assim que a menina nasceu e foi registrada, o genitor foi embora para outro estado e se eximiu de suas responsabilidades. A mãe contou com o apoio dos próprios pais; porém, ao longo dos anos, o relacionamento entre eles foi se tornando bastante bélico, e, em momentos de conflitos mais intensos, Helena e a mãe saíam da casa dos avós e tentavam recomeçar a vida junto a outros parentes, mas sempre regressavam. Durante a pandemia, repetiu-se essa situação, pois a mudança não se sustentou por muito tempo. Nessa ocasião, foram amparadas por uma tia-avó, com quem passaram a residir. Foi essa parente quem procurou atendimento para Helena. Então, quando sua análise se iniciou, a tentativa de mudança já havia fracassado, e mãe e filha haviam retornado à cidade de origem.

Desse período, o mais difícil para Helena parece ter sido, ao se deparar com a escassez de recursos materiais, lembrar que os avós haviam anunciado que a mudança fracassaria, pois sua mãe "nunca iria conseguir se bancar". Desprovidas de recursos materiais, bem como de escassez de recursos psíquicos, o incremento da condição de desamparo de mãe e filha ficou evidente. A jovem, ao não encontrar vias simbólicas para nomear sua dor e dar sentido ao vivido, ficava "de cama", quieta, em posição de *recusa a agir*.

Com efeito, Helena parecia dizer "não" a tudo que apontasse para a possibilidade de movimento. Por que lutava contra o movimento da vida, do crescimento? E mais, por que seu olhar para si mesma era o de alguém "perseguida" pelo padecer? O corpo, como sítio de mudanças e de sexualidade, estava adormecido, inerte e desinvestido como possibilidade de prazer. Seu corpo era identificado a um corpo adoecido, frágil, recebendo pequenas doses de alimento para não passar mal. A intensidade de tais "ideias" ou, como ela nomeava, de sua "paranoia" ocupava espaços internos ou externos. Vivia sempre sob a ameaça de algo que a deixaria "doente" devido à ausência de eficientes recursos de detecção pelos médicos ou da ausência de condições próprias de enfrentamento. O temor a passar mal frente ao outro encontra como única alternativa o progressivo ensimesmar-se. Podemos pensar que sua adolescência reedita o desencontro e o desamparo experimentados com os objetos primordiais e cujas marcas traumáticas se fazem notar pelas tramas do desinvestimento em seu tecido narcísico. A força da destrutividade, que invade e dita rumos de seu adolescer, deixava-a em uma posição mortífera de submetimento à paralisia/inércia.

No espaço de análise, essa força também comparecia. Por muito tempo, mostrava-se parcimoniosa com as palavras, pouco falava de si mesma e de seus sentimentos. Em contrapartida, demonstrava inquietante interesse e, até mesmo, certo entusiasmo em assuntos relativos a diagnósticos raros, exames e cirurgias – conteúdos que buscava por meio de comunidades na internet. Trazia às sessões as várias informações encontradas, mas desinvestia os convites da analista para explorar os enigmas que ali as convocavam. Pensar e falar pareciam-lhe tarefas hercúleas, produzindo versões desabonadoras sobre si mesma, tais como: "não nasci para pensar", "não consigo movimentar os músculos faciais". Todas as suas "impossibilidades" e "paralisias" justificavam que, portanto, ficaria quieta. Assim, evidenciava uma obstinada posição de imobilidade e de recusa em se aventurar pela curiosidade do encontro analítico.

Por outro lado, acusava sinais de que não aguentava mais a estagnação de sua vida. O isolamento social que inicialmente lhe parecia muito confortável foi perdendo terreno para uma sensação de tédio e desesperança. Ficara perplexa diante da impossibilidade de imaginar seu futuro. Em um estágio mais avançado de sua análise, evidenciava-se o temor a repetir o lugar do feminino em sua história familiar. Aprisionadas em mortíferas relações de "dependência econômica", as mulheres de sua história permaneciam impossibilitadas de serem donas de suas próprias vidas. Como investir em si mesma, em projetos futuros, presa nas amarras identificatórias de objetos cujas fronteiras se borraram facilmente, sem que cada uma pudesse falar em nome próprio e investir em si e no outro como alteridade?

De fato, tomar a ideia das fronteiras parece-nos uma via interessante para a escuta da polissemia do adolescer. Sternbach (2009) circunscreve a fronteira como sendo "uma marca que delimita territórios; os separa ao mesmo tempo em que os institui como diferenciados" (p. 137). Tal demarcação possibilita o contato com o outro lado, sendo uma *zona de transição* entre um e outro. Nos pacientes chamados fronteiriços, observam-se dificuldades na instauração e eficácia de suas fronteiras, visto que os limites são excessivamente porosos entre o Eu e o outro, assim como do ponto de vista intrapsíquico predomina um funcionamento que, marcado por cisões, vazios representacionais e de sentido, tende à descarga na ação ou na implosão corporal.

Ao escutarmos Helena, nota-se que a problemática dos limites pouco consistentes entre o Eu e o não-Eu incorrem no paradoxo de ela ter que lutar para não se deixar invadir pelo legado identificatório, ao mesmo tempo que não lhe é possível descolar do objeto, sendo a separação impensável não apenas para o Eu (devido à fragilidade do narcisismo), mas também para o objeto. Assim, predomina a impossibilidade de o Eu ser reconhecido e se reconhecer em sua diferença.

Helena anunciava antecipadamente seu fracasso de vir a ser independente, pois, mesmo antes de dar o primeiro passo, já se sentia derrotada e incapaz de se imaginar tendo uma profissão da qual gostasse e com a qual pudesse garantir seu próprio sustento no futuro. Sabemos que Helena não falava tão somente do sustento do ponto de vista material, mas também da angústia em que se encontrava ao não ter sustento para sua existência, quiçá sonhar com um futuro. A sombra de ser "aquela que é preguiçosa e não leva a vida adiante" paralisava-a. Como tocaria a própria vida se, assim como a mãe, não era uma pessoa "animada" e "persistente"? Ao se mostrar desacreditada quanto ao seu crescimento e futuro, restava-lhe apenas permanecer em uma posição infantil, bem como desvitalizada, mortificada, petrificada. Na história de Helena, a notável fragilidade, na construção do narcisismo, atualiza repercussões das identificações com enunciados de se manter "mortificada", cativa de objetos para os quais a autonomia se associava a um perigoso e mortal contágio. Observamos em Helena, por meio de sua *recusa a agir*, persistentes expressões de nuances do *narcisismo negativo* em seu aprisionamento à inércia e aos "enunciados" do incontornável fracasso que viria dos movimentos empreendidos.

A análise tinha sido o único espaço, em muito tempo, que ela não havia abandonado, levando a se interrogar se isso queria dizer alguma coisa. Sua interrogação nos remete ao ineditismo de se sentir em condições de sustentar o investimento nela, fazendo-se presente, mesmo que inicialmente comparecesse às sessões apenas para dizer que não tinha nada para falar. Ao "excesso de faltas" na escola, sobrepõem-se os efeitos de sua "presença" em análise, cujo efeitos passaram a se evidenciar por meio de seu progressivo interesse em saber sobre sua própria história, por ela mesma, questionando as inconsistências das versões de sua história oficial. Surpreendentemente, lançou-se em um movimento muito tocante e, por iniciativa própria, conseguiu contatar a família paterna, que agora não lhe é mais invisível. Percebemos que toda essa movimentação, apesar de ter sido permeada por descontinuidades, desânimos e mal-estares, despertou a curiosidade de Helena, que, sem perceber, foi gradativamente substituindo suas pesquisas por doenças pela busca de suas origens. Trata-se de uma aproximação que ainda é muito incipiente, mas que abriu a possibilidade de movimentar sua vida afetiva, mesmo que, em alguns momentos, sinta muita raiva. Isso nos parece bastante diferente do que se expressar prioritariamente por meio dos movimentos de desinvestir e se retirar.

Assim sendo, a aposta em Eros encontra, nas possibilidades abertas pela relação transferencial, condições de instituir um processo objetalizante, no qual, ao se "animar", Helena, pouco a pouco, pode construir as possibilidades de investimento. Não há dúvidas de que é na aposta à abertura ao novo que um processo de análise mostra sua potência, principalmente ao levarmos em consideração a especificidade da adolescência quando atravessada pelo entrecruzamento de aspectos traumáticos. Até aqui nos debruçamos na conjugação singular da dor psíquica de Helena; passaremos, a seguir, a acompanhar as nuances de escuta do adolescente Marcelo.

O jovem chegou à análise quando tentava retomar a vida, após o fim do isolamento social. Na época, tinha 18 anos e encontrava-se na transição entre o fim da vida escolar e o ingresso na faculdade. Sentia-se desanimado, apático, desvitalizado. Levantar-se da cama para realizar as atividades rotineiras e interagir com as pessoas exigia-lhe grande esforço. Apesar de conseguir manter alguns compromissos, realizava-os apenas como tarefas a serem cumpridas. Perguntava-se o porquê de agir como se estivesse "em modo automático", tal como uma máquina pré-programada, não só para cumprir a agenda, mas também para se portar perante as pessoas. Estava cada vez mais desconectado, desprovido de emoções e indiferente ao que lhe acontecia. Sem poder desfrutar do prazer de viver, afastava-se progressivamente de pessoas significativas e recolhia-se ao "seu mundo": o quarto e o mundo virtual. Desse modo, abstinha-se de se aventurar no mundo das relações humanas.

O encerramento em si mesmo acompanhou-o durante quase todo o período da pandemia. Apesar da possibilidade de usufruir de amplos espaços, encapsulou-se no próprio quarto, de onde só saía para se abastecer de "porcarias", referindo-se às guloseimas que ingeria compulsivamente, até praticamente "explodir". Tinha acesso ilimitado à internet, mas foi deixando de buscar contato com os amigos da escola. Conectava-se ao mundo virtual de forma anônima e consumia conteúdos "aleatórios", "memes", filmes, além de "muita coisa pesada" e jogos violentos. A batida da música repetitiva e incessante acompanhava-o durante as tantas madrugadas em que ficara sem dormir.

Desde sua pré-adolescência, Marcelo havia desenvolvido o "hábito" de passar boa parte da noite e madrugada conectado ao mundo virtual. Lembra que, na infância, passava muitas horas de seu tempo vago jogando videogame. Sendo uma pessoa mais introspectiva, por vezes solitária, esse tipo de entretenimento encaixava-se bem. Não tinha problemas de relacionamento e na escola, segundo ele, "até tinha amigos", os quais, mesmo sem muita intimidade, propiciavam certo balanceamento em seu jeito mais retraído. Assim, o fechamento das escolas, com gradativa falta de perspectivas de retorno, foi vivido por ele como uma verdadeira fratura que impossibilitou a sustentação daquelas precárias ligações. Da mesma forma, ver-se "enclausurado" em casa e no convívio mais estreito com a família não foi bem tolerado por ele, o qual encontrou como alternativa lançar-se em um isolamento extremo.

A escuta de Marcelo leva-nos a uma cena na qual a dor psíquica se manifesta, de maneira paradoxal, por meio da alternância extremada entre a recusa ao agir e do recurso ao ato. Ao se recolher, solitário, crê estar blindado das angústias de abandono e invasão que parecem atingi-lo. Corta os intercâmbios que se dão na fronteira entre o Eu e o outro, desliga-se progressivamente, de forma radical, de um mundo de trocas e experiências no campo alteritário e parece indiferente ao que o circunda. No entanto, precisa recorrer ao ato compulsivo de comer e jogar na tentativa de enlaçar a força bruta das pulsões de destruição que atacam o Eu. Estamos, assim, diante de um conflito em que o Eu precisa defender-se da invasividade, tanto de suas próprias pulsões quanto do objeto, e o faz por meio da força de intenso desinvestimento (Green, 1982).

Da mesma forma, encontramos em Green (1988) interessantes tessituras que nos possibilitam um aprofundamento na compreensão da dor de Marcelo. Quando diante de um psiquismo permeado por zonas sensíveis e muito vulnerável à irrupção da dor, segundo o autor, o Eu adota medidas defensivas extremas por meio de uma "carapaça narcisista protetora", com a qual busca prevenir-se dos excessos traumáticos. Tal medida se dá às custas de uma mortificação que mina o prazer de viver. Este estado é descrito por Green (1988) com primor: "A frieza, a distância e a indiferença tornam-se escudos eficazes contra os golpes vindos do objeto" (p. 171). O autor nos lembra, entretanto, de que essa armadura, que atua na organização narcisista com função de paraexcitações, não deixa de apresentar pontos fracos, assim como "o tendão de Aquiles", espaço vulnerável no qual pode adentrar e ferir aquilo que é temido pelo

Eu. A autossuficiência não passa, portanto, de uma ilusão conectada ao papel central que o objeto ocupa nessas subjetividades, assaltadas por angústias massivas de invasão e de abandono.

Com o decorrer da análise, Marcelo começa a se conectar afetivamente com outras dimensões da experiência por ele vivida durante o tempo do isolamento pandêmico. Com ares de indignação, diz ter sido negligenciado por aqueles que estavam em seu entorno. Lembra-se de uma vez ter chorado muito, "igual a um bebê". Acredita ter sido sua forma de dizer que algo não ia bem, mas que não conseguiu dizer em palavras, porque nem ele entendia o que se passava. Esperava um olhar constante, queixando-se de que todos à sua volta ter-se-iam esquecido de seu "pedido de ajuda". No transcorrer do tempo, frente ao ganho excessivo de peso e às raras saídas de seu quarto, os pais apelavam para que cuidasse da saúde, fizesse exercício e emagrecesse. Tal "apelo" não era atendido por ele, uma vez que o excesso de comida estava sempre em primeiro plano. Passa a predominar, no ambiente familiar, um cenário de escassez de palavras atravessado por incongruências, em que ele e o irmão eram exigidos a se cuidar, mas os próprios pais evidenciam sinais intensos de sofrimento e descuido. Assim, Marcelo se via desamparado e diante de paradoxos que não conseguia compreender.

No curso de sua análise, foi-se revelando que pairava sob a família uma tendência a funcionar em *modus operandis* de resolução de problemas. Assim, a experiência emocional parecia estar em um estado de congelamento, pois havia coisas a resolver. Quando Marcelo nasceu, a história familiar já era marcada por alguns acidentes de diferentes naturezas, sendo que um deles incorre na morte trágica de familiares bastante próximos de seus pais. Cresceu sem saber sobre esses eventos, e as poucas informações que tinha referiam-se à herança "financeira". Em alguns momentos, mostra-se indiferente ao silenciamento, dizendo não se importar com "sabe-se-lá" o que aconteceu. Em outros, chega a se aventurar a imaginar como teria sido para os pais terem vivido as perdas e terem que lidar com tantas questões. De qualquer forma, não havia possibilidade de pensar nos efeitos dessas perdas no estado emocional de seus pais, que tentavam alegrar-se com seu nascimento, em um cenário familiar devastado pela tragédia ocorrida. Assim, em uma história marcada pelo mortífero, não é de se espantar que sua mãe apareça, em seu discurso, como tendo a função preponderante de garantir a sobrevivência (física) dos filhos, em um contexto de abundantes recursos materiais. De fato, chama a atenção frases do tipo "dizem que eu fui um bebê voraz, acho que minha mãe sofreu para conseguir me manter alimentado".

Marcelo, ao contar sobre os excessos mais evidentes na vigência da pandemia, quando a preocupação com a saúde parece recair tão somente sob o corpo somático, desvela a força dos efeitos decorrentes da impossibilidade de se enfrentar com os sinais que apontavam para outras origens de sua dor. O próprio jovem só foi sentir o peso de seu sofrimento quando já estava obeso e praticamente "deformado". Inclusive, no próprio processo de análise, levou tempo até que fosse possível implicar-se na dimensão da dor psíquica que se apresentava em seu sobrepeso e denunciava, junto ao seu isolamento extremo, que "algo nitidamente não ia bem". Muito gradativamente, no espaço terapêutico, foram abrindo-se vias de dar sentido para a intensidade do vivido. Nesses momentos, conseguiu nomear sua surpresa com o que lhe pertencia: "Eu não sabia que tinha tanta raiva e ressentimento dentro de mim". "Perdi meus últimos anos", fala ao se referir à perda das vivências que poderia ter tido em seus últimos anos escolares: o contato com os colegas, as experiências com a sexualidade, o ambiente escolar, os esportes coletivos. Pensa no quão "bizarro" é dar-se conta de que, no dia em que antecedeu o fechamento das escolas, nem lhe passava pela cabeça que algo desse tipo pudesse acontecer. "Como assim, ontem tu tava ali despreocupado, jogando futebol e daí no dia seguinte não tinha mais que ir para escola?". O "estranho", como refere, foi operando no sentido de promover gradativa desconexão: dos amigos, da escola e de si mesmo.

Deslocar-se do "enclausuramento" imposto a si mesmo e reconhecer os impactos da dor psíquica na travessia analítica não se faz sem o enfrentamento de momentos muito difíceis, inclusive quando assolado pelo medo de enlouquecer diante do passado que não podia mudar e daquilo que nem sabe bem que perdeu. No entanto, sobreviver (agora psiquicamente) a essas turbulências afetivas possibilita a Marcelo, pouco a pouco, sair de um estado de "congelamento", inclusive, usufruindo de materiais simbólicos à disposição na cultura. Por meio da letra de uma de suas músicas favoritas, levanta a hipótese de que o compositor deveria estar melancólico, não porque não podia mudar o passado, mas porque vivia atormentado pela sombra do ontem. Justamente, era essa a questão que se apresentava diante de nós, quais seriam as outras saídas possíveis para que Marcelo não fosse tragado pela trágica e silenciada "herança melancólica" que o deixava à mercê de tantos desligamentos?

Sua narrativa, enfaticamente construída em primeira pessoa, dá a dimensão do alto custo psíquico do desconhecimento do sentido das intensidades que o assolam:

> Eu não entendia que eu sentia falta... Naquela época, eu só pensava que a aula on-line não funcionava para mim..., mas lá no fundo eu acho que eu fiquei muito mal, só que eu não conseguia me sentir triste. Hoje eu acho que o que mais me pega é a sensação de que me roubaram aquele tempo. Existe nostalgia do que não se viveu? (Marcelo)

Por meio do processo de escuta de Helena e Marcelo, defrontamo-nos com os efeitos de histórias marcadas por frágeis e singulares investimentos dos objetos. Como argumentamos ao longo do capítulo, na travessia adolescente, a reedição de temáticas de um primeiro tempo da vida apresenta-se como experiência incontornável, permitindo reconhecer a dimensão traumática inerente a esse processo. Porém, quando há incremento das intensidades e restrições no necessário trabalho elaborativo, os impasses que se sobrepõem às vias de tramitação e metabolização indicam um devir com mais precariedades no trânsito pelas questões narcísicas e alteritárias.

Marcelo e Helena evidenciam, assim, em suas trajetórias, a polissemia decorrente da fragilidade do Eu para administrar o que excede ao potencial inegavelmente traumático da adolescência, além de um importante movimento de endereçar seus silêncios, seus atos e suas dores a uma "estrangeira" escuta alteritária. Mesmo que oscilante e nem sempre vigoroso, esse investimento, em um espaço para falar de si, indica um sopro de Eros que não pode ser descuidado. Acredita-se, portanto, que, na intersecção do incremento do traumático, que se faz notar por meio de singulares expressões da dor psíquica via ato e das condições da escuta analítica, poder-se-á instaurar, mediante árduo trabalho de investimento na palavra e tessitura conjunta de sentidos ao excesso, uma possibilidade da construção de novos rumos ao adolescer.

Considerações finais

A escrita deste capítulo ancorou-se na intenção de destacar a polissemia presente na adolescência, a qual, ao nosso ver, encontra, na sensibilidade da escuta clínica, importante recurso de acolhimento. Para tal, pareceu-nos essencial discorrer sobre questões relativas aos campos narcísico e alteritário. Nessa direção, desenvolvemos argumentos teóricos que abrem relevantes vias de reflexão sobre as condições presentes no encontro entre o Eu e o outro e seus impactos na experiência adolescente.

Acreditamos, portanto, que a adolescência, ao ter como centro o enfrentamento com o incremento pulsional e a reedição de questões relativas às dimensões narcísica e alteritária, inevitavelmente, dialoga com a concepção do traumático em psicanálise. Especialmente, dedicamo-nos a discorrer sobre as organizações fronteiriças e patologias do narcisismo na medida em que nossa leitura sobre a adolescência reconhece o valor de tomá-la desde um ponto de vista que atribui devida relevância às dimensões narcísica e alteritária nela implicadas.

Conforme afirmamos ao longo do capítulo, buscamos, por meio da apresentação de autores que se dedicam a explorar temáticas que aludem à constituição do Eu, às condições do par sujeito-objeto, à instauração das fronteiras internas e externas, ao impacto da função objetalizante e da função desobjetalizante na vida psíquica, delimitar um campo teórico inicial para, posteriormente, desenvolver reflexões a respeito da escuta clínica de dois adolescentes no marco temporal da pandemia da Covid-19.

As vinhetas clínicas de Helena e Marcelo permitiram-nos descortinar a polissemia de vulnerabilidades psíquicas frente às quais os impactos decorrentes da experiência da pandemia da Covid-19 provocaram ainda mais devastação e dor. Trata-se de processos de escuta que reafirmam a necessidade de lançar luz ao impasse direcionado à escuta clínica quando, sob a vigência de condições catastróficas partilhadas no coletivo, urge não desmentir ou desconsiderar complexas e singulares tessituras que se expressam como dor psíquica. No caso das vinhetas clínicas, buscamos, também, evidenciar o risco de tomar as experiências pandêmicas como produtoras de uma vulnerabilidade que, na verdade, antecede e extrapola a vigência temporal desta situação.

Sabemos que a pandemia da Covid-19 provocou inegáveis efeitos traumáticos nas mais diversas searas do humano. Procuramos demonstrar, na tessitura da teoria com a clínica psicanalítica, que, em relação às subjetividades adolescentes já acometidas pelas nuances da vulnerabilidade psíquica, seus efeitos produziram um incremento e uma singular incidência em questões essenciais a essa, já traumática, travessia.

Referências

Birman, J. (2023). Sobre o trauma em psicanálise e os efeitos traumáticos da pandemia do coronavírus. In D. Coelho, E. Cunha, & J. Birman. (org.). *A vida depois das mortes – elaborações psicanalíticas da pandemia* (pp. 141-165). Devires.

Birman, J. (2020). *O trauma na pandemia do coronavírus: suas dimensões políticas, sociais, econômicas, ecológicas, culturais, éticas e científicas*. Civilização Brasileira.

Bleichmar (2005). *La subjetividad em riesgo*. Topia Editorial.

Cardoso, M. R. (2001). Adolescência e violência: uma questão de "fronteiras"? In Cardoso, Marta Rezende (org.) *Adolescência: reflexões psicanalíticas* (pp. 41-53). NAU Editora/FAPERJ.

Cardoso, M. R, Macedo, M. K., & Fortes, I. (2023). "Gritos e sussurros" – Eros e Thanatos na pandemia. In D. Coelho, E. Cunha, & J. Birman (org.). *A vida depois das mortes: elaborações psicanalíticas da pandemia* (pp. 93-108). Devires.

Green, A. (1982). La doble frontera. In A. Green. *La nueva clínica psicoanalítica y la teoria de Freud: aspectos fundamentales de lalocura privada* (pp. 103-125). Amorrortu.

Green, A. (1988). *Narcisismo de vida, narcisismo de morte*. Escuta.

Green, A. (1996a). *La metapsicología revisitada*. Eudeba.

Green, A. (1996b). *Pulsión de muerte, narcisismo negativo, función desobjetalizante*. In A. Green. *El trabajo de lo negativo* (pp 117-126). Amorrortu.

Green, A. (2008). El analista, lasimbolización y la ausência em el encuadre analítico. In A. Green. *De locuras privadas* (pp. 48-87). Amorrortu.

Green, A., & Urribarri, F. (2019). *Do pensamento clínico ao paradigma contemporâneo*. Blucher.

Padrão, C. B., Mayerhoffer, E. L., Silva, P. C. M., & Cardoso, M. R. (2006). Trauma e violência pulsional: a adolescência como situação-limite. In M. R. Cardoso (org.), *Adolescentes* (pp. 135-145). Escuta.

Rother Hornstein, M. C. (2015). Introducción. In M. C. Rother Hornstein (comp.). *Adolescencias contemporâneas: undesafío para elpsicoanálisis*. (p. 13-22). PsicolibroEdiciones.

Sternbach, S. (2009). *Organizaciones fronterizas y tramas intersubjetivas*. In H. Lerner, & S. Sternbach (compiladores). *Organizaciones fronterizas. Fronterasdelpsicoanálisis* (pp. 137-154). Lugar Editorial.

PSICODIAGNÓSTICO INTERVENTIVO PSICANALÍTICO (ESCOLA DE PARIS) COM ADOLESCENTES NOS LIMITES

Nayanne da Ponte Meneses
Bruno Cavaignac Campos Cardoso
Álvaro José Lelé
Roberto Menezes de Oliveira

A avaliação psicológica tem como objetivo a investigação sobre as formas de comportamento do ser humano no que se refere aos seus processos psíquicos e mentais (Pasquali, 2021) e, a partir disso, poder realizar inferências dos constructos que não podem ser diretamente analisados (Reppold et al., 2021). Portanto, preocupa-se em analisar como o sujeito pensa, sente e se comporta no mundo. Este importante campo do conhecimento é restrito aos psicólogos no Brasil (Conselho Federal de Psicologia, 2018) e, como uma atividade profissional, utiliza-se de conhecimentos, técnicas e procedimentos da ciência psicológica, seguindo a premissa de um raciocínio científico, com um objeto de pesquisa em questão, levantando hipóteses e buscando suas confirmações e refutações (Reppold et al., 2021).

A avaliação psicológica, com função clínica e finalidade diagnóstica, utilizando-se dos testes e métodos do exame psicológico, é denominada psicodiagnóstico. É um procedimento que se delimita em um tempo específico de acontecimento e visa à compreensão das problemáticas apresentadas à luz da ciência psicológica (Krug et al., 2016). Novas pesquisas apresentam diferenciações do psicodiagnóstico tradicional para o interventivo (Barbieri, 2017; Villemor-Amaral et al., 2022), com a proposta que intervenções clínicas sejam realizadas durante todo o processo avaliativo, não apenas ao final (Barbieri, 2008), tal como a proposta a ser apresentada neste capítulo, resultado da construção do mestrado em curso da primeira autora.

O Grupo de Pesquisa e Extensão Sobre Violências e Psicopatologias na Contemporaneidade (Vipas), da Universidade de Brasília (UnB), acontece em parceria entre a Clínica Escola Universitária e o Ambulatório de

Psiquiatria do Hospital Universitário de Brasília (HUB). Este projeto se desafia na constante construção de um dispositivo integrado plurifocal (Jeammet, 2000) de atendimentos para jovens adultos e adolescentes com psicopatologias e situações extremas que envolvem os limites identitários, sociais e corporais (Amparo et al., 2020).

O Vipas integra diversas estratégias de atenção, incluindo psicoterapia individual, atendimento psiquiátrico, consultas terapêuticas familiares, psicoterapia de grupo, grupo de mediação, além da recente proposta de um tipo de psicodiagnóstico interventivo de orientação psicanalítica (Piop), acrescentando os métodos projetivos na sua complementaridade, Rorschach e Teste de Apercepção Temático (Escola de Paris), como mediadores do processo avaliativo.

Embora possa parecer que são métodos distintos, pode-se observar que todos os dispositivos estão direcionados para um mesmo método clínico psicanalítico fundamental, centrado na associatividade da psique (Roussillon, 2019) e, consequentemente, visa à possibilidade de mediações para a representação, em uma clínica sensível a essa temática, na convocação cultural frente ao pensamento clínico contemporâneo e à psicanálise.

O pensamento clínico contemporâneo convida à emergência da indagação sobre a clínica dos extremos, aproximando-se, em muitos momentos, a problemáticas-limite, uma forma de pensar a psicanálise de uma nova maneira para abarcar o sofrimento psíquico nesses adolescentes. Essa clínica convoca a precariedade, ao grande desamparo desses sujeitos (Roussillon, 2019), quanto a um desinvestimento do objeto primário (Green, 2022). Portanto, é possível observar, nos casos extremos, os seus conflitos com suas próprias pulsões, acompanhados dos conflitos das pulsões dos objetos, ao passo que a perda de objeto primário é resultante de traumatismos na constituição desse Eu (Green & Urribarri, 2019), em que a experiência não faz ligação com a representação, desembocando em problemáticas de ordem narcísico-identitárias (Roussillon, 1999).

Uma contribuição importante para pensar a clínica dos extremos advém da necessidade de observar as moções pulsionais (de vida e de morte) do Isso e a problemática na relação com o pensamento: a representação, a fantasia e, consequentemente, o afeto, em que a descarga se torna o referente predominando em relação à representação (Green & Urribaldi, 2019). Portanto, na atuação desta clínica, é importante que se possa analisar os movimentos de investimento e desinvestimento objetal do sujeito, em que se utiliza também como referência as descargas passadas em ato, por conta da importante função do conflito do negativo nesta clínica.

Se o sujeito for capaz de sustentar a angústia, será possível que ele a represente. Caso o sujeito não possa sustentar a angústia inerente à simbolização, pode ocorrer o *acting out*. Ou seja, as falhas na simbolização que acontecem na clínica dos extremos advêm da vivência do que é "apresentado", mas não é representado devido à precariedade da elaboração psíquica ou do excesso traumático da experiência (Cardoso et al., 2016).

Neste trabalho, aprofundaremos um dos dispositivos realizados pelo grupo Vipas, o Psicodiagnóstico Interventivo de Orientação Psicanalítica (Piop), com a utilização da complementaridade dos métodos projetivos Rorschach e Teste de Apercepção Temática (TAT) pela Escola de Paris (Chabert et al., 2020), que neste estudo será denominado Piop (Escola de Paris).

O Piop se apresenta como um procedimento clínico de investigação científica valiosa sobre o sujeito (Barbieri, 2009) e um catalisador de processos terapêuticos (Villemor-Amaral et al., 2022), cuja fundamentação metodológica são as Consultas Terapêuticas (Winnicott, 1971/2023) e o Psicodiagnóstico Compreensivo (Trinca, 1984).

A difusão do modelo atualmente se mostra um desafio para os pesquisadores da área, quanto à qualidade técnica necessária do profissional, de seu mundo mental, e à sua ética para proporcionar o *holding* e fomentar um ambiente facilitador à espontaneidade, aspirando à integração do *self* do sujeito (Scaduto et al., 2019). Portanto, visa-se, com esta proposta, a esta sistematização teórico-técnica com a utilização da Escola de Paris.

Neste aspecto, o Piop (Escola de Paris) funcionaria como um método científico de investigação do sujeito e pressupõe: 1) explicação quanto à demanda (inclusive conteúdos latentes); 2) compreensão sobre a dinâmica emocional inconsciente do paciente por meio da transferência e contratransferência (técnicas de entrevistas livres e semiestruturadas e aplicação dos métodos projetivos), valorizando a dinâmica da associação livre; 3) avaliação global do paciente (personalidade, ambientes sociais e familiares); 4) síntese dinâmica e estrutural da vida psíquica (bases da dinâmica da personalidade, traços de caráter, consideração quanto às forças intrapsíquicas, intrafamiliares e socioculturais); 5) estudo de caso, analisando suas forças psicopatológicas e psicopatogênicas (análise da intensidade, repetição, afetividade e prejuízos, consequentemente, a análise da angústia, dos fantasmas inconscientes e das defesas utilizadas); 6) prevalecimento do julgamento clínico (Barbieri, 2008). Como se prioriza a utilização de métodos projetivos no processo (Barbieri, 2009), valorizando a escolha da orientação psicanalítica do grupo, inserem-se na proposta do Piop os métodos projetivos Rorschach e TAT pela Escola de Paris.

O cerne da Escola de Paris é uma combinação de elementos normativos com a subjetividade (Pasian & Amparo, 2018), em que se valoriza a psicanálise para o estabelecimento de uma corrente teórica, metodológica e praxeológica para a análise e interpretação dos métodos projetivos, como o Rorschach e o TAT (Chagnon, 2013).

Em resumo, o uso de métodos projetivos no Piop desempenha um papel importante ao fornecer ao terapeuta uma visão mais profunda do mundo interno do paciente, facilitando a compreensão de questões inconscientes e permitindo intervenções terapêuticas direcionadas e oportunas, naquele aqui-agora da sessão.

Ao utilizar os métodos projetivos pela Escola de Paris como mediadores da relação transferencial e contratransferencial entre psicólogo e paciente, pode-se oportunizar a observação quanto à interação entre o mundo interno e subjetivo e a realidade externa, ou seja, a capacidade fantasmática mediante atividade perceptiva do sujeito (Pasian & Amparo, 2018), as quais envolvem o trabalho de conteúdos latentes e manifestos (Chabert et al., 2020).

Assim, ao ser testado, o sujeito procura organizar uma informação ambígua, projetando aspectos de sua própria personalidade. Portanto, a complementaridade dos métodos projetivos da Escola de Paris visa a avaliar características da personalidade, processos afetivos e cognitivos, adaptação social, adequação à realidade, saúde mental e presença de psicopatologias por meio das defesas apresentadas frente ao estímulo (Chabert et al., 2020).

O Rorschach pela Escola de Paris (Chabert, 1987/1993) estabelece, como indicadores da clínica dos limites, que, por aproximação, se pode trabalhar com a mesma construção para a clínica dos extremos, como um aumento da frequência de respostas de: simetria, par, reflexo, anaclitismo (objeto de apoio/ligação), congelamento da fonte interna da pulsão (emergência do ideal do Eu), centramento em si mesmo, idealização, G impressionistas e G vagas (associa-se a F±), F% aparece quase sempre rebaixado sem prejuízo do julgamento da realidade, F+% satisfatório ou um pouco abaixo, exageros quanto a bondade e maldade nas respostas, *splitting* (aplicadas para respostas humanas), idealização com depreciação posteriormente, petrificação dos movimentos pulsionais (identificação projetiva e clivagem), sobreinvestimento ou fragilidade dos limites, angústia branca[3] e depressão narcísica – excesso de sensibilidade ao branco, cinza e ao preto, Dbl% –, experiência da falta, relativa à sensibilidade ao abandono e ao vazio e C' em cartões de temática materna (Amparo et.al., 2021).

Especificamente no que se refere à temática narcísica presente nessa clínica, é importante observar a substituição do amor objetal pelo amor narcísico, a busca perdida por uma imagem de si ideal e a ameaça mortífera do desinvestimento objetal e os efeitos sobre a qualidade da representação de si representados em manifestações sintomáticas do sujeito (Chabert, 1987/1993).

No TAT de pacientes-limite, as manifestações defensivas nas histórias contadas apontam para a dependência relacional muito intensa como defesa frente às fraquezas internas e à luta contra pensamentos destrutivos. Ao mesmo tempo, o sujeito enfrenta o grande desafio de se afastar e alimenta fantasias sexuais e agressivas que confundem a distinção do eu, usando a flexibilidade dos limites para evitar a solidão, o que pode levar a confusões perigosas quanto à diferenciação objetal e narcísica (Brelet-Foulard & Chabert, 2008).

Como a proposta do Piop não regulamenta a metodologia da análise e interpretação dos métodos utilizados para a análise na clínica dos extremos, tal como não regulamenta os métodos projetivos a serem utilizados (Scaduto et al., 2019), este estudo objetiva solucionar essa problemática, no que se refere aos métodos projetivos sugeridos, por meio da utilização e sistematização da corrente teórica, metodológica e praxeológica da Escola de Paris, a partir da análise dos aspectos normativos com a subjetividade do sujeito na descrição de suas respostas, integrando o imaginário e fantasmático, seus jogos progressivos e regressivos, tais como suas defesas e manifestações projetivas emocionais na análise da personalidade (Pasian & Amparo, 2018).

A hipótese é que a metodologia do Piop (Escola de Paris) favorece os processos associativos dos traumatismos psíquicos, no que se refere às falhas primárias na constituição do psiquismo, dando importantes

---

[3] Consultar: Green, A (1988). *Narcisismo de vida Narcisismo de morte*. Trad. Claudia Berliner. Editora Escuta. p. 244.

informações da constituição psíquica do sujeito a serem utilizadas em processos interventivos para a clínica dos extremos, simultaneamente, com outros dispositivos utilizados pelo Vipas. Ao mesmo tempo, as informações obtidas possam ser apresentadas nas consultas terapêuticas (Winnicott, 1971/2023) e posteriormente à aplicação, por meio de devolutiva escrita para ser utilizada por demais clínicos (psicólogo individual e psiquiatra, por exemplo), ainda que estes tenham encontros clínicos conjuntos para esse debate e possíveis articulações e desdobramentos. Como uma forma de explicação deste procedimento, um estudo de caso será apresentado.

Método

Participantes

Trata-se de um estudo de caso sobre Chris, nome utilizado como pseudônimo para preservar o sigilo. Chris é um adolescente de 14 anos, no momento do Piop (Escola de Paris), com problemáticas narcísico-identitárias, comportamentos antissociais de ordem agressiva, ideação suicida iniciada aos 8 anos de idade e escarificação (puxar a pele dos pés e deixá-los em carne viva). No período do psicodiagnóstico, Chris havia-se queimado com uma panela quente de óleo, e suas mãos tiveram a pele da queimadura retirada por ele, sendo uma importante preocupação da mãe quanto às possíveis infecções, acidente esse narrado como não intencional.

Chris, ao chegar ao nosso grupo, estava fazendo acompanhamento com um psiquiatra fora da parceria Vipas, que receitou Sertralina 100 mg, Torval 300 mg, Lítio 300 mg e um remédio para dormir não especificado pelos familiares em consulta terapêutica. Os familiares se queixaram sobre a qualidade técnica e quanto ao trato social diante do tratamento oferecido pelo médico e, portanto, estavam buscando um novo psiquiatra para o acompanhamento do Chris. Reclamação novamente relatada em relação aos psicólogos que o acolheram em outros momentos.

Chris estava iniciando o seu acompanhamento pelo Vipas em psicoterapia individual e foi sugerido, em supervisão clínica plurifocal, o acréscimo de mais um dispositivo, o Piop (Escola de Paris), que ocorreu simultaneamente às sessões individuais de psicoterapia na abordagem psicanalítica. Após o encerramento do Piop (Escola de Paris), Chris foi encaminhado para a equipe de psiquiatria parceira do projeto, por demanda familiar, passando, posteriormente, por mais consultas terapêuticas familiares de acompanhamento, como uma forma de acolhimento das angústias familiares diante do processo. Desta forma, Chris integrou quase todos os dispositivos oferecidos pelo grupo. Neste trabalho, apenas serão apresentadas a pesquisa no que se refere ao Piop (Escola de Paris) e as considerações que foram sendo tomadas para esses encaminhamentos.

Questões éticas

O estudo foi submetido ao Comitê de Ética do Instituto de Ciências Humanas e Sociais da Universidade de Brasília e aprovado com o CAEE: 74436423.1.0000.5540.

Procedimentos

Foram realizados os seguintes procedimentos: 1) consulta terapêutica com apenas os pais (Winnicott, 1971/2023); 2) consulta terapêutica com apenas o jovem (Winnicott, 1971/2023); 3) aplicação do Rorschach (Chabert et al., 2020; Jardim-Maran, 2011); 4) aplicação do TAT (Chabert et al., 2020); 5) ao final de cada teste, foi realizado o inquérito final dos métodos projetivos estendido, visando a processos interventivos, favorecendo processos de associação livre e trabalho dos conteúdos manifestos e latentes em sessões interventivas (Barbieri, 2009), favorecendo um processo análogo às consultas terapêuticas (Winnicott, 1971/2023); 6) discussão dos resultados em consulta terapêutica (Winnicott, 1971/2023), ocorrendo em quatro tempos no mesmo dia, a) com o pai e o Chris, b) apenas com o Chris, c) apenas com o pai, d) apenas com a mãe (essa separação se deu para que determinadas temáticas fossem trabalhadas em particular, gerando possibilidades múltiplas, interventivas e elaborativas com maior liberdade quanto às temáticas familiares); 7) devolutiva escrita.

O fluxograma descrito a seguir (Figura 1) visa a elucidar este procedimento por uma via gráfica, a fim de tornar didática a ordem das intervenções no que se refere à metodologia do Piop (Escola de Paris).

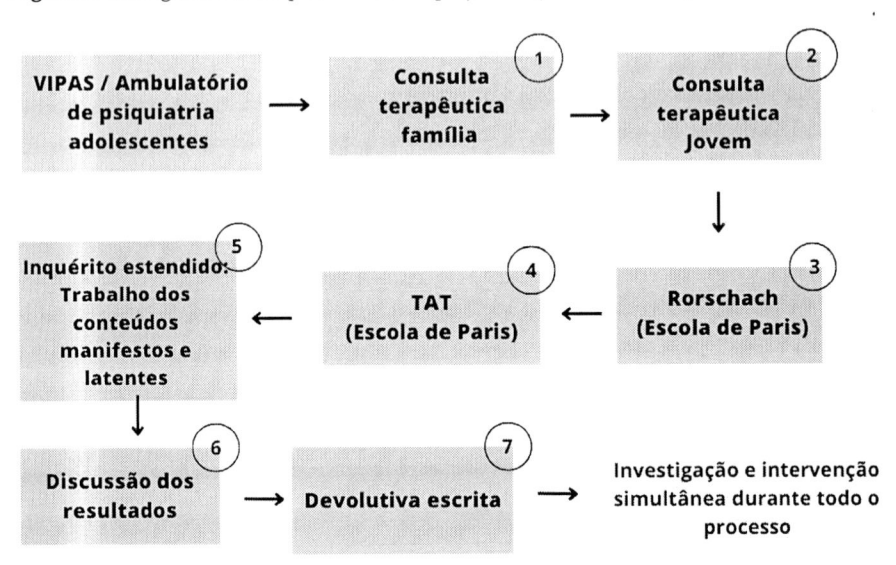

Figura 1: *Fluxograma do Piop com métodos projetivos (Escola de Paris).*

```
┌─────────────────┐      ┌──────────────┐ ①    ┌──────────────┐ ②
│ VIPAS/Ambulatório│      │   Consulta   │      │   Consulta   │
│  de psiquiatria  │  →   │  terapêutica │  →   │  terapêutica │
│   adolescentes   │      │    família   │      │    Jovem     │
└─────────────────┘      └──────────────┘      └──────────────┘
                                                       │
                                                       ↓
┌─────────────────┐ ⑤    ┌──────────────┐ ④    ┌──────────────┐ ③
│Inquérito estendido│     │      TAT     │      │   Rorschach  │
│  Trabalho dos    │  ←   │(Escola de Paris)│ ← │(Escola de Paris)│
│   conteúdos      │      └──────────────┘      └──────────────┘
│  manifestos e    │
│    latentes      │
└─────────────────┘
        │
        ↓
┌─────────────┐ ⑥    ┌──────────────┐ ⑦      Investigação e intervenção
│Discussão dos│  →   │  Devolutiva  │   →    simultânea durante todo o
│  resultados │      │    escrita   │                  processo
└─────────────┘      └──────────────┘
```

Nota. Elaboração própria.

Foram disponibilizados para a realização do Piop (Escola de Paris) sete dias de encontro, considerando todo o processo psicodiagnóstico. Os horários eram fixos para início do atendimento, agendado semanalmente, mas não havia um horário predeterminado para o fim do atendimento, indo de encontro à teorização de Winnicott no que se refere a apresentação quanto ao jogo da espátula e à sua associação quanto à temporalidade na clínica (Safra, 1999), sendo dado como final da sessão o momento no qual o paciente e/ou família não realizava mais o uso dos objetos mediadores e/ou o próprio clínico como objeto, sendo em média utilizados 90 minutos a cada encontro. A temporalidade prolongada da sessão indicava uma necessidade de Chris em se fazer escutar e ser ouvido, o que foi constantemente constatado pelas suas respostas nos métodos projetivos (o apelo ao clínico (D3) no TAT, crítica ao aplicador no Rorschach e solicitações diversas nos momentos dos métodos para adentrar temáticas associadas às suas referências pessoais).

Análise dos dados

Por se tratar de uma investigação-intervenção, o objeto-sujeito do estudo estava sob o olhar clínico participante (Barbieri, 2009), visto que processos contratransferenciais também eram interpretados. O clínico registrava suas impressões, hipóteses e perspectivas de associação teórica em seu diário de campo. No que se refere às intervenções clínicas, estas eram realizadas em todos os momentos do psicodiagnóstico, estando associadas ao processo investigativo clínico, em que as respostas do sujeito em consulta terapêutica eram constantemente contrapostas com as hipóteses psicopatológicas e psicopatogênicas levantadas pelo clínico dentro do processo avaliativo, o que também é denominado *member-check* (Barbieri, 2009). Nesta clínica, as hipóteses estão relacionadas ao mapeamento do traumatismo psíquico, e, nos momentos em que há indicadores de traumatismos, evidencia-se o investimento clínico interventivo.

Para observar a eficácia do *member-check,* utilizou-se da validação *peer-check* (Barbieri, 2009). No *peer-check,* sob a posse de seu diário de campo, os resultados coletados na pesquisa foram submetidos a supervisões clínicas com profissionais juízes considerados referência da Escola de Paris no Brasil e que, por fim, julgaram as respostas do sujeito nos métodos projetivos utilizados, resultando em uma reflexão clínica e posteriormente um acordo intersubjetivo dos autores do trabalho, proporcionando uma costura entre teoria psicanalítica-intervenção-investigação, para mensurar a psicodinâmica do sujeito e fazerem parte da costura, em uma concepção dialógica da validade do estudo (Kvale, 2003 como citado em Barbieri, 2009) e as possíveis ressonâncias na dinâmica psíquica do sujeito a partir dos resultados encontrados pelos métodos projetivos.

Neste caso, a escolha rigorosa da matriz epistemológica da Escola de Paris (Chabert et al., 2020) para os métodos projetivos, tal como o treinamento clínico psicanalítico específico, fundamentado em um modelo winnicottiano, visou à diminuição quanto às problemáticas técnicas do psicólogo para realizar esse processo interventivo, apontadas por Barbieri (2008) como limitações do profissional na utilização do Psicodiagnóstico Interventivo como método de investigação científica. Também foi utilizada uma matriz transmatricial psicanalítica (Figueiredo & Coelho Junior, 2019) para pensar nas implicações da clínica contemporânea e especificidades da clínica dos extremos em supervisões clínicas sobre o caso. No que se refere aos métodos projetivos, fez-se uso do último estudo normativo do Rorschach para adolescentes no Brasil (Jardim-Maran, 2011) para estar adequado à subjetividade regulamentar de nossa cultura, e algumas ponderações colocadas no novo manual da Escola de Paris (Chabert et al., 2020) foram levadas em consideração, como a inserção do indicador KClob. Infelizmente, no que se refere ao TAT com adolescentes, ainda se observam poucos trabalhos no Brasil, abrindo uma vasta lacuna de estudos a serem futuramente preenchidos. Porém, por utilizar uma folha de análise dos processos de discurso nas histórias contadas, percebe-se um rigor cuidadoso em que Chabert et al. (2020) já nos oferecem, principalmente ao propor uma metodologia do TAT que está em constante movimento, inserindo a Série D no último manual como subsídio reflexivo de casos-limite e suas atuações no *setting*.

Por fim, também foi utilizada a validade clínica (Tavares, 2003) e histórica, também chamada validade retrospectiva (Barbieri, 2009), em que os dados coletados nas consultas terapêuticas corroboram os dados observados pelos métodos projetivos, e na análise transferencial e contratransferencial julgada no *peer-check* (Barbieri, 2009).

Resultados

Especificidades das consultas terapêuticas

A consulta terapêutica (Winnicott, 1971/2023) com os pais apontou para um direcionamento importante na busca do traumatismo primário de Chris, sendo a primeira hipótese clínica digna de ressalva: o ambiente frente ao anúncio de sua chegada, as posições emocionais de suas figuras parentais e suas ressonâncias estão relacionadas a esse traumatismo psíquico. Uma separação significativa do casal ocorreu após o anúncio da gravidez pela mãe de Chris, relatando o período da gestação como um momento de extrema solidão, isolamento e pensamentos deprimidos. O pai de Chris chegou a se mudar para o exterior nesse período, negando a função de pai. A separação se deu até os oito meses após o nascimento de Chris; o casal parental retornou o seu relacionamento e se separou definitivamente quando Chris completou 6 anos de idade. O processo de separação foi relatado como muito difícil emocionalmente para a mãe, que, nesse período apresentou sintomáticas análogas a quadros depressivos, apontando para uma dinâmica do ambiente familiar marcado por instabilidade financeira, conflitos relacionais, sensação de abandono e insegurança. As tentativas de suicídio de Chris iniciaram dois anos após o divórcio, sendo relatada angústia emocional somadas a irritabilidade, ansiedade e agitação à sensação de abandono de sua figura parental. O pai relata que apenas recentemente, após um maior agravamento do quadro sintomático de Chris, por conta de seus comportamentos de violência heteroagressiva, visou a um acompanhamento mais cuidadoso com sua função parental para com o jovem para além dos encontros quinzenais permeados por uma superficialidade de idas ao cinema ou experiências alimentares durante o crescimento de Chris.

A consulta terapêutica (Winnicott, 1971/2023) do adolescente indicou para a dificuldade na diferenciação dos sentimentos de raiva e do que inicialmente o Chris denominou como tristeza. Na sua percepção, há uma fusão desses sentimentos, associando-os à relação paterna prioritariamente. A segunda hipótese clínica emergiu em que era necessária a análise da sensação de solidão (conteúdo latente), em que defesas depressivas e agressivas/sexuais (conteúdo manifesto) eram acionadas como tentativa de formação de compromisso frente ao temor do abandono e à incapacidade de estar só (Winnicott, 1998), convocando a conjectura de se tratar de uma clínica com problemáticas narcísicas-identitárias (Roussillon, 1999).

Utilizando-se dos métodos projetivos como mediadores das consultas terapêuticas, em que convoca a dinâmica relacional entre o material, o clínico e o sujeito, ou seja, uma abordagem pluridimensional (Chabert, 1999), sendo uma importante fonte de intervenção-investigação, seguem as principais considerações acerca de cada um dos métodos, fundamentando-se também nas explicitações técnicas do manual de Chabert et al. (2020).

Rorschach como mediador das consultas terapêuticas com o jovem

Embora a produtividade seja reduzida (16 respostas) e a aplicação espontânea um tanto apressada (menos de um quinto de hora), o protocolo do Chris testemunha uma mobilização psíquica dinâmica e conflituosa. O tratamento do material pode ser imediato, mas as respostas são dadas com solicitação a um suporte clínico, com idealização de valência negativa na crítica ao material ou ao próprio sujeito, como a resposta ao Cartão II: "*@ dois coalas dando uma toca aqui. A resposta que eu dei foi bem ridícula! É você quem faz* (os cartões)?". Chris esboça comentários que pretendiam ser objetivos, mas, quando solicitado inquérito, acaba entrando em contradição, sustenta a resposta por meio de gesticulação, ou um sobreinvestimento dos contornos dos cartões, ou também com comentários que fogem da proposta do método, ofertando experiências outras de seu dia a dia ou identificando-se com uma posição de agressão projetada ao aplicador como no relato no inquérito do Cartão III: *"Toda vez que você me perguntar eu vou falar que é porque me fez lembrar, ou o formato!!* [Após a aplicadora explicar novamente o procedimento] *Fui rude?"*.

A oscilação do humor em suas respostas aparenta uma defesa frente aos estímulos dos cartões, e, embora faça o uso de medicação para a regulação de humor, percebe-se como uma defesa ainda atuante perante moções do Isso correspondentes à função de autoridade, a lei. Sua preocupação com o tempo de suas respostas, assim como a tentativa de ver o que estava sendo escrito na prancheta da aplicadora, chegando a invadir o espaço físico durante o processo de associação livre, indica a necessidade de tentar ter controle sobre o método projetivo, como apontado nas frases *"Eu estou tentando fazer rápido"* e *"Mais de um minuto que isso?"* [rindo, referindo-se ao cronômetro], demonstrando uma dificuldade na diferenciação com o outro, indicando problemáticas da alteridade e da autoridade.

A análise do Rorschach (Jardim-Maran, 2011) apontou para uma diminuição do número de respostas (R=16, M=17,7), com visões de conjunto um pouco acima da média (G%=37,5%, M=35%), em que uma das respostas dá-se partindo dos detalhes para o todo (DG), demarcando um tipo de pensamento próprio, marcado pela crítica ao material (contornando os limites como evitação das solicitações latentes do Cartão V, neste caso, diz respeito à sensação de integridade somática e psíquica). Majoritariamente, o percepto foi sendo percebido de forma parcializada (D%=43,75%, M=33,4%), indicando defesas do manejo fantasmático para a evitação de confrontos pulsionais, com uma leitura mais imediata do material (Chabert, 1993).

Ainda no que se refere à localização, Chris apresentou menos ocorrências em Dd (Dd%= 18,75%, M= 30,3%), embora as tenha referenciado de forma qualitativa (crítica ao material, dificuldade de integração do ponto de vista da representação e buracos associativos), o que nos demonstra um forte oposicionismo para com seu mundo interno, corroborando com a percepção do espaço em branco do cartão (Dbl=6,25% M=1,1%), deixando escapar o seu sentimento de vazio. Ou seja, Chris se sentiu atingido pelas lacunas, deixando a marca da insuficiência, agressividade e incompletude de suas relações primárias ressoarem, comprometendo sua atividade mental, gerando a hipótese de que esta se relacione ao seu comportamento antissocial (presença de Bl no Cartão III).

Apresentou nível de aspiração dentro da proporção estabelecida (3K:6G), e, embora apresente potencialidades de aspiração, estas são decrescidas pelo seu pouco controle geral sobre os dinamismos psíquicos, impulsos e reações afetivo-emocionais (F%= 37,5%, M=54,5%), o que pode indicar impulsividade, humor mais depressivo e pensamento original, com preservada tentativa de organização mental (F+%= 66,66%, M=30,2%), que pode vir a falhar em demandas emocionais (F+%ext=50%, M=57,33%).

Têm consciência de impulsos que exigem gratificação imediata, de origem mais arcaicas da personalidade, e necessitam ser controlados, porém os denega e desloca a impulsividade (Σ3K:Σ5k), apresentando tensões demasiadamente fortes para permitir que use seus recursos internos de forma adequada, gerando instabilidade; e, por conta de algumas valências negativas, evidencia a presença de fantasias escapistas interferindo no funcionamento psíquico, com falta de controle sobre os processos imaginativos, reduzindo a eficiência intelectual. Hipotetiza-se que a tendência a defesas maníacas pode estar associada às respostas de movimento no protocolo de Rorschach, que podem estar relacionadas às manifestações dos comportamentos agressivos de Chris.

Chris apresenta elevada necessidade de contato (EF), corroborada pelas respostas em perspectiva (→ E), sendo apresentada como defesa ao sentimento de inferioridade associada à temática uterina (Cartão IX), por exemplo, o que, qualitativamente, se refere à ressonância latente do trauma presente em um momento muito primário de sua constituição, em que o distanciamento de sua função paterna no período gestacional estava associado a uma reverberação depressiva de sua função materna durante e após nascimento de Chris, verbalizado em consulta terapêutica com os familiares.

Também tem um protocolo marcado por uma sensibilidade narcísica e depressiva ao tom preto e branco dos cartões (Presença de C'F; KClob- e C' em tendência), indicando pouco recurso interno para lidar com momentos de angústia, traduzindo-o corporalmente (Anat= 12,5%, M=5,2%) e com uso de recurso cultural como defesa da depressividade (Art=12,5%, M= 0,6%).

Na análise qualitativa do Rorschach, percebe-se um esforço para a delimitação dos contornos, uma cartografia dos limites utilizando os dedos, com um sobreinvestimento dos limites como defesa à depressividade, visando a um apoio no percepto e ao uso gestual para dar conta da ausência de representatividade, refugiando-se na banalidade, como visto no exemplo: *"Uma mariposa. O centro dela me lembra o tronco da mariposa, as asas, a frente e o final"* (G na Cartão I).

Apresenta muitas respostas de ligação, não conseguindo identificar no branco da mancha uma possibilidade de separação, utilizando-o como outro limite ao corpo, como no exemplo: *"Aqui são duas pessoas, mas as duas pessoas estão interligadas como se fossem uma só. Essa parte eu não sei explicar. Parecem interligadas, mas não fisicamente. É uma áurea que interliga as duas"* (Ddbl na Cartão III), levantando-se a hipótese de um excesso de ligação dando indícios para uma angústia branca e dificuldade de separação.

No cartão VII, cartão com conteúdo latente materno, observa-se uma maior desorganização do sujeito, observando uma catástrofe da simbolização, como exemplifica a resposta: *"O corpo de uma pessoa, a perna, uma cabeça de elefante pegando fogo. Aqui eu vejo o corpo de uma pessoa, a cabeça de elefante e aqui como se fosse uma fumaça saindo da cabeça dele, então está pegando fogo, não vai sair à toa* [referindo-se à fumaça], *então tem fogo"* (D Cartão VII), indicando que a mãe é percebida de forma fragmentada, não sendo possível integralizá-la, e, da mesma forma, a partir do parcial, ele busca perceber o mundo, limitando sua simbolização. E o Cartão IX tem sua primeira resposta negada justificada por *"Eu estou tentando evitar dar uma resposta. É vergonhosa. Eu estou com vergonha e não vou falar"*. Neste aspecto, é possível observar uma catástrofe pela falha de simbolização primária do conteúdo manifesto ou latente da imagem, associada ao período intrauterino, corroborando a hipótese inicial.

No inquérito estendido, abordando sobre as preferências quanto aos cartões, ao citar a IX como a que menos gostou, o paciente começou a chorar, relatou sobre os sentimentos aversivos que tem, sua sensação e desejo de morte, assim como relatou suas tentativas de suicídio, solicitando à aplicadora que encerrasse a aplicação e fosse abraçar a sua mãe que o aguardava na sala de espera da clínica escola. Isto corrobora a hipótese acerca do traumatismo associado ao período gestacional, como evidenciado pela primeira hipótese da aplicadora, em que o traumatismo está associado ao período mais regressivo do sujeito, o intrauterino. Para além, cabe a pontuação sobre uma hipótese de catástrofe ligada ao traumatismo de separação, considerando tamanha a dificuldade de Chris nos processos de separação descritos anteriormente, estando associada a um momento também muito primitivo.

Chris, em vários momentos das projeções, se defende da depressividade por defesas maníacas, com oscilação de humor e comentários depreciativos, com apelo clínico para que seja uma conversa em que é escutado e compreendido, que o aplicador faça parte de sua vida psíquica, ainda que não se tenha uma delimitação clara dos limites entre o aplicador e o sujeito, com muita sensibilidade à rejeição.

O protocolo apresenta seis localizações globais (G=6; G%=37,5%), das quais três são categorizadas como G simples (Cartão I e Cartão V), que geram a possibilidade de um contato com o mundo mais socializável, embora precise mostrar-se como "casca grossa", sobreinvestindo os limites, em uma cartografia com os dedos na Cartão I, como uma defesa à depressividade, sustentando a resposta também com gestos. Uma das localizações globais é categorizada como G combinada arbitrária (Cartão IV), que demanda uma operação mental mais dinâmica, condensando projeção-percepção, mas, por ser arbitrária, apresenta um insucesso da tentativa de organização, uma ingerência demasiadamente forte que altera a relação com a realidade, indicando um desinvestimento de objetos, com um retraimento narcísico na temática latente do cartão; remete-se à relação paterna e de autoridade. Apresenta uma G impressionista (Cartão VI), apontando para a imprecisão do percepto, mas com manifestações sensíveis intensas (C'F → E), apontando para uma depressividade diante da sexualidade, conteúdo latente do cartão. E, por fim, apresenta uma G vaga (Cartão VIII), apontando para uma passividade do material, testemunhando um pensamento pouco sólido numa abordagem do mundo maldefinida, instável.

Portanto, ao que se refere às formas de localização global de Chris, pode-se pensar em uma falta de distinção sujeito-objeto, em uma invasão do mundo interno para com o mundo externo, no insucesso das funções do Eu influenciando em seus processos de pensamento, gerando problemáticas quanto à inteligência e adaptação.

No que se refere às localizações parciais dos cartões, vistas com frequência nos estudos normativos (Respostas D), houve sete ocorrências (D=7; D%=43,75%), das quais três foram vistas como elaboradas de boa qualidade (Cartão II, III, VIII); uma foi vista simples (Cartão III); uma foi vista como impressionista (Cartão III); duas são combinadas arbitrárias (Cartão VII, IX) a serem mais bem descritas a seguir.

Quanto às D elaboradas de boa qualidade: no Cartão II, o D é acompanhado de giro ansioso, com um comentário depreciativo mesmo sendo uma boa resposta, cinestésica menor, com qualidade formal de valência positiva e banal. Ou seja, percebe-se defesas contra algo que não necessariamente é negativo, ainda que, refugiado em uma banalidade, se choca com a resposta ofertada, perdendo um pouco da qualidade quando observada a tendência depressiva presente no determinante (C') qualitativamente. No Cartão III, D elaborado tem a presença de Bl, refugiando-se novamente em uma resposta banal, Chris se percebe em uma desorganização do pensamento em relação às demais respostas ofertadas no cartão, indicando uma falha de pensamento pela indistinção entre o dentro e fora, conseguindo recuperar-se dessa falha por meio da crítica. Trata-se de uma resposta de cinestesia maior, com valência positiva, porém com tendência ao esfumaçado, utilizando o branco do Cartão como um sobreinvestimento dos limites quanto à ameaça da separação, com um simbolismo hermético *"Essa parte eu não sei explicar. Parecem interligadas, mas não fisicamente. É uma áurea que interliga as duas"*. Pode-se observar que a evocação ao vazio, observado em Bl, é respondida com uma ligação invisível, demarcando a impossibilidade de separação. A resposta também com localização Bl revela uma atitude de oposição, em uma atração ao vazio, à falta, que pode reenviar para mecanismos fóbicos, inscrevendo-se na dialética relacional primária, sendo sentida como falta primordial nas primeiras relações com a mãe. De qualquer forma, a aparição do Bl indica uma reatualização, no aqui-agora da aplicação, de uma demanda afetiva não satisfatória.

As outras duas respostas localizadas em D neste cartão possuem conteúdo anatômico: uma tem qualidade formal negativa e impressionista, e outra tem qualidade formal positiva, considerada um D simples. Porém, esse cartão, referenciado em um comentário pelo sujeito como *"muito específico"*, apontou para a necessidade de um apoio no clínico diante do seu medo de projetar a hostilidade, indicando certa tentativa de reparação. Por se tratar de um cartão das relações humanas, observa-se certa irritação com a lei, apontando que os impactos vivenciados são sentidos no corpo, novamente indicando para uma dificuldade nos processos de simbolização e convocação desses em ato.

No que se refere às D combinadas arbitrárias, ambas estão situadas em temáticas maternas (Cartão VII e IX), apontando novamente para uma ingerência das moções do Isso alterando a realidade, em um retraimento narcísico como defesa, indicando um desinvestimento objetal materno, ou uma falha no processo de internalização de uma mãe suficientemente boa, sendo uma das principais hipóteses do traumatismo neste caso.

As demais localizações, duas em Dd, uma combinada arbitrária no Cartão VI e uma elaborada no Cartão X, indica a operação mental mais dinâmica de Chris com potencialidades criativas, mas que encarnam o imaginário e o fantasmático, no que se refere ao Dd arbitrário, de um pensamento confuso não sociável, por vezes desintegrado, que aborda o mundo em modalidades tão particulares que o clínico vai perdendo pouco a pouco nos meandros labirinto do que lhe é estranho, visto que não se encontram pontos de referência a um universo sociável.

De um modo geral, a percepção das falhas adaptativas do sujeito em suas localizações demonstra defesas diante da angústia de separação, do Eu-Outro (problemáticas quanto à alteridade), com pensamentos por vezes não sociáveis, podendo indicar para uma falha materna primária, comprometendo processos também observados como criativos.

TAT como mediador das consultas terapêuticas com o jovem

O pressuposto que fundamenta o TAT é que as lembranças de percepções já experienciadas influenciam as interpretações das percepções e dos estímulos atuais. A natureza dessas percepções reflete em traços de personalidade do sujeito, e suas impossibilidades de fantasiar, ou perda momentânea da capacidade de elaborar uma cena, indicam psicopatologias (Brelet-Foulard & Chabert, 2008). Assim, a forma pessoal de elaborar uma experiência revela a atitude do sujeito frente à sua vivência e, consequentemente, sua capacidade de reagir diante de uma excitação pulsional (Brelet-Foulard & Chabert, 2008). A técnica se baseia nas identificações das imagens contidas no cartão e com total liberdade comunica, por meio de uma história solicitada, sua experiência perceptiva, imaginativa e emocional, ou seja, sua forma de sentir, pensar e reagir diante do mundo. Portanto, *"o TAT faz apelo a uma organização linguajar sequencial, fiel à própria lógica de cada língua"* (Brelet-Foulard & Chabert, 2008, p. 35).

Neste caso em específico, o início do protocolo marca uma grande dificuldade de Chris se observar em processos de separação entre os objetos, reforçando os achados do Rorschach e reforçando a dificuldade no atravessamento da castração, sendo essa uma das questões principais que marca o caso, indicando para uma problemática narcísico-identitária, como apontada na vinheta a seguir, utilizando-se da nova folha de cotação do TAT de Chabert et al. (2020): *"3' Isso aqui é um violino?* (A3-1) ;(CI-1); (CM-1); (D3). *Responde a minha pergunta!!* (CM-1);(D3) *Caraca* (E2-3)*"*. [Ele observa o que a aplicadora está escrevendo, critica a escrita da aplicadora; esta informa que escrever o que ele está falando faz parte da demanda do teste; ele pede para apagar, se angustia com o gravador, gesticula, tenta balbuciar para que o gravador não pegue o que estava falando, tenta puxar a folha para observar o que está sendo escrito, tenta puxar a folha para ler o que ele iniciou] (E4-2) ;(A3-3) ;(CI-1) ;(CM-1) +++ (D1) ;(D3) ;(D2)."

Percebe-se que Chris se sentiu agredido pelo retorno do traumático que o convida à diferenciação objetal, ocorrendo uma identificação projetiva com o agressor/aplicador, e, portanto, a narrativa não se desenvolve, tentando apropriar-se do percepto para ler a realidade diante da carga negativa imobilizadora. Assim, nega a diferença entre ele e a autoridade. Não consegue fazer face à castração, visto que não é a problemática dele, com tentativa de controle do objeto. Portanto, evita a angústia de castração por meio, majoritariamente, de defesas antidepressivas e emergência de processos primários.

No cartão 3RH, a história apresentada realça a evitação à depressão, funcionando narcisicamente, utilizando-a como defesa, fazendo referência ao Ideal de Eu, em que a capacidade de pensar e imaginar não é suficiente para gerar uma capacidade de simbolização dos afetos, por conta do factual, e assim seu imaginário se torna fato, como apresentado na vinheta seguinte:

> *Havia uma moça, que terminou um relacionamento, chamou algumas amigas* (B1-2) *e saíram para um bar* (CF-1). *Nesse bar elas conversaram e desabafaram* (CF-1) *sobre tudo* (B1-1), *uma delas era até psicóloga* (A1-1); (CL-1), *após a maioria das amigas irem embora, ela* (CM-2) *ficou e continuou tomando álcool* (CF-1), *chegou no final da noite* (A1-2), *por volta de umas onze horas* (A1-2), *ela estava caída no chão* (CL-2), *com a cabeça pra baixo* (CL-2), *chorando de desespero* (→B2-4); (E2-3); (CN-3) *por não saber onde estava, apoiada em um banco* (CL-2). *(ficou batucando na mesa, aparentando certo alívio)* (CM-3) *Viu que era só no começo? agora eu já consigo desenvolver melhor.* (CM-1); (CN-2+); (E1-1)

Também é possível observar, na resposta do Cartão 3RH, a falta de barreira de contato (para-excitação) entre ele e o sofrimento materno referenciado em consulta terapêutica pela mãe quando a relação com o pai de Chris chegou ao fim, reforçando, portanto, a hipótese de dificuldade de separação e diferenciação de sujeito-objeto já abordada anteriormente.

A investigação-intervenção no Piop (Escola de Paris)

As pontuações interventivas do Piop (Escola de Paris) sempre ocorriam para o jovem quando era observado um impacto do traumatismo no psiquismo, por meio dos processos investigativos, após a execução dos métodos projetivos, por exemplo. Duas consultas terapêuticas, posteriores às projeções, foram realizadas apenas com o Chris, visando ao favorecimento de processos de associatividade e intervenções fundamentadas nos achados dos métodos projetivos. Buscou-se majoritariamente uma elaboração das problemáticas narcísico-identitárias, as quais tocaram questões cruciais para um processo de diferenciação e identificação. Abordando sobre um recorte dessas consultas terapêuticas, por conta própria, Chris associou sobre sua pele, no que se refere à luta racial e constituição cultural preta, porém imediatamente se percebeu uma indistinção Eu-Outro em seu processo associativo, confundindo a posição de uma pessoa preta que sofre racismo com a posição de um agressor que realiza um ato violento por conta do racismo sofrido, como em uma telescopagem de papéis, tal como é cotado no TAT, em uma identificação com seu agressor, torna-se quem agride.

Com isso, pode-se trabalhar essa distinção Eu-Outro naquele aqui agora, remetendo-se também às projeções realizadas anteriormente, naquela consulta terapêutica com conteúdos por ele abordados, o que pode ser considerado uma propulsão para um processo de análise, considerando o próprio processo transferencial, associativo e a construção de um trabalho relacionando as suas repetições e elaborações, principalmente no que se refere à dificuldade de diferenciação e constituição identitária, utilizando defesas maníacas e emergência de processos primários para evitar a depressividade. No fim dessa consulta terapêutica, a elaboração realizada por Chris demarcou a compreensão de que havia acontecido uma telescopagem com a posição do agressor: *"Se escutassem o áudio dessa sessão, eu seria cancelado"*, indicando para a sua própria percepção em ter-se tornado quem agride e, consequentemente, seria "cancelado" pelos seus pares.

Por fim, em outro encontro, também foi realizada a devolutiva do Piop (Escola de Paris), em momentos distintos para cada familiar e para o Chris. A proposta inicial desse encontro familiar tornou-se falha, visto que a mãe havia iniciado um novo trabalho no dia da consulta terapêutica familiar, impossibilitando-a de estar presente fisicamente, solicitando participar de forma virtual. Portanto, de forma presencial, estavam o pai e o Chris. Na contratransferência, a tentativa de colocá-los na mesma sala mostrou-se de forma extremamente hostil. Diante de uma tensão ambiental, sem a sensação de que o ambiente poderia ser suficientemente bom, foram propostos momentos em conjunto e em separado para abordar os achados do Piop (Escola de Paris); inclusive, oportunizou-se o trabalho quanto à dificuldade em estarem juntos sem que fosse observada uma posição agressiva e de rivalidade. Nesse dia em específico, o pai informou que não acreditava no trabalho que o grupo estava desenvolvendo para acolher o Chris, demarcando poucas expectativas positivas para o filho. A intervenção com a mãe de Chris tem como objetivo proporcionar uma boa diferenciação entre o Eu-Outro, pois é importante que o "não" também seja dito. Desta forma, visa-se a intervenção na construção de bons limites internos/externos de Chris.

Conclusão

No Piop (Escola de Paris), o paciente é coautor de seu processo analítico, o que não substitui a psicoterapia individual, mas possui a capacidade de convocar o sujeito para um maior engajamento no seu processo terapêutico, além de maior segurança para recursos interventivos por parte do profissional. Ou seja, as influências metapsicológicas quanto aos espaços transicionais descritos por Winnicott (1975) favorecem a proposta da utilização dos métodos projetivos com fundamentação teórico-técnica psicanalítica como um jogo favorecedor de projeções e análise, entre a realidade psíquica e realidade externa (Green, 2017), refletindo, no aqui-agora da clínica, o traumatismo do sujeito, quanto ao seu objeto subjetivo e objeto percebido objetivamente, em que o ambiente experiencial é indispensável na problemática intrapsíquica e na articulação do dentro e fora do sujeito, no espaço "entre" sujeito e objeto, fazendo o método projetivo ser um importante recurso mediador para a relação transferencial do analista com o paciente, na sua associatividade e no trabalho frente aos conteúdos manifestos e latentes.

Diante das hipóteses clínicas elaboradas por meio dos métodos projetivos e das intervenções clínicas posteriores, que se voltam prioritariamente para a análise das relações parentais à indisponibilidade de fazer face à castração, estabeleceu-se um quadro traumático narcísico-identitário em que o Chris se identifica com as moções agressivas e sexuais do Isso em manifestações comportamentais antissociais, em que não há percepção de alteridade, como evidenciado por meio dos resultados do Rorschach e TAT.

Foi possível perceber que o dispositivo Piop (Escola de Paris) funcionou como mais um recurso que visa à associatividade e ao trabalho frente às demandas dessa clínica, dos extremos, e, no caso de Chris, pode demonstrar aspectos importantes de sua constituição psíquica e quais são as relações principais com suas marcas traumáticas, sendo também importante para compor o dispositivo plurifocal e as discussões multiprofissionais.

Referências

Amparo, D. M., Morais, R. A., & Alves, A. C. O. (2020). Adolescência nos limites e a clínica do sensível como dispositivo psicoterapêutico. In D. M., Amparo, R.A., Morais, K.T., Brasil, & E. R. Lazzarini (eds.) *Adolescência psicoterapias e mediações terapêuticas na clínica dos extremos* (pp. 15-29). Technopolitik.

Amparo, D. M., Cardoso, B. C. C., Rabelo, T., & Duarte, I. G. A metodologia de análise e interpretação do Rorschach segundo a Escola de Paris. In E. M. F., Seidl., E., Queiroz, F., Iglesias, & M., Neubern (eds). (2021). *Estratégias Metodológicas de Pesquisa em Psicologia Clínica: Possibilidades e Avanços. Coleção Psicologia Clínica e Cultura – UnB* (6 vol. pp. 127-148). CRV.

Barbieri, V. (2008). Por uma ciência-profissão: o psicodiagnóstico interventivo com o método de investigação científica. *Psicologia em Estudo, 13*(3), 575-584.

Barbieri, V. (2009). O psicodiagnóstico interventivo psicanalítico na pesquisa acadêmica: fundamentos teóricos, científicos e éticos. *Boletim de Psicologia, 59*(131), 209- 222.

Barbieri, V. (2017). *O Psicodiagnóstico Interventivo Psicanalítico na tendência antissocial: A família e as técnicas projetivas como recursos terapêuticos no atendimento de crianças*. Novas Edições Acadêmicas.

Brelet-Foulard, F., & Chabert, C. (2008). *Novo Manual do TAT: Abordagem Psicanalítica*. Vetor.

Cardoso, M. R., Demantova, A. G., & Maia, G. D. C. S. (2016). Corpo e dor nas condutas escarificatórias na adolescência. *Estudos de Psicanálise, 46*, 115-124.

Chabert, C. (1993) *A psicopatologia no exame de Rorschach*. Casa do Psicólogo. (Trabalho original publicado em 1987).

Chabert, C. (1999). *O Rorschach na clínica do adulto: Interpretação Psicanalítica*. Climepsi Editores.

Chabert, C., Louët, E., Azoulay, C., & Verdon, B. (2020). *Manuel du Rorschach et du TAT: Interprétation psychanalytique*. Dunod. http://doi.org/10.3917/dunod.chabe.

Chagnon, J. Y. (2013). L'École de Paris: Bref historique. Le Carnet Psy, 169(2), 27-29. doi:10.3917/lcp.169.0027

Conselho Federal de Psicologia (2018, 25 de abril). Resolução CFP n.º 009/2018 – Estabelece diretrizes para a realização de Avaliação Psicológica no exercício profissional da psicóloga e do psicólogo. https://satepsi.cfp. org.br/docs/ResolucaoCFP009-18.pdf

Figueiredo, L. C., & Coelho Junior, N. E. (2019). *Adoecimentos psíquicos e estratégias de cura: Matrizes e modelos em psicanálise*. Blucher.

Green, A (1988). *Narcisismo de vida Narcisismo de morte*. Trad. Claudia Berliner. Editora Escuta. p. 244.

Green, A. (2017). *A loucura privada: Psicanálise de casos-limite*. Escuta.

Green, A., & Urribadi, F. (2019). *Do pensamento clínico ao paradigma contemporâneo: Diálogos*. Blucher.

Green, A. (2022). *Por que as pulsões de destruição ou de morte?* Blucher.

Jardim-Maran, M. L. C. (2011). *O Psicodiagnóstico de Rorschach em adolescentes: normas e evidências de validade*. [Tese de Doutorado]. Universidade de São Paulo.

Jeammet, P. (2000). *La référence psychanalytique est-elle toujours d'actualité dans l'approche des troubles de la personnalité et des conduites à l'adolescence ? Dans International Society for Adolescent Psychiatry éd., Personality and conduct disorders* (pp. 125-150). Éditions GREUPP. https://doi.org/10.3917/greu.isap. 2000.01.0125

Krug, J. S, Trentini, C. M., & Bandeira, D.R. (2016). Conceituação de psicodiagnóstico na atualidade. In C. S., Hutz, D. R., Bandeira, C. M., Trentini, & J. S., Krug. *Psicodiagnóstico*. (pp. 22-33). Artmed.

Pasian, S., & Amparo, D. M (2018). O Método de Rorschach na perspectiva da Escola de Paris. In C. S., Hutz, D. R., Trientini, & C. M., Bandeira (eds.). *Avaliação psicológica da inteligência e da personalidade* (on-line). Artmed.

Pasquali, L. (2021). Prefácio – Avaliação Psicológica. In M.N., Baptista, M. Muniz, C. T., Reppold, C. H. S. S., Nunes, L. F., Carvalho, R. Primi, A. P. P. , Noronha, A. G., Seabra, S. M. Wechsler, C. S., Hutz & L., Pasquali. (eds.). *Compêndio de Avaliação Psicológica*. (pp. 11-12). 2a ed. Vozes.

Reppold, C. T., Zanini, D. S., & Noronha, A. P. P. (2021). O que é avaliação psicológica? In M. N., Baptista, M. Muniz, C. T., Reppold, C. H. S. S., Nunes, L. F., Carvalho, R. Primi, A. P. P. , Noronha, A. G., Seabra, S. M. Wechsler, C. S., Hutz, & L., Pasquali. (eds.) *Compêndio de Avaliação Psicológica*. (2a ed. pp. 15-28). Vozes.

Roussillon, R. (1999). *Agonie, clivage et symbolisation*. Paris: PUF.

Roussillon, R. (2019). *Manual da prática clínica em psicologia e psicopatologia*. Blucher.

Safra, G. (1999). A clínica em Winnicott. *Natureza humana* , *1*(1), 91-101.

Scaduto, A. A., Cardoso, L. M., & Heck, V. S. (2019). Modelos Interventivo-Terapêuticos em Avaliação Psicológica: Estado da Arte no Brasil. *Avaliação Psicológica*, *18*(1), 67-75. https://dx.doi.org/10.15689/ap. 2019.1801.16543.08

Villemor-Amaral, A. E., Gomes, G. V. A., Fernandes, S. B., & Moraes, M. S. (2022). Contribuições da avaliação multimétodos na Avaliação Terapêutica. In A. E., Villemor-Amaral, S. R., Pasian & D. M., Amparo (eds). *Avanços em Métodos Projetivos* (pp. 323-338). Hogrefe.

Tavares, M. (2003). Validade clínica. *Psico-USF, 8*(2), 125-136 https://doi.org/10.1590/S1413-82712003000200004

Trinca, W. (1984). Processo diagnóstico de tipo compreensivo. In W. Trinca (ed.), *Diagnóstico psicológico: A prática clínica* (pp. 14-24). E.P.U.

Winnicott, D. W. (1975). Objetos transicionais e fenômenos transicionais. In D. Winnicott. *O brincar e a realidade* (pp. 10-47). Imago.

Winnicott, D.W. (1998). A capacidade para estar só. In D. Winnicott. *O Ambiente e os processos de maturação: estudos sobre a teoria do desenvolvimento emocional*. (pp. 31-37). Artmed.

Winnicott, D. W. (2023). *Consultas terapêuticas em psiquiatria infantil*. Ubu (Trabalho original publicado em 1971).

DISPOSITIVOS DE GRUPO E FAMÍLIA NA CLÍNICA DA ADOLESCÊNCIA

ADOLESCÊNCIAS E O DISPOSITIVO GRUPAL: REFLEXÕES ACERCA DAS LIGAÇÕES INTERSUBJETIVAS

Maristela Muniz Gusmão
Jordana Beatriz De Marco Carneiro
Daniela Magalhães Zendersky
João Victor Carneiro Freitas

A adolescência é marcada por perdas e exigências que perpassam desde o campo biológico, social, a mudanças significativas no psiquismo do sujeito. A puberdade coloca em xeque as vivências corporais da criança, pois esta perde seu corpo infantil, deparando-se com outro corpo, desconhecido, que impõe um trabalho de integração e elaboração psíquica. Dessa maneira, o excesso pulsional marca os impasses e conflitos psíquicos do adolescente, que se encontra frente à necessidade de elaborar seu próprio corpo e seu psiquismo (Jeammet & Corcos, 2005).

Nesse sentido, no tempo da adolescência, a sobrevivência do objeto apresenta-se como primordial, pois conflitos primitivos, outrora vivenciados nas relações primárias, retornam em suas novas configurações – as pulsões destrutivas são fortemente vivenciadas –, e a adolescência exige uma postura sobrevivente, viva, não retalhadora, do objeto (Winnicott, 1971/2020). Ainda na atualidade, considerando os progressos tecnológicos, toda necessidade é transformada em urgência, e as ligações intersubjetivas parecem marcadas pela instabilidade e efemeridade. Assim sendo, o presente trabalho busca refletir sobre as particularidades da experiência intersubjetiva de adolescentes nos contextos familiares e socioculturais, a partir da construção de um dispositivo grupal.

A sexualidade e agressividade são pulsões que invadem o psiquismo e o corpo adolescente, tornando o ato de crescer violento e, em alguns casos, levando a manifestações psicopatológicas, como retrações do mundo, isolamentos, depressões, transtornos alimentares etc. Tais sofrimentos psíquicos parecem ligados às experiências primárias de subjetivação, ou seja, às questões da alteridade e, portanto, da intersubjetividade. O outro, a presença da alteridade, é simultaneamente constitutiva e traumática, e esse entendimento pode indicar os caminhos para se compreender as origens das angústias de separação e individuação.

O aspecto traumático da intersubjetividade, conforme Coelho Júnior (2008), diz respeito ao esforço e ao trabalho psíquico para emergência de um outro. Existe dor e sofrimento no processo de separação, pois não há Eu sem o outro, entretanto, o outro sempre me excede. Em *Luto e Melancolia* (1917/1996b), Freud já dizia sobre a sombra do objeto que recai sobre o Eu, sobre a marca que o encontro com objeto deixa no Eu. Isso, inclusive, é um delineador do trabalho clínico, que passa a pensar na reabitação do sujeito por ele mesmo, separando a sombra do objeto no Eu acometido.

Na adolescência, o encontro com o outro adquire um papel imprescindível na integração dos conteúdos psíquicos traumáticos na subjetividade do sujeito. Entretanto, o outro precisa morrer na subjetividade do adolescente para que esse lugar subjetivo possa ser ocupado por ele mesmo. É nesse sentido que Roussillon (2013) considerará a resposta do objeto como marcadora da dialética da vida pulsional do sujeito e os modos relacionais objetais.

A apropriação subjetiva, o tornar-se sujeito, pressupõe o trabalho de ligação intrapsíquica e intersubjetiva e ocorre por meio da reflexividade, da capacidade de se sentir, se ver e se ouvir e de sentir, ver e ouvir o outro. A linguagem nessa clínica é marcada pela associatividade em transferência, ou seja, a associação do sujeito é sempre uma mensagem endereçada ao outro (Roussillon, 2013). No trabalho analítico com adolescentes, principalmente os mais fragilizados, não se considera apenas o retorno dos conteúdos recalcados e suas interpretações pela fala. O trabalho consiste na elaboração de traumas vivenciados antes da aquisição da linguagem, revividos na adolescência, e deve viabilizar as transformações associativas para a simbolização. Isto não se faz sem a interpretação também do objeto, de seus movimentos e suas respostas. Nesse sentido, a abordagem clínica e teórica precisa ser pensada na perspectiva da intersubjetividade, na qual se colocam em jogo a presença do analista e sua inegável alteridade.

As experiências que não foram integradas e que se repetem compulsivamente buscam a validação da experiência traumática pelo testemunho do outro. Estamos no campo do narcisismo, da dupla fusionada e, portanto, da não reflexividade. O sujeito ainda depende da receptividade do objeto e exige a perceptividade de sua presença. Sobre a linguagem não verbal, há a sombra do objeto, pois esse tipo de linguagem do ato, do corpo, carrega uma potencialidade mensageira com um sentido incompleto, não cumprido. Ela depende da reação (resposta do objeto) para sua integração, se não as mensagens ficam pairando na busca de uma resposta significante. Sem resposta, a mensagem escorrega no objeto inacessível e não se liga a nada. E, sem ligação, retorna para o Eu, como um ato "oco" na sombra, a negatividade que a não resposta do objeto carrega. Este é o vazio que narra o que não aconteceu no encontro (Roussillon, 2012).

Considerando que a adolescência se apresenta como o retorno das marcas do encontro com os objetos primários, faz-se necessário receber as mensagens direcionadas ao outro, que ainda não foram integradas no psiquismo do adolescente. Por se tratar de um momento no qual as pulsões destrutivas são fortemente vivenciadas, a adolescência exige uma postura de sobrevivência do objeto (Winnicott, 1971/2020).

Para Winnicott (1971/2020), o excesso pulsional na adolescência é vivido de maneira confusa, em que, inicialmente, Eu e não-Eu ainda se confundem. As barreiras do interno e externo não estão bem delimitadas, fazendo com que o adolescente vivencie o que vem do externo como algo advindo de suas próprias pulsões destrutivas. Há um apoderamento das tragédias e violências do mundo no psiquismo do adolescente, que neste momento tenta dar conta da destruição que vem dele mesmo e do mundo. Dessa forma, um sentimento dilacerante de culpa atravessa o psiquismo e o corpo desse sujeito que busca crescer, dar conta de si e do mundo, enquanto vive perdas que sente como irreparáveis.

Para Winnicott (1971/2020), a contribuição social é uma forma significativa de aliviar essa culpa e, portanto, uma forma de reparação. Isso se dá por meio da "conquista individual pela identificação com grupos sociais e com a sociedade; sem uma perda grande da espontaneidade" (p. 220). No coletivo, considerando o fato de a adolescência ser o tempo das escolhas objetais e, portanto, das substituições das figuras edípicas, há possibilidade de sublimações e criações no laço social. Isto leva à elaboração dos conteúdos psíquicos traumáticos infantis, libertando o sujeito para a constituição de um narcisismo secundário – no qual a existência do outro é reconhecida – e, assim, ao alcance da intersubjetividade como apropriação de seu lugar como contribuinte da cultura (Winnicott, 1971/2020).

Käes (2017), ao desenvolver o trabalho psicanalítico com grupos, discorre sobre as conexões representacionais entre os processos psíquicos singulares e sociais do sujeito, defendendo a construção de um aparelho psíquico grupal. Considerando a família como o primeiro grupo, as imagos internamente constituídas nesse são atravessadas e projetadas pelo/no social. Portanto, para o autor, o dispositivo grupal se configura não só como um espaço para projeções das relações primárias, mas também para a simbolização de traumas precoces vivenciados em tais relações, podendo, assim, proporcionar ao adolescente outra ocupação do espaço intersubjetivo, a partir do dispositivo grupal.

Dispositivo grupal e experiência intersubjetiva

Inscrever-se em uma relação possibilita o sentimento de continuidade da existência, de modo que, como disse Freud (1921/1996d), ao se reconhecer um, implica o outro. A ligação com o outro permite que os processos identificatórios ocorram e, no tempo da adolescência, ameniza o impacto destrutivo da reativação do processo de separação-individuação, retomado nesse período. Separar-se das imagos parentais constitui-se como fundamental e traumático e é, também, uma exigência social que o sujeito deverá fazer. Nesse sentido, as trocas estabelecidas nos grupos de pares e a relação com os objetos culturais facilitam o processo de rearranjo identitário.

No âmbito do presente trabalho, buscamos refletir sobre as particularidades das experiências intersubjetivas de adolescentes, a partir da construção de um dispositivo grupal. Entendemos que os grupos psicoterápicos funcionam como um espaço transicional, pois possibilitam que os adolescentes experimentem os processos de indiferenciação-separação-individuação, cujas especificidades das ligações intersubjetivas ali estabelecidas nos interessam compreender.

Ao refletir sobre o lugar dos grupos na constituição do sujeito, Käes (1994) considera que as transformações psíquicas que ocorrem em momentos distintos da vida – adolescências, por exemplo – decorrem e têm como palco a experiência grupal, de tal maneira que o próprio inconsciente é estruturado como um grupo. Isto se dá porque as formações psíquicas, os grupos internos, são o reflexo de experiências relacionais internalizadas. Ou seja, o grupo interno é um conceito de Käes (1994) para dar conta dessa articulação entre o subjetivo e o intersubjetivo.

Nesse entendimento, as formações intrapsíquicas – imagem corporal, identificações, imagos parentais – têm como regulador o aparelho psíquico grupal, que se constitui em alianças, contratos, discursos e pactos.

Então, para Käes (2005), "O grupo dispõe de estruturas, de organizações e de processos psíquicos próprios. Existe uma criação psíquica própria dos grupos, entidades psíquicas que não se produzem sem o agrupamento" (p. 9). O espaço grupal, por se constituir como espaço interno de cada sujeito e espaço comum partilhado por vários sujeitos, é palco para conflito/ aliança, força/complacência, identificação/desidentificação, distância/ intrusão etc., impondo, assim, um trabalho psíquico que possa colaborar para o processo de restauração do Eu.

A situação grupal, como já apontado por Anzieu (1993), desperta um conjunto de angústias persecutórias, como a ameaça de perda da identidade do Eu e o risco de fragmentação diante da presença da pluralidade dos demais participantes. Essa ameaça ao narcisismo individual faz com que os participantes produzam defesas individuais, como o silêncio, a constituição de subgrupos, a monopolização da fala, discurso "positivo" em relação às problemáticas, até a construção de uma ilusão grupal. Esta se refere a uma defesa coletiva, partilhada pelos membros do grupo, e se configura como uma fase inevitável e necessária aos grupos psicoterápicos.

Na visão de Anzieu (1993), a necessidade de segurança e de preservação do Eu, ameaçadas pela situação grupal, produz a ilusão grupal. Cria-se, portanto, uma identidade de grupo, um narcisismo grupal, no qual os membros se identificam e projetam sobre um outro (terapeuta, família, escola, trabalho) aqueles conteúdos hostis e ameaçadores. Cria-se uma experiência de unidade, de indiferenciação, que parece aquém do princípio de realidade, pois o aparelho psíquico grupal (Käes, 2014) dos sujeitos transita entre um estado de fusão/completude narcísica e o reconhecimento da realidade exterior.

O grupo, então, se torna o objeto transicional comum e é, para cada membro do grupo, o campo entre a realidade exterior e a psíquica. Nas palavras de Anzieu (1993) "...existe uma ilusão grupal, regressão protetora, transição para a realidade inconsciente interior ou para a realidade social exterior" (p. 85). Tal estado de indiferenciação é provisório, e necessário, para a construção de laços de confiança e segurança para que os participantes possam, mais tarde, viver a desilusão e se diferenciar. Anzieu (1993) destaca que, se a ilusão for sinalizada precocemente, se corre o risco de fragmentação do grupo. Entretanto, se esse estado se prolongar, haverá resistência ao processo grupal.

O dispositivo grupal precisa favorecer as ligações intersubjetivas e intrapsíquicas para que os sujeitos do grupo recuperem a capacidade de reflexividade, de pensar sobre suas realidades em solo mais seguro (Gusmão & Amparo, 2021), uma vez que, no tempo de diferenciação e de quebra da ilusão grupal, poderá ocorrer experiências afetivas difíceis de tolerar, como depressividade do humor, faltas aos encontros, agressividade etc. A própria criação do dispositivo – uma situação clínica de produção discursiva coletiva, um funcionamento associativo grupal – induz a presença de determinados fenômenos e precisa possibilitar associações de afetos, ideias, imagens etc. Aqui, vale ressaltar que cabe aos terapeutas terem condições de analisá-los.

O trabalho analítico, como esclarece Roussillon (2010), se define a partir da escuta daquilo que é transferido por meio do funcionamento associativo. Na situação grupal, o processo associativo de articulação entre consciente e inconsciente resulta das ligações intersubjetivas estabelecidas entre os participantes, que depositam no outro, em vários outros, partes de suas realidades psíquicas. As possibilidades identificatórias oferecidas no grupo são amplas, de modo que a transferência é difratada (Käes, 1997) na pluralidade de histórias individuais.

As propriedades do dispositivo grupal, quanto à disponibilidade, sensibilidade, flexibilidade (Roussillon, 1991), tal qual à capacidade de tolerar e sobreviver às projeções de afetos ameaçadores, resultam na possibilidade de os membros do grupo reapropriarem-se daquilo que foi projetado. Ou seja, as ligações intrapsíquicas podem ocorrer quando aquilo que foi transferido faz um trânsito no outro, em vários outros, e retorna nomeado, afetado e transformado (Gusmão & Amparo, 2021).

Acreditamos, como Vacheret (2005), que o grupo é revelador da condição humana e capaz de ligar os sujeitos do íntimo ao universal, oferecendo, então, condições para acomodar as diversidades psíquicas em suas dimensões consciente e inconsciente, para além da pluralidade de histórias individuais.

O enquadre grupal

O Grupo sobre o qual apoiamos nossas reflexões orientou-se pelo método psicanalítico grupal (Anzieu, 1993), cujo enquadre se baseia em pressupostos psicanalíticos fundamentais, como transferência, regras de associação livre e abstinência, tempo, lugar e ação. A ação se refere à forma de trabalho e pode envolver uma tarefa, atividade, trocas verbais etc. No dispositivo aqui proposto, a ação se constituiu em trocas verbais estabelecidas no decorrer de um semestre de trabalho e, em apenas uma sessão, utilizou-se de uma atividade de mediação com pintura coletiva. As sessões grupais foram precedidas por entrevistas de acolhimento individual e familiar, com 10 adolescentes de idades entre 14 e 18 anos. Destes, cinco compareceram à primeira sessão do grupo – quatro meninas e um menino, sendo essa a configuração grupal que se estabeleceu.

Os encontros semanais – que ocorreram no espaço do Serviço-Escola de Psicologia da Universidade de Brasília – tinham duração de uma hora e foram conduzidos por uma dupla de psicoterapeutas, cuja formação era acompanhada em um espaço de supervisão composto não só por professoras, mas também por outros psicoterapeutas em diferentes níveis de formação. Ademais, todas as sessões foram gravadas em áudio e, posteriormente, transcritas e submetidas à Análise do Discurso (Orlandi, 2009), junto das as reflexões produzidas no espaço das supervisões.

A análise discursiva de Orlandi (2009) pressupõe que, no discurso, há movimento, percurso, memória, história e, por isso, permite retratar o imaginário do sujeito que fala. Essa teoria de análise busca observar o sujeito falando e compreender os sentidos atribuídos às suas vivências, ou seja, de que maneira as/os adolescentes do grupo significam suas histórias, suas experiências intersubjetivas. Isso só pode ser apreendido se o analista considerar os efeitos da história, das ideologias, da cultura, do esquecimento e da memória.

Há que se considerar, por exemplo, os "já ditos" sobre a adolescência em nossa cultura e o que isso implica no processo de subjetivação das/dos adolescentes do grupo. Para Orlandi (2009), o discurso atual do sujeito surge de deslocamentos daquilo que já foi dito – da memória discursiva –, ou seja, dos sentidos externos que já foram atribuídos e que incidem no discurso que produzem sobre si.

Além disso, por se tratar de uma investigação de método psicanalítico, consideramos as relações da dupla de psicoterapeutas e do grupo em suas dimensões transferenciais e contratransferenciais. Isso nos leva a interpretações psicanalíticas atravessadas por diferentes níveis: intra, inter e transubjetivo (Käes, 2011). Desse modo, a análise das produções discursivas inclui interpretações construídas na realidade grupal, junto às interpretações realizadas nos encontros de supervisão, em que o material clínico relatado e o discurso eram novamente analisados.

Em consideração a esses pressupostos, o escopo deste trabalho incluiu as produções discursivas das/dos adolescentes sobre si e sobre suas relações desde os primeiros contatos estabelecidos com as terapeutas – características do contato telefônico para agendamento, entrevista individual etc.–, as condições socioeconômicas, culturais, bem como os discursos familiares que impulsionaram a busca pelo espaço terapêutico. Assim, segue uma breve apresentação das/dos adolescente com nomes fictícios, a fim de manter o sigilo.

Pedro é um menino de 14 anos que faz terapia há muitos anos e chegou com diagnóstico de Altas Habilidades e TEA. Apresenta dificuldade de estabelecer e manter amizades e relata extrema sensibilidade em relação aos horrores do mundo. Os pais são separados e exercem a guarda compartilhada de Pedro.

Miranda é uma menina de 17 anos que vivia na área rural de Goiás e, no discurso familiar, veio para Brasília há apenas um ano para estudar. Reside com uma tia e assumiu parte das tarefas da casa, bem como dos cuidados do primo bebê. Havia sido atendida no posto de saúde, pois recentemente passou a ter crises de ansiedade – perda de força, tremores, choro etc.

Rita tem 17 anos e faz análise há alguns anos, bem como acompanhamento psiquiátrico, devido às escarificações corporais e três tentativas de suicídio. Os pais estavam separados e, há pouco, reataram o casamento. Atualmente, a família lida com o processo de grave adoecimento da mãe.

Clarice, de 18 anos, estava ingressando na universidade e, há algum tempo, apresenta sintomas de retraimento e isolamento. Há casos de depressão na família, mas não tratados. Ela mora com os pais, avó e irmãos, dos quais assume grande parte dos cuidados, assim como das tarefas da casa. Relata uma tentativa de suicídio que ninguém da família tomou conhecimento.

Lourdes tem 17 anos, estava finalizando o ensino médio e buscou a psicoterapia por se considerar muito ansiosa – não sabe ficar parada, chora bastante, não sabe ficar sozinha. Relata ser bastante católica, tem planos de fazer graduação em Psicologia e se interessa pela área forense.

No grupo, nesse encontro de individualidades, as/os adolescentes foram estimuladas às trocas verbais e a associarem livremente sobre os que lhes ocorresse no momento do encontro. A regra de liberdade da palavra, como pontua Anzieu (1993), pressupõe que os participantes do grupo falem entre si do que querem e, assim, possam conhecer e fazer-se conhecidos pelo outro. Os discursos produzidos no grupo permitiam o acesso aos modos como as/os adolescentes significam as relações familiares e o contexto sociocultural, bem como sobre as especificidades das ligações estabelecidas no contexto do próprio grupo psicoterápico.

As reflexões sobre as características, as dificuldades e os desafios presentes nas dinâmicas intersubjetivas dos participantes foram sintetizadas em dois discursos: "Parece que não posso ser" e "Esse outro que me precede e que me excede", que serão discutidos a seguir.

Parece que não posso ser

A situação de grupo costuma provocar representações angustiantes, com características distintas, a depender da fase na qual o grupo se encontra. No início, os medos e as inseguranças ficam mais aflorados, e o movimento dos participantes costuma explicitar as ansiedades do momento. Por exemplo, no primeiro encontro do grupo de adolescentes, foi possível notar certa urgência identificatória, seja naquilo que escolheram falar sobre si no momento da apresentação, que era sempre em referência ao que outro dizia, seja para falar dos interesses, com curiosidades por comportamentos humanos no âmbito criminal – em filmes e séries com temáticas que despertam, ao mesmo tempo, curiosidade e medo.

Pode-se dizer que a identificação inicial desse grupo foi marcada pela insegurança do momento, pois, no processo de associação livre, falaram dos medos e das situações urbanas em que se sentiam ameaçados, com histórias de assaltos, ofensas sofridas por colegas, brigas, entre outros. A adolescente Miranda fala do pavor que sentiu no Uber, pois não conhece a cidade e ficou apavorada com o caminho que o motorista fez; Pedro fala do assalto que sofreu recentemente; Rita conta que quase bateu num garoto que foi racista com o amigo dela: *"Quase meti um murro. Só não meti porque me seguraram"*.

A insegurança diante de uma nova situação e de pessoas desconhecidas foi o ponto de identificação (tenho medo e é assim que respondo: choro, não vejo, ameaço de volta). A escolha dos analistas foi no sentido de manter as ansiedades no nível suportável; então, não sinalizaram para o fato de que a expressão dessas histórias poderia fazer referência às ansiedades desse encontro com pessoas estranhas, nem para o sentimento de ameaça que isso desperta. Diferentemente disso, os analistas escolheram pontuar outros aspectos identificatórios, como sinalizar para o fato de que todos pareciam expressar, em alguma medida, sobre o modo como lidavam com as emoções.

Tais intervenções, além de produzir os pontos de encontro – as identificações – entre seus discursos, proporcionou a aproximação, diminuiu as defesas e facilitou a expressão das fragilidades. Assim, a adolescente Miranda fala das crises que as situações de medo despertam; Pedro parece nem perceber a situação; Clarice desliga o pensamento; Rita diz *"mas normalmente em briga, só fico calada, me segurando"*; Lourdes fala de uma briga com a melhor amiga: *"Nossa, só sei chorar numa briga. Não conseguia conversar, só chorar. Quando vou falar, não sai. Estava travada... na hora não consigo verbalizar"*.

Nos encontros subsequentes, percebemos que os adolescentes se utilizam do espaço do grupo para produzir suas próprias narrativas, contrastando sobre a vivências de cada um e como experienciam essas diferenças. Dessa maneira, é possível perceber relações de identificação entre os participantes, ilustradas nas seguintes falas de Rita:

> É porque ela (Clarice) representa os meus dois lados né. Porque eu acho que sou invertida(?), ou seja, sou tanto, extrovertida quanto introvertida. Então ela (Clarice) descreveu o meu lado introvertido e o meu lado extrovertido também. E eu só tô achando isso engraçado.
> *Cara, eu me identifico, com um, com muito com os dois ao mesmo tempo, porque eu sou literalmente a mistura... Tipo... tem horas que eu tô a Clarice pura, to tipo... eu vou me isolar, eu não quero ninguém, eu só quero meus amigos antigos, e é isso, eu não quero que ninguém me toque. Legal! Aí tem horas que eu tô o Pedro puro, tipo...*

Aqui se faz fundamental estabelecer o que seria a identificação e como ela pode ser percebida nas relações intersubjetivas, mais especificamente, sob a ótica do atendimento em grupo exercido. Para Freud (1921/1996d), a identificação é um fenômeno afetivo de representação para com o outro, a partir do Eu, para atender ao desejo pulsional, permitindo, assim, que o objeto represente tanto aquilo que o sujeito almeja ser, quanto quem ele é. Considerando que a adolescência é a transição entre aquilo que se é e aquilo que viria a ser, a travessia se constitui norteada pela oscilação entre o que o adolescente enxerga no outro e deseja para si.

Contudo, a ambivalência não lhes escapa, sendo esse o momento em que, para o adolescente se identificar como independente, e não como controlado por aqueles que lhe parentam, ele renuncia – e repudia – aquilo que lhe restringe e lhe aproxima do "não-Eu". Uma vez que há uma confusão narcísica entre o que é do Eu e o que é transmitido pelo objeto, o ódio se apresenta como uma tentativa do adolescente de separação do objeto interno e real (Winnicott, 1971/2020).

Isto posto, a fala de Rita ilustra a dialética entre a solidão de se constituir como um Eu para além do objeto, ao mesmo tempo que aquilo que a vincula ao objeto é percebido como aprisionamento: *"Eu não sou parecida com porra de ninguém. Mentira com meu pai eu pareço um pouco. Mas a questão é ninguém quer ver a minha verdadeira eu, quem eu sou. Eu não posso ser, é proibido"*.

Aqui se destaca o que Freud (1914/1996a) aponta como a constituição de um Ideal do Eu para o qual a criança sempre busca retornar, apegada ao momento que o autor define como de "Sua Majestade, o Bebê". O Ideal do Eu, assim, seria o resquício do Eu que a criança "deveria" constituir a partir das expectativas de seus pais, pois, assegurando esse Ideal, ela também assegura o amor de seus objetos primários. A fala apresentada antes demonstra o peso sentido ao não corresponder a essa expectativa.

Já pensando na parentalidade, conflitos narcísicos e edipianos também retornam e invadem o psiquismo daqueles que se responsabilizam pelos cuidados dos adolescentes que crescem e apresentam novas demandas, anteriormente vivenciadas por eles próprios em relação com seus próprios pais (Jeammet & Corcos, 2005). Isso faz com que o infamiliar, descrito por Freud (1919/1996c), seja revivido em sua estranheza, agora na atualidade na relação com seus filhos. Isto é percebido na seguinte fala de Clarice:

> É, sim, igual a minha avó, minhas tias, elas tem uma mentalidade totalmente diferente da que a gente tem hoje e elas parecem que ainda vivem no passado, elas querem trazer os valores do passado pra hoje em dia, mas não funciona mais assim... É meio chato (risos)... *Porque elas querem que eu seja de um determinado, como seria um padrão de uma moça da época, ser reservada, e culta, não sei o que, não sei o que...*

Assim, os conflitos familiares que não foram resolvidos, e anteriormente foram vivenciados pelos pais dos adolescentes com seus próprios objetos primários, antes recalcados, retornam como referência à relação familiar. A repetição daquilo que viveram um dia com seus próprios pais pode ocorrer na relação com seus filhos. Logo, o psiquismo dos pais sofre uma perturbação pelo reaparecimento dos fantasmas que achavam ter silenciado e esquecido. Sendo assim, esses conteúdos serão carregados transgeracionalmente (Käes, 1997), criando uma confusão narcísica que obscurece as fronteiras entre Eu e outro, como percebido no discurso de Rita:

> É porque minha mãe quer que eu seja que nem ela... *"você tem que... sei lá... vestir mais roupa colorida, você não pode ser gótica"*... *eu sempre fui uma garota mais assim despojada tá ligada. Porque ela sempre quis que eu fosse aquela menina que fica aí de perninha fechada assim ou assim.*

A experiência intersubjetiva é marcada pela necessidade de diferenciação e separação dos objetos primários por parte das adolescentes, que, enquanto tentam dar conta de seus próprios conteúdos psíquicos aterrorizantes, também passam a lutar contra o ideal do Eu e Eu ideal herdados e constituídos pelo outro e pelas suas próprias exigências (Jeammet & Corcos, 2005). Isto é, a transmissão do narcisismo, seja positivo, seja negativo, marca o psiquismo de ambas as gerações, pois se entende que o sujeito se constitui e é constituído pelo atravessamento da relação com o outro nos grupos sociais (Käes, 2017).

Para todos os envolvidos, há a revivência psíquica dos conflitos edípicos; para os pais, o enfrentamento da revivência de seu próprio complexo de Édipo, como dito anteriormente; e para os adolescentes, a revivência dos traumas e conflitos com seus objetos primários. Assim, a adolescência se encaixa no que foi discutido por Freud (1914/1996a) como a passagem do narcisismo primário para o narcisismo secundário, pela escolha objetal e substituição das figuras barradas pelo incesto. Dessa forma, atravessando o Édipo, buscamos a relação com figuras fora deste complexo.

No grupo, percebe-se a dificuldade e ambivalência em estabelecer relações com os outros de "outros grupos", que não o primeiro grupo familiar. Assim, o ideal do Eu pode ser percebido, também, indiretamente em relações sociais, pois, se há uma expectativa de que o sujeito se constitua dentro do que lhe é esperado, ao não a atingir, se instaura um sofrimento psíquico.

Isso pode ser exemplificado na seguinte fala de Pedro, sobre a solidão de não corresponder aos seus grupos sociais da escola: *"eu tinha sei lá, 12 anos e era como se eu tivesse 8. Em questão de idade, ou de intenção era como se eu tivesse 7 anos"*. No grupo, em outras sessões, o adolescente Pedro destaca essa sensação de atraso e que deveria *"correr"* atrás desse tempo e desenvolvimento equivalente à idade que tinha.

Em resposta, Clarice relata sua vivência, exemplificando não só as ambivalências da identificação e desidentificação no meio social, mas também como no próprio grupo de psicoterapia:

> *Eu acho que eu entendo um pouco como é que ele se sente, porque eu... sempre foi muito difícil para mim fazer muitos amigos e falar com as pessoas, nunca foi muito bom com amigos e sempre achei muito difícil me encaixar. É, eu sempre fui muito diferente, às vezes também me chamou algum estranho, né? Eu sofri muito bullying. Na escola, eu meio que era feita de boba pelas outras pessoas... e não sabia porque eu era assim. E até hoje eu ainda acho que eu não me encaixo muito bem. Em qualquer atividade.*

A fala de Clarice foi compreendida pelo grupo como algo da ordem do racismo, por parte dos colegas de turma e da prática esportiva que realizava na época. Dessa forma, é possível perceber um lugar do não ser (Fanon, 2008), no qual a identidade de Clarice é negada e sobrepujada por outros. Ou seja, não se pode ser alguém. Essa zona do não ser dialoga com o ideal do Eu, que é projetado sobre corpos negros como algo a ser, entrando em conflito identitário pela aquisição de um Eu branco, instaurando um processo de branqueamento que se faz a partir do sofrimento e anulação de si. Essa violência ao Ego nega a subjetividade e são processos relacionais em intensa relação com a cultura (Souza, 1983).

As identificações entre as/os integrantes permitiram o enraizamento do vínculo no dispositivo do grupo. Cada adolescente pode ser escutado em sua singularidade, circunscrito no contexto sociocultural, e do grupo, tal qual um objeto transicional (Winnicott (1971/2020) exerceu sua função de um dispositivo permissivo à emergência de afetos inconscientes, vividos em sua singularidade (Käes, 2011). Uma vez que o grupo é entendido como forte e seguro o suficiente, as/os adolescentes podem preservar a sua individualidade, sem medo de romper com este espaço seguro. Desse modo, as individualidades de cada um são não só preservadas, como também mostradas, permitindo que cada um vivencie seu próprio processo de desidentificação, ao mesmo tempo que a identificação no espaço grupal é mantida.

Esse outro que me precede e me excede

Em coerência com o processo de se identificar e desidentificar para a constituição subjetiva, as/os adolescentes trouxeram questões sobre o delineamento de limites em suas relações, e ou sobre a falta deles, e como impactam a preservação de sua integridade. Os conflitos transitaram entre a necessidade de espaço para ser e a necessidade de que tal espaço fosse preenchido para não se sentirem tão sós. Em seus discursos, tanto sobre relações sociais intra quanto extrafamiliares, foram percebidos os movimentos de distanciamento como uma forma de autopreservação relativa à ideia de que os afetos são tão invasivos a ponto de estabelecer fronteiras turvas. São falas como a de Rita:

> Minha mãe, ela é muito "vou ver tudo, vou... fazer tudo". Acho que ela vai até...já chegou a olhar até mensagem da minha psicóloga. (Suspira)... do que me adianta me dar tudo financeiramente... e meus pais não se importarem? Na verdade, uma se importando tanto que na verdade ela fica me sufocando, quase como se eu tivesse que depender dela.

Nesse sentido, torna-se perceptível que o desejo do outro penetra e ocupa o psiquismo das/dos adolescentes, sobrepondo-se a qualquer possibilidade de que o espaço estabelecido entre dois sujeitos possa ser desfrutado e, então, preenchido. A presença exacerbada gera um sufocamento que impede o adolescente ser, pois, para isso, precisa distanciar-se de modo que o desejo do outro o toque sem o ocultar (Jeammet & Corcos, 2005). A intrusão, no discurso do grupo, compareceu conforme exigências que são impostas a uma identidade, que não se reconhecem como sendo eles. Essa não identificação com aquilo que lhes é cobrado ser parece invadir violentamente o psiquismo, de modo a perturbar o estado psíquico de todos. A invasão sentida por eles configura uma intrusão num momento potencial de vivência da sexualidade e do relaxamento, do "fazer nada". Como exemplos, temos a percepção invasiva, tanto no meio físico quanto no emocional:

> E o meu quarto, eu acho, as pessoas preferem o meu quarto que o resto da casa. Porque os meus irmãos, principalmente, e minha prima que mora perto, ela sempre fica lá no meu quarto. Tem vezes que eu vou tomar banho e tenho que mandar todo mundo sair porque é, tem muita gente no quarto. Isso me incomoda. Eu gosto de ter privacidade. (Clarice)

> *Tipo... tava eu e uma visita, lá no meu quarto, na paz, e do nada, minha mãe simplesmente tava me observando pela janela. (Rita)*

No caso de Rita, a dimensão do cuidado e da intrusão confundem-se, uma vez que a "vigilância" da mãe pode ser explicada pelo histórico de tentativas de suicídio da adolescente. Portanto, o controle parece ter sido a forma disponível de enfrentamento para essa mãe, diante da ameaça de perder sua filha.

Ainda assim, o distanciamento se faz necessário, na fantasia adolescente, uma vez que as relações citadas podem ser entendidas como uma ameaça à integridade das/dos adolescentes que, por buscarem independência e apropriação de si, eles se veem forçados a reviver uma posição infantilizada e impotente a ponto de sua constituição ser posta à mercê do olhar do outro, tal qual um bebê que, para ter sua demanda atendida, depende da interpretação e da sustentação materna (Winnicott, 1971/2020).

Essa posição de sustentação decorre de uma relação narcísica primária e pressupõe um momento posterior de separação entre o Eu e o não-Eu, assim como Freud (1996d/1921) comenta sobre o processo de reconhecimento de si enquanto uma passagem pelo outro. No grupo, a adolescente Rita apresenta um processo identificatório com uma figura materna vilanil e sempre à espreita, que não lhe permite espaço para ser, a não ser junto dela, impedindo que essa passagem pelo outro leve a uma diferenciação, o que a jovem questiona e demonstra sua raiva. A raiva de Pedro é dirigida ao pai, cujas expectativas não correspondem aos desejos ou às possibilidades reais do adolescente. Já Clarice relata o sentimento de ser uma extensão narcísica de sua mãe, pois esta toma as conquistas da adolescente como suas.

> *...na verdade, a minha mãe meio que ela usa a gente, que somos os filhos dela como validação pro resto da família... tipo, se a gente tira uma nota boa, entre aspas, já é uma conquista pra ela. Tipo, ela quer ficar mostrando pra todo mundo: "olha só como os meus filhos são inteligentes", ou coisa do tipo. (Clarice)*

Observa-se uma confusão narcísica nessas relações, em que a ideia de uma identificação é limitada, pois ora o adolescente é visto como um igual, ora negado como tal. Como resposta ao controle parental, os adolescentes expressaram o ódio contra a manipulação que intenta o cuidado de maneira fusionada.

> *Porque, tipo assim, fica... meu pai, a gente tá cada vez mais perdendo a nossa relação, porque, tipo assim, a gente tá brigando demais, sabe? (Pedro).*
>
> *...eu deixei bem claro, eu não estou bem, eu preciso desse espaço, e eles não deram esse espaço... eles ficam meio que forçando situações ali, pra os três ficarem juntos, porque claramente não é uma coisa natural, isso tá me dando muita raiva (Rita).*

Sendo o ódio um afeto já característico da adolescência, ele toma maior proporção quando sentido como algo insuportável e, por isso, é projetado para fora de si. Essa forma de defesa é configurada como uma tentativa de separação do objeto interno e do objeto real. Winnicott (1971/2020) retoma a atenção para a sobrevivência do objeto e a aceitação do desafio àqueles que assumem a responsabilidade pelos adolescentes, pois somente assim o adolescente pode explorar sua espontaneidade e destrutividade, externalizando o que fora internalizado e diferenciando o objeto interno do real que sobrevive. Assim, o adolescente pode também sobreviver à sua própria destruição sem ter de redirecionar essa destrutividade contra si mesmo, que, na pior das hipóteses, poderia resultar em tentativa e/ou consumação do suicídio.

Percebe-se, também, um desamparo narcísico no psiquismo dos adolescentes pelas falas que indicam inversão de papéis nas relações hierárquicas do ambiente. O grupo expressa a dependência psíquica dos pais para com eles, quando demandam mais cuidados do que os próprios filhos, mostrando-se, em alguns casos, tão adolescentes quanto eles. Todos parecem ter vivenciado desde a infância a necessidade de continência, e a não continência dos próprios afetos; todos sendo "mini" adultos e deparando com situações violentas vivenciadas por uma depressão parental.

Vale lembrar, também, que cabe ao adulto permitir a revolta do adolescente contra o mundo para a busca de novas soluções sociais. O terror e a violência de fora não se apresentam de forma delimitada, assim como as vivências experienciadas internamente no psiquismo e corpo do adolescente. Neste sentido, Roussillon (2013) nos adverte acerca dos excessos pulsionais e das necessidades de continência desses por aqueles que acompanham os cuidados com os adolescentes. Ou seja, compete ao adulto ter a maturidade de respeitar a imaturidade do adolescente, não lhe exigindo algo que ainda não possa ser oferecido (Winnicott, 1971/2020).

Os excessos pulsionais aparecem nas falas em que Pedro conta sobre as brigas com seu pai e sobre a raiva que sente nesses momentos. Diz sentir que *"tudo vem a sua mente"*; sente que psiquicamente é invadido por conteúdos que, em seu cotidiano, tenta suprimir, enquanto seu corpo expressa essa raiva com gritos e choro. Rita, por sua vez, sente um *"desespero"* diante de sua realidade, ao ponto de impulsioná-la a tentativas de suicídio. A intrusão e ausência que marcam suas relações primárias são sentidas como sem solução nesses momentos. Já com Clarice, não há a possibilidade de demonstrar afetos em seu ambiente. Quando sente ser *"atrapalhada"* por responsabilidades que lhe são impostas com a casa e as crianças, diz não poder *"demonstrar"* nem a raiva, nem a tristeza que a acompanha.

A fragilidade de continência dos afetos pelo ambiente ou, como Bion (2013) descreve, a possibilidade de mistura dos afetos de horror do próprio psiquismo somados aos do ambiente, impossibilita a elaboração dos medos mais primitivos que hoje buscam a integração e constituição de uma identidade própria pela separação e diferenciação do que é deles e do que é dos pais. Ou seja, que é do Eu e do que é do outro, de sua singularidade ou do grupo, para poderem relacionar-se intersubjetivamente.

Por se tratar da vivencias narcísicas primárias, a adolescência apresenta conflitos entre o Eu e o outro, em busca de uma diferenciação e um espaço psíquico próprios, desligando-se do outro ao mesmo tempo que buscam aproximação. Isso resulta numa ambivalência característica desse período (Jeammet & Corcos, 2005). O movimento de ligação e desligamento pode ser percebido na própria interação que estabelecem na situação grupal, por exemplo, quando Miranda pergunta: *"Tem alguma coisa pra falar Pedro?"* (risos). *"É...? num prestei atenção"* (Pedro) (risos).

Há um movimento de disposição para com o outro, na medida em que eles se escutam e reagem de forma a se reunirem, respondendo uns aos outros. Por outro lado, o desligamento do pensamento diante da fala do outro mostra-se presente na medida em que "não ligam", ou "não prestam mais atenção". Isso faz com que a resposta do objeto não se faça presente no grupo, pois a mensagem sem resposta que escorrega no outro permanece sem ligação, sendo impossibilitada de simbolização (Roussillon, 2012).

A ambivalência entre ligar e desligar-se intersubjetivamente também é expressa nas falas entre querer ou não comparecer às sessões, quando não querem ir ao encontro com o outro, mas de gostarem quando presentes:

"Porque eu não tava querendo vir hoje não (riso), porque eu tava lá... fazendo minhas coisas, aí do nada, eu tenho que parar pra ir pra cá, que não sei o que..., mas agora eu já tô melhor" (Pedro). A ambivalência era explicitada tanto nas falas quanto na alternância de ausência às sessões em dada fase do grupo. Tal movimento sinalizava para a necessidade de separação, como propõe Anzieu (1993) acerca da desilusão grupal, após a ilusão grupal necessária para construção do envelope grupal.

Desse modo, os movimentos ambivalentes são expressos pelo e no grupo. A procura e a defesa contra a ligação com o outro e, consequentemente, as expressões defensivas contra a angústia de intrusão e separação tão recorrentes na adolescência, como relatadas pelo grupo, também são vivenciadas em suas relações mais primitivas. Aqui, a repetição mortífera se impõe, e a necessidade de transformação desses conteúdos traumáticos é percebida como fundamental, inclusive para a manutenção do grupo, que ora estabelece ligações, ora se defende pela ameaça de desligamento.

Ao pontuar a necessidade de aceitação do desafio que o cuidado com o adolescente impõe, Winnicott (1971/2020) resgata a utilização do espaço social pelo adolescente como potencializador de conquistas pessoais, por meio do ambiente e da relação com o outro. Contribuindo socialmente de forma criativa e espontânea, o adolescente se mantém próximo da identidade sem a confusão dos limites com o outro.

Podemos observar a intenção da utilização desse espaço social no grupo, quando é sugerido e pensado por todos um encontro "diferente" na última sessão, antes das férias dos analistas. Para essa sessão, decidimos fazer uma pintura ao ar livre e tivemos a criação de um quadro com pinturas e colagens, o que se configurou como uma espécie de jogo do rabisco (Winnicott, 1971/2023), no qual todos associavam enquanto pintavam. Ali, surgiram conteúdos relacionados à dependência que sentem em relação a seus pais e sobre a possibilidade de caminharem rumo à independência, falando sobre um momento inevitável de separação.

A emergência de tais conteúdos foi interpretada como um movimento do grupo diante da separação (interrupção dos encontros, devido às férias). Em resposta, uma proposta: *"Eu acho que a gente devia deixar a digital"* (Rita). Assim, a criatividade do grupo possibilitou a elaboração desse momento de separação, sem que ódio e/ou controle pudessem ser as únicas alternativas utilizadas como enfrentamento. Deixar a marca da digital, algo único do ser humano, simboliza uma separação não aniquiladora, pois, juntos, o grupo pôde criar uma ligação.

Aqui, vale ressaltar a importância da criatividade, frente à necessidade de separação, para que o grupo não se desintegre, mantendo seu envelope grupal e a singularidade de cada um, pois, se todos que são o grupo conseguem suportar a separação, o grupo pode ser, sem se perder. Visto que o medo da perda do objeto implica defensivamente em um desligamento das relações, o manejo dos analistas fez-se de forma a manter a ligação como prevalecente sobre o desligamento.

Considerações finais

Nossas reflexões sobre as particularidades da experiência intersubjetiva na adolescência pressupõem algumas considerações fundamentais. A primeira é que os sofrimentos psíquicos contemporâneos – como as retrações do mundo, as depressões – podem estar ligados às experiências primárias de subjetivação, à alteridade e, portanto, à intersubjetividade. A segunda é a que se refere às características constitutiva e traumática da intersubjetividade, uma vez que existe dor e sofrimento no trabalho psíquico para emergência de um outro. Como sinaliza Coelho Júnior (2008), não há Eu sem o outro, entretanto o outro será sempre um excesso. A terceira é que o dispositivo grupal permite o trabalho nos campos simbólicos e da linguagem, pois coloca em cena o corpo, a palavra e o outro (vários outros), presentificando, na relação transferencial, as estruturas psíquicas mais primitivas.

Como apontado por Käes (2011), notamos que o enquadre grupal psicanalítico exerceu funções de continência de afetos e representações de objetos arcaicos, transformando esses conteúdos em representação-palavra. Podemos dizer que a interdiscursividade desse dispositivo facilitou o trabalho psíquico de simbolização de conteúdos psíquicos dos adolescentes, que anteriormente não foram contidos, sustentados e elaborados. Do primeiro grupo, o ambiente familiar, caminhou-se rumo ao espaço grupal psicoterápico oferecido.

Por fim, a significativa ação do grupo em deixar, cada um, sua própria digital no quadro construído juntos sinaliza para o alcance da diferenciação, ao mesmo tempo que marca a ligação intersubjetiva com o outro. Assim, o grupo se fez como um espaço transicional, em que a limitação e descoberta da diferenciação entre Eu e não-Eu aconteceu de forma simbolizada. Não estando mais em uma estrutura narcísica, mas percebendo o objeto em sua alteridade, percebe-se também a realidade intersubjetiva que constrói o grupo e mantém suas ligações.

Referências

Anzieu, D. (1993). *O Grupo e o inconsciente: o imaginário grupal*. Casa do Psicólogo.

Bion, W. R. (2013). Attacks on Linking. *The Psychoanalytic Quarterly*, LXXXII (2) 285-300.

Coelho Júnior, N. (2008). Formas de Comunicação e Intersubjetividade em Psicanálise. In L. C. Figueiredo, & N. Coelho Junior. Ética e técnica em psicanálise (2a ed., pp. 13-54). Escuta.

Fanon, F. (2008). *Pele Negra Máscaras Brancas*. EDUFBA.

Freud, S. (1996a) Sobre o narcisismo: uma introdução. In S. Freud. *Edição standard brasileira das obras psicológicas completas de Sigmund Freud* (Vol. 14, pp. 76-108). Imago. (Trabalho original publicado em 1914).

Freud, S. (1996b) Luto e Melancolia. In S. Freud. *Edição standard brasileira das obras psicológicas completas de Sigmund Freud* (Vol. 14, pp. 243-266). Imago. (Trabalho original publicado em 1917).

Freud, S. (1996c). O Estranho. In S. Freud. *Edição standard brasileira das obras psicológicas completas de Sigmund Freud* (Vol. 17, pp. 233- 273). Imago. (Trabalho original publicado em 1919).

Freud, S. (1996d). Psicologia das massas e análise do eu. In S. Freud. *Edição standard brasileira das obras psicológicas completas de Sigmund Freud* (Vol. 18, p. 77-154) Imago. (Trabalho original publicado em 1921).

Gusmão, M. M.; & Amparo, D. M. (2021). Les Dispositifs de soin au Brésila vec des adolescentes violents. In Florian Houssier (org.). *La cure psychanalytique de l'adolescent et ses dispositifs thérapeutiques* (Vol. 1, 1a ed., pp. 165-177). Éditions in Press.

Jeammet, P., & Corcos, M. (2005). *Novas problemáticas da adolescência: evolução e manejo da dependência*. Casa do Psicólogo.

Käes, R. (1994). La matrice groupale de l'invention de la psychanalyse. Esquisse pour une analyse de premier cercle autour de Freud. In Käes, J. (org.). *Les Voies de la psyché: hommage à Didier Anzieu* (373-392). Dunod.

Käes, R. (1997). *O grupo e o sujeito do grupo: elementos para uma teoria psicanalítica do grupo*. Casa do Psicólogo.

Käes, R. (2005). Groupes internes et groupalité psychique. *Revue de Psychothérapie Psychanalytique de Groupe, La Groupalité et le lien, 45*, 9-30.

Käes, R. (2011). *Um singular plural: a psicanálise à prova do grupo*. Loyola.

Käes, R. (2014). Les Médiations entre les espaces psychiques dans les groupes. In Brun, A. (org.). *Les médiations thérapeutiques* (pp. 49-57). Éditions Érès.

Käes, R. (2017). *O aparelho psíquico grupal*. Ideias & Letras.

Orlandi, E. P. (2009). *Análise de Discurso: princípios & procedimentos* (8a ed.). Pontes.

Roussillon, R. (1991). Un paradoxe de la représentation: le médium malléable et la pulsion d'emprise. In *Paradoxes et situations limites de la psychanalyse* (130-146). PUF.

Roussillon, R. (2010). Transferência paradoxal e modificações técnicas. J*ornal de Psicanálise, 43*(78), 13-18.

Roussillon, R. (2012) Às condições da exploração psicanalítica das problemáticas narcísico-identitárias. *ALTER – Revista de Estudos Psicanalíticos, 3*(1) 7-32.

Roussillon, R. (2013). A destrutividade e as formas complexas da "sobrevivência" do objeto. *Revista da Sociedade Brasileira de Psicanálise de Porto Alegre*, 14(2), 553-572.

Souza, N. S. (1983). *Torna-se Negro: as vicissitudes da identidade do negro brasileiro em ascensão social*. Graal.

Vacheret, C. (2005). Les configurations du lien, la chaîne associative groupale et la diffraction au transfert. *Revue de psychothérapie psychanalytique de groupe, 45*, 109-116.

Winnicott, D. W. (2020). *O brincar e a realidade*. Ubu Editora. (Trabalho original publicado em 1971).

Winnicott, D. (2023). *Consultas terapêuticas: em psiquiatria infantil*. Ubu Editora. (Trabalho original publicado em 1971).

AS CONSULTAS TERAPÊUTICAS COM PAIS DE ADOLESCENTES-LIMITE NO SERVIÇO-ESCOLA DE PSICOLOGIA

Clara Alves Diniz
Sebastião Venâncio
Alexandre Alves Costa Neto

A adolescência é um período caracterizado por intensas mudanças psíquicas e físicas, ocorrendo uma reorganização do sujeito devido ao confronto com seus limites pulsionais (Padrão et al., 2006). A necessidade de acompanhamento psicoterapêutico surge da intensidade dessas transformações que podem originar problemáticas percebidas por aqueles que cercam o sujeito adolescente, exigindo dispositivos de tratamento capazes de conter os excessos e de acolher o sofrimento.

As características desse período fazem com que o enquadre analítico com adolescentes possua algumas singularidades, se comparado com a análise de adultos. Isso se dá por conta do lugar ocupado pelos pais e da natureza da demanda, que deve ser identificada pelo analista (Coutinho, 2006). A partir da inclusão dos pais no atendimento, o analista vai se deparar com um contexto de múltiplas transferências e enquadres que devem ser manejados, visando a possibilitar um ambiente que favoreça o desenvolvimento e o amadurecimento do adolescente mesmo diante de intensos sofrimentos psíquicos (Brito & Naffah Neto, 2018; Winnicott, 1971/2023).

O enquadre analítico é definido por Green (2008) como "o conjunto das condições de possibilidade requeridas para o exercício da psicanálise" (p. 53). Esse é ilustrado pelo autor a partir de uma metáfora que descreve a relação entre uma joia e um estojo. A joia, com toda a sua delicadeza, preciosidade e raridade, seria resguardada por um estojo rígido o suficiente para cumprir essa função. Ela seria o que o autor denomina de matriz ativa do método psicanalítico, ou seja, a associatividade que se manifesta a partir da associação livre por parte do analisando e da atenção livremente flutuante por parte do analista. Para que o processo associativo seja possível, tanto por parte do analista quanto do analisando, ele deve ser resguardado, tal qual um estojo faz com uma joia. Essa proteção, no processo analítico, se dá via aspectos formais e materiais do enquadre, geralmente estabelecidos por um contrato, tal qual frequência de acompanhamento, horários, pagamento, entre outros detalhes que possam ser acordados. Embora este modelo estabeleça um parâmetro, o tipo de trabalho analítico a ser desenvolvido com os adolescentes implica, muitas vezes, uma ruptura com o enquadre analítico clássico, exigindo flexibilidade do analista, ou seja, a elasticidade de sua técnica psicanalítica (Ferenczi, 1928; Winnicott, 1971/2023), sempre privilegiando resguardar o processo associativo.

As consultas terapêuticas no modelo winnicottiano (Winnicott, 1971/2023) são uma das possibilidades de manejo da entrada dos pais no atendimento de adolescentes, por buscar uma forma de brincar conjunta. Contudo, verifica-se a escassez de publicações na literatura que tratem dessa modalidade de atendimento levando em consideração as especificidades da adolescência e as implicações desse processo para o sujeito e para as suas relações. Assim, os objetivos do presente capítulo são investigar e refletir sobre as especificidades das consultas terapêuticas na clínica de adolescentes, a partir do atendimento de um caso em um Serviço-Escola de Psicologia.

A adolescência suas especificidades na clínica psicanalítica

Freud escreveu somente um ensaio sobre as transformações da puberdade, em *Três ensaios sobre a teoria da sexualidade* (Freud, 1905/1996). O enfoque da teoria encontra-se na puberdade e no desenvolvimento psicossexual da criança; os aspectos psicológicos desse período ficam em segundo plano. Contudo, alguns autores se debruçaram sobre o tema, com o intuito de compreender a importância dessa fase, como Winnicott (1961) e Blos (1998).

O texto *A psicogênese de um caso de homossexualidade feminina* (Freud, 1920) pode ser tomado como ponto inicial para se pensar sobre a clínica psicanalítica de adolescentes e suas especificidades (Coutinho, 2006). Nesse texto, Freud (1920) aborda um caso de uma jovem, cuja atração sexual em relação a uma mulher mais velha incomodava seus pais. A procura de tratamento psicanalítico ocorre após uma tentativa de suicídio por parte da jovem, no momento em que seu pai a viu acompanhada da mulher em questão.

O tratamento ocorreu com algumas dificuldades: além da questão da passagem ao ato e *acting out* presentes no caso, houve também a dificuldade de manejar a forte transferência negativa da jovem e a questão da entrada em análise, que, no caso dos adolescentes, muitas vezes, é motivada por uma demanda de terceiros, como os pais (Coutinho, 2006). Dessa forma, cabe ao analista desidentificar a demanda indireta desse terceiro da demanda do adolescente, no sentido de interrogar o sujeito acerca do que o leva à análise e se há o desejo de estar na situação analítica.

Na clínica da adolescência, diferentes transferências estão em jogo: a transferência do adolescente com o analista, a transferência dos pais com o analista e a contratransferência do próprio analista com os pais e com o paciente. O trabalho não é realizado somente com o adolescente, os pais (ou responsáveis, que acabam por ocupar um lugar parental) também ocupam um lugar na análise, seja levando o adolescente à sessão, seja pagando os honorários, ou até mesmo participando de eventuais consultas, mas é preciso ressaltar que se trata de um espaço em que o adolescente é o protagonista (Brito & Naffah Neto, 2018; Coutinho, 2006). Nesse sentido, o analista deve levar em consideração o lugar que ocupa nas transferências que decorrem da análise com adolescentes, sendo importante evitar uma aliança excessiva com os pais, sob o risco de impossibilitar o vínculo com o adolescente (Brito & Naffah Neto, 2018; Coutinho, 2006).

Diante do distanciamento dos laços entre pais e filhos que costuma ocorrer na adolescência, é importante que os pais sintam que possuem um lugar no tratamento do adolescente. Contudo, faz-se necessário que esse lugar não constitua uma intrusão no espaço do adolescente, ou seja, é preciso resguardar o sigilo e o espaço próprio e íntimo dele. Nessas situações, o manejo do enquadre é delicado, tendo em vista que o analista ocupa um lugar de mediador da relação (Brito & Naffah Neto, 2018; Coutinho, 2006). Cabe ao analista ouvir os pais e dar um lugar para eles no tratamento do adolescente, constituindo, se necessário, um enquadre-dispositivo específico para abarcar a escuta deles.

A importância de falar de um enquadre-dispositivo na adolescência relaciona-se com a importância do processo de simbolização, tendo em vista que Freud cria o enquadre analítico com base no modelo do sonho a partir da consideração dos polos perceptivo e motor no processo de simbolização do sujeito (Urribarri & Berliner, 2012). Contudo, os excessos pulsionais da adolescência consistem em experiências que nem sempre são possíveis de ser simbolizadas pelo sujeito, demandando mudanças no enquadre por parte do analista.

Essa insuficiência do enquadre clássico, ou dispositivo-padrão, demonstra a necessidade de outro paradigma para a prática clínica que não seja o sonho. É nesse cenário que surge o modelo do ato. De maneira geral, o modelo do ato e as variações subsequentes do dispositivo visam a criar as condições de possibilidade para o trabalho de representação, para o funcionamento da matriz dialógica do enquadre (Green & Urribarri, 2019; Roussillon, 2019; Urribarri & Berliner, 2012).

A clínica dos extremos na adolescência e seu enquadre

A clínica dos extremos se caracteriza como uma clínica que interroga o sujeito em diversos limites: do corpo, da identidade e das relações objetais. É uma clínica marcada pela intensidade do sofrimento do sujeito, que recorre ao ato diante da impossibilidade de representação, e pelo manejo clínico do traumatismo (Amparo et al, 2020).

Nessa clínica, presencia-se um predomínio da pulsão de morte e seus efeitos destrutivos. Um desses efeitos trata-se da passagem ao ato, um ato em que o sujeito se defende de forma autodestrutiva, desinvestindo seu próprio funcionamento, em outras palavras, uma expressão do narcisismo de morte (Green & Urribarri, 2019).

A complexidade do tornar-se adolescente, justificada pela incerteza do momento da puberdade e suas mudanças físicas e psíquicas, pode levar o sujeito, o enquadre e o terapeuta ao seu limite. Tal complexidade do sofrimento evoca a necessidade de um dispositivo capaz de conter esse sofrimento e promover a simbolização do sujeito.

A noção de dispositivo clínico é importante para se pensar essa clínica. Roussillon (2019) propõe uma teoria do dispositivo clínico, ou seja, uma teoria que abarque as diferentes formas que a clínica se apresenta ao analista. Da mesma maneira que Freud elaborou uma metapsicologia, há uma elaboração de uma meta-teoria da prática clínica.

A necessidade de se pensar em uma metateoria da prática clínica e dos dispositivos surge a partir de situações clínicas em que o enquadre clássico é levado aos seus limites, como é o caso da adolescência e das situações-limite. O objetivo dessa metateoria é pensar um dispositivo-enquadre, capaz de conter os excessos e o sofrimento e promover, a partir da identificação das possibilidades e necessidades do analisando, o trabalho de simbolização.

O trabalho com adolescentes implica um trabalho suplementar a ser realizado. Esse trabalho exige uma maior capacidade do analista para sustentar e manejar as variações que podem ocorrer dentro no enquadre analítico. Além de que é preciso destacar que o manejo do enquadre e as questões transferenciais diferem da psicanálise de adultos. Há a transferência dos pais e do paciente com o analista, além da contratransferência do analista com os pais e os pacientes, ou seja, o analista é confrontado com as múltiplas transferências que se fazem presentes e os múltiplos enquadres que se constituem nesse dispositivo clínico que desafia o enquadre clássico (Brito & Naffah Neto; 2018; Brito, 2021).

Esse trabalho com os pais é de suma importância quando se fala da clínica dos extremos. Trata-se de casos em que o sofrimento psíquico é decorrente de falhas ambientais primárias, o que significa que as necessidades básicas para a constituição e integração do sujeito não foram atendidas. Somando isso às próprias dificuldades da adolescência, relacionadas ao trabalho de luto das imagos paternas, resta os seguintes questionamentos: qual o lugar ocupado por esses pais na vida psíquica desses adolescentes? Como adaptar o enquadre-dispositivo a essas necessidades?

Na clínica psicanalítica com adolescentes, algumas famílias manifestam a necessidade de acolhimento no enquadre analítico, na perspectiva de uma busca de escuta analítica a suas dificuldades parentais (Fernandes, 2019). As consultas terapêuticas possibilitam aos pais orientação e auxílio na reaproximação com o filho como indivíduo único, abrindo espaço para seu desenvolvimento pleno (Brito, 2021). Ou seja, "ao se conterem as angústias dos pais, eles passam a ser continentes de seus filhos" (Brito, 2021, p. 40).

Consultas terapêuticas como dispositivo clínico de adolescentes e seus pais

As consultas terapêuticas foram desenvolvidas por Winnicott (1971/2023), a partir da aplicação da psicanálise na psiquiatria infantil, em situações nas quais um tratamento analítico tradicional não era possível ou desejável. Essa modalidade de atendimento pode ser definida como uma exploração completa das primeiras entrevistas, sendo marcante o caráter breve dessa intervenção clínica, tendo em vista que, em muitos dos casos, os encontros ocorriam somente uma vez ou com intervalos de tempo consideráveis entre eles.

Para entender o surgimento desse tipo de trabalho, convém pensar a temporalidade na clínica winnicottiana. Para o psicanalista inglês, é possível pensar a sessão clínica em três estágios, tais como descritos no jogo da espátula: um período de hesitação, compreendido pelo intervalo em que o paciente chega à sessão até o momento em que a situação clínica começa a emergir; o período em que a situação analítica propriamente dita se desenrola; e, por fim, a finalização, momento no qual o sujeito deixa de necessitar do analista, assim, o tempo do encontro analítico obedece ao tempo próprio de cada sujeito (Safra, 1999). Um ponto que merece atenção a partir dessa reflexão é que o sujeito quem determina quando a sessão deve terminar, ele precisa desvencilhar-se do analista em seu próprio tempo (Safra,1999). Dessa forma, a clínica winnicottiana rompe com padrões de uma psicanálise *standard*, permitindo ser criada uma nova forma de trabalho, na qual a duração das sessões obedece a uma temporalidade sob medida para cada caso, assim como a frequência dessa pode ser variável, ocorrendo "sob demanda", como é o caso das consultas terapêuticas.

A flexibilidade quanto ao número e à periodicidade entre encontros, aos procedimentos adotados e aos atores presentes nas sessões, aliada à possibilidade do uso do Jogo do Rabisco, são características fundamentais da técnica em questão (Winnicott, 1971/2023). Nessa perspectiva, o trabalho interpretativo perde sua centralidade: o trabalho do analista consiste em prover um enquadre em que o adolescente possa apresentar-se em suas disposições, e seus conflitos imediatos, mais por meio de uma comunicação significativa do que por grandes interpretações fornecidas pelo clínico. O objetivo é entrar em contato com o adolescente e seu mundo.

O valor terapêutico da comunicação nas consultas terapêuticas reside no "encontro essencialmente humano, em que o psicoterapeuta se coloca em tempo, em espaço e em disponibilidade pessoal ao próprio movimento de busca de auxílio do paciente" (Lescovar, 2008, p. 23). Com vistas a compreender mais à fundo essa comunicação significativa, é interessante debruçar-se sobre o conceito winnicottiano de objeto subjetivo, visto que, ao atender crianças no contexto hospitalar, Winnicott

(1971/2023) se surpreendeu ao notar que anteriormente à consulta; elas não raro sonhavam com o médico com quem iam se encontrar, colocando-o então na posição referida.

Tomando como base a teoria do amadurecimento de Winnicott, pode-se localizar o conceito de objeto subjetivo nos primórdios da vida do bebê e em sua relação com o ambiente externo, que não é, à época, reconhecido enquanto tal (Dias, 2003). O bebê, quando está em um momento de excitação, cria a expectativa de que encontrará algo que satisfaça sua necessidade e, então, em contato com o seio materno e sem conseguir distingui-lo como algo externo a si, ele vive a experiência de ter criado o objeto que satisfaz sua necessidade (Muratori, 2015). Winnicott (1971/2023) percebeu que os pacientes, ao sonharem com ele na noite anterior à consulta, pareciam fazer um movimento análogo de criar um objeto que fosse capaz de suprir suas carências. O profissional, então, no momento da consulta terapêutica, assume a tarefa de se ajustar às expectativas do paciente no primeiro encontro, colocando-se na posição de objeto encontrado-criado.

Isso se traduz, na situação clínica, em uma transferência estabelecida com base na expectativa do paciente em relação ao profissional, na esperança de que este poderá ajudar na resolução dos problemas. Trabalhar com e nesse espaço potencial permite colocar novamente o paciente em seu processo de desenvolvimento, recolocá-lo em seu contínuo devir (Lescovar, 2008). O foco no encontro é transformado e não se atém na interpretação do inconsciente como no processo analítico clássico. Ele é organizado de tal forma que o trabalho possa ser realizado em um número reduzido de sessões, servindo como alternativa a casos em que uma análise longa não é útil ou mesmo possível. Além disso, o trabalho a partir das consultas terapêuticas preconiza uma significativa flexibilidade desses encontros, permitindo o brincar dentro da cena, utilizando-se de recursos como o jogo do rabisco e demais instrumentos ou técnicas de entrevista, o que convoca o analista a pensar um enquadre único para cada caso (Serralha et al., 2016; Winnicott, 1971/2023).

Vieira e Castanho (2022) apontam outros aspectos importantes dessa prática winnicottiana, sendo o primeiro deles relacionado à potencial continuidade de contato entre o profissional e o paciente, e o segundo, ao horizonte de cooperação interprofissional nas consultas terapêuticas. Os autores notam que, apesar da brevidade e, muitas vezes, unicidade desses encontros, restava, após as consultas terapêuticas, a possibilidade de continuidade de contato entre Winnicott e seus pacientes, o que se evidencia pela troca de correspondências ao longo do tempo entre eles e o psicanalista. Essa presença em potencial do profissional, mantida também pela possibilidade de se realizar novas consultas terapêuticas quando e caso necessário, opera uma função clínica importante na condução dos casos.

Em outro momento, Vieira e Castanho (2022) discutem sobre o aspecto de colaboração interprofissional presente na prática das consultas, exemplificando, a partir de um caso clínico atendido por Winnicott, o trabalho conjunto entre o psicanalista e os demais profissionais da instituição, na qual se deu o atendimento, constituindo, assim, um enquadre ampliado. Acerca disso, Winnicott (1971/2023) afirma que "a consulta terapêutica precisa ser encarada como apenas uma das muitas coisas que acontecem num atendimento de caso mais amplo" (p. 128). Assim, é interessante pensar nessa modalidade de atendimento não apenas como uma prática isolada, mas como um dispositivo inserido em uma rede. Nesse sentido, tendo em vista a clínica com adolescentes nos extremos, abre-se margem para construir um enquadre-dispositivo plurifocal que abarque o acolhimento da complexidade do sofrimento desse público, no qual as consultas terapêuticas entram como um dispositivo possível.

O projeto "Grupo de Pesquisa e Extensão Sobre Violências e Psicopatologias na Contemporaneidade" (Vipas), que acontece em um Serviço-Escola em parceria com um Hospital Universitário (HUB) da Universidade de Brasília, tem buscado dar forma a essa ideia, desenvolvendo dispositivos integrandos de atendimento ao adolescente. O trabalho do grupo articula diversos dispositivos clínicos interdisciplinares para o atendimento de adolescentes e jovens adultos com problemáticas-limite com vistas ao favorecimento do processo de simbolização, tal como é descrito por Roussillon (2020).

Há aqui uma alteração em relação à experiência winnicottiana, tendo em vista que, em *Consultas Terapêuticas em Psiquiatria Infantil*, o autor faz relatos de casos em que atendia primordialmente crianças e adolescentes, sendo os encontros com os pais pontuais (Winnicott, 1971/2023). A proposta do grupo é de fornecer um atendimento sob medida também aos familiares que acompanham os adolescentes. Esse atendimento não tem a finalidade de uma psicoterapia de família. Ele se adequa às necessidades do enquadre analítico, isto é, aos limites necessários para a condução do processo analítico do adolescente. Para tanto, são observados os processos transferenciais, tanto do analisando quanto do seu entorno, com o objetivo de salvaguardar a análise. Dessa forma, encontros pontuais com os pais e familiares são úteis para contornar demandas externas ao acompanhamento analítico com o adolescente e reestabelecer os limites necessários ao enquadre.

A escolha pelo dispositivo das consultas terapêuticas para o atendimento dos familiares, além da indicação clínica, dá-se, entre outras razões, por não ser objetivo do grupo empreender um processo de análise com cada familiar individualmente, ou mesmo uma psicoterapia familiar. O caráter breve, pontual e flexível das consultas terapêuticas familiares permite a realização de um trabalho com os familiares que objetiva a orientação e o auxílio na reaproximação com o adolescente, abrindo espaço para seu desenvolvimento pleno, além da criação de um espaço voltado à obtenção da saúde do ambiente, tendo em vista que a contenção das angústias dos pais implica a capacidade destes de serem continentes para seus filhos (Brito & Naffah Neto, 2018; Brito, 2021).

A introdução das consultas com os pais implica mudanças significativas no enquadre, e, consequentemente, o contrato de trabalho adapta-se às necessidades do paciente e de sua família. Isso porque, apesar de o tratamento não propor uma psicoterapia familiar, em determinadas situações, uma demanda familiar ou a transferência entre membros da família e analista podem passar a fazer parte do trabalho e a precisar de seu espaço dentro desse. Uma das funções dos pais de filhos adolescentes é sobreviver e estar presente para que o filho possa continuar o seu processo de amadurecimento. Existe também a necessidade de os pais serem amparados pelo analista, para que eles possam sentir as consultas como parte integrante do tratamento do filho, possibilitando uma relação de confiança com eles (Brito & Naffah Neto, 2018).

Nesse sentido, as consultas terapêuticas cumprem um papel intermediário (Käes, 2005), uma vez que têm a função de mediar os processos transferenciais, fundamentais para o prosseguimento da análise com o adolescente. Ao cumprir seu papel de fazer a mediação entre família, analista e analisando, as consultas terapêuticas diminuem o potencial conflituoso, oferecendo um espaço para os pais no tratamento do adolescente, um espaço pontual que terá o tamanho necessário para resguardar o enquadre de modo a dar continuidade à análise. Desta forma, possui função paraexcitatória, reduzindo, contornando e interpretando possíveis resistências ao tratamento. As consultas terapêuticas se configuram em um espaço mediador que transiciona lógicas distintas de modo a poderem ser abordadas pontualmente, sempre de maneira a resguardar o enquadre.

Consultas terapêuticas como processos intermediários

Para Käes (2005), a noção de intermediário em psicanálise perpassa a obra de Freud, pois articula a questão do espaço intrapsíquico e interpsíquico, pluripsíquico, sendo um conceito capaz de fazer a mediação entre lógicas distintas. O autor justifica o interesse por esta categoria por ela "tratar as relações entre continuidade e ruptura, entre permanência e transformação", permitindo abordar a ordem psíquica, social e cultural como sendo coisas diferentes, mas não separadas (Käes, 2005, p. 11).

Seja as metáforas utilizadas para caracterizar a adolescência como travessia, seja as definições que privilegiam estabelecê-la como algo entre a infância e a idade adulta, elas evidenciam a leitura da adolescência como um fenômeno intermediário do desenvolvimento. Ao contrário de um condicionamento da adolescência à infância ou à adultez, pensá-la como um fenômeno intermediário proporciona dar a esta fase do desenvolvimento o protagonismo merecido de algo central, que faz mediação, transiciona e liga. Inerente à travessia da adolescência, a irrupção do pubertário inaugura um novo corpo com o qual se deve lidar com os excessos e transbordamentos pulsionais inerentes ao período. Para tanto, o trabalho psíquico, de ligação da pulsão, se faz necessário, configurando-se um verdadeiro desafio para o adolescente.

Käes aborda três categorias do intermediário: capacidade de ligação, estabelecimento, restabelecimento, continuidade e redução de oposição. A partir delas, os processos intermediários viabilizariam a criação e a reinvenção tanto da vida psíquica, quanto da vida relacional e cultural (Käes, 2005). Reinventar a vida psíquica, relacional e cultural torna-se uma obrigação ao adolescente que perdeu o corpo infantil e não pode resistir apenas passivamente às mudanças demandadas, sendo necessário lutos e ajustes necessários. Käes aponta, na metapsicologia freudiana, a presença da ideia de intermediário a partir do pré-consciente, na primeira tópica, e do Eu, na segunda. Esses cumpririam a função de conexão no aparelho psíquico. É também neles que ocorre a ligação pulsional e a transição entre sistemas, proporcionando continuidade e possibilitando a elaboração de conflitos.

O intermediário se articula à paraexcitação à medida que ambos exercem uma função vital para homeostase e continuidade psíquica de maneira que "as experiências das rupturas, crises e dos traumatismos vão sempre convocar esse tipo de formação" (Käes, 2005, pp. 15-16).

Nesse sentido, entende-se as consultas terapêuticas como um dispositivo intermediário que faz jus ao fenômeno descrito por Käes. Isso porque as consultas terapêuticas têm como objetivo viabilizar os processos psíquicos de ligação entre o par analítico, entre o par analítico e os familiares, bem como entre os conteúdos psíquicos mobilizadores de excesso pulsional que, encarnados nos conflitos referentes à dinâmica familiar, necessitam de mediação. Isto é, "articula a questão do espaço intrapsíquico e interpsíquico, pluri-psíquico sendo um conceito capaz de fazer a mediação entre lógicas distintas" (Käes, 2005, p. 10). Tal mediação obedece à lógica secundária egóica pré-consciente, buscando o estabelecimento e restabelecimento dos vínculos, sempre que possível, e reduzindo as oposições à continuidade do processo analítico, tais quais as experienciadas via transferência negativa. Nota-se que, por ser uma clínica da adolescência, as transferências serão múltiplas, de maneira que as consultas terapêuticas podem oferecer paraexcitação para os conflitos que emergirão ao longo do processo analítico, resguardando a continuidade deste.

Dessa forma, as consultas terapêuticas dão um lugar intermediário às demandas familiares, uma vez que sua utilização resguarda o espaço analítico do adolescente, ao abrir a possibilidade de uma escuta pontual dos familiares interessados no tratamento e endereçando objetivamente questões pertinentes. Sua função é ajudar a resguardar que, durante o processo analítico, o adolescente possa construir a sua demanda, desvinculando-se da demanda dos pais, sem que esse processo se configure, necessariamente, em uma ruptura traumática.

Com objetivo de exemplificar como as consultas terapêuticas se efetivam na prática clínica, optou-se pela apresentação do caso de uma adolescente e seus familiares que passaram por esse dispositivo.

O caso Camila[41]

Camila é uma adolescente de 17 anos que chegou ao Serviço-Escola de Psicologia para atendimento no Grupo Vipas por meio de um encaminhamento externo. Letícia, mãe da adolescente, foi quem entrou em contato com uma das terapeutas da instituição, e foi então agendado um acolhimento realizado em coterapia com outra psicóloga do grupo na data combinada. A opção pela coterapia deu-se a partir de uma reflexão a respeito da multiplicidade de transferências em cena: transferência do adolescente, transferência dos pais e os aspectos contratransferenciais do(s) analista(s) (Brito & Naffah Neto, 2018; Coutinho, 2006).

As consultas foram realizadas presencialmente. Estiveram presentes na entrevista inicial, que já pode ser considerada a primeira consulta terapêutica: Camila, sua mãe, seu irmão Gabriel e seu padrasto Nicolas. Este primeiro momento marcou o início do tratamento de Camila, que se seguiu com mais duas consultas terapêuticas com a presença dos familiares (as quais serão discutidas em detalhe posteriormente) e com as sessões individuais. Após alguns meses de atendimento individual, Camila realizou o psicodiagnóstico interventivo com outra terapeuta do mesmo grupo, o qual, por sua vez, contou com a aplicação de métodos projetivos, consultas terapêuticas individuais e com os pais.

O detalhamento do caso, exposto em seguida, foi dividido nas seguintes sessões: (1) contexto familiar, (2) demanda apresentada e histórico sintomático e (3) as consultas terapêuticas com os pais. O relato aqui disposto foi construído a partir das sessões individuais e das consultas terapêuticas realizadas, das discussões feitas em supervisões e de um texto elaborado pelo padrasto de Camila e enviado para a terapeuta, o qual continha um relato condensado deste sobre a trajetória de Camila desde a infância e alguns acontecimentos marcantes que levaram a família a procurar atendimento psicológico.

O contexto familiar

Camila é a filha do meio, tendo mais dois irmãos: Gabriel, o mais novo (14 anos), e Beatriz, a mais velha (18 anos). Os irmãos partilham o parentesco apenas pelo lado materno. O pai de Camila esteve presente

---

[41] Os nomes utilizados ao longo do texto são fictícios.

durante a gestação dela, porém, após seu nascimento, não assumiu a paternidade e se ausentou da vida dela e da mãe. Letícia relata que a decisão dele de se afastar foi apoiada por ela.

    Os três irmãos passaram parte da infância morando com a mãe, a avó, tios e primos. Camila se refere a essa época como um tempo no qual *"não tínhamos nada, mas éramos felizes"*. Entretanto, os relatos de sua mãe e de seu padrasto tomam uma direção contrária a essa nostalgia: foi um período muito difícil, marcado por violências, insegurança financeira e culminando no envolvimento do conselho tutelar em assuntos relacionados à paciente.

    Durante esse período, os irmãos ficaram sob os cuidados dos tios, que eram também bastante jovens, alguns ainda adolescentes. A ausência da mãe durante esse primeiro momento da vida de Camila foi um fator marcante para as questões clínicas apresentadas durante o tratamento relacionadas à sintomatologia da paciente. O cuidado de Camila nesse período foi marcado por violências e negligência: houve a exposição dela e do irmão ao conteúdo pornográfico que era consumido pelos tios, os castigos físicos aplicados como medida disciplinar e a falta de proteção à Camila, que, desde os 4 anos, saía de casa para a rua e por vezes era trazida de volta pelos vizinhos.

    Nesse período, a irmã mais velha de Camila, Beatriz, foi vítima de abuso sexual e se mudou para outra cidade, para morar com o pai dela. O abuso sofrido por Beatriz foi apenas comentado por alto nas entrevistas iniciais e em uma sessão individual, nunca tendo sido detalhado. As implicações desse abuso, porém, apareceram na fala de Letícia que relata achar que, por conta da atenção especial concedida à Beatriz por consequência dessa violência, acabou deixando Camila de lado. Letícia se culpa por todos esses acontecimentos e associa o comportamento de fuga de Camila à instabilidade familiar experienciada à época, embora a paciente não tenha essa mesma percepção.

    Outra ruptura familiar ocorreu quando a avó de Camila se mudou para outro estado com o novo marido e, por motivos financeiros, ofereceu levar Camila para morar com ela quando esta tinha 8 anos. Letícia aceitou o convite da mãe, e Camila morou com a avó até os 10 anos, retornando após a morte do avô. Após esses dois anos com a avó, a adolescente voltou a morar com a mãe. A mudança ocasionou um atraso de dois anos na trajetória escolar de Camila, pois os responsáveis não retornaram à escola da paciente para pegar o histórico e os documentos necessários para fazer a transferência dela para a nova escola.

Algumas mudanças importantes no contexto familiar de Camila ocorreram enquanto ela estava morando com a avó: Letícia havia ido morar com o companheiro e atual padrasto de Camila e dos irmãos, Nicolas, e Beatriz também havia retornado para morar com eles. Nicolas, Letícia, os três filhos e a sogra de Letícia passaram a morar juntos. Aqui se encontra um ponto marcante do caso, que foi, inclusive, tratado em uma das consultas terapêuticas realizadas: ao ir morar com Nicolas, Letícia relegou a ele a educação dos filhos, afastando-se dessa responsabilidade.

Demanda apresentada

Na primeira entrevista, a família de Camila apresentou algumas questões aos terapeutas que gostariam que fossem trabalhadas durante o processo terapêutico. Pode-se perceber que, já no primeiro encontro, há uma diferença entre a demanda dos pais e a do adolescente, aspecto apontado por Coutinho (2006). Nesse primeiro encontro, não foi possível identificar qual era a demanda da adolescente, pois essa se perdeu em meio ao discurso dos pais, sendo colocada em cena apenas após o início das sessões individuais.

Os pais situaram a problemática da adolescente em torno de seus comportamentos antissociais, como roubos e consumo de pornografia. Segundo o relato deles, já aos 4 anos, Camila fugia de casa e, durante a infância, contava muitas mentiras e realizava pequenos furtos de dinheiro e pertences da casa. Quando Camila voltou a morar com a mãe, houve um episódio relacionado ao consumo de conteúdo pornográfico. Tal acontecimento preocupou os pais da adolescente, que tentaram abordar o assunto com ela de maneira tranquila e optaram por recolher o celular dela para devolver quando estivesse mais madura. Disseram que, após esse ocorrido, não houve outras intercorrências por um ano, até que eventualmente notaram que a adolescente começou a furtar pequenas quantias de dinheiro e outros objetos, apesar das negações veementes dela ao ser abordada sobre o assunto.

A família, então, optou por procurar atendimento psicológico para a adolescente. Camila iniciou um acompanhamento em um Capsi, que foi descontinuado devido à saída da médica responsável, e passou por um atendimento em uma instituição da esfera judicial, que foi finalizado logo antes da pandemia da Covid-19. Nicolas relatou o período de isolamento decorrente da pandemia como benéfico para a união familiar, opinião da qual Camila, durante as sessões individuais, relatou não partilhar. Segundo Nicolas, antes das aulas retornarem, no pós-pandemia, a adolescente foi conversar com ele e relatou ter receio de voltar a roubar coisas alheias, de não conseguir se controlar.

Após a volta das aulas, os furtos continuaram acontecendo, e houve um período em que o rendimento escolar de Camila, que até então era bom, diminuiu muito, e os pais descobriram um número elevado de faltas da adolescente no curso de línguas que fazia no contraturno. As questões escolares foram-se intensificando: as notas de Camila despencaram, reprovara o curso de línguas, e alguns acontecimentos culminaram na expulsão dela da antiga escola. Durante esse período, Camila comia compulsivamente e, muitas vezes, pegava escondia os alimentos (repetindo a lógica do furto).

Conseguiram, enfim, um encaminhamento para o serviço-escola de psicologia. O histórico apresentado anteriormente foi majoritariamente advindo da fala de Nicolas e Letícia na sessão e do texto que o primeiro enviou à terapeuta, tendo em vista que Camila se manteve calada. Ambos relataram que Camila negou, por muitas vezes, ter cometido os furtos dos quais foi acusada e mentiu por diversas vezes para as diretoras da escola, além de mentir para os próprios familiares. Afirmaram, também, que Camila não demonstrava arrependimento ou emoção alguma quando confrontada.

As consultas terapêuticas

A primeira entrevista

Este primeiro momento do tratamento foi reservado ao acolhimento da família e à apresentação da demanda por parte dos pais de Camila. Foi uma entrevista de longa duração, em torno de duas horas, cujo principal objetivo foi conter a angústia dos pais.

Um ponto interessante é o quanto Nicolas se fez presente na sessão; ele dominou o espaço de fala, assim como domina a família em casa, dinâmica que ficou clara durante o primeiro encontro. O padrasto vivia uma tentativa frustrada de se inscrever como autoridade na vida dos enteados, especialmente de Camila, que adotava uma permanente posição de recusa perante os esforços dele para se vincular a ela. A presença excessiva, porém com pouco efetividade do padrasto, se traduzia em um mal-estar cotidiano permeado por gritos, violência e conflitos que impactavam todo o núcleo familiar e de nada serviam para dar contorno ao vazio relacional experimentado pela adolescente.

Letícia se fez presente de forma tímida na primeira sessão, geralmente complementando o que Nicolas tinha a dizer. Por achar interessante ouvir um pouco mais sobre a primeira infância de Camila, por quem de fato vivenciou esse período, optou-se por mudar a configuração das consultas seguintes: em uma foram chamadas Camila e Letícia, na outra, Camila e Gabriel.

A consulta com a mãe

A segunda consulta terapêutica foi realizada com a presença de Camila e sua mãe. Notou-se, a partir do primeiro encontro, que a relação entre as duas era distante e que havia pouco espaço na dinâmica familiar para discutir esse aspecto. Na consulta, Letícia se encontrou resistente ao início, respondendo apenas ao que as terapeutas perguntavam e nada além; Camila, por sua vez, ficou quieta a maior parte do tempo. Evitou-se perguntar sobre o comportamento antissocial de Camila e sobre as demandas apresentadas na primeira consulta, já que o principal interesse estava na dinâmica da relação mãe-filha e na primeira infância de Camila, antes da entrada do padrasto na vida de ambas.

Após um período de hesitação, Letícia se abriu mais na sessão e contou sobre a gestação e primeira infância de Camila. Conta que o período da gestação foi tranquilo, tendo passado sem grandes intercorrências, e fala sobre o apoio do pai de Camila durante grande parte desse processo, tendo ele escolhido ausentar-se e abdicar da paternidade já nas semanas finais da gravidez. Após o nascimento da segunda filha, Letícia contou com a ajuda dos irmãos e da mãe e falou sobre a dificuldade que teve de estar junto da filha na primeira infância devido ao abuso sofrido por Beatriz, que mobilizou a família inteira. Neste momento, Letícia se emocionou e relatou sentir-se muito culpada por ter negligenciado os cuidados com a filha mais nova e intui que a gênese dos comportamentos antissociais de Camila está de alguma forma conectada com esse acontecimento. Além disso, comenta que, quando conheceu Nicolas, entregou a ele a responsabilidade por educar os filhos, por julgar que ele havia feito um trabalho melhor que o dela com o filho dele de outro casamento.

Camila, que até então teve sua participação nas consultas reduzidas a manifestações curtas e por vezes monossilábicas, procurou confortar a mãe quando a viu chorando e se mostrou sensibilizada frente ao relato dela. Quando perguntada a respeito da sua infância, porém, disse que não se lembra de muita coisa, mas relata ter sido feliz quando morava na casa antiga da avó, com primos e tios, e que entendia a motivação para sua mãe ter se ausentado. Também não comentou sobre o acontecimento com a irmã mais velha.

Consulta com os dois irmãos

Por fim, a terceira consulta terapêutica se deu na presença de Gabriel e Camila. Os dois se disseram melhores amigos, falaram bastante da cumplicidade entre eles e sobre algumas inquietações que tinham no ambiente familiar. Relataram uma falta de privacidade em relação a Nicolas e denunciaram a falta de proteção por parte da mãe frente ao que nomearam de "*invasões*" do padrasto. Gabriel diz não entender ao certo o porquê a irmã furta objetos, mas diz achar que a reação dos pais também é muito exagerada. Os dois se divertem na sessão; Camila parece mais tranquila com ele, o que deu um toque de alegria para finalizar a tríade das entrevistas iniciais com a família, antes de dar novos encaminhamentos para o caso.

Comentário sobre o caso e as consultas terapêuticas

A partir desses primeiros encontros, convém retomar o caso Ada, descrito por Winnicott (1971/2023) em *Consultas Terapêuticas em Psiquiatria Infantil*. Assim como Camila, a jovem Ada apresenta como sintomatologia uma compulsão ao roubo acompanhada da negação da autoria dos atos, o que acarreta problemas na escola. Winnicott (1971/2023) interpreta os comportamentos antissociais como uma tentativa da criança de transpor "o fosso que a separa do estado satisfatório anterior à falha ambiental" (p. 206). O autor entende que, nos casos em que tal distúrbio de caráter se apresenta, há, em um momento inicial, um ambiente facilitador que possibilita o desenvolvimento pessoal satisfatório o qual é interrompido devido a um bloqueio ou uma falha ambiental, criando, assim, um fosso na continuidade da vida da criança. Dessa forma, a criança se encontra em estado de deprivação e busca, por meio do roubo, recuperar a provisão ambiental perdida (Winnicott, 1971/2023).

No caso Ada, a deprivação ocorreu após um adoecimento do irmão mais novo, que teve como consequência a transferência da atenção da irmã mais velha, que zelava muito pelos cuidados de Ada, para os cuidados com o irmão. Alguns anos após esse acontecimento, Ada começou a roubar objetos em casa e depois na escola. A semelhança entre os casos de Ada e Camila é considerável, visto que o abuso sexual sofrido por Beatriz, momento em que a atenção da mãe voltou-se quase inteira para a irmã mais velha, parece ter sido um evento marcante no desenvolvimento da paciente. Foi a partir desse acontecimento que Camila começou a fugir de casa e roubar objetos, a princípio dentro de casa e posteriormente em outros espaços como a escola. Também é notável a maneira como Camila reage às acusações que o padrasto e a mãe fazem, negando a autoria dos roubos, sem conseguir fornecer uma justificativa para eles. O que, para os familiares, é encarado como um desafio à autoridade deles pode, na verdade, ser efeito de uma dissociação, o que indica que a motivação do roubo é inconsciente, relacionada à falta de simbolização do evento traumático (Winnicott, 1971/2023).

A marca do vazio faz intenso ruído no caso clínico em questão, visto que a sintomatologia de Camila – os roubos, as faltas, as fugas – e o material advindo das consultas terapêuticas apontam para uma infância marcada pela separação do objeto primário e um "sem-lugar" permanente da adolescente no ambiente familiar, além da exposição a múltiplos traumatismos. O ambiente não oferecia a proteção necessária para contenção das angústias experimentadas pela adolescente.

No entanto, as três primeiras consultas devem ter sido de alguma forma transformadoras para a adolescente, visto que a compulsão ao roubo não se apresentou mais como sintomatologia do caso. O fato de ter entrado em contato com detalhes de sua primeira infância a partir da fala da mãe na segunda consulta terapêutica, ou ter encontrado alguma provisão ambiental no decorrer das consultas, é uma das hipóteses possíveis para a mudança de comportamento da jovem. De qualquer forma, há aqui um forte indicativo de que o trabalho realizado permitiu a contenção da angústia da adolescente e da família com a intervenção no contexto ambiental. A comunicação significativa estabelecida no decorrer dos encontros iniciais serviu para conter a angústia dos pais que se viram desamparados frente à gravidade sintomática da filha, assim como a presença em potencial das terapeutas, como descrita por Vieira e Castanho (2022), desempenhou um papel importante na criação de um sentimento de suporte para a família. Uma sustentação do ambiente parece ter oferecido à adolescente novas possibilidades de lidar com o vazio.

Outros sintomas "secundários" persistiram, como eventuais faltas às aulas, fugas e mentiras. Contudo, a frequência deles diminuiu, e a adolescente teve a oportunidade de explorá-los nos atendimentos individuais que se seguiram às consultas terapêuticas iniciais. A partir de então, o trabalho se deu de maneira distinta, e houve uma mudança no enquadre: a adolescente seguiu para o atendimento individual. As consultas terapêuticas posteriores foram realizadas apenas com os familiares, sem a presença de Camila. Tal mudança se justifica pela necessidade percebida e vontade manifesta da adolescente de seguir em uma psicoterapia e pela pertinência de empreender um trabalho "sob demanda" com os familiares.

Sobre os pais

Alguns meses após o início dos atendimentos individuais de Camila, seus pais compareceram novamente ao Serviço-Escola. O motivo da procura por atendimento foi um acontecimento que os preocupou à época: Camila os procurou para explicar algumas faltas escolares e, na mesma ocasião, chorou e contou que havia pensado em suicídio. O episódio inquietou ambos, mas eles também foram surpreendidos positivamente em certa medida: foi a primeira vez que Camila os procurou para conversar sobre as dificuldades pelas quais vinha passando. Uma relação que antes era caracterizada por um afastamento gélido, agora, ganhava novos contornos.

Apesar disso, a desconfiança ainda permaneceu bastante presente no relato de ambos. Eles se compadeciam com a dor da filha, porém encontravam dificuldades em confiar nela. A consulta, então, se voltou para discutir como a desconfiança permeava o ambiente familiar e quais as suas implicações: Nicolas disse sentir que a qualquer momento poderia ter um infarto, por nunca saber se algum dia vai acordar com uma notícia desagradável a respeito da enteada, e Letícia dizia partilhar da mesma apreensão. O mecanismo utilizado pelo casal para tentar aplacar o sofrimento daí advindo era a tentativa de estabelecer um controle quase onipotente da vida dos filhos, especialmente de Camila, por meio da vigilância excessiva, o que fica explícito pela seguinte fala de Nicolas: "*Eu sou tipo o olho que tudo vê*".

Cabe retomar a dinâmica percebida logo na primeira entrevista com a família, de que Nicolas aparece como uma figura presente até demais, e Letícia como uma figura ausente, afastada. Foi o momento, então, de realizar uma intervenção em direção à nomeação parental: Letícia não poderia abster-se da educação dos filhos, e Nicolas não poderia ocupar a posição de pai sozinho.

Comentário finais sobre o caso

Convém finalizar o relato de caso com algumas notícias que se tem do momento atual do caso. Não se tem notícias de regresso da sintomatologia cleptomaníaca de Camila, a adolescente está com boas notas na escola e está formando laços de amizade com colegas da escola (algo que não fazia antes, por relatar gostar da solidão), e houve mudanças importantes no âmbito familiar. A presença da mãe está mais bem estabelecida na vida de Camila e, por vezes, configura-se pelo impedimento de uma presença em demasia do padrasto. Camila contou que agora sente que é filha de Letícia, e, embora reconheça o afastamento da mãe em sua infância, ambas parecem estar dispostas a estabelecer uma proximidade afetiva.

Conclusão

A partir do caso clínico trabalhado, pode-se ter uma dimensão da pertinência de um dispositivo plurifocal na clínica com adolescentes nos extremos com a presença de um enquadre como o das consultas terapêuticas familiares. O manejo em uma clínica do traumatismo que convoca o envolvimento intenso tanto do analista quanto dos atores envolvidos é delicado, atravessado por aspectos transferenciais particulares e por expressões sintomáticas violentas. O atendimento plurifocal permitiu um trabalho ampliado em situações em que o atendimento individual não foi suficiente para conter o sofrimento e simbolizá-lo. O enquadre constituído pelas consultas psiquiátricas permitiu outro manejo clínico, além da diluição da transferência excessiva dos adolescentes. Mas o que dizer sobre o trabalho com os pais?

As consultas terapêuticas surgem, então, como um dispositivo possível para abarcar e implicar os familiares no tratamento dos adolescentes-limite. A contenção do sofrimento familiar possibilita um fortalecimento do ambiente, que se torna, então, capaz de servir de continente para os adolescentes que parecem estar caindo em um desamparo infinito. A inserção de atendimentos sob demanda, baseados em uma comunicação significativa que permita aos familiares falarem por si próprios e assumir protagonismo em uma clínica que exige que se coloquem como apoio narcísico dos adolescentes (Marty, 2006), tem demonstrado resultados satisfatórios na atuação do grupo Vipas.

Referências

Aires, S., Moscon, B., Chamusca, C. M., Mignac, L., & Guerra, L. C. (2021). Experiências de atendimento on-line a crianças e adolescentes em tempos de Covid-19. *Estilos da Clínica, 26*(2), 283-296.

Amparo, D. M., Morais, R. A. O., & Alves, A. C. O. (2020). Adolescentes nos limites e a clínica do sensível como dispositivo psicoterapêutico. In D. M. Amparo; R. A. O. Morais; K. T. Brasil; E. R. Lazzarini (org.). *Adolescência psicoterapias e mediações terapêuticas na clínica dos extremos* (pp. 15-29). Technopolitik.

Blos, P. (1998). *Adolescência: uma interpretação psicanalítica* (2a. ed.). Martins Fontes.

Brito, C. V. (2021) A importância das consultas com os pais no atendimento remoto e presencial de crianças e adolescentes. In: M. Velano, E. A. Prado, P. Delfino & C. V. Brito. (Orgs). Psicanálise com crianças em tempos de pandemia: desafios e proposições para a clínica online. Arte e Ecos.

Brito, C. V., & Naffah Neto, A. (2018). As múltiplas transferências e o manejo do setting nas consultas com pais no tratamento de crianças e adolescentes: uma contribuição. *Jornal de Psicanálise, 51*(95), 119-134.

Cardoso, M. R., & Marty, F. (2008). *Destinos da adolescência*. 7 Letras.

Chervet, E. (2015). Cenas familiares e consulta terapêutica de adolescentes. *Revista de Psicanálise Da SPPA, 22*(1), 239-259

Coutinho, L. G. (2006). Pensando sobre as especificidades da clínica psicanalítica com adolescentes. Latin American Journal of Fundamental Psychopathology, 6(2), 44-55.

Dias, E. O. (2003). *A teoria do amadurecimento de D. W. Winnicott*. Imago.

Ferenczi, S. (2011). A elasticidade da técnica psicanalítica. In S. Ferenczi. *Obras completas* - Psicanálise IV. (pp. 25 - 33). Martins Fontes. (Trabalho original publicado em 1928).

Fernandes, J. M. D. S. (2019). A escuta polifônica no atendimento psicanalítico de adolescentes. Jornal de Psicanálise, 52(97), 99-117.

Freud, S. (1996). Três ensaios sobre a teoria da sexualidade. In: *Edição Standard Brasileira das Obras Psicológicas Completas de Sigmund Freud*, (Vol. 7, pp. 119 - 232). Imago. (Trabalho original publicado em 1905).

Freud, S. (1996). *Sobre a psicogênese de um caso de homossexualidade feminina*. In: Edição Standard Brasileira das Obras Psicológicas Completas de Sigmund Freud (Vol. 18, pp. 157 - 186). Imago. (Trabalho original publicado em 1920)

Green, A. (2008). *Orientações para uma psicanálise contemporânea*. Imago.

Green, A. & Urribarri, F. (2019) *Do pensamento clínico ao paradigma contemporâneo: diálogos*. Blucher.

Jeammet, P., & Corcos, M. (2005). *Novas problemáticas da adolescência: evolução e manejo da dependência*. Casa do Psicólogo.

Käes, R. (2005). *Os espaços psíquicos comuns e partilhados: transmissão e negatividade*. Casa do Psicólogo.

Lescovar, G. (2008) As consultas terapêuticas como possibilidade de atenção intensiva em saúde mental. *Mudanças – Psicologia da Saúde*, 16(1), 21-16.

Marty, F. (2006). Adolescência, Violência e Sociedade. Ágora, *IX*(1) 119-131.

Muratori, R. (2015). O caso B e o conceito winnicottiano de objeto subjetivo. *Winnicott e-prints,* 10(1), 01-16.

Padrão, C. B., Mayerhoffer, E. L., Silva, P. C. M. da, & Cardoso, M. R. (2006). Trauma e violência pulsional: a adolescência como situação limite. In M. R. Cardoso. *Adolescentes* (pp. 25-43). Escuta.

Roussillon, R. (2020). *Manual da prática clínica em psicopatologia e psicologia*. Blucher.

Santos, L. F., Santos, M. A., & Oliveira, E. A. (2008). A escuta na psicoterapia de adolescentes: As diferentes vozes do silêncio. *Revista Eletrônica Saúde Mental Álcool e Drogas*, 4 (2), 1-15.

Savietto, B. B., & Cardoso, M. R. (2006). Adolescência: ato e atualidade. *Mal-estar e Subjetividade,* 6(1), 15-43.

Safra, G. (1999). A clínica em Winnicott. *Natureza humana*, 1(1), 91-101.

Sei, M. B., Oliveira, D. C., & Braga, C. M. L. (2014). O jogo da escrita e a construção de estratégias para o atendimento psicanalítico de adolescentes. *Encontro: revista de psicologia*, *17*(2), 1-16.

Serralha, C. A., Espote, R. , Arruda S. A. V., Silva, M. S., & Silva, T. B. (2016) . Consultas terapêuticas familiares no tratamento do comportamento agressivo em crianças. *Interação em Psicologia*, 20, 151-159.

Urribarri, F. & Berliner, C. (2012). André Green: a clínica contemporânea e o enquadre interno do analista. *Revista Brasileira de Psicanálise*, 46(3), 213-225.

Vieira, G. C, Castanho, P., & Campos, E. P. (2020). Uma ampliação do setting face à exclusão: contribuições de Winnicott para o cuidado clínico em equipe. *Cadernos de Psicanálise, 42*(43), 91-115.

Vieira, G., & Castanho, P. (2022). Das consultas terapêuticas à consulta conjunta: contribuições de Winnicott à prática do apoio matricial. *Ciência & Saúde Coletiva*, *27*(5), 1929-1938.

Winnicott, D. W. (1965a). O valor da consulta terapêutica. In Winnicott, D. W. *Explorações psicanalíticas* (pp. 244-248). Artes Médicas, 1994.

Winnicott, D. W. (1968). O Jogo do Rabisco [Squiggle Game]. In Winnicott, D. W. *Explorações psicanalíticas* (pp. 230-243). Artes Médicas, 1994.

Winnicott, D. W. (2001). Adolescência: Transpondo a zona das calmarias. In: *A família e o desenvolvimento individual* (pp. 115-128). Martins Fontes. (Trabalho original publicado em 1961).

Winnicott, D. W. (2023). *Consultas terapêuticas em psiquiatria infantil*. Imago. (Trabalho original publicado em 1971).

DISPOSITIVO CLÍNICO NO ATENDIMENTO AO ADOLESCENTE NA TOXICOMANIA

Pedro Martini Bonaldo
Deise Matos do Amparo
Mariana Lima Martini Bonaldo
Marjorie Roques

No contexto brasileiro, a questão das drogas manifesta-se como um desafio para a saúde pública. Em 2012, aproximadamente, 18 mil adolescentes e cerca de 1 milhão de adultos experimentaram cocaína fumada (crack ou oxi), pelo menos, uma vez ao ano (Instituto Nacional de Políticas Públicas do Álcool e Drogas, 2012). O consumo regular de álcool, ocorrendo ao menos uma vez por semana, atinge 63% dos homens e 53% das mulheres, mostrando que uma parcela significativa da população está suscetível a desenvolver problemas com álcool e outras drogas (Instituto Nacional de Políticas Públicas do Álcool e Drogas, 2012). De acordo com Galduróz et al. (2005), estima-se que, aproximadamente, 11% da população brasileira apresente sintomas de dependência de álcool e 10% de dependência do tabaco. Sendo assim, percebe-se que o uso de álcool e outras drogas está bastante disseminado com adultos e adolescentes, sendo de extrema importância refletir e propor estratégias de atendimento e intervenção com esse grupo.

Este capítulo se propõe a discutir sobre as possibilidades terapêuticas de adolescentes com problemas com álcool e outras drogas. Para isso, problematizaremos o que é um toxicômano e qual sua relação com a adolescência. O trabalho se ampara no referencial teórico da psicanálise, sobretudo nos trabalhos de Roussillon (2005, 2006, 2008), os quais procuram desenvolver dispositivos clínicos específicos para cada tipo de tratamento.

Importante destacar que a proposta deste capítulo difere do pensamento clínico tradicional da psicanálise configurada com divã, muitas sessões e de longa duração. Roussillon (2006) reflete sobre o fazer clínico em psicanálise e problematiza as limitações do modelo hegemônico, *standard*, para todas as patologias. Algumas patologias chamadas de situações-limite e de extremo sofrimento precisam de um atendimento que possa responder a essa complexidade. Ele aborda as patologias narcísicas como abrangendo traumas que representam uma ameaça à identidade do indivíduo que envolve condições tais quais: autismo, toxicomania, psicose, delinquência, criminosos em séries, patologias-limite, dentre outras problemáticas que abarcam uma abordagem clínica das patologias ligadas à essência do ser, com o tratamento se centrando nas questões relacionadas ao sofrimento narcísico e identitário (Roussillon, 2006).

Quando abordamos dispositivos de saúde no contexto clínico, é possível destacar a relevância da perspectiva proposta por Roussillon (2014) ao definir esses dispositivos como meios que proporcionam um espaço para o processo de subjetivação, ou seja, ferramentas que promovem a emergência de formas simbólicas de expressão. Além disso, Roussillon (1995) argumenta que, especialmente nos casos que demandam um acolhimento mais sensível ou acompanhamento integral, os dispositivos de cuidado devem ser considerados como recursos que se ajustam ao processo de simbolização, levando em conta a capacidade atual de cada paciente. Dessa forma, a proposta deste capítulo é pensar em quem é o toxicômano e nas especificidades da clínica da toxicomania e sua gênese, além de refletir sobre a proposição de dispositivos que possam ajudar no trabalho clínico com adultos e adolescentes que enfrentam problemas relacionados ao álcool e a outras drogas. A intenção é aprofundar a compreensão da dinâmica psíquica do toxicômano, examinando perspectivas da psicanálise sobre o assunto. Após essa análise, abordaremos a "clínica da toxicomania" e os "dispositivos de tratamento", ou seja, os elementos críticos a serem considerados no tratamento de indivíduos com dependência de álcool e outras substâncias.

O toxicômano e sua gênese dinâmica

Nesta primeira parte, apresentaremos um pouco quem é o toxicômano nas diversas representações e a gênese psíquica dessa dinâmica de personalidade. No senso comum, o toxicômano é conhecido por diferentes designações, tais quais: viciado, dependente de drogas, usuário de substâncias entorpecentes, alguém com problema de uso e abuso de substância, alcoolista, alcoólatra e outros termos associados. No entanto, quando se busca a literatura especializada em psicanálise, o toxicômano não é apenas alguém que utiliza substâncias psicoativas; ele é mais, precisamente, definido como uma pessoa que desenvolve uma profunda dependência em relação a uma substância psicoativa (dependência de objeto). Essa dependência está intrinsicamente ligada a uma dinâmica psíquica que leva o indivíduo a adotar uma posição subjetiva na qual todos os seus processos mentais passam a ser influenciados e moldados pelo objeto droga.

Quando se considera o uso e abuso de substâncias entre adolescentes, torna-se imperativa a investigação a partir das experiências clínicas em diversos contextos institucionais. A queixa dos adolescentes adictos manifesta-se de diferentes formas com múltiplos sentidos. Em algumas situações, segundo Torossian (2007), as drogas se tornam a principal fonte de sofrimento, e, frequentemente, envolve um uso exclusivo de substâncias psicoativas em detrimento de outras atividades, como trabalho, relacionamentos e lazer. Em contrapartida, em outras situações, o consumo de drogas permite que os adolescentes expressem suas questões para além do uso de substâncias e conseguem conciliar esse consumo com outras atividades em suas vidas. A toxicomania se refere a essa primeira hipótese com um uso e abuso de substância intensos e, concomitantemente, aos outros aspectos da vida que vão se deteriorando.

Segundo Serretti (2017), são raras as menções de Freud à toxicomania ou às drogas, mesmo que nas suas publicações pré-psicanalistas o autor demonstrasse interesse pelo estudo da cocaína e depois expressasse fracassada sua experiência pessoal com a droga. No entanto, a partir do modelo de desenvolvimento pulsional esboçado em Freud (1905/1996), é possível lançar luz de como a toxicomania poderia ser constituída como funcionamento. Um ponto importante a se entender e que se articula diretamente com o dinamismo psíquico da toxicomania é o que Freud (1905/1996) chamou de fixação e regressão. Nesse texto, Freud (1905/1996) explica que o desenvolvimento infantil é dividido em fases, e a sexualidade infantil tem como característica ser autoerótica e baseada em pulsões parciais. Assim, a sexualidade estaria presente em todas as fases do desenvolvimento até uma organização genital adulta. Nesse mesmo artigo, Freud (1905/1996) fala que o desenvolvimento seguirá essas fases (oral, anal, fálica, período de latência e genital) e que dificuldades e/ou gratificações em uma delas provoca fixações da libido. A fixação ocorre quando a libido fica retida em uma das fases do desenvolvimento, e, posteriormente, na fase adulta, quando a pessoa entra em contato com um estressor, ela pode regredir para uma dessas fases do desenvolvimento.

É possível, então, pensar na hipótese da toxicomania como um modo de funcionamento que, diante de um traumatismo infantil, apresenta uma fixação e regressão à fase oral (Olivenstein, 1991).

Além de Freud, outros autores também destacaram a relevância dessas experiências primárias e sua relação com a toxicomania. Olivenstein (1991), ao explorar o fenômeno da toxicomania, apresentou a metáfora do "espelho quebrado", que, para ser compreendida, é necessário, primeiro, entender a metáfora do espelho formulada por Lacan (1998). Essa metáfora do espelho, de acordo com Lacan (1998), mostra que, inicialmente, o bebê não possui uma noção de unidade corporal consistente, e é somente por meio de sua interação com o Outro que ele começa a integrar sua imagem, passando de uma percepção de seu reflexo como um ser real para um estágio em que consegue diferenciar sua própria identidade da imagem no espelho (Lacan, 1998). Na última fase, a criança compreende que a imagem refletida é, de fato, a dela. É interessante notar que Zimerman (1999) interpreta essa metáfora com base na relação entre mãe e bebê, em que, inicialmente, existe uma confusão e fusão entre a criança e a mãe, até que ocorra a percepção de que são entidades distintas em diferentes aspectos, incluindo o visual, o imagético e o simbólico. Essa metáfora do espelho será importante para se entender a visão da toxicomania por Olivenstein (1991).

A metáfora do espelho quebrado, segundo Olivenstein (1991), descreve a experiência como se, quando a criança começa a perceber sua própria imagem no espelho, esse exato instante marcaria a quebra do espelho na toxicomania. A partir desse momento, a imagem que a criança enxerga torna-se fragmentada e incompleta, criando lacunas que a remetem a um estado anterior de fusão e indiferenciação. Essa ruptura deixa uma impressão duradoura no psiquismo e leva o adulto a entrar em um ciclo de repetição interminável diante da incerteza inicial sobre questões como "ser ou não ser", "ser amado ou não", "ser moça ou rapaz", tudo isso como uma consequência da quebra do espelho (Olivenstein, 1991).

De acordo com Roussillon (1999), as patologias relacionadas ao trauma primário, incluindo a toxicomania, apresentam uma característica marcante: a busca incessante por acessar os traços mnésicos por meio de um impulso repetitivo. Especificamente na toxicomania, essa repetição se manifesta por meio do uso da droga, sendo uma tentativa de simbolizar algo. Falando sobre a simbolização de um aspecto primordial, é essencial destacar o conceito do "objeto ausente". Isso significa que a repetição do uso da droga pelo toxicômano é uma tentativa de simbolização que ocorre com a presença física da substância, mas sem sua representação no inconsciente (Roussillon, 2015).

Na toxicomania, ocorre esse movimento, pois, diante da angústia, a pessoa regride a uma fase pré-linguística (oral) e busca um prazer dessa natureza (a bebida, por exemplo, ou uma substância que é introjetada ao corpo). Esse processo ocorre, de acordo com Galván (2012), por meio do envolvimento com a substância e devido ao fato de que o trauma original aconteceu em uma fase pré-linguística da vida da pessoa. Assim, a pessoa busca retornar a essa fase por meio da experiência sensorial que a droga proporciona, na tentativa de elaborar a angústia atual e a relacionada à infância (Galván, 2012). De acordo com Savietto (2007), o traumatismo gera um excesso pulsional experienciado pelo sujeito e traz a necessidade de o psiquismo recorrer ao ato, sobretudo a uma compulsão à repetição. Dessa forma, o uso de drogas (intoxicação) é uma vicissitude para lidar com esse excesso pulsional, evitando,, assim uma crise psíquica maior.

Uma dimensão que também se encontra articulada com toxicomania é um termo trazido por Freud (1895/1997), pela primeira vez conhecido como "Hilflosigkeit". Esse termo se traduz na ideia da condição humana de desamparo, retomando os textos culturais de Freud com a morte do pai simbólico para o desenvolvimento da civilização e com a superação edípica; então restaria certo desamparo constituinte. A principal ideia é que a toxicomania seria uma maneira ineficaz de lidar com o desamparo existencial; então uma resposta de dependência de objeto seria um destino frente ao horror do desamparo fundamental. Outra maneira de se ver a questão do desamparo, segundo Pacheco Filho (2007), seria entender que o ser humano nasce biologicamente desamparado e depende inteiramente do outro para sobreviver. Então, o custo de receber proteção e carinho dos cuidadores seria alimentar-se no desejo do Outro – em outras palavras, desejar o desejo do Outro ao qual se verá alienado. Ainda nesta perspectiva, a toxicomania se coloca como um modo fracassado de o sujeito lidar com aspectos referentes à existência humana e com as contradições da sociedade: a pessoa nasceria desamparada, mas, ao mesmo tempo, seria constituída a partir do Outro.

A clínica da toxicomania e a perspectiva de trabalho grupal

Em primeiro lugar, é necessário entender que, historicamente, o tratamento para álcool e outras drogas tem duas vertentes importantes. Na clínica da abstinência, é feito um esforço para convencer o adicto a parar totalmente seu uso. Essa metodologia é a mais usada atualmente em instituições privadas (narcóticos anônimos, alcoólicos anônimos, comunidades terapêuticas e clínicas particulares). Por outro lado, existe a clínica pautada na redução de danos, em que se tenta convidar o paciente a diminuir o seu uso, conforme o tempo, e a repensar os múltiplos sentidos do uso abusivo na sua vida (Mariatt & Gordon, 1993). Essa perspectiva é usada em instituições públicas, tais quais os Centros de Atenção Psicossocial Álcool e Drogas (Caps AD). As pesquisas, segundo Peterson et al. (2006), demonstram que os melhores resultados na recuperação desses usuários são via redução de danos. Este artigo procura trazer dispositivos que dialogam mais com a redução de danos, isto é, não existe uma tentativa de se convencer o usuário a parar de usar drogas, e sim de criar espaços que permitam a simbolização e ressignificação dos múltiplos sentidos associados a uma dependência de substância.

Segundo Lecourt (2007), pensando em adolescentes que fazem uso de álcool e outras drogas, a intervenção em grupo oferece uma possibilidade de tratamento para situações-limite e de sofrimento psíquico intenso. Isso se deve ao fato de que o grupo oferece suporte e um ambiente propício para a expressão e resolução dos conflitos psicológicos, além de auxiliar na redução das defesas relacionadas à angústia. Dessa maneira, o processo terapêutico realizado por uma equipe multiprofissional para sustentar o psiquismo em transição do adolescente coloca-se como um ambiente importante para a elaboração psíquica. Ainda segundo Lecourt (2007), quando esse espaço oferecido de suporte não está disponível, as angústias tendem a se manifestar por meio de defesas rígidas, impedindo o tratamento adequado às necessidades dos pacientes. De acordo com Souza (2013), pacientes considerados "difíceis", como aqueles com transtorno borderline, estados-limite, adictos e outros, requerem adaptações do método tradicional da psicanálise, para outros, inspiradas no conceito de *holding* de Winnicott. Portanto, a neutralidade e a atenção flutuante no processo de escuta de associações livres perdem sua importância central, dando lugar à ênfase na sustentação das experiências de repetição traumática.

Ao trabalhar com grupos psicoterápicos no Sistema único de Saúde (SUS), em Caps AD e no Centro de Atenção Psicossocial Infantil (Capsi), é relevante destacar a importância da possibilidade de realizar e desenvolver esses tipos de dispositivos em grupos para atender um maior número de adolescentes e crianças que podem beneficiar-se desse tipo de intervenção em contraposição à psicoterapia tradicional individual e de longa duração. Além disso, estudos já mostram a efetividade da psicoterapia grupal em Caps e outros espaços públicos (Carvalho Junior et al., 2019; Tomasi et al.,2010). Dessa forma, refletir sobre o trabalho com grupos é uma maneira de repensar a intervenção psicológica na saúde mental pública. Além disso, outra razão para se discutir a questão dos grupos de atendimento articula-se com a visão de Lancetti (1993), que problematiza a abordagem da saúde mental com uma orientação para a clínica ampliada como caracterizada por mecanismos de intervenção coletivos, participativos e de cunho terapêutico. Essa perspectiva se alinha com os princípios da Reforma Psiquiátrica Brasileira, especialmente por meio da Portaria 3.088/11, que enfatiza a importância da reintegração social dos usuários de saúde mental na comunidade. Nesse contexto, a intervenção em grupo desempenha um papel fundamental.

Conforme delineado por Käes (2011), a psicoterapia grupal com enfoque psicanalítico teve sua gênese em tentar aplicar os princípios da psicanálise a indivíduos que não podiam beneficiar-se das abordagens convencionais de tratamento ou mesmo da psicoterapia individual. Com o tempo, é notório que o ambiente grupal, devido à sua dinâmica própria, se mostrou extremamente eficaz no tratamento de pessoas que enfrentavam certas patologias, como neuroses graves, psicose ou estados-limite (Käes, 2011). Dessa forma, é relevante que se problematize aspectos importantes na psicoterapia grupal com adolescentes pela abordagem da psicanálise. O dispositivo em grupo dá a chance para o adolescente vivenciar o impacto das suas experiências e do seu dinamismo inconsciente, tomando como referência os outros participantes. Esse modelo de abordagem possibilita o acesso ao inconsciente de uma maneira distinta da psicoterapia individual. Em outras palavras, de acordo com Käes (1997), o acesso à realidade psíquica que o grupo promove, de outra forma, seria inacessível, sobretudo quando se pensa no movimento intersubjetivo presente nos grupos que se torna intrapsíquico com o decorrer dos encontros em contraposição ao atendimento individual puramente intrapsíquico.

A partir da ideia apresentada de que, na toxicomania, traumatismos infantis e a falta de apoio primordial geram obstáculos no desenvolvimento psicológico e da capacidade reflexiva, podemos observar, de acordo com Roussillon (2008), que a formação da reflexividade depende das conexões com objetos primordiais. Na toxicomania, o excesso de estímulos aversivos combinado com o estado de desamparo inicial resulta em dificuldades para a pessoa realizar a simbolização. Isso, por sua vez, leva ao comprometimento na capacidade reflexiva, tornando difícil para a pessoa se perceber, se ouvir e se autoanalisar (Roussillon, 2012). Dessa forma, será fundamental que, nos grupos com adolescentes toxicômanos, certas posturas e intervenções sejam feitas para se tentar elaborar os traumas psíquicos que resultaram em uma compulsão à repetição por intoxicação do objeto droga.

A função do *holding* e do cuidado faz-se necessária na clínica da toxicomania marcada pela realidade traumática. Figueiredo (2007) vai ampliar essa ideia, trazendo que a função do *holding*, inicialmente feita pelas figuras maternas, paternas e familiares, passa a ser desenvolvida por outros entes, como as instituições, os profissionais de educação, de saúde e tantas outras pessoas que compõem a vida do sujeito. Ainda nesse artigo, o autor aponta a necessidade de os profissionais de saúde e de educação poderem ajudar a pessoa a dar um sentido em relação à sua história e experiência. Esse "fazer sentido" provoca um efeito de integridade psíquica, sobretudo para experiências que não puderam ser devidamente integradas no passado. A atitude de dar um sentido opõe-se à de ruptura traumática vivenciada (Winnicott, 1960). A clínica que estamos descrevendo será uma clínica que se objetiva com o paciente dar ênfase na função de *holding*.

Outra função que precisa ser desenvolvida na clínica da toxicomania com adolescentes em um momento posterior ao *holding* é a confrontação. Para Figueiredo (2012), a intoxicação pela droga, frequentemente, provoca uma fuga da realidade, encapsulando os pacientes nos seus próprios narcisismos. Então, a atitude de confrontar terá uma função de permitir novamente que o adolescente entre em contato com a realidade e com o afeto que está evitando por meio da droga. Por isso, a importância de interpretações interpelantes que permitam elaboração frente à resistência. Nesse mesmo artigo, é problematizado que o confronto também fará imposições frente às manifestações de onipotência infantil, ao mundo das pulsões e aos excessos de injunções superegoicas primárias.

Talvez, para o leitor, seja estranho, em um parágrafo, ser apontada a necessidade do *holding* e, no outro parágrafo, ser revelado a necessidade da confrontação, pois essas funções parecem ser antagônicas. Nesse ponto, farei um esclarecimento de que, no primeiro momento, na clínica da toxicomania, deve existir com o adolescente um *holding* que inclui a sustentação dos sentimentos pelo analista, ao processo de *rêverie*, contenção e acolhimento, permitindo a elaboração e devolução desses elementos projetados no tempo psíquico do paciente. Esse processo permite que os conteúdos trazidos sejam simbolizados, compreendidos e refletidos pelo adolescente (Figueiredo, 2012). O momento final desta primeira etapa consiste em o analista interpretar os conteúdos projetados, e o adolescente possa introjetar os novos conteúdos trabalhados. Na segunda etapa, entra a atitude de confrontação do analista que visa a remover o excesso de *holding* e continência oferecidos até se evitar uma situação de dependência e de infantilidade por parte do paciente (Figueiredo, 2007). A clínica do confronto faz-se necessária para estabelecer limites e para não se repetir uma disponibilidade irrestrita, como acontece na relação de dependência com o objeto droga. Essas duas atitudes (*holding* versus confrontação) se fazem essenciais quando pensamos na intervenção com adolescentes na toxicomania.

Segundo Minerbo (2016), na clínica da neurose, é comum o paciente ter a capacidade de se reconhecer, se sentir desconfortável e questionar aspectos da própria identidade. No entanto, quando se pensa nas patologias ligadas ao narcisismo e à identidade, o paciente experimenta as partes fragmentadas do corpo como se fossem influências externas. O dependente químico, dessa forma, busca envolver o terapeuta em vivências inconscientes específicas, na tentativa de vivenciar o que não conseguiu manifestar a partir de seu potencial latente (Minerbo, 2016). Dessa forma, esse tipo de atuação do paciente busca transmitir ao terapeuta sensações que ele próprio não experimenta internamente, substituindo o conflito típico que acontece na neurose, que é sentido subjetivamente. Portanto, esse movimento da toxicomania como uma patologia narcísica implica a necessidade de um outro para existir a compreensão, mas, primordialmente, para que o sujeito possa apropriar-se da sua própria identidade. Por isso, a importância de um grupo que possa fazer a continência dessa vivência do sentir e, ao mesmo tempo, devolva esse conteúdo para o paciente e, assim, possa simbolizar.

A última etapa, após a clínica da Continência e da Confrontação, é chamada Clínica da Ausência. Para Costa (2013), a função a ser desenvolvida com o paciente chama-se "elasticidade psíquica", isto é, a capacidade de o paciente poder suportar o "nada" criado pelo "objeto falho" (droga), renunciando, assim, ao gozo compulsivo obtido por meio da fantasia de preencher esse vazio. Essa etapa envolve ajudar o paciente a caminhar sem esse objeto falho, convivendo com o tédio e manejando suas emoções por conta própria. Para o adolescente, isso é imprescindível para poder ajudá-lo a entrar em contato com as emoções, confrontar suas ações e, por último, ele por si próprio poder ter suas construções subjetivas.

Os dispositivos de grupo a serem desenvolvidos com adolescentes

É preciso oferecer para o adolescente toxicômano um ambiente que possa sustentar seu psiquismo. Segundo Bion (1976), a construção e a ressignificação da subjetividade ocorrem tanto na análise (psicoterapia), quanto em momentos importantes da vida desse adolescente. Dessa forma, existe a necessidade de um ambiente para sustentar as experiências intensas e perturbadoras. Por isso, é necessário entender a dimensão interpessoal constitutiva à subjetividade. Inicialmente, emergimos e crescemos em termos somato-psíquicos dentro dos contextos que envolvem uma estrutura que abarca continente-conteúdo, que é inicialmente interpessoal e, gradualmente, se torna intrapsíquica.

Em outras palavras, uma estrutura psíquica bem-formada tem a capacidade, dentro de certos limites, de agir como seu próprio espaço psíquico, permitindo a contenção, elaboração e interpretação de suas experiências (Bion, 1976). Assim, pode-se afirmar que a capacidade de simbolização estabeleceu-se nesse aparelho psíquico, tornando-se um dispositivo para refletir e processar sobre a experiência emocional. Sem esse ambiente que sustente certas experiências do interpsíquico na infância, pode-se ter problemas para tornar certas funções intrapsíquicas, e sem isso a pessoa não conseguirá processar bem suas experiências emocionais. É nesse contexto que se pode entender o objeto droga como uma espécie de objeto transicional quebrado que não permite a transformação do interpsíquico em intrapsíquico ao contrário do objeto transicional que, precisamente, cumpre essa função. Por isso, a importância de um grupo que possa, a partir novamente da comunicação entre os participantes (intersubjetividade), fazer com que o toxicômano recupere a capacidade intrapsíquica.

Sobre o objeto transicional mencionado no parágrafo anterior, é interessante entender uma problematização feita relacionada à drogadição. O objeto transicional, segundo Winnicott (1960), é o mediador entre a experiência de mãe e filho, Eu e não-Eu, realidade psíquica versus realidade externa. Então, muitas vezes, esse objeto transicional vai ser, por exemplo, um ursinho que criança usa para dormir; esse brinquedo representa o cuidador, ou seja, uma figura que ofereça proteção. No entanto, no caso das drogas, elas aparentemente entram para realizar alguma função (acesso às emoções, tentativa de simbolizar), mas acabam por levar à dependência de objeto. Assim, as drogas levam a um curto-circuito de compulsão à repetição, pois se colocam como um objeto transicional quebrado, não permitindo se tornar intrapsíquico e ficando em um lugar que gera a dependência. As drogas se aproximam do objeto transicional porque ambos realizam funções, mas, enquanto a função do objeto transicional se torna intrapsíquica, as drogas não alcançam esse lugar. Então, como pensarmos em um grupo verdadeiramente emancipador capaz de promover certas rupturas e ligações?

Se quisermos refletir sobre o grupo como um fator terapêutico para adolescentes toxicômanos, então precisamos olhar o grupo realizando três funções, como: mediador e maleável; reflexivo e continente; espaço transicional, que serão detalhadas adiante.

A função do grupo como mediador e maleável para adolescentes com problemas com álcool e outras drogas é a de ser um espaço transicional que possa fazer frente à ruptura do objeto droga. Segundo Millner (1991), esse meio maleável tem duas funções principais: a de atuar como um "solo fértil" para a simbolização e como um espelho para possibilitar a representação do processo simbólico. Para exemplificar, poderia citar a arte como uma pintura em que o artista expressa sua realidade interna. Durante o processo de criação, a obra produzida é uma fusão entre a realidade interna e externa. Essa junção das duas realidades não é baseada em um movimento defensivo psíquico, mas, sim, na manifestação de uma necessidade fundamental de organização e coerência interna (Millner, 1991). Sendo assim, um grupo que possa atuar como um meio maleável e possibilite o processo de simbolização.

Segundo Roussillon (2004), a função reflexiva significa a capacidade de reflexão que se manifesta quando o indivíduo é capaz de tanto experimentar quanto influenciar suas próprias emoções instintivas e os sentimentos que o atravessam. O autor destaca que essa função é extremamente importante nos estágios iniciais de desenvolvimento (fase do espelho mencionada anteriormente), sobretudo por permitir que as emoções vivenciadas pelo bebê possam ser introjetadas e passíveis de serem simbolizadas (Roussillon, 2004). Dessa forma, sem essa capacidade de reflexividade, não é possível para o adolescente transformar emoções em significantes e, sendo assim, "produzir" processos reflexivos, passíveis de serem alvo de uma análise tradicional. Na impossibilidade de se produzir questões, o adolescente embarca em um *looping* de intoxicação, como uma tentativa de elaborar essas emoções intensas para tentar entrar no campo do simbólico. Por isso, é importante propor no tratamento de adolescentes um trabalho de grupo capaz de refletir essas emoções deles e suas angústias associadas ao consumo, para, de alguma forma, trazer essas pulsões para o campo do simbólico.

Autores como Käes e Anzieu (1979) mostram que, para o tratamento de patologias narcísicas, é necessária uma clínica menos interessada em tornar o inconsciente consciente e mais focada em propiciar um ambiente que sustente psiquicamente o participante do grupo. A transicionalidade, segundo Roussillon (1988), não define, necessariamente, um campo alternativo a Freud, mas delimita uma nova posição subjetiva do terapeuta e modalidades interpsíquicas que possibilitam a introjeção da experiência subjetiva das pulsões emocionais. O espaço transicional engloba as circunstâncias que todos os indivíduos precisam acolher para explorar e compreender o domínio da simbolização, bem como as respostas que ele proporciona para os desafios do narcisismo e das manifestações iniciais do desejo humano. Na toxicomania com adolescentes, não é diferente: um grupo que possibilite o compartilhamento dessas emoções e dificuldades relacionadas ao uso abusivo da substância é essencial para o sucesso terapêutico.

Conclusão

A grande questão que se coloca é como se pode oferecer e adaptar tratamentos da psicanálise tradicional para problemáticas que demandam um acolhimento especial tal qual adolescentes com problemas de álcool e outras substâncias. É preciso desenvolver novos dispositivos que possam responder a essa complexidade, sobretudo em um país como o Brasil, em que temos uma demanda sensível desse público, de um lado, e, do outro lado, temos dispositivos tais quais os Capsi e Caps AD, que se propõem a atender a esse tipo de demanda.

Dessa forma, este trabalho buscou refletir sobre um tipo de clínica que pode ser desenvolvida pautada em redução de danos. Isto é, o foco não é apenas em oferecer a abstinência como solução; mas uma clínica do *holding*, em que se busca sustentar junto ao adolescente e nomear suas emoções, associando aos múltiplos sentidos oferecidos; a clínica do confronto, a qual se busca problematizar os ganhos secundários, o gozo da droga e outras estratégias defensivas usadas pelo adolescente; e a clínica do nada, em que, pouco a pouco, o analista sai dessa posição para ajudar a promover a autonomia do adolescente.

Outro tipo de função refere-se ao grupo como um espaço transicional que funcionará como um palco em que o sujeito reencena essa realidade traumática e tenta dar um novo destino; também como um espaço de reflexividade dos sentimentos, ou seja, possa entrar em contato com os sentimentos ligados à adição e nomeá-los para, assim, romper certa função de repetição que a intoxicação atua. Em outras palavras, a função do grupo também se dará no sentido de construir um sentido com o adolescente para esse uso abusivo e, com isto, aumentar a sensação de integridade psíquica que se opõe à ruptura traumática.

Referências

Bion, W. R. (1976) *Evidence: Clinical seminars and four papers*. Karnack.

Carvalho Júnior, A. C. N. de, Amparo, D. M. do, & Nogueira, R. N. (2019). O grupo de escuta como um dispositivo clínico em um centro de atenção psicossocial (Caps II). *Psicologia Clínica*, *31*(1), 123-143. https://dx.doi.org/10.33208/PC1980-5438v0031n01A06.

Costa, J. F. (2013). A simbolização e a clínica da adicção. In B. B. Savietto, L. C. Figueiredo, & O. Souza (eds.). *Elasticidade e limite na clínica contemporânea* (pp. 85-94). Escuta.

Figueiredo, L. C. (2007). A metapsicologia do cuidado. *Psychê*, *11*(21), 13-30. http://pepsic.bvsalud.org/scielo.php?script=sci_arttext&pid=S1415-11382007000200002&lng=pt&tlng=pt.

Figueiredo, L. C. (2012). A clínica psicanalítica e seus vértices: continência, confronto, ausência. *Revista de Psicanálise SSM, 5*(1), 33-51.

Freud, S. (1996). *Três ensaios sobre a Teoria da Sexualidade*. Edição Standard Brasileira das Obras Completas de Sigmund Freud (Vol. VII). Imago. (Trabalho original publicado em 1905).

Freud, S (1997). *Projeto para uma psicologia científica*. Edição Eletrônica Brasileira das Obras Psicológicas Completas de Sigmund Freud. Imago. (Trabalho original publicado em 1895).

Galduróz, J. C. F., Noto, A. R., Nappo, S. A., & Carlini, E. A. (2005). Uso de drogas psicotrópicas no Brasil: pesquisa domiciliar envolvendo as 107 maiores cidades do país – 2001. *Revista Latino-americana De Enfermagem, 13*(spe), 888-895. https://doi.org/10.1590/S0104-11692005000700017.

Galván, G. (2012). O conceito de regressão em Freud e Winnicott: algumas diferenças e suas implicações na compreensão do adoecimento psíquico. *Winnicott e-prints, 7*(2),38-51. http://pepsic.bvsalud.org/scielo.php?script=sci_arttext&pid=S1679432X2012000200003&lng=pt&tlng=pt.

Instituto Nacional de Políticas Públicas do Álcool e Drogas. (2012). *II Levantamento Nacional de Álcool e Drogas (LENAD)*. Instituto Nacional de Ciência e Tecnologia para Políticas Públicas de Álcool e Outras Drogas (INPAD). http://inpad.org.br/lenad/resultados/relatorio-final/

Käes, R., & Anzieu, D. (eds.) (1979). *Crise rupture et dépassement*. Dunod.

Käes, R. (1997). *O Grupo e o sujeito do grupo: elementos para uma teoria psicanalítica do grupo*. Casa do Psicólogo.

Käes, R. (2011). *Um singular plural: a psicanálise a prova do grupo*. Edições Loyola

Lacan, J., (1998). O estágio do espelho como formador da função de eu. In: Escritos (pp. 18-18). RJ: JZE, 1998.

Lancetti, A. (1993). Clínica grupal com psicóticos: a grupalidade que os especialistas não entendem. In A. Lancetti (org.). *Saúde Loucura, n.º 4: Grupos e coletivos* (pp. 155-172). Hucitec.

Lecourt, E. (2007). Le dispositive groupal: une proposition paradoxale pour le traitement du traumatisme? In F., Marty (org.). *Transformer la violence? Traumatisme et symbolization* (pp. 33-47). In Press.

Marlatt, G. A., & Gordon, J. R. (1993) *Prevenção da recaída*. Porto Alegre: Artes Médicas.

Milner, M. (1991). O papel da ilusão na formação simbólica (1952). In M. Milner, *A loucura suprimida do homem são* (pp. 7-8). Rio de Janeiro: Imago.

Minerbo, M. (2016). *Diálogos sobre a clínica psicanalítica*. Blucher.

Olivenstein, C. (1991). O toxicômano e sua infância. In J. Bergeret et al. (eds.). *Toxicomanias: um enfoque pluridimensional* (pp. 13-14). Artes Médicas.

Pacheco Filho, R. A. (2007). Toxicomania: um modo fracassado de lidar com a falta estrutural do sujeito e com as contradições da sociedade. *Mental, 5*(9), 29-45.

Peterson, J., Mitchell, S. G., & Hong, Y. (2006) A abstinência *versus* redução de danos; questões conflitantes ou complementares entre usuários de drogas injetáveis. *Cadernos de Saúde Pública, 22*(4), 733-740.

Portaria n. 3.088. (2011, 23 de dezembro).https://bvsms.saude.gov.br/bvs/saudelegis/gm/2011/prt3088_23_12_2011_rep.html.

Roussillon, R. (1988). Espaços e práticas institucionais. O quarto do despejo e o interstício. In R. Käes (org.). *A instituição e as instituições* (pp. 133-149). Casa do Psicólogo.

Roussillon, R. (1995). *Logique et archéologiques du cadre psychanalytique*. Presses Universitaire de France.

Roussillon, R. (1999). *Agonie, clivage et symbolisation*. Presses Universitaire de France.

Roussillon, R. (2004). *Adolescence et les situations limites de la psychanalyse*. Bulletin du groupelyonnais de psychanalyse. Actes du colloques des ARCS.

Roussillon, R. (2005). Transferência paradoxal e modificações técnicas. *Jornal de Psicanálise*, 43(78).27-30.

Roussillon, R. (2006). *Paradoxos e situações limites da psicanálise*. Editora Unisinos.

Roussillon, R. (2008). *Le Transitionnel, lesexuel et laréflexivité*. Dunod.

Roussillon, R. (2012). As condições da exploração psicanalítica das problemáticas narcísico-identitárias. *Alter – Revista de Estudos Psicanalíticos, 30*(1), 7-32.

Roussillon, R. (2014). Théorie du dispositifclinique. In R. Roussillon (org.). *Manuel de la pratique cliniqueenpsychologie et psychopathologie* (pp. 33-47). Elsevier Masson.

Roussillon, R. (2015). Para introduzir o trabalho sobre a simbolização primária. Traduzido por Claudia Berliner. *Revista Brasileira de Psicanálise, 49*(1), 33-46.

Savietto, B. B. A. (2007). Passagem ao ato e adolescência contemporânea: pais "desmapeados", filhos desamparados. *Revista Latinoamericana de Psicopatologia Fundamental, 10*(3), 438-453.

Serretti, M. A. T. (2017). Toxicomania: um estudo psicanalítico. Mosaico: *Estudos em Psicologia, 5*(2). 9-11 Recuperado de https://periodicos.ufmg.br/index.php/mosaico/article/view/6246

Souza, O. (2013) As relações entre psicanálise e psicoterapia e a posição do analista. In Savietto, B. B.; Figueiredo, L. C.; Souza, O. (org.). *Elasticidade e limite na clínica contemporânea* (pp. 21-36). Escuta.

Sousa, J. M., Vale, R. R. M. do, Pinho, E. S., Almeida, D. R. de, Nunes, F. C., Farinha, M. G., & Esperidião, E. (2020). Effectiveness of therapeutic groups in psychosocial care: analysis in the light of yalom's therapeutic factors. *Revista Brasileira De Enfermagem, 73*, e20200410. https://doi.org/10.1590/0034-7167-2020-0410.

Torossian, S. D. (2007). Trajetos adolescentes na construção de toxicomanias. *Psicologia em Revista, 13*(1), 123-136. http://pepsic.bvsalud.org/scielo.php?script=sci_arttext&pid=S167711682007000100008&lng=pt&tlng=pt.

Tomasi, E., Facchini, L. A., Piccini, R. X., Thumé, E., Silva, R. A. da ., Gonçalves, H., & Silva, S. M. (2010). Efetividade dos centros de atenção psicossocial no cuidado a portadores de sofrimento psíquico em cidade de porte médio do Sul do Brasil: uma análise estratificada. *Cadernos De Saúde Pública, 26*(4), 807-815. https://doi.org/10.1590/S0102-311X2010000400022.

Winnicott, D. W. (1960). The theory of the parent-infant relationship. *International Journal of Psycho-Analysis, 41*(2), 585-595.

Zimerman, D. E. (1999). *Fundamentos psicanalíticos*. Artmed.

A MALDIÇÃO: TRANSGERACIONALIDADE DO SOFRIMENTO MATERNO EM ADOLESCENTES LIMÍTROFES

Bruno Cavaignac Campos Cardoso
Jordana Beatriz De Marco Carneiro
Geovanna Ferreira Gontijo

O presente trabalho investiga a transmissão transgeracional do narcisismo de morte materno sobre adolescentes. O interesse por tal pesquisa surgiu da recorrência desta temática em casos atendidos no Vipas/UnB, grupo de atendimento psicoterapêutico e pesquisa, que se dedica à clínica dos extremos na adolescência (Amparo et al., 2020). A relevância do narcisismo de morte materno sobre esses adolescentes é tamanha, que o modelo plurifocal de atendimento psicoterapêutico (Jeammet, 2009) tem sido empregado em alguns casos.

Assim, o artigo parte de uma exposição teórica sobre a transmissão transgeracional, que tenta responder como as pessoas podem incorporar a herança psíquica transgeracional, seja ela recebida como "maldição", seja, ao contrário, como uma "boa herança". Depois se discute o narcisismo de morte (Green, 1988a), para então explorar os efeitos deste narcisismo negativo materno sobre sua prole, o que prepara o terreno para discussão acerca do complexo da mãe morta (Green,1988a). Por último, um estudo de caso ilustra esta dinâmica teórica.

Os mecanismos envolvidos na transmissão transgeracional

Talvez, os mecanismos envolvidos na transmissão da "boa herança", de uma geração à próxima, sejam menos enigmáticos aos leitores habituados à literatura psicanalítica que a transmissão de "maldições" e vivências traumáticas.

Na transmissão do "dom", os cuidadores tendem a projetar mais aspectos positivos sobre o bebê do que atribuir fatores negativos a seus filhos. Nesses casos, eles tendem a assegurar um lugar especial ao bebê no centro da vida familiar, em torno do qual se organizará a rotina e afetividade (Freud, 1914/1996b). A experiência de ter sido a *"vossa majestade, o* bebê" faz emergir uma tendência futura de amor da criança por ela mesma na idade adulta, de modo que ter sido amado na infância é um dos fatores relacionados ao amor-próprio no adulto (Freud, 1914/1996b).

De onde surge esta ideal preponderância da projeção de imagens e sentimentos positivos dos pais sobre os filhos? A resposta não é simples, e uma análise complexa deve considerar fatores sociais, econômicos, históricos, culturais, políticos e intersubjetivos que interferem na transmissão do "dom". Quanto à análise isolada da transmissão psíquica inconsciente, entretanto, considera-se que os pais podem projetar nos filhos o narcisismo de vida que lhes foi transmitido pelos seus próprios cuidadores, ou mesmo o fazer de maneira reparatória, neste último caso, em compensação a uma falta, por exemplo. A análise dessa história cobra uma sensível e minuciosa consideração sobre a transmissão do narcisismo de vida (ou de morte) a partir de três gerações.

Em Freud (1923/1996), a formação do superego do sujeito também compreende três gerações, visto que essa instância, o representante da moral da cultura, é uma herança transmitida aos filhos a partir do superego dos pais (Freud, 1923/1996). A constituição superegoica dos pais, por sua vez, é "herdeira" do complexo de Édipo vivenciado por eles próprios, junto às suas respectivas organizações familiares, e assim em diante. Novamente, também quanto ao superego, trata-se de uma transmissão cujos efeitos ecoam a história de, pelo menos, três gerações.

Outro ponto importante de salientar é que não se trata aqui de uma transmissão "congênita" ou mesmo "genética", para utilizar o termo em voga na ciência biológica atual. A problemática da transmissão parece apoiar-se mais nos mecanismos psíquicos de projeção e identificação, que embasam a dinâmica interpessoal de comunicação não verbal entre os inconscientes dos sujeitos envolvidos. Por comunicação, neste ponto, compreende-se uma perspectiva intersubjetiva, cuja atividade do receptor coloca-o em lugar oposto à passividade do organismo individual que recebe uma herança "genética, reproduzindo esse "roteiro", a partir da interação com o ambiente.

A descrição da comunicação entre inconscientes parte de Freud ([1941] 1921/1996), quando ele se esforçou para compreender o fenômeno da comunicação inconsciente, ao investigar a "telepatia" e a "adivinhação", o que ele fez pela via explicativa mais materialista possível: o desejo inconsciente poderia ser "transmitido" do inconsciente de um sujeito para o inconsciente de outro, por meio da captação dos pequenos sinais transmitidos pelo emissor a um receptor "intuitivamente", de modo que o receptor poderia captar esses sinais não verbais para si (inconscientemente) e depois traduzir esse enigma a si mesmo (tornar consciente), o que permitiria a comunicação ao emissor inicial da informação. Esta é uma concepção de comunicação que seria prioritariamente não verbal e que estaria encarregada de comunicar algo que não foi necessariamente elaborado conscientemente por nenhuma das partes. A importância dessa obra está em avançar ainda mais no problema da transmissão inconsciente. Nela, os mecanismos de projeção e identificação ganham status de comunicação, muito embora se trate aqui de uma comunicação não consciente. Sandor Ferenczi (1933/1992) descreve outro tipo de transmissão ao cunhar o termo "identificação com o agressor" (1933/1992), para descrever o superego sádico dos sujeitos vítimas de abusos infantis. Tal tipo de identificação poderia explicar a repetição de abusos por "gerações". Entramos agora no terreno da "maldição", ao tratar da transmissão de traumatismos de geração a geração, a partir do mecanismo de identificação. Nicholas Abraham e Maria Torok (1994) estudaram a transmissão psíquica de elementos introjetados (o que difere de identificação) aos descendentes, como via de transmissão involuntária do "segredo familiar" por gerações.

O ponto de convergência entre Freud (1923/1996h) e Abraham e Torok (1994) envolve a ideia de uma possibilidade de transmissão de traços de memória derivados de experiências de gerações anteriores (Abraham & Torok, 1994, p. 169). Porém, Freud parece interessar-se mais pela busca dos resquícios da história da humanidade, a partir das manifestações arcaicas de uma parte hereditária do Id (1913 [1912-1913]/1996, 1915/1996, 1923/1996); e da constituição do ego e superego, o que remeteria à história familiar (Freud, 1923/1996, 1924/1996); enquanto Abraham & Torok (1994) enfatizam a transmissão involuntária (inconsciente) de segredos de uma geração à outra da mesma família. A via de ocorrência dessa transmissão transgeracional, porém, permanece uma questão um tanto enigmática: qual seria o processo psíquico envolvido nessa transmissão?

Em Freud (1923/1996), o motor da transmissão envolve os mecanismos de identificação e projeção. Ciccone (2014) condensa os dois mecanismos em um, ao considerar a identificação projetiva como vetor de transmissão, o que ocorre a partir de várias declinações, que combinam uma maior incidência do polo identificatório ou projetivo. A transmissão psíquica ocorre pela via da identificação projetiva mútua, em que a "invasão imagética" (*empiétement imagoïque*, em francês) ocorre pela necessidade dos pais em projetar uma imagem psíquica nos filhos, sincronizada a necessidade dos filhos de se identificarem com uma imagem fornecida pelos pais (Ciccone, 2014).

O fantasma de transmissão é o cenário no qual o sujeito assume a função de herdeiro de um conteúdo transmitido a ele por outro contemporâneo (ligação inter ou transubjetiva) ou ancestral (genealogia ou transgeracionalidade). Esse fantasma de transmissão pode ter diversas funções: 1. continuidade narcísica 2. reparação da história parental 3. confirmação da filiação 4. inocentar o inconsciente familiar da culpa (Ciccone, 2014). Essa transmissão ocorre pelo jogo complexo entre os mecanismos de projeção e identificação organizados em diferentes níveis de identificações projetivas como parte da dinâmica comunicacional pré-verbal e verbal.

Em alguns casos, a imago projetada no descendente é recebida por ele como cativante. Em outros, geralmente casos mais problemáticos, podem ocorrer projeções de imagens persecutórias dos antepassados sobre o descendente, este que tenderá a lutar contra essa imagem para mantê-la longe de si, travando uma constante batalha interna. Em ambos os casos, o depositário da herança familiar ocupa uma posição alienante, visto que "identificações forçadas" privam o sujeito do desenvolvimento da autonomia acerca de seus próprios objetos internos e o forçam a ter de se haver com imagens transmitidas pelo outro (Ciccone, 2014). Porém, se esta tal "posição alienante" parece ser o ponto de partida da história do Eu (Lacan, 1998), pelo menos para a maioria das pessoas, a questão que se coloca é sobre a transformação do dom ou da maldição em destino.

A maldição transgeracional

O fantasma apresenta a ideia de uma perseguição, uma assombração. Essa é uma maldição que se impõe ao sujeito, junto à sensação de estranheza, pois é algo estranho e familiar, visto que resulta do retorno do recalcado (Freud 1919/1996). Em outros casos, o conteúdo persecutório pode emergir de outra forma, pelo retorno do clivado, quando retornam conteúdos nunca simbolizados (Roussillon, 2013). De modo mais amplo, o retorno de conteúdos psíquicos não representáveis pode funcionar tal como a uma maldição. Isto é, um destino de horror inevitável, que age de acordo com a lógica da compulsão à repetição, mas de geração em geração, arrastando o sujeito rumo à sua realização inconsciente.

A exploração dessa questão parte do postulado de que identificação projetiva é o mecanismo de transmissão de elementos psíquicos, sendo este mecanismo uma comunicação arcaica e pré-verbal (Bion, 2013). Por exemplo, o bebê, tomado pelo temor à morte, projeta no psiquismo de sua mãe conteúdos não digeríveis no intuito de tê-los transformados fora de seu corpo. Porém, a mãe pode devolvê-los transformados ou não, a depender de seu próprio estado psíquico. Desse modo, pode tanto ocorrer uma rejeição dos conteúdos aterrorizantes advindos do psiquismo incipiente de seu bebê, como a devolução desses conteúdos de volta ao psiquismo do bebê, que, além de não transformados, retornam somados aos próprios elementos não simbolizados da mãe. Ou seja, a mãe pode retransmitir seus próprios conteúdos psíquicos não elaborados pelo mesmo mecanismo de identificação projetiva envolvido na recepção dos conteúdos não elaborados do bebê. Isso será um grande desafio para o futuro sujeito, dada a dificuldade de metabolizar um elemento não vivido por si próprio, que nem ele mesmo conhece, pois esse está envolto em segredo; dado que não foi comunicado verbalmente. O conteúdo que retorna é misterioso, uma vez que não foi nem vivenciado nem simbolizado pelo receptor. Assim, a ideia de maldição atrela-se à transmissão/comunicação inconsciente entre gerações, acerca de conteúdos não elaborados, que podem carregar o horror de algo vivido/transmitido pela família ou seus membros individualmente. Esses elementos que são transmitidos inconscientemente resultam em um "destino" de repetição que se atualiza de geração em geração, a menos que isso possa vir a ser representado e elaborado, de modo a interromper a corrente, desfazendo a maldição.

A maldição de Édipo e Narciso

Essa noção de uma maldição inevitável entre gerações apresenta-se desde as tragédias gregas, como em Édipo Rei e Antígona, início e fim cronológico da trilogia trágica de Sófocles (1990). Essas obras ilustram a repetição do destino maldito entre três gerações, a começar por Laio, passando por Édipo e culminando em Antígona.

A maldição que acometeria três gerações começa com o rei de Tebas, Laio. Por ter raptado o jovem Crisipo, filho do rei Pélops, Laio é amaldiçoado por aquele rei. Assim, se Laio tivesse um filho, este príncipe estaria destinado a matar o pai (Laio) e se casar com a mãe (Jocasta), de modo a gerar filhos do incesto e, assim, causar a desgraça da cidade de Tebas

(Cánovas, 2014). Informado sobre a maldição pelo oráculo de Delfos, o rei Laio tenta evitar o destino, ao entregar seu filho recém-nascido à própria morte pela via de um abandono cruel. Porém, o filho abandonado de Laio e Jocasta acaba salvo, sendo levado à cidade de Coríntio. O recém-nascido recebe o nome de Édipo, quando adotado pela família do rei daquela cidade. Vive uma vida sem martírio naquele reino, até que o Oráculo de Coríntio revela a Édipo, já adolescente, seu destino: estaria destinado a matar o pai e se casar com a mãe. Édipo foge de Coríntio, pois, sem saber sua verdadeira origem, acredita que, escapando de seus pais e da cidade de Coríntio, evitaria a desgraça de ambos (Sófocles, 1990).

Édipo, guiado pelas estrelas, encontra a Esfinge e decifra o enigma proposto por ela. Derrotando-a, liberta a cidade de Tebas, não sem antes matar um desconhecido que encontra na estrada, devido a uma desavença. Em Tebas, Édipo se torna o rei do povo que o aguardava para a salvação das desgraças que afetavam a cidade e se casa com a rainha daquele reino. Porém, ao se envolver na investigação do assassinato do antigo rei de Tebas, que havia sido morto em uma estrada, Édipo descobre que ele próprio é o assassino do rei Laio, o homem que Édipo havia eliminado na estrada. "Tudo está claro": Jocasta é mãe de Édipo, e seus filhos com ela são fruto do incesto. Diante do horror, Édipo perfura os próprios olhos no intuito de negar a si a visão da concretização de seu destino. Essa verdade, porém, não se pode "desver". No final de Édipo Rei, o herói trágico está cego e exilado (Sófocles, 1990).

Antes de se exilar, Édipo clama piedade ao cunhado, para tocar suas filhas uma última vez, suplicando pelo cuidado delas por temer que seu sofrimento também as persiga pelo resto de suas vidas. Em Antígona, terceira tragédia da trilogia de Sófocles, deparamo-nos com o destino trágico dos filhos de Édipo. Os dois filhos homens morrem matando um ao outro, numa batalha pelo trono. As duas filhas, Ismene e Antígona, são punidas após um ato de rebeldia de Antígona que tenta honrar Polinices, seu irmão, em seu leito de morte contra a lei do tio. Ismene se recusa a seguir Antígona, antecede a maldição e não contraria a vontade do tio, mas Antígona a arrasta para um destino já traçado. Ismene não é julgada à morte, mas é presa. Antígona é condenada a ser enterrada viva; concretiza-se a maldição, o destino marcado por três gerações de sofrimento (Sófocles, 1990). Essas tragédias ilustram a transmissão de uma maldição, por três gerações, como uma força sobre a qual os heróis lutam em vão, pois acabam por cumprir o destino trágico. Ainda em relação ao caráter transgeracional de algumas tragédias gregas, Roussillon (2013) resgata o mito de Narciso e a maldição que o persegue quando discorre sobre a simbolização de conteúdos que não foram integrados no psiquismo. Na história, Narciso, que nunca havia visto a si mesmo, se reconhece como outro estranho, se apaixona pela própria imagem e cumpre seu destino. Isso porque sua mãe, que fora violentada, havia sido amaldiçoada. Diante desse horror, ela consulta o Oráculo para se antecipar ao destino de seu filho. Ouve de Tirésias que Narciso será visto como o mais belo e mais desejável, porém, para sua sobrevivência, nunca deverá conhecer-se.

Mesmo sem se conhecer, Narciso permanece preso em um autoengendramento e arrogância, desprezando a todos que por ele se encantam. Isso se relaciona à desgraça alheia, como no caso da ninfa Eco, que, ao tentar se aproximar de Narciso, é rejeitada violentamente por ele, o que causa um desgosto tamanho que culminaria no trágico fim da ninfa. Já Narciso, amaldiçoado por ser fruto da violação de sua mãe, não escapa ao seu próprio destino: ao se olhar no reflexo da água, não se reconhece, se apaixona pela imagem de si mesmo e a si mesmo rejeita, afogando-se na tentativa de apreender a própria imagem (Ovídio, 1983). Tal como em Édipo, também em Narciso, a maldição é cumprida em vida, até que a morte opere o extermínio da generatividade familiar.

Pulsão de morte, compulsão a repetição e maldição.

Relacionamos a ideia de maldição à proposta freudiana de compulsão à repetição mortífera que resulta daquilo que está além do princípio do prazer, a pulsão de morte (Freud, 1920/1996). Mesmo que Freud (1920/1996) utilize longas laudas para embasar o conceito pulsão de morte a partir biologia celular de sua época, a teoria da pulsão de morte visava a resolver, principalmente, o problema prático da repetição mortífera que ele observava na clínica psicanalítica. Os sonhos de guerra traumáticos representavam o horror de um trauma anterior, e não a realização do desejo recalcado. Assim, esses sonhos denunciavam a natureza dessa pulsão de morte (Freud, 1920/1996). A compulsão à repetição está além do princípio do prazer, o que explicaria a repetição de experiências traumáticas não relacionadas à obtenção de prazer, de modo que o repetir não está necessariamente atrelado à obtenção prazer (Eros).

Ainda, o inconsciente é o estranho que determina o destino não pensado pelo sujeito. O infamiliar é o familiar que se apresenta novamente, em nova roupagem e disfarces (Freud, 1919/1996). Por isso, o trágico comporta o horror do conteúdo psíquico que retorna de seu aprisionamento inconsciente e obedece a tendência de um destino do qual não se pode escapar. A ideia de destino (Martins, 2005) relaciona-se com o *pathos* e *hybris*; se o destino apresenta uma característica fundamental (*pathos*), o destino trágico está baseado no exagero (*hybris*) dessa característica fundamental. O problema não estava na vaidade de Narciso, mas no exagero dela.

Como quebrar uma maldição? Quanto à psicanálise, espera-se que a experiência clínica psicanalítica atue como um meio de mudança reorganizador do jogo pulsional, reestabelecendo o equilíbrio, de modo a alterar o destino e desfazer a maldição. Quanto aos conteúdos psíquicos não representados, Freud (1915/1996) os descreve como em um curto-circuito de repetição inconsciente até que sejam integrados (ligados) no psiquismo. Caso contrário, o psiquismo tentará retomar o equilíbrio pelo escoamento do excesso pulsional decorrente dessa energia livre, o que tende a ser efetuado pela descarga, pela via da repetição em ato. Em resumo, o desfazer-se da maldição seria possível pela via da elaboração desses elementos psíquicos não integrados.

A função desobjetalizante do narcisismo de morte

Sobre a maldição transmitida de modo transgeracional, faz-se necessário a exploração adicional dos conceitos de narcisismo e a repetição da pulsão de morte. Green (1988a) nos é útil neste ponto por apresentar conceituação própria acerca o narcisismo de morte e o complexo da mãe morta, por exemplo.

Green (1988a) propõe o "complexo da mãe morta", que compreende a morte psíquica da mãe e os efeitos disto sobre a prole. Mesmo que a mãe permaneça presente nos cuidados para com seu bebê, a morte afetiva dela torna-se uma marca transmitida entre gerações pela comunicação arcaica que se estabelece entre inconscientes. Disso resulta um complexo marcado por uma angústia caracterizada pelo vazio. É como se, na relação, o vazio fosse herdado de geração em geração. Para compreendermos melhor esse fenômeno, é necessário apresentarmos a concepção acerca da função desobjetalizante da pulsão de morte presente no psiquismo materno.

A pulsão de morte é pouco revisitada por Freud depois de 1920. Por isso, Green (2010/2022) propõe um retorno as ideias de ligação e desligamento que fundamentam os conceitos de pulsão de vida e de morte, respetivamente, sendo elas manifestadas pelas funções objetalizante e desobjetalizante.

A proposta de reformulação de Green (2010/2022) sobre a pulsão freudiana centraliza o papel das pulsões quanto à função objetalizante (função das pulsões de vida e a função desobjetalizante (função da pulsão de morte). Como anteriormente exposto sobre a teoria freudiana, a compulsão à repetição, que está além do princípio do prazer, atua como um "curto-circuito" na operação da pulsão de vida, operacionalizando a função de morte sobre o psiquismo. A novidade da teoria de Green (1988a) está no posicionamento da compulsão à repetição mortífera como uma falha na função objetalizante da relação pulsão-objeto, pois esse desinvestimento atinge os elementos psíquicos: a representação e os objetos, podendo, em formas mais graves, alcançar os elementos organizadores do psiquismo (Green, 1988a).

Assim sendo, a pulsão de morte, segundo a reformulação de Green (1988b), desempenha uma função de correspondente do representante dessa pulsão. Quanto à pulsão de vida, esta alcança sua meta pela função objetalizante. Isto é, seu papel é de transformação das estruturas em objetos, e isso mesmo quando aquilo que se transforma não possui a qualidade, a propriedade e o atributo de objeto. Dessa forma, cria-se o objeto pela ação da função objetalizante.

Neste sentido, se, na teoria clássica freudiana, o Eu (Ego) pode ser tomado como objeto, esse investimento seria realizado pelo trabalho psíquico da pulsão de vida. Por outro lado, a função da pulsão de morte, a função desobjetalizante, tem como natureza fundamental o trabalho psíquico de desligamento. Consequentemente, os ataques comumente deferidos aos objetos não se restringem a eles, mas a tudo aquilo que foi objetalizado, o que inclui o Eu (Ego). No caso, o Eu tomado como objeto pode sofrer com a destrutividade manifestada pela pulsão de morte e com o próprio desinvestimento de si (Green, 1988b).

Isso nos remete ao conceito de narcisismo e à sua junção com o conceito de pulsão de vida e pulsão de morte como proposto por Green (1988a). Para melhor compreensão, retornaremos ao momento traumático de separação entre o Eu e o objeto primário. Essa separação, cujo protótipo é a perda do seio materno, tem como tentativa de reparação pela possibilidade de que o Eu abandone seu investimento no objeto. Dessa forma, frente a essa exigência, a maneira de abandoná-lo é pela identificação com o objeto. É por conta do excesso e da centralidade dessa defesa narcísica que o sujeito narcisista luta contra a angústia de separação, preferindo ser o objeto dele mesmo, na impossibilidade de apreender o objeto externo (Green, 1988a).

Isso é porque a diferença primária entre mãe-bebê e a perda precoce do objeto fazem o Eu identificar a dependência ao traumático. Então, o sujeito é levado a enfrentar angústias narcísicas. Por isso que o objeto descrito por Green (1988a) é como um "objeto-trauma", pois o objeto é independente, possuidor de seus próprios desejos e tempo, às vezes, mostrando-se muito perto, às vezes, muito longe. Daí a gênese da ambivalência amor/ódio. Como defesa contra essa dependência que é angustiante a alguns, sobretudo aos narcisistas, o sujeito tenta recusar a relação com o objeto, fechando-se em um circuito que busca abolir as vivencias traumáticas. Para melhor entendermos a intensidade defensiva desta problemática, levamos em consideração que, no funcionamento narcisista, a decepção é dupla; é com o objeto interno e com externo, ou seja, com a mãe e com o pai (ou aqueles desempenham as respectivas funções). Assim, quando não se tem mais nenhum objeto para investir, resta amar a si mesmo (Green, 1988a).

Desse modo, distingue-se o narcisismo de vida do narcisismo de morte. Isso porque o sujeito que depende do seio desde seus primeiros dias; em sua ausência, cria-o alucinatoriamente, mas isso não se dá pela compreensão da alteridade. Aqui se confunde o Eu com o objeto, e, posteriormente, pela separação necessária entre o Eu e não-Eu, o sujeito se verá frente às frustrações quanto às relações objetais (Green, 1988a).

Para tanto, no narcisismo de vida, a resolução desse conflito realiza-se pela identificação e pelo investimento fusional num objeto idealizado, fusão que, anteriormente, foi vivenciada com o objeto primário. O narcisismo de morte, por sua vez, não tem o mesmo desfecho. A marca do ressentimento e ódio sucumbe o sujeito em si, e o retraimento na unidade não se torna possível. Aqui, é a busca pelo nada, pela redução das tensões ao nível zero que o caracterizam. O alcance é do neutro e da imparcialidade frente à movimentação das paixões objetais. Ou seja, a oposição não se dá entre desprazer e prazer, mas ao nada, a morte psíquica (Green, 1988a).

Portanto, o narcisismo é o autoengendramento do Eu nele mesmo, pois há uma identificação com a autossuficiência do objeto perdido. A fim de compensar a separação com a mãe, constrói-se a ilusão de invulnerabilidade tão fascinante para o narcisista. Desse modo, no narcisismo primário, a configuração da estrutura tem um funcionamento autoerótico, pois há um aprisionamento em si para não depender das instabilidades do objeto. Quanto mais decepcionado, mais rígida será a clausura do sujeito. Dessa maneira, iludindo-se com a invulnerabilidade, conquista-se a mais pura vulnerabilidade. Logo, o autoengendramento como condição do narcisismo primário caminha rumo à morte, mas, paradoxalmente, a nega ao mesmo tempo (Green, 1988a).

Retornando a "maldição" transgeracional que parece ser impulsionada pela pulsão de morte, alcançamos, então, o "complexo da mãe morta", constituído pela função desobjetalizante presente no narcisismo de morte. Esse complexo se apresenta pela morte psíquica da mãe e pela transmissão de um buraco deixado nas relações objetais que não podem ser vivenciadas em sua vivacidade, mas somente pelo vazio deixado por essas relações. Assim sendo, Green (1988a) discorre sobre um fantasma materno que persegue a geração seguinte pela imposição de uma maldição que impede novas relações e condena o sujeito à morte psíquica por uma identificação com a mãe morta, o que compreenderemos melhor pelo esclarecimento dos mecanismos envolvidos nesse processo de desinvestimento objetal.

A maldição transgeracional no complexo da mãe morta

Segundo Winnicott (1967/1975), a mãe "suficientemente boa" é aquela capaz de experimentar o estado de *preocupação materna primária*, cuja característica principal consiste em estabelecer uma sintonia com o bebê para, no momento certo, responder às suas necessidades vitais. A mãe dotada de saúde mental e apoio ambiental suficientes para alcançar tais condições pode exercer três funções fundamentais para o desenvolvimento do seu filho: o *holding* (sustentação), *handling* (manejo) e a apresentação dos objetos (Winnicott, 1967/1975). Para Winnicott, o bebê terá a capacidade de suportar angústias e frustrações durante o desenvolvimento, se ele tiver uma mãe suficientemente boa, capaz de lhe propiciar um ambiente seguro (Winnicott, 1965/2011).

Não obstante, entrar e sair desse estado só é possível quando existem condições subjetivas e intersubjetivas propícias, isto é, quando o retorno do infantil e o ambiente em que se encontra a gestante caminham em direção dessa abertura materna à criança. Para Winnicott (1956/2021), a instauração desse estado dá-se ainda no último mês da gravidez, já preparando a mulher para receber o recém-nascido.

Pensando na falta de investimento materno, pode-se pensar também as possíveis implicações no crescimento da criança, principalmente se ela não possuir uma figura forte significativa para assumir esse papel

(Winnicott, 1967/1975), já que a mãe está ausente na relação emocional que existe com essa criança e, posteriormente, com esse adolescente. Já Green (1988a) discorre sobre o complexo da mãe morta que se constituiu diante da morte psíquica da mãe, que é viva organicamente na realidade externa. Isso é porque a mãe se vincula-se uma imago estabelecida no psiquismo da criança, imagem de uma mãe que está morta nesses casos. Dessa maneira, a mãe não se apresenta viva em seus cuidados maternos e não investe ou deixa de investir libidinalmente em sua criança, o que causa a perda objetal precoce. Portanto, as angústias que começariam no complexo de Édipo, segundo teoria freudiana, são anteriores no complexo da mãe morta, visto que a perda do seio como objeto parcial que representa metaforicamente a morte da mãe configura-se no complexo da mãe morta (Green, 1988a).

Se o complexo de Édipo, que é posterior, é encerrado ou iniciado pela angústia de castração, que se manifesta diante do ato sangrento, a "angústia vermelha", o complexo da mãe morta, trata de outra angústia, a angústia branca, do vazio da depressão, sendo as cores branca ou preta as representantes dessa angústia. Assim, diante da angústia do vazio, resta à criança o recurso à metáfora, que busca representar o seio perdido. Logo, a metáfora não remete somente à mãe real em sua externalidade, mas a todos os elementos que acompanham essa imago constituída na relação entre seio e bebê, como a pele, o cheiro, o olhar e a voz da mãe (Green, 1988a).

No complexo da mãe morta, o analisando adulto apresenta geralmente sintomas que envolvem o fracasso na vida amorosa e profissional, sintomas esses que parecem mascarar uma depressão antiga da infância, levando ao que Green (1988a) propôs como "depressão de transferência", no intuito de distinguir da neurose de transferência, pois essa depressão escondida somente é manifestada transferencialmente. Assim, o traço marcante dessa depressão é que ela se dá diante de um objeto fisicamente vivo, mas psiquicamente absorto num luto (Green, 1988a).

Desse modo, compreende-se que o objeto materno absorto num luto provoca uma mudança brutal na imago materna internalizada pela criança, devido à morte de algo que antes se encontrava vivo. Então, a criança vive uma perda do sentido daquela relação dual antes vivenciada, o que motiva a busca por sua salvação numa triangulação precoce e defeituosa. Isso porque resta para a criança, neste arranjo, uma mãe morta e um pai inacessível pela ausência diante da mortificação da mãe, deixando a dupla buscar uma solução por conta (Green, 1988a).

A criança, depois de tentar defender-se contra essa angústia de maneira mais ativa, com a insônia e agitação, por exemplo, acionará outras defesas: o desinvestimento no objeto materno e a identificação inconsciente com a mãe morta. Nesse caso, o desinvestimento resulta na configuração de um buraco nas relações objetais com a mãe, o que não impede o investimento objetal substituto, porém não há garantia de que ele se mantenha (Green, 1988a).

Neste cenário, a identificação ocorre em espelho e preserva um caráter obrigatório, pois, depois de vãs tentativas de mudar o humor da mãe, lhe resta o mimetismo que, diante da impossibilidade de ter o objeto, passa a querer sê-lo. Por um modo canibalístico, essa é a forma de renúncia ao objeto e sua conservação, ao mesmo tempo. Isso faz com que a identificação em espelho inconsciente apresente uma natureza alienante (Green,1988a). E, assim, a compulsão à repetição no complexo da mãe morta leva o sujeito ao aprisionamento mortífero e aos fracassos nas relações objetais posteriores.

Ou seja, a mãe morta carrega o desinvestimento do objeto, e, assim, todos os traços mnêmicos relacionados a ela – a pele, o cheiro, o olhar e a voz, os objetos parciais – podem também ser desinvestidos. Tal desinvestimento não resulta na criação de objetos substitutivos a serem perseguidos, mas em um buraco psíquico no lugar do objeto/mãe. Não havendo a identificação positiva com o objeto primário, pode restar a identificação com o buraco deixado por ele, isto é, ocorre uma identificação negativa (Green, 1988a).

A separação entre mãe-criança é importante para o psiquismo infantil (posição depressiva de Klein). Porém, quando ocorre precocemente, a mãe morta tende a ser enterrada viva. E assim se mantém "a morte na presença e a ausência na vida" (Green, 1988ª, p. 263). Paradoxalmente, a mãe morta é mantida viva, sendo alimentada pelo filho, que, para mantê-la viva na morte, age em segredo. Neste caso, o vazio deixado no psiquismo por ela não pode ser preenchido por mais nada nem ninguém, assim como há também, na fantasia do sujeito, o medo de animá-la o suficiente e perdê-la novamente, medo que coexiste junto à ambivalência.

Isso significa que o aprisionamento do sujeito à imago da mãe morta torna-a filha do filho, ou seja, uma maldição difícil de escapar, pois o fantasma da mãe morta parece perseguir gerações pela marca do desinvestimento objetal. Isso pode impossibilitar a transmissão afetiva do narcisismo positivo nas relações familiares, compondo a tragédia da impossibilidade de ligação entre gerações (Green, 1998a).

A maldição transgeracional na adolescência

O período da adolescência traz uma perspectiva de reorganização da identidade corporal, psicológica e sexual da infância (Gutton, 1990), podendo incluir transformações corporais violentas (Gutton, 1990), ao mesmo tempo que também aponta para a fragilidade narcísica que os jovens vivenciam nesse período (Jeammet & Corcos, 2005).

O adolescente tem a secreta certeza de que as representações edipianas têm uma correspondência em seus pais (Gutton, 1990), ao mesmo tempo que essa relação muda profundamente, existindo um enfraquecimento das barreiras intergeracionais. Nesse processo, o adolescente reconhece o mundo com novos olhos, aumenta a sua percepção de liberdade nos costumes, sente a fragilização dos limites e o aumento das exigências no êxito individual. Esses são alguns dos fatores que o expõe narcisicamente e que englobam a crise psíquica (Jeammet & Corcos, 2005).

Além de potente, o processo da adolescência possibilita a elaboração do bombardeio psíquico, as diversas transformações, desequilíbrios e traumas do pubertário (Marty, 2006), e é importante que possa ser visto como é, uma crise agressiva que surge na vida do sujeito e pode fragilizá-los narcisicamente (Marty, 2009).

A partir disso, pode-se ampliar a análise da adolescência ao pensar nos contextos em que a crise psíquica está acontecendo e as maldições transgeracionais que podem estar-se realizando de forma inconsciente na vida do sujeito. A partir disso, pode-se ampliar a vivência da adolescência ao analisar o mito do Édipo.

Édipo, desde antes de seu nascimento, já havia sido amaldiçoado de retornar ao seu vínculo primário com sua mãe, sendo fadado a matar o pai e se apaixonar e se casar com ela (Sófocles, 1990). Mesmo após a tentativa de fuga desse destino premeditado por ambas as partes, por ser abandonado por seus pais biológicos e abandonando seus pais de criação (que Édipo acreditava ser os biológicos), ele concretizou a maldição em sua adolescência, matando o pai por engano, assumindo seu reino e casando-se com sua mãe, concretizando o incesto. Pode-se pensar que, apesar de existir a possibilidade da triangulação e do desenvolvimento de uma nova relação objetal com a família por quem Édipo foi acolhida, ele ainda assim escolheu, mesmo que em nível inconsciente, retornar à sua relação primária e concretizar sua maldição por meio do incesto com a mãe, caracterizando, assim, o retorno ao Édipo na juventude. Percebe-se como a ausência da elaboração e da simbolização nesse cenário faz com que as ações se concretizem diretamente no ato, percebendo a própria violência pubertária (Marty, 2006).

Das maldições transgeracionais, pode-se pensar também na vivência do adolescente cuja relação com a mãe faz-se pautada na perda do objeto precoce, como a mãe morta (Green, 1988a), aquela que, apesar de estar fisicamente viva, está morta no investimento libidinal com o filho.

No complexo da mãe morta, a criança perde o seio como objeto parcial muito cedo na ausência da libido materna (Green, 1988a), o que faz com que a criança busque salvação no pai por meio da triangulação, que pode ou não ser bem-sucedida, levar a um luto precoce da mãe e, consequentemente, ao desinvestimento no objeto materno. Porém, o desinvestimento não vem por meio do ódio, e sim de um buraco na relação objetal, na qual a criança pode conseguir, ou não, se investir em objetos substitutos (Green, 1988a).

A partir disso, pode-se ver a adolescência da criança que cresceu com a mãe morta como uma maldição, pela propensão existente a lidar com a perda precoce do seio de tal forma que se cria uma identificação com a mãe morta, além de uma onda secundaria de defesa, em que se percebe, além da presença do ódio secundário, a excitação autoerótica e uma busca de um sentido perdido por caminhos como a intelectualização (Green, 1988a). Nessa adolescência, existe uma necessidade profunda de interpor o sensorial entre ele mesmo e o outro, assim como ele e ele mesmo, quase como intrínseco para existir em si o sentimento de continuidade, tal como na infância pode substituir a mãe, o objeto ausente inacessível, pelo apego ao percepto (Jeammet & Corcos, 2005).

Pode-se pensar como exemplo no mito de Narciso e na sua relação com a própria mãe. A mãe de Narciso, Liriope, ao visitar Tirésias para saber a respeito do futuro de seu filho, foi informada que Narciso viveria muito e teria uma velhice prolongada com a condição de nunca se conhecer. Narciso, aos seus 16 anos, negava qualquer outro. Apesar de todas as ninfas o desejarem, ele não desejava ninguém (Ovídio, 1983). Narciso não conseguia relacionar-se com o objeto, não reconhecia o outro e não tinha o investimento objetal. Pode-se pensar como não existiu uma triangulação na relação mãe, pai e filho, permanecendo no narcisismo na relação com a mãe (Green, 1988a).

Jeammet e Corcos (20005) traz o conceito de "ameaça depressiva", que desperta quando conflitos emergem, seja da ordem de conflitos objetais, em que se tem como fontes essenciais a vida pulsional e a culpabilidade, seja como o desinvestimento pulsional e conflitos relacionados ao engajamento narcísico, tendo como fonte a confrontação com o paradoxo narcísico-objetal. A "ameaça depressiva" pode instaurar-se quando não existe uma elaboração, o que pode conduzir a uma depressão clínica (Jeammet & Corcos, 2005).

A partir disso, também se pode pensar no funcionamento-limite como um dos conflitos de origem nas falhas do engajamento narcísico, vendo o fracasso na elaboração da posição depressiva e da ausência tal como o delineamento dos conflitos identificatórios mais evoluídos (Jeammet & Corcos, 2005).

Destarte, Jeammet e Corcos (2005) propõe a elaboração como um caminho para a não depressão clínica nesses casos adolescentes. Roussillon (2000) defende a simbolização como forma para situar melhor o agir. Esse processo perpassa pela realização, e não pelo recalcamento na elaboração da própria depressividade, assim como na simbolização do vazio e do buraco deixado pela perda precoce do seio materno.

Assim, por meio dessa elaboração, constrói-se o potencial para a relação com um novo objeto, que pode ser o analista, a fim de buscar o equilíbrio narcísico, e assim o adolescente pode questionar-se sobre seus fantasmas transgeracionais, reposicionando-se diante de suas possíveis maldições.

Considerações finais

Conclui-se que o sofrimento de adolescentes pode estar relacionado a uma dinâmica de transmissão/comunicação geracional, que pode englobar de duas até três gerações. A "angústia branca" dos ascendentes pode ser transmitida na forma de um vazio que, paradoxalmente, ocupa um grande espaço psíquico, podendo relacionar-se ao desenvolvimento de sintomas comumente ligados aos funcionamentos-limite, como o fechamento narcísico, ambas variações decorrentes da angústia de perda de objeto que, por sua vez, é resultado do traumatismo de separação precoce, vivenciado pela morte psíquica da mãe.

Pensando no aspecto clínico, o atendimento do adolescente proporcionará a ele um espaço de elaboração, que pode possibilitar o surgimento de uma nova relação objetal. Assim, pela ressignificação de situações traumáticas transgeracionalmente transmitidas, trabalha-se o equilíbrio narcísico. Nesse sentido, o atendimento da mãe (ou daquela que ocupa esta função) pode ser eficaz ao tratamento do adolescente.

Referências

Abraham, N., & Torok, M. (1994). The shell and the kernel: Renewals of psychoanalysis (Vol. 1). University of Chicago Press.

Amparo, D. M., Moraes, R. A. O., & Alves, A. C. O (2020). Adolescentes nos limites e a clínica do sensível como dispositivo psicoterapêutico. In Amparo, D. M., Morais, R. A. O., & Brasil, K. (org.). *Adolescência:* psicoterapias e mediações terapêuticas na clínica dos extremos (pp.15-29). Technolitik.

Bion, W. R. (2013). Attacks on Linking. Te Psychoanalytic Quarterly, LXXXII (2) 285-300.Cánovas, S. Y. N. (2014). As origens da tragédia grega. In Sófocles. *Antigona.* (Sueli Maria Regino, Trad.). Martin Claret.

Ciccone, A (2014). Transmission psychique et parentalité. *Revue Cliopsy, 11,* 17-38.

Ferenczi (1992). Confusão de língua entre os adultos e a criança. In S. Ferenczi. *Obras Completas* (Vol. 4). Martins Fontes. (Trabalho original publicado em 1933).

Freud, S. (1996a). Totem e Tabu. In S. Freud. *Edição standard brasileira das obras psicológicas completas de Sigmund Freud* (J. Salomão, Trad, 12, pp 191-203). Imago. (Trabalho original publicado em 1913 [1912-13]).

Freud, S. (1996b). Sobre o narcisismo: uma introdução. In S. Freud. *Edição standard brasileira das obras psicológicas completas de Sigmund Freud* (J. Salomão, Trad, Vol. 14, pp. 85-119). Imago. (Trabalho original publicado em 1914).

Freud, S. (1996c). Recordar, repetir e elaborar. In S. Freud. *Edição standard brasileira das obras psicológicas completas de Sigmund Freud* (J. Salomão, Trad, 12, pp 191-203). Imago. (Trabalho original publicado em 1915).

Freud, S. (1996d). Os instintos e suas vicissitudes. In S. Freud. *Edição standard brasileira das obras psicológicas completas de Sigmund Freud* (J. Salomão, Trad, Vol. 14, pp. 123-144). Imago. (Trabalho original publicado em 1915).

Freud, S. (1996e). O Estranho. In S. Freud. *Edição standard brasileira das obras psicológicas completas de Sigmund Freud* (J. Salomão, Trad, 17, pp. 273-318). Imago. (Trabalho original publicado em 1919).

Freud, S. (1996f) Além do princípio do prazer. In S. Freud, *Edição standard brasileira das obras psicológicas completas de Sigmund Freud* (J. Salomão, Trad, Vol. 18, pp. 13-179). Imago. (Trabalho original publicado em 1920).

Freud, S. (1996g) Psicanálise e Telepatia. In S. Freud. *Edição standard brasileira das obras psicológicas completas de Sigmund Freud* (J. Salomão, Trad, Vol. 18, pp. 13-179). Imago. (Trabalho original publicado em [1941] 1921).

Freud, S. (1996h) *O ego e o id.* In S. Freud, Edição standard brasileira das obras psicológicas completas de Sigmund Freud (J. Salomão, Trad, Vol. 19, pp.-15-80). Imago. (Trabalho original publicado em 1923).

Green, A. (1988a). *Narcisismo de vida, narcisismo de morte.* Escuta.

Green, A. (1988b). Pulsão de morte, narcisismo negativo, função desobjetalizante. *A pulsão de morte*, 57-68. Escuta.

Green, A. (2022). *Por que as pulsões de destruição ou de morte?* Editora Blucher. (Trabalho original publicado em 2010)

Gutton, P. (1990). Le pubertaire. *Paris: Presses Universitaires de France.*

Jeammet, P. (2009) *Adolescência hoje, entre liberdade e imposição.* Casa do Psicólogo.

Jeammet, P., & Corcos, M. (2005). *Novas problemáticas da adolescência: evolução e manejo da dependência.* Casa do Psicólogo.

Lacan, J. (1998). O estádio do espelho como formador da função do eu. In J. Lacan, *Escritos* (pp. 96-103). Rio de Janeiro: Jorge Zahar Ed.

Martins, F. (2005). *Psicopathologia I: Prolegômenos.* PUC Minas

Marty, F. (2006). Adolescência, violência e sociedade. Ágora, 9(1), 119131.

Marty, F. (2009). La psychothérapie psychanalytique d'adolescent existet-elle? *Le Carnet Psy*, 4(125), 22-29.

Ovídio (1983). *Narciso e Eco. As Metamorfoses.* Ediouro.

Roussillon, R. (2000). Les enjeux de la symbolisation à l'adolescence". *Adolescence. Monographie Isap* (International Society for Adolescent Psychiatry), p. 7-23.

Roussillon, R. (2013). Teoria da simbolização: a simbolização primária. In L.C. Figueiredo, B.B. Savietto & O. Souza (org.), *Elasticidade e limite na clínica contemporânea* (pp. 107-122). Escuta.

Sófocles (1990) *A trilogia tebana: Édipo Rei, Édipo em Colono, Antígona.* Tradução do grego, introdução e notas Mário da Gama Kury. Zahar.

Winnicott, D. (1975*). O brincar e a realidade.* Imago (Trabalho original publicado em 1967).

Winnicott, D. (2011). *A família e o desenvolvimento individual.* Martins Fontes (Trabalho original publicado em 1965).

Winnicott, D. (2021). *Preocupação materna primária.* Ubu. (Trabalho original publicado em 1956).

ATENDIMENTO DE ADOLESCENTES EM DISPOSITIVOS ON-LINE

ELEMENTOS DO ENQUADRE ANALÍTICO NO ATENDIMENTO ON-LINE

Sebastião Venâncio Pereira Júnior
Wilma Zuriel de Faria Maschke

A pandemia do vírus Covid-19 provocou mudanças bruscas no cotidiano da sociedade, forçando muitas pessoas ao isolamento e ao distanciamento social. Esse contexto provocou um deslocamento dos atendimentos psicanalíticos para o meio on-line, causando uma confusão de espaços, sendo um momento disruptivo que fez com que o atendimento virtual fosse a única possibilidade para muitos. Tratou-se de uma nova realidade, em que os analistas precisaram reinventar-se, e a passagem do consultório físico para o enquadre virtual constituiu um grande desafio para a técnica psicanalítica (Capoulade & Pereira, 2020).

A possibilidade de sustentação da relação analítica e, consequentemente, do processo analítico para além da ortodoxia, do atendimento clínico presencial – com o analisando no divã – para outras formas de atendimento, via ligação telefônica, e/ou por chamada de vídeo, por exemplo, já era discutida (Aryan et al., 2015). Ocorre que, com a obrigatoriedade do isolamento social, todos se viram frente a uma nova realidade, nunca imaginada.

Diante dessa conjuntura, um questionamento foi feito por diversos analistas: é possível realizar uma análise on-line? Diversos obstáculos se fazem presentes para justificar tal dúvida, como a questão da transferência, a presença (e o corpo) do analista e até mesmo se seria possível instaurar um enquadre analítico mediado pelas tecnologias (Nóbrega, 2015).

No presente momento, já não é mais o caso de existir um isolamento social e uma imposição que obrigue os analistas a atenderem somente de forma remota. Entretanto, esse contexto pós-pandemia mostra que a análise on-line é uma realidade e que existe ao lado da análise *física*, presencial.

É preciso, então, adaptar a psicanálise e sua técnica a esse contexto, mas com cautela, já que "tudo o que se pode e o que não se pode na prática psicanalítica nos atendimentos remotos ainda nos é desconhecido e obscuro" (Figueiredo, 2021, p. 78). É importante ressaltar que essa adaptação também deve ser realizada tendo como base os princípios psicanalíticos, como afirma Quinet (2021, p. 78): "análise on-line não é gambiarra. Ela é um novo dispositivo analítico que se baseia nos fundamentos da psicanálise".

A adaptação da técnica analítica para o contexto do enquadre virtual está intimamente relacionada com a questão da elasticidade da técnica, apontada por Ferenczi (1928/1992). Essa adaptação do dispositivo clínico deve conduzir a análise para que, gradualmente, a presença da tecnologia seja diluída no ambiente. O conceito de "tato" se torna prioritário nesta busca de transpor as possíveis barreiras e os imprevistos que surgem do uso da tecnologia, que, paradoxalmente, nos reúne,

> [...] de saber quando e como se comunica alguma coisa ao analisando, quando se pode declarar que o material fornecido é suficiente para extrair dele certas conclusões... O tato é a faculdade de sentir com *(Einfühlung)* (Ferenczi, 1928/1992, pp. 26-27).

Diante dessa flexibilidade do fazer psicanalítico, seria possível estabelecer um vínculo transferencial a partir do atendimento on-line? A transferência, de maneira geral, corresponde ao deslocamento de sentimentos – amistosos ou não – em relação à figura do analista, funcionando, ao mesmo tempo, como motor do processo de cura em análise e como resistência a ser manejada pelo analista. O fenômeno transferencial tem como essência ser uma repetição das formas de relação que o sujeito estabeleceu no passado com o mundo, ou seja, a presença do passado é a realidade da transferência (Freud, 1913/2020; Lacan, 2010a). "O próprio paciente irá estabelecer esses laços, associando o médico a uma das *imagos* daquelas pessoas, das quais estava acostumado a receber carinho" (Freud, 1913/2020, p. 142).

Dessa forma, a situação analítica só se faz possível a partir do encontro entre a dupla analista-analisando. Para Christopher Bollas (2005), "a psicanálise concentra-se na 'viagem' diária que todos nós fazemos, estimulados pelo desejo, pela necessidade, pela memória e pela vida emotiva" (p. 7). Essa colocação evoca reflexões sobre a clínica psicanalítica e suas repercussões, tanto do lado do sujeito que se apresenta para contar a sua "viagem", a partir da transferência, como do lado do analista que se coloca como ouvinte interessado em suas elucubrações, a partir da contratransferência (Bollas, 2005).

O encontro entre o analisando e o analista possibilita a formação de um campo analítico, próprio de cada par analítico. Contudo, esse encontro não acontece de qualquer forma, mas é pautado em uma técnica, bem como numa ética, que possibilita o movimento psicanalítico acontecer, a partir da transferência do narrador e da contratransferência do receptor (Baranger & Baranger, 1961-1962/2008). A riqueza do encontro da dupla analítica, somada ao manejo clínico da transferência e da contratransferência, evoca a importância de se pensar que a intersubjetividade é uma possibilidade do lado do analisando (o sujeito), todavia não é do lado do analista (Green, 2010).

O percurso deste capítulo far-se-á frente à referência da obra freudiana, "considerando que a psicanálise não pode ser dissociada do seu fundador" (Figueiredo, 1997, p. 11), mas também se recorre a Lacan e a às "suas contribuições conceituais para resolver impasses deixados por Freud, abrindo novas possibilidades de recontextualização da psicanálise no próprio campo da teoria com ênfase na função do analista" (Figueiredo, 1997, p. 11), e a outros referenciais psicanalíticos da primeira geração – como Ferenczi e a possibilidade de elasticidade da clínica psicanalítica(1928/1992), além de psicanalistas contemporâneos que auxiliam a balizar as demandas de uma clínica contemporânea, como é o caso de André Green.

Assim, a aplicação de uma constelação metodológica e referencial oportunizam pensar e analisar como é possível que a singularidade se produza em um enquadre psicanalítico on-line, a partir da compreensão e construção de um traçado com desdobramentos a partir de bases sólidas para um bom manejo analítico e o norteamento de manobras clínicas nos atendimentos virtuais.

O atendimento on-line na clínica psicanalítica: enquadre e especificidades

A partir do atendimento remoto, verifica-se que há uma modificação no enquadre, o conjunto de condições que permite a prática analítica (Green, 1990). Contudo, o enquadre é somente uma das condições da análise, uma vez que, sem transferência, não há análise (Green, 1990; Quinet, 2021).

Green (2008) aborda o conceito de enquadre, referindo-se ao conjunto de regras e condições que estabelecem o contexto e os limites para o processo analítico. O enquadre é considerado parte fundamental e fornece a estrutura necessária para que o trabalho possa ser iniciado e ocorra de maneira segura e eficaz. Os seus elementos vão desde a frequência e duração das sessões; o local das sessões; o pagamento; as regras e os limites – o estojo; a confidencialidade; até o papel do analista, contando com a transferência e a contratransferência, como processos metapsicológicos e dispositivos clínicos – a matriz ativa do enquadre (Green, 2008; Roussillon, 2019).

É de suma importância pensar e entender esses dois fatores do enquadre – estojo e matriz ativa, ou "joia" –, tendo em vista que a técnica analítica é justamente a interação da matriz dialógica do enquadre. O analista ocuparia o lugar de guardião do enquadre, cuja função é tentar proteger o enquadre e sua "joia" de eventuais transgressões e até ataques por parte do analisando (Green, 2008).

Assim, "o enquadre psicanalítico não é somente uma condição técnica da possibilidade da análise ou mesmo um conceito teórico-clínico, mas que é, de fato, um incomparável instrumento de diagnóstico clínico" (Green, 2008, p. 42). O enquadre não estrutura apenas o ambiente físico da sessão, mas também as regras, os limites e as estruturas que regem a interação entre analista e analisando.

Roussillon (2019) aborda o enquadre como um dispositivo clínico e destaca a importância do enquadre na criação de um espaço psíquico seguro e consistente para a exploração do inconsciente. O enquadre não é apenas uma estrutura externa, mas desempenha um papel ativo no processo analítico (Roussillon, 2019).

Assim, é necessária uma estrutura clara e estável para permitir que o trabalho analítico se desenvolva, por meio de um contexto seguro para a expressão dos pensamentos e sentimentos do paciente. Dessa forma, esse dispositivo contribui para a compreensão da transferência e da contratransferência como elementos do enquadre analítico – elementos a serem explorados no decorrer do capítulo –, bem como para a exploração das dinâmicas inconscientes (Roussillon, 2019).

O enquadre constitui um aspecto fundamental da própria técnica psicanalítica, contudo, a pluralidade da psicanálise faz-se presente de forma a se pensar a articulação dessas diferentes formas de se pensar e fazer a psicanálise com as condições para exercício da situação analítica. Nessa perspectiva, Figueiredo (1997) apresenta diferentes modelos teóricos que compõem o campo psicanalítico de construção de saberes, e para ela é necessário um ponto comum sobre como esses modelos se edificam como rubrica da psicanálise. "É possível pensar em uma unidade diante de tanta diversidade? Ou o campo psicanalítico pode explodir numa babelização de discursos incompatíveis?" (Figueiredo, 1997, p. 27).

O ponto comum entre diferentes autores, como Winnicott, Balint, Ferenczi, Searles e Kohut, seria a alteridade em sua dimensão fundadora. A realidade psíquica não seria mais do que um efeito, sombra do real histórico (Figueiredo, 1997). Para Figueiredo (1997), essa corrente de autores tidos como heterodoxos no campo psicanalítico "não constitui propriamente um modelo, mas são trajetórias individuais que têm como ponto comum a busca de uma maior eficácia da clínica através de novas formas de intervenção" (p. 21).

Apesar dessa polifonia da teoria psicanalítica e suas possíveis implicações para a técnica e o enquadre, é crucial considerar que, no fim, existe uma essência e uma base, principalmente ao levar em perspectiva que Freud concebeu a situação psicanalítica a partir de um modelo do sonho, para favorecer a associação livre (Urribarri & Berliner, 2012). Nesse modelo, as duas partes do enquadre – o estojo, constituído pelas condições formais; e a joia, formada pela interação dialógica entre associação livre e escuta flutuante – funcionam e se articulam de maneira satisfatória (Green, 2008).

Entretanto, no contexto do atendimento mediado por tecnologias, o estojo protetor se encontra comprometido; o espaço físico do consultório, cujo analista é guardião, não existe mais, pelo menos não da mesma maneira. Em atendimentos mediados por tecnologias – como as ligações telefônicas, chamadas de vídeo e afins –, o analista se depara com uma fragilidade daquilo que resguardaria a joia do enquadre. O real, o mundo exterior, antes separado do consultório pelas paredes físicas, agora encontra caminhos de invadir e penetrar na situação analítica on-line, seja por falhas técnicas, seja por interrupções ocasionadas pela falta de controle do espaço virtualizado onde ocorre o encontro, como a invasão de familiares ou a falta de privacidade no espaço, antes resguardado pelo analista, guardião do enquadre, como conceituado por Green (1990).

Diante dessa realidade, o que pode o analista para assegurar o espaço do encontro?

É possível argumentar em uma possibilidade de o analisando também passar a ocupar parte da função de guardião do enquadre, garantindo e protegendo-o do real. Para além de uma ideia de elasticidade da técnica analítica, como fala Ferenczi (1928/1996), em que o analista pode buscar outros meios de atender, como uma ideia de um "divã on-line" a partir do desligamento das câmeras, trata-se aqui de falar sobre a importância do vínculo (contra)transferencial na sustentação da clínica on-line.

A transferência como elemento do enquadre

A primeira menção à transferência reside em um contexto pré-psicanalítico, em 1895. Em *A psicoterapia da histeria*, Freud (1895/1987, p. 360) abordou a *mésalliance*, uma "falsa ligação", em que o paciente desloca afetos ao analista que seriam destinados a seus objetos infantis, num equívoco. Posteriormente, em 1912, Freud explicita a origem infantil do material transferencial e afirma que a transferência é o meio mais forte de resistência à análise e que o seu manejo é estreitamente relacionado com o processo de cura em psicanálise (Freud, 1912/1996).

A transferência diz respeito não a uma projeção, como apressadamente poderíamos definir, mas, antes, é uma atuação no presente confirmando a característica "atemporal" do inconsciente (Ribeiro, 2020). Essa concepção freudiana se mantém no percurso de sua obra. Freud (1940/2014) afirma que o paciente:

> ... vê no analista um retorno – reencarnação – de alguma pessoa importante de sua infância, de seu passado e, por isso, transfere para ele sentimentos e reações que certamente seriam válidos para esse modelo. O fato da transferência logo se revela como um fator de inimaginável importância: por um lado, como um recurso auxiliar de valor insubstituível, por outro, como uma fonte de sérios perigos (pp. 91-93).

Ou seja, a transferência é inerentemente marcada por uma ambivalência, podendo ser positiva ou negativa.

A transferência não tem como destinatário a pessoa do analista, mas, sim, o objeto interno alucinatório da transferência, a partir do que o analista interpreta nessa dinâmica intersubjetiva (Dias, 2007). O fenômeno transferencial tem como essência ser uma repetição das formas de relação que o sujeito estabeleceu no passado com o mundo, ou seja, a presença do passado é a realidade da transferência.

Dessa forma, por parte do paciente, há uma entrada na rememoração e, para tanto, há de haver um manejo por parte do psicanalista, direcionando, com habilidade e a devida neutralidade, o retorno de sentimentos e reações, que, no início da análise, são direcionados à figura do analista, num processo gradual para uma dinâmica em que a associação livre comece a ocorrer, em que o nascimento de um tipo específico de amor leva o paciente a trazer, por meio da palavra, questões que permitam ao inconsciente trazer "a verdade" de sua subjetividade e que, dessa forma, o desejo comece a comparecer nas formações do inconsciente. E isso é possibilitado a partir do manejo clínico por meio da técnica psicanalítica.

Para Freud (1914/2010), o amor transferencial era a mola mestra que promovia a condução da cura pela palavra por meio da clínica psicanalítica, decifrando, com isso, os sintomas do sujeito. Embora o objetivo da análise fosse para além desse propósito, ou seja, a constituição subjetiva do paciente, é fundamental que o amor transferencial tenha um direcionamento por parte do psicanalista de não corresponder a esse amor, uma vez que este é propiciador de um mecanismo de condução de cura. Porém, esse é um movimento crescente até que com o transcorrer da análise possa ser dissipado, passando a conferir ao paciente um modo de reconhecer o seu sintoma, não mais como submisso dele.

Lacan entende a transferência "como o amor que se dirige ao saber, da qual não há como escapar é, como diz Freud, um motor e uma resistência à análise" (Quinet, 2021, p. 27). Como dito anteriormente, a transferência é colocada por Lacan como sustentáculo da condição da fala, um fator constitutivo da fala que é endereçada a alguém. O desejo do analista leva-o a ocupar um determinado lugar frente à fala do analisando, sustentando, assim, o fenômeno da transferência (Lacan, 1958).

Lacan também aborda a questão da transferência como automatismo de repetição, e, acerca disso, entende-se que, na técnica psicanalítica, o papel principal parece, portanto, caber à repetição, e não à rememoração (Figueiredo, 2021). O campo transferencial é uma criação compartilhada de analista e analisando, e é justamente nessa criação compartilhada que entra a importância da produção da singularidade.

Quanto à função do analista, Lacan (1958) introduz uma virada fundamental no conceito de transferência. Em sua crítica contra os psicólogos do ego, denuncia mais a resistência do analista do que a do analisando. O analista resiste com seu ego, seu sintoma, suas interpretações plenas de significado, seu saber que, ao seu suposto, não deve ser encarnado num ego ideal. A transferência, para Lacan, não é para ser interpretada, ela constitui o dispositivo analítico. O conceito de "suposto saber" é central para definir o estatuto da transferência, uma vez que cabe ao analista o lugar do não saber.

> Pelo simples fato de haver transferência, estamos implicados na posição de ser aquele que contém o agalma, o objeto fundamental de que se trata na análise do sujeito, como ligado, condicionado por essa relação de vacilação do sujeito que caracterizamos como o que constitui a fantasia fundamental, como o que instaura o lugar onde o sujeito pode se fixar como desejo (Lacan, 2010b, p. 194).

Lacan (2010a) afirma que "o fenômeno da transferência é ele próprio colocado em posição de sustentáculo da ação da fala" (p. 175), ou seja, se a fala se mantém, é porque existe a transferência. É justamente a voz, a palavra e a linguagem que permitem acesso ao inconsciente, que permite que haja transferência, que permite que haja psicanálise (Almeida, 2020). Compreende-se, assim, que a transferência é parte do enquadre-dispositivo analítico. Roussillon (2019) considera a transferência como o conceito capaz de diferenciar a prática psicanalítica das demais psicoterapias, por sua indissociabilidade da associação livre.

A própria situação analítica, como concebida por Freud, se apoiava na instauração de uma neurose de transferência. Ou seja, o próprio enquadre analítico produz a transferência e possibilita a sustentação desta (Roussillon, 2019). Contudo, é importante sinalizar um paradoxo desse fenômeno: a transferência é algo "espontâneo-induzido", já que ela também é natural do próprio funcionamento psíquico, ao mesmo tempo que é induzida pela situação analítica e pelo seu enquadre. Roussillon (2019) explica que "o que é espontâneo é aquilo que Freud chama de 'disposição para a transferência'; o que é induzido é a organização das condições de sua utilização clínica" (p. 90).

A aparente distância provocada pelo distanciamento social e pelas tecnologias, na realidade, denota uma proximidade entre analista e analisando. Pode-se dizer que "as novas tecnologias parecem colocar em questionamento as noções de longe e perto, presente e ausente" (Almeida, 2020, p. 147). Nesse contexto, o que ocorre é uma verdadeira invenção e construção de um outro dispositivo analítico. Mas, nesse contexto de mudança, quais seriam as condições para a instalação da transferência? Como questionado por Ribeiro (2020):

> [...] corpo presente do analista, a voz, sua modulação, as referências do encaminhamento, as condições psíquicas do sujeito dispostas ao laço, o sofrimento? Com a mudança das condições físicas, isso caminharia invadido pelo Real pelas dobras do Imaginário para chegar ao Simbólico? (p. 59).

A transferência vai para além do corpo físico presente; a voz e o olhar como componentes da pulsão continuam presentes nas análises on-line. Pode-se argumentar na via de uma outra presença corporal do analista, tanto fantasmática quanto virtualizada.

Em relação aos atendimentos on-line, entende-se que o comprometimento do enquadre, por mais que não impeça o exercício da psicanálise, exige um trabalho suplementar do analista, ou seja, o atendimento virtual demanda contratransferencialmente do analista para que a análise seja sustentada. Assim, ao se falar sobre transferência, é inevitável falar de sua contrapartida, a contratransferência. Entende-se a contratransferência como sendo feita de sentimentos experimentados pelo analista na análise, que são determinados a cada instante por suas relações com o analisando (Lacan, 2010b).

Contratransferência como elemento do enquadre

Ferenczi (1928/1992) enriqueceu a psicanálise com as suas elaborações teóricas advindas de sua prática clínica, graças, principalmente, ao seu profundo interesse pela investigação da técnica psicanalítica. Suas elaborações partem de questões que envolvem tanto a análise dos processos psíquicos do paciente como do analista. Por isso, foi o primeiro analista a destacar a contratransferência como dispositivo clínico analítico. Quer dizer, Ferenczi (1928/1992) propõe a elasticidade da técnica fundamentado na atividade metapsicológica específica da contratransferência, sempre voltado aos processos psíquicos do analista no tratamento, e não à pessoa do analista.

Dias (2007) afirma que "a contratransferência, em sua função de recepção e transformação das transferências, permite ao analista ser o guardião do sítio em que torna possível a construção da linguagem na análise" (p. 11). Também, concebe e sustenta a tese de que, no processo analítico, o paciente adquire progressivamente a capacidade autônoma de denominar os afetos, geralmente ensurdecidos, pelo estado do qual ele se queixa: de alguma forma, ele descobre que a fala junto ao analista não visa somente a expressar um sofrimento psíquico, mas, principalmente, lhe permitir apropriar-se daquilo que sente, por intermédio das palavras pelas quais designa a vivência de seu estado (Dias, 2007). A denominação dos afetos nada mais é do que a descoberta de que as palavras trazem consigo tonalidades e referências, desde que a fala lhes devolva o poder de nomear.

Nesse processo de nomeação, torna-se imprescindível uma escuta com capacidade de recepção do inconsciente das palavras que se expressam a partir de figuras, imagens, e da possibilidade de poder nomear. Isso é sustentado por Leite (2001), em *A figura na clínica psicanalítica*:

> A escuta por imagens tem capacidade de recepção da 'coisidade sensorial das palavras', dimensão estética anterior à formalização sintática e semântica que se dá na comunicação, da qual a linguagem se distancia quando ingressa no regime da significação e da discursividade. O retorno às imagens e sua colocação em figuras realiza um trabalho de desalienação da linguagem de sua função convencional e restaura sua capacidade de apresentar o desenho interno da fala. Como no sonho, restitui às palavras sua virtualidade e sua mobilidade, permitindo que se instale a atividade de renovação, ou antes, de engendramento constante da própria linguagem, que confere à escuta na análise sua especificidade (pp. 19-20).

Essa especificidade da escuta do analista enfatiza os processos psíquicos do analista na situação analítica; por isso, considera a contratransferência como um dispositivo inerente ao enquadre analítico (Dias, 2007). Assim, seria, nesse caso, a experiência imaginária emocional colocando à prova o analista em seus esquemas de compreensão e de interpretação. Essa observação "colocada à prova" constituiria, assim, em cada tratamento, uma espécie de desafio crítico de renovação e transformação.

De acordo com Bollas (2005), a partir da teoria das relações de objeto, a relação entre analista e analisando ocorre por meio de uma comunicação inconsciente diferente, que se dá pela transferência e pela contratransferência, em que o falar é sempre uma "ação performática", uma vez que há um objetivo implícito ao falar, porém que provoca efeitos (interpretações) diferentes naquele que escuta (Bollas, 2005, p. 25). O sujeito na clínica utiliza a mente do analista como intermediária do pensamento por meio da associação livre (Bollas, 2005).

O manejo clínico em psicanálise refere-se às técnicas e abordagens utilizadas pelo analista durante o tratamento psicanalítico. É um conjunto de diretrizes e orientações que visam a criar um ambiente propício para a exploração do inconsciente e a compreensão dos processos psíquicos do paciente, o que se mantém por meio da elasticidade da técnica, nos atendimentos do formato on-line.

Dessa forma, tanto a transferência quanto a contratransferência aparecem no contexto do atendimento on-line, com o estabelecimento do enquadre analítico, sendo o manejo clínico sustentáculo da técnica e da ética da psicanálise.

Presença e corpo na clínica psicanalítica

Essa demanda contratransferencial dos atendimentos remotos relaciona-se com a questão da posição e presença do analista. Lacan (1958) aponta que o analista ocupa um lugar de morto na relação transferencial. "Mas o que há de certo é que os sentimentos do analista só têm um lugar possível nesse jogo: o do morto" (Lacan, 1958, p. 595). Quinet (2021) afirma que "a presença do analista se dá pelo ato do analista, esse ato em que ele se coloca ali, no aqui e agora da sessão, como semblante do objeto *a* e estabelece esse laço único que é o discurso do analista" (p. 24). Ou seja, esse vínculo transferencial não depende exclusivamente de uma presença corporal, física, a voz e a fala presentificam o analista e analisando na sessão.

É importante retomar a ideia de pulsão para se pensar a questão do corpo e da presença on-line. A pulsão faz parte do corpo; assim, ao utilizarmos ao vivo o dispositivo virtual, isto não quer dizer que não estejamos com o corpo presente, pois o olhar e a voz fazem parte do nosso corpo. Nosso corpo pulsional não tem a pele como limite (Quinet, 2021, p. 151).

A questão da presença do analista é algo a ser pensado nesse contexto. Por mais que não haja a presença do corpo do analista, "o dispositivo on-line não exclui o corpo, que apresenta as dimensões Simbólica, Imaginária e Real" (Quinet, 2021, p. 161). A presença do analista na análise on-line é de outra ordem, "o olhar e a voz presentificam o analista como semblante do objeto *a* na análise" (Quinet, 2021, p. 23). Afinal, a análise é um ato de palavra e escuta, psicanálise é fazer falar e fazer ouvir o que se fala (Celes, 2005).

Gregório e Amparo (2018) investigaram acerca dos processos de interação no ambiente virtual, mais especificamente sobre a possibilidade de construção de um espaço potencial a partir de um ambiente virtual. O confronto entre o corpo pulsional, fantasmático e o corpo virtual fazem que o espaço analítico virtualizado possua fronteiras imprecisas. Esse novo espaço analítico não é nem totalmente interno nem externo; trata-se justamente de um espaço potencial que evoca a possibilidade criativa do ambiente virtual na clínica psicanalítica.

É o caso do uso de filtros de câmera nas sessões, do uso de fundos diferentes, para "simular" outro espaço que não é aquele mais compartilhado entre analista e analisando. Também é o caso do uso de outras ferramentas e técnicas dentro do ambiente virtual, como o compartilhamento de tela e jogos. Esses aspectos mencionados também estão relacionados com algo novo nessa possibilidade de enquadre: o controle do enquadre também por parte do paciente, não só do analista.

Nesse sentido, entende-se que a presença do analista não se define necessariamente pelo espaço físico, mas pelo encontro com o real, que define sua presença e o ato analítico. A questão da distância física, portanto, não revela um percalço para a análise (Miranda, 2023). Trata-se, então, de uma questão a ser pensada pelo analista, pois, mesmo que ainda haja presença no ambiente virtual, "há algo de morto no meio tecnológico. Trazer o vivo dá mais trabalho e não há transferência sem corpo vivo" (Miranda, 2023, p. 25). Ou seja, para além do trabalho suplementar contratransferencial abordado anteriormente, existe uma demanda de vitalidade por parte do analista. Em outras palavras, que, diante do meio inorgânico virtual, a presença do analista seja tida como viva, e não mais um lugar de morto.

O enquadre interno do analista

Para que o analista consiga sustentar essa vitalidade, é necessário que o seu próprio enquadre interiorizado se faça presente. Trata-se do enquadre que o analista internalizou em seu próprio contato com a psicanálise, ou seja, é a transferência do analista com a própria psicanálise, algo a ser cultivado em suas experiências de análise pessoal e prática clínica

(Figueiredo, 2021). Seria um espaço do próprio pensamento psicanalítico ou, como Figueiredo (2021) defende, é a própria disposição da mente do analista em sua prática e ética.

A importância desse enquadre interiorizado está relacionada em contextos em que o próprio enquadre externo se encontra comprometido, seja em relação ao próprio funcionamento psíquico dos pacientes que desafiam e transgridem o enquadre, seja em relação a aspectos externos que fragilizam essa moldura de sustentação do processo analítico.

Assim, sem uma "moldura interna", torna-se impossível ocupar e exercer as funções do trabalho psicanalítico. Pode parecer paradoxal que justamente a parte mais frágil e vulnerável do analista, sua mente e sua disposição clínica, seja a responsável pela sustentação da análise. No fim, isso diz respeito a uma aposta na potência da psicanálise, o que só é possível a partir do próprio processo de formação do analista.

O enquadre no atendimento on-line com adolescentes

Ao se abordar o atendimento psicanalítico com adolescentes, é importante ter em perspectiva as especificidades dessa clínica e como estas se articulam com os atendimentos on-line. Coutinho (2006) aborda as especificidades da clínica na adolescência em uma modalidade presencial: demanda; atuação e manejo transferencial, não somente com o paciente, mas também com os terceiros – pais, responsáveis e até instituições que se fazem presentes no tratamento.

A questão da demanda aborda o fato de que o atendimento não costuma ser motivado pelo próprio adolescente, e sim por um terceiro, que possui uma demanda que não necessariamente é a mesma que o adolescente possui. Dessa forma, cabe ao analista realizar um trabalho de desidentificação da demanda indireta da demanda do adolescente (Coutinho, 2006).

A atuação e passagem ao ato na adolescência estão relacionadas com uma dificuldade de simbolizar o sofrimento, aspecto característico desse período do desenvolvimento. Nesse sentido, pode-se falar de atuações dentro da própria situação analítica, como manifestações de longos períodos de silêncio, principalmente, diante de sentimentos de frustração e mágoa (Amparo et al., 2020; Santos et al., 2008).

Inclusive, o silêncio é uma das expressões de como os adolescentes não costumam sustentar o enquadre clássico em virtude dessa dificuldade de simbolização, exigindo modificações por parte do analista. Quando o trabalho de representação do paciente encontra-se impossibilitado, é preciso que o próprio analista, apoiado em seu enquadre interno, represente, elabore e imagine.

A última especificidade apontada por Coutinho (2006) é acerca do trabalho com as múltiplas transferências, tendo em vista que diferentes transferências estão em jogo: a transferência do adolescente com o analista, a transferência dos pais com o analista e a contratransferência do analista com os pais e com o paciente. A partir disso, é possível perceber que o trabalho do analista não é realizado somente com o adolescente: os pais (ou figuras que ocupam um lugar parental) também ocupam um lugar na análise, mas o adolescente continua sendo protagonista (Brito & Neto, 2018; Coutinho, 2006).

Esse manejo das múltiplas transferências também se articula com o distanciamento entre pais e filhos, que costuma ocorrer na adolescência. Então, é importante que o analista saiba manejar o espaço que os pais possuem no tratamento do filho, mesmo que se trate de um espaço vazio. É preciso que esse espaço não constitua uma intrusão no espaço psíquico do adolescente, ao mesmo tempo que não provoque um estado de desamparo. Dessa forma, há um manejo delicado do enquadre, em que o analista ocupa um lugar de mediação (Brito & Neto, 2018; Coutinho, 2006).

No que tange ao atendimento on-line, os adolescentes possuem maior abertura ao uso de ferramentas tecnológicas no tratamento, possibilitando diferentes recursos e intervenções terapêuticas que não seriam possíveis, ou, ao menos, não facilmente implementadas, em um enquadre físico. Seria o exemplo dos já citados usos de filtros e fundos falsos, compartilhamentos de tela, jogos e afins. Mas também é o caso de o analista buscar outras possibilidades diante das inúmeras opções que a tecnologia e a internet permitem, sem deixar que isso se configure uma distração para o trabalho analítico.

Um cuidado a ser tomado no atendimento on-line, especialmente de adolescentes, é com o espaço. Como dito anteriormente, em um enquadre físico, o analista consegue proteger a situação analítica do real a partir do estojo protetor do enquadre. Em um enquadre virtual, a situação é diferente: interrupções são frequentes, e a atenção deve estar na possibilidade de os próprios pais dos adolescentes invadirem o espaço de sessão.

É justamente o manejo das múltiplas transferências e o trabalho com os pais que permite ao analista situar os limites do enquadre e do tratamento, conjuntamente com a colaboração do adolescente, que também vai sustentar o enquadre a partir de sua transferência e associação.

Considerações finais

A singularidade é uma produção conjunta (Kupermann, 2008). A questão da liberdade é posta em jogo na direção do tratamento e possibilita que o analisando possa sair dessa relação de dupla, desilusionar-se da posição dual e sustentar sua própria solidão. Trata-se da capacidade de estar só na presença do outro (Winnicott, 1958).

Dessa forma, o dispositivo analítico opera como uma dinâmica intersubjetiva, aberta e imprevisível em seu trajeto, mas, ao analista, resta a postura empática, receptiva, devotada e acessível e a humildade técnica que chega a admitir que há uma ajuda terapêutica inconsciente constante do paciente ao analista (Figueiredo, 1997; Kupermann, 2008).

Portanto, se há, no enquadre, analista e analisando, pode-se dizer que a singularidade se produz a partir do efeito da análise, do ofício, da posição, da técnica, da função, da ética do bem dizer do analista (Freud, 1912/1996; Lacan, 1958). Algo de original se revela nos dispositivos (Roussillon, 2019).

Pensando sobre o que cabe ao analista e ao sujeito que procura o atendimento on-line, a intersubjetividade é uma possibilidade do lado do analisando (o sujeito), todavia não é do lado do analista. Quando o analista sustenta sua posição, ele sustenta o processo e o tratamento. Sustentar a sua posição implica também o âmbito de respeitar a própria singularidade do paciente (Freud, 1940/2014).

A construção e sustentação de um enquadre on-line exige um trabalho de desidealização da própria psicanálise; exige analisar os próprios elementos que compõem as condições para que essa análise ocorra e o que deve ser feito, por analista e analisando, diante dessas modificações. Trata-se, de:

> [...] mais uma vez, reinventar a psicanálise, realizá-la de uma forma diferente, sempre privilegiando o que há de único em cada sujeito. Trata-se, fundamentalmente, de analisar as especificidades de cada caso e de cada contexto, para analisarmos a eficácia ou não de um atendimento clínico on-line (Miranda, 2023, p. 23).

Em suma, compreender os elementos do enquadre analítico e como eles se articulam em outro contexto diz de um trabalho de construção de um dispositivo analítico sob medida, similar ao apontado por Roussillon (2019). Isso pressupõe a compreensão acerca da capacidade do enquadre oferecido, virtual ou não, de promover os processos transferenciais, ou seja, o papel da intersubjetividade intrapsíquica na produção de uma singularidade.

Referências

Almeida, M. T. (2020). Análise por (vídeo)chamada: um breve relato sobre os atendimentos na pandemia. *Revista CEPdePA, 27*, (pp. 143-155).

Amparo. D. M., Morais. R. A., & Alves, A. C. O. (2020). Adolescentes nos limites e a clínica do sensível como dispositivo psicoterapêutico. In D. M. do, Amparo; R. O., Morais, K. T., Brasil; & E. R., Lazzarini (org.). *Adolescência psicoterapias e mediações terapêuticas na clínica dos extremos* (1a ed., pp. 15-29). Technopolitik.

Aryan, A., Briseño, A., Carlino, R., Estrada, T., Gaitán, A., & Manguel, L. (2015). Psicanálise a distância. Um encontro além do espaço e do tempo. *Calibán: Revista Latinoamericana de Psicoanálisis, 13*(2), 60-75.

Baranger, M., & Baranger, W. (2008). The analytic situation as a dynamic field. *International Journal of Psychoanalysis, 89*(4), 795-826. (Trabalho original publicado em 1961-1962).

Bollas, C. (2005). *Conceitos da Psicanálise: Associação livre*. Segmento-Duetto.

Brito, C. V., & Neto, A. (2018). As múltiplas transferências e o manejo do setting nas consultas com pais no tratamento de crianças e adolescentes: uma contribuição. *Jornal de Psicanálise, 51*(95), 119-134.

Capoulade, F., & Pereira, M. E. C. (2020). Desafios colocados para a clínica psicanalítica (e seu futuro) no contexto da pandemia de Covid-19. Reflexões a partir de uma experiência clínica. *Revista Latino-americana de Psicopatologia Fundamental, 23*(3), (pp. 534-548).

Celes, L. A. (2005). Psicanálise é trabalho de fazer falar, e fazer ouvir. *Psychê, 9*(16), 25-48.

Coutinho, L. G. (2006). Pensando sobre as especificidades da clínica psicanalítica com adolescentes. *Latin-american Journal of Fundamental Psychopathology* on-line. (Vol. 2, pp. 44-55).

Dias, H. M. M., & Berlinck, M. T. (2011). Contratransferência e enquadre psicanalítico em Pierre Fédida. *Psicologia Clínica, 23*, 221-231.

Ferenczi, S. (1992). A elasticidade da técnica psicanalítica. In S. Ferenczi. *Obras completas* (Vol. IV, pp. 25-36). Martins Fontes. (Trabalho original publicado em 1928).

Figueiredo L. C. (2021). *A mente do analista*. Escuta.

Figueiredo, A. C. (1997). *Vastas Confusões e atendimentos imperfeitos: a clínica psicanalítica no ambulatório público*. Relume-Dumará.

Freud, S. (1987). A Psicoterapia da Histeria. In Breuer, J., & Freud, S. *Estudos sobre a Histeria*. Edição standard brasileira das obras psicológicas completas (pp. 309-363). Imago. (Trabalho original publicado em 1895).

Freud (1996). A dinâmica da transferência. In *Edição Brasileira das Obras Completas de Sigmund Freud* (pp. 131-143). Imago. (Trabalho original publicado em 1912).

Freud, S. (2020). Sobre o início do tratamento. In S. Freud. *Obras incompletas de Sigmund Freud: Fundamentos da Clínica Psicanalítica* (pp. 121-149). Autêntica. (Trabalho original publicado em 1913).

Freud, S. (2010). Recordar, repetir e elaborar. In *Obras Completas: Observações psicanalíticas sobre um caso de paranoia relatado em autobiografia ("O Caso Schreber")* (Vol. 10, pp. 146-158). Artigos sobre técnica e outros textos (1911-1913). Companhia das Letras. (Trabalho original publicado em 1914).

Freud (1996). Observações sobre o amor transferencial In *Edição Brasileira das Obras Completas de Sigmund Freud* (pp. 208-221). Imago. (Trabalho original publicado em 1914 [1915]).

Freud, S. (2014). *Compêndio de psicanálise e outros escritos inacabados*. Autêntica (Trabalho original publicado em 1940).

Green, A. (1990). *Conferências brasileiras de André Green. Metapsicologia dos limites*. Imago.

Green, A. (2008). *Orientações para uma psicanálise contemporânea*. Imago.

Green, A. (2010). *El pensamiento clínico*. Amorrortu.

Gregório, G. D. S., & Amparo, D. M. (2018). O brincar e o espaço potencial no ambiente virtual. Ágora: Estudos Em Teoria Psicanalítica, *21*(1), 71-82. https://doi.org/10.1590/1809-44142018001007

Kupermann, D. (2008). Presença sensível: a experiência da transferência em Freud, Ferenczi e Winnicott. *Jornal de Psicanálise*, *41*(75), 75-96.

Lacan, J. (1958). A direção do tratamento e os princípios de seu poder, in *Escritos* (pp. 591-652). Rio de Janeiro, Jorge Zahar. 1998.

Lacan, J. (2010a). A transferência no presente. In *O Seminário livro 8: A transferência* (pp. 211-226). Zahar. (Trabalho original publicado em 1960-1961).

Lacan, J. (2010b). Crítica da contratransferência. In *O Seminário livro 8: A transferência* (pp. 227-245). Zahar. (Trabalho original publicado em 1960-1961).

Leite, E. B. P. (2001). *A Figura na Clínica Psicanalítica*. Casa do Psicólogo.

Miranda, A. P. (2023). *Desafios da transferência na análise* on-line. (Monografia de Especialização). Universidade Federal de Minas Gerais.

Nóbrega, S. (2015). Psicanálise on-line: finalmente saindo do armário? *Estudos de Psicanálise, 44*, 145-150.

Quinet, A. (2021). *Análise On-line: na pandemia e depois*. Atos e Divãs.

Ribeiro, M. M. C. (2020). Análise on-line!: Considerações sobre a transferência. *Estudos de Psicanálise, 54*, 57-64.

Rorty, R. *Objectivity, Relativism and Truth, Philosophical Papers* (Vol. 1). Cambridge University Press.

Roussillon, R. (2019). *Manual da prática clínica em psicologia e psicopatologia*. Editora Blucher.

Santos, H. L. (2015). *A noção de estilo em Lacan*. (Dissertação de Mestrado). Universidade de São Paulo.

Santos, L. F., Santos, M. A., & Oliveira, É. A. (2008). A escuta na psicoterapia de adolescentes: as diferentes vozes do silêncio. *SMAD, Revista Eletrônica Saúde Mental Álcool e Drogas, 4*(2), 01-18.

Urribarri, F., & Berliner, C. (2012). André Green: a clínica contemporânea e o enquadre interno do analista. *Revista Brasileira de Psicanálise, 46*(3), 213-225.

Winnicott, D. W. (1956). Preocupação materna primária. In C. Winnicott, R., & Sheperd, M. Davis (orgs.). *D. W. Winnicott: explorações psicanalíticas*. Artes Médicas.

Winnicott, D. W. (1958). A capacidade para estar-só. In *O ambiente e os processos de maturação* (pp. 31-37). Artes Médicas.

O ATENDIMENTO PSICOLÓGICO ON-LINE DE ADOLESCENTE DURANTE A PANDEMIA DE COVID-19: REFLEXÕES TEÓRICO-METODOLÓGICAS

Andreza de Souza Martins
Lizandra Oliveira de Araújo
Karla Nunes Froz de Borba
Marck de Souza Torres

No final do ano de 2019, surgiram, na China, os primeiros casos de infecção pelo vírus SARS-CoV-2, o qual rapidamente se espalhou pelo mundo, instalando-se a pandemia da Covid-19. Tal crise sanitária acarretou efeitos socioeconômicos devastadores e colocou em evidência a crise da saúde pública em esfera global.

Neste sentido, em 30 de janeiro de 2020, a Organização Mundial de Saúde (OMS) declarou Emergência em Saúde Pública de Importância Internacional e, em 11 de março de 2020, declarou o status de pandemia, pois havia pessoas acometidas com a infecção em todos os continentes do mundo (WHO, 2020). No Brasil, o Ministério da Saúde, por meio da Portaria n.º 188, de 03 de fevereiro de 2020, declarou a Emergência em Saúde Pública de Importância Nacional (Espin) em decorrência da infecção humana pelo novo coronavírus e orientou que estados e municípios, junto à federação, pudessem planejar e coordenar as medidas a serem empregadas durante a Espin. A partir dessa diretriz, foram adotadas medidas sanitárias profiláticas para evitar a transmissão da doença Covid-19, incluindo a utilização de máscaras, luvas, álcool em gel e distanciamento social (Brasil, 2020).

Diante do cenário de catástrofe global, a principal medida de enfrentamento para conter a disseminação do vírus deu-se por meio do distanciamento social, entendido como a restrição de circulação de pessoas em espaços coletivos, sendo a quarentena a forma mais severa, expressa na separação da convivência social externa e até mesmo em círculo familiar (Zwielewsk et al., 2020). Diante desse cenário, os impactos relativos a um período de restrição social de todas as atividades humanas já eram notáveis não somente no aspecto econômico, mas, sobretudo, na saúde mental (Ferreira et al., 2021).

Como consequência das restrições, foi necessário adotar o modelo remoto de atividades, particularmente nos âmbitos de trabalho e escolares. As instituições educacionais se viram diante de um panorama completamente novo e desafiador, uma vez que o planejamento e desenvolvimento de estratégias e modelos de funcionamento foram construídos à medida que as dificuldades surgiam. A rotina escolar de ensino-aprendizagem foi diretamente perturbada, visto que o contexto da sala de aula alterou-se completamente, estando alunos e professores agora conectados remotamente por aparelhos eletrônicos (Ferreira et al., 2021).

A tensão social oriunda do isolamento prolongado produziu estresse pelo confinamento em domicílio, pela convivência contínua dos familiares no mesmo espaço, pela impossibilidade de opções de lazer e pela interrupção de atividades diárias, como as laborais e as acadêmicas. Por fim, o aspecto doloroso desse período pode ser descrito por familiares que enfrentaram perdas, considerando que os rituais de luto e sepultamento foram suspensos.

Tendo em vista o sofrimento psíquico vivenciado como consequência da pandemia, a ausência de protocolos de enfrentamentos específicos quanto à saúde mental tornou-se mais um fator de incerteza e objeto de debate ao se considerar a experiência da população geral e de grupos específicos. Ao se falar na adolescência, por exemplo, essa se insere como uma fase crucial de transformações, vivenciadas nos círculos sociais, e essas experiências, uma vez interrompidas pelo período pandêmico, tornaram os adolescentes expostos a uma realidade fora do comum na busca por identidade. Questões como o aumento das tensões familiares, o uso exacerbado de jogos eletrônicos e redes sociais são alguns pontos a serem considerados (Miliauskas & Faus, 2020).

Considerando o aspecto peculiar da saúde mental de adolescentes, este estudo tem como objetivo analisar as potencialidades na utilização do atendimento psicológico on-line com esse público como ambiente facilitador e de amadurecimento emocional, segundo a teoria de Winnicott.

Adolescência na perspectiva winnicottiana

A compreensão da adolescência em Winnicott é feita mediante a análise dos estágios iniciais do desenvolvimento humano, explicitados na forma de etapas maturacionais, divididas em: dependência absoluta, dependência relativa e independência. Na fase de dependência absoluta, o bebê está na posição de se beneficiar dos cuidados maternos, não sendo capaz de percebê-los; na dependência relativa existe a percepção do cuidado, momento em que o bebê começa a relacioná-lo às suas necessidades e aos seus impulsos pessoais; por fim, a fase de independência é caracterizada pela confiança no meio a partir da projeção de necessidades pessoais e introjeção de detalhes no cuidado.

Nesse sentido, cabe destacar o papel do ambiente suficientemente bom no processo de integração do ego, expresso por meio da função materna ou de outras figuras parentais de cuidado, em que a mãe suficientemente boa é aquela capaz de possibilitar condições necessárias de adaptação, de modo a produzir na criança a capacidade de criar objetos e se relacionar criativamente com o mundo real (Winnicott, 1987).

A adolescência é um período intermediário entre a dependência e a independência, marcando a transição para a fase adulta. Caracterizada por intensas transformações biológicas e pelo desenvolvimento da capacidade sexual, essa fase leva o adolescente a se organizar em torno de defesas contra diversos tipos de ansiedades. Outro fator importante é o ambiente social, entendido como um lugar de experimentação, onde existe a tendência à alternância de um grupo para o outro no sentido de explorar fenômenos novos e muitas vezes estranhos aos padrões sociais. Portanto, a ambivalência se torna marca predominante da adolescência, pois nessa fase tudo está em suspenso como se o sujeito tivesse de começar a viver da estaca zero e à procura de um lugar no mundo (Winnicott, 2005).

Outro aspecto inerente à adolescência refere-se ao isolamento, tal como na fase de dependência, na qual o bebê precisa ter a experiência de onipotência até o momento em que se constitui como indivíduo distinto capaz de criar o mundo à sua volta e se relacionar com objetos externos a área de controle onipotente. O adolescente revive os impulsos primitivos em uma tentativa de reativar um domínio firme perdido na história da dependência infantil; uma vez encontrado, esse impulso se torna passível de controle e socialização. Dessa forma, o isolamento é preservado como parte da procura daquilo que é verdadeiramente pessoal e sentido como real (Winnicott, 1987).

Logo, o ambiente familiar deve ser considerado na discussão acerca das transformações vivenciadas pelo adolescente, na direção de suportar as exigências e acolher atitudes contraditórias, de dependência, a partir da manifestação de padrões que remetem aos primeiros meses de vida e independência por meio de atitudes consideradas agressivas e rebeldes. Nesse sentido, a função dos pais é de possibilitar um lugar de expressão do potencial criativo.

A teoria winnicottiana fornece entendimento de que a adolescência é um período de imaturidade que precisa, sobretudo, ser vivido para além das expectativas sociais, em que a imaturidade é vista como uma possibilidade de criar por meio de novos sentimentos. Tal aspecto, no entanto, pode encontrar barreiras na sociedade, que, na maioria das vezes, exige em demasia uma responsabilidade não correspondente a essa etapa do desenvolvimento (Winnicott, 1975).

O atendimento psicanalítico para adolescentes e a abrupta transição para o atendimento on-line

O uso das tecnologias de informação e comunicação (TICs) como suporte aos atendimentos psicológicos existe desde 1950, embora apenas nas últimas décadas tenha ganhado espaço no Brasil. Em 2005, o Conselho Federal de Psicologia autorizou a realização de atendimentos psicoterápicos on-line por meio de videoconferências e mensagens de texto ou e-mail, com a finalidade de pesquisar dados quanto à sua efetividade.

Em 2012, por meio da Resolução n.º 11, do Conselho Federal de Psicologia, passou a ser ofertado o atendimento on-line breve e, com a Resolução n.º 11/2018, a atividade passou a ser reconhecida como uma prática da profissão, que poderia ser feita mediante um registro profissional ativo e o "Cadastro e-Psi". Este cadastro se refere a uma autorização emitida pelo conselho nacional da classe, autorizando o profissional a praticar o atendimento psicoterápico on-line em plataformas digitais (Bossi & Sehaparini, 2021).

Com a deflagração da pandemia de Covid-19, o Conselho Federal de Psicologia publicou a Resolução n.º 04/2020, suspendendo alguns artigos da Resolução n.º 11/2018, particularmente os artigos 6º, 7º e 8º, que vedava os atendimentos utilizando as TICs em casos de urgência e emergência, desastres naturais, e aos casos de violação de direitos e violência, respectivamente. Por conta das medidas sanitárias que foram adotadas – isolamento social e quarentena –, muitos acompanhamentos psicológicos presenciais precisaram ser interrompidos, e muitas pessoas ficaram prejudicadas, inclusive os psicólogos. A revogação dessas proibições permitiu o exercício profissional e que as pessoas pudessem ter acesso e/ou dar continuidade aos seus acompanhamentos, especialmente por conta da fragilidade emocional causada pela pandemia de Covid-19, que vitimou milhares em todo o mundo (Cruz & Labiak, 2021).

Dentre os muitos desafios presentes na transição do atendimento presencial para a modalidade on-line, tanto para o terapeuta quanto para o paciente, está o estabelecimento do *setting*, uma vez que, presencialmente, havia muito mais controle sobre o ambiente e a relação analista-analisando. Nesse novo cenário, a dupla se encontra em locais diferentes e que estão propícios a interrupções de diversas maneiras, seja por problemas técnicos e de conexão com a internet, seja por conta do ambiente onde estão – vozes e outros barulhos externos, intromissão de pessoas que residem na casa, como parceiros e filhos, animais de estimação.

No que tange ao sigilo, passou-se a recomendar que o paciente estivesse sozinho, em um quarto ou outro cômodo onde pudesse falar livremente sem o receio de ser escutado e fazer uso de fones de ouvido, para resguardar melhor os conteúdos da sessão (Cruz & Labiak, 2021).

Ainda sobre o sigilo, de acordo com Melo (2022), profissionais relataram não se sentirem seguros em atendimentos a adolescentes na modalidade remota, visto que são realizados utilizando ferramentas das quais o profissional dispõe de controle apenas do seu lado, sem ter como saber se o paciente está gravando a sessão ou tendo alguma atitude que implique questões éticas pelas quais o profissional pode responder. Apesar disso, psicólogos e terapeutas perceberam o atendimento remoto a adolescentes como positivo e atribuíram isso à maior independência que esses pacientes possuem, especialmente com relação às ferramentas tecnológicas e à menor necessidade de participação dos responsáveis neste processo (Melo, 2022).

A videoconferência é a modalidade de atendimento psicológico via digital mais bem-quista entre os pacientes, visto que emula o *setting* presencial de maneira satisfatória e permite que o terapeuta perceba demonstrações não verbais que podem ser importantes na hora de interpretar o conteúdo trazido pelo paciente. Mesmo assim, houve muita dificuldade de adaptação, tanto ao ritmo da sessão quanto ao entendimento das emoções do paciente. Ademais, ruídos na comunicação ocorrem com alguma frequência, seja por conta de problemas de conexão, o que pode fragilizar a relação terapêutica (Bossi & Sehaparini, 2021), seja por conta de momentos de silêncio que costumam acontecer no *setting* e que também eram interpretados pelo analisando como uma possível falha de conectividade (Melo, 2022).

Pode-se dizer que a transição do atendimento presencial para o on-line tem muitas vantagens, como a economia de tempo e dinheiro – visto que não é preciso alugar espaços para atender, tampouco se deslocar até algum lugar específico – e o alcance geográfico, porém, no campo das desvantagens, se encontram peculiaridades do atendimento presencial que são significativos na sessão e que podem não ter o mesmo efeito ou a mesma significância no atendimento on-line, como o silêncio. A baixa tolerância ao silêncio ou a dificuldade de se expressar são coisas que podem ser analisadas na sessão, no entanto, se são confundidas com um problema técnico, podem acabar passando despercebidas.

Em sua obra intitulada *O brincar e a realidade*, Winnicott (2022) discorre sobre o conceito de mãe suficientemente boa como aquela que satisfaz a fome do bebê provendo o alimento, o qual é instintivamente criado na ilusão onipotente do bebê. A adaptação da mãe neste cenário, para suprir as necessidades momentâneas do filho, pode ocorrer de forma suficientemente boa, produzindo no bebê a sensação de que a realidade externa está convergindo com o que foi criado em sua imaginação.

É possível traçar um paralelo entre a adaptação da mãe às necessidades do bebê com a adaptação do analista ao atendimento remoto, em que existiam necessidades aguardando para serem atendidas, tanto por parte do analista quanto do analisando. No contexto pandêmico, o analisando se viu diante de uma realidade completamente nova e desconhecida, suscetível a imaginar que o retorno ao atendimento, ora interrompido, seria capaz de suprir suas demandas emocionais emergentes utilizando o *holding* do analista.

De sua experiência, Winnicott nos fala sobre se adaptar às expectativas do analisando no início do tratamento psicanalítico, porém ressalta a importância de percorrer um caminho que leve de volta à análise-padrão, fazendo interpretações pontuais que mobilizem as forças intelectuais do paciente, mas sem falas muito longas ou explicativas demais. Tais interpretações só são possíveis a partir da colaboração do analisando e do que este traz para a sessão. Neste ponto é importante entender o que Winnicott chamou de *cooperação inconsciente*, trabalho de análise feito pelo paciente, o qual inclui sonhos, o recordar e a narração desses de modo produtivo (Winnicott, 2022).

Quando a cooperação inconsciente não acontece, ocorre o processo de resistência, que surge do elemento negativo da transferência. De acordo com o autor, a análise da resistência libera a cooperação, a qual faz parte dos elementos positivos da transferência (Winnicott, 2022).

É esperado que os adolescentes realizem o movimento de distanciamento dos pais e responsáveis e possam iniciar uma jornada de descoberta de sua própria identidade de maneira mais autônoma e livre, na companhia daqueles com os quais se identificam e que estão passando pela mesma fase, ou seja, outros adolescentes, sejam amigos, sejam irmãos ou primos. No entanto, com as medidas de isolamento social, esse movimento ficou impossibilitado de ocorrer de maneira natural durante certo período e teve como resultado possíveis prejuízos no processo de autodescoberta da identidade e do amadurecimento do adolescente, devido ao distanciamento social imposto em decorrência da pandemia (Melo, 2022).

Winnicott nos traz algumas contribuições quanto à clínica com adolescentes, as quais são igualmente fundamentais na perspectiva do atendimento on-line. Dentre elas está o entendimento de que o adolescente tende a sentir emoções com maior intensidade, e isso implica ao analista entender que o tempo de adaptação do paciente adolescente na clínica pode ser mais demorado, mas não deve ser impeditivo no estabelecimento de vínculo terapêutico. Além disso, Winnicott recomenda ao analista estar ativo na sessão, questão não relacionada às intervenções frequentes, mas, sim, na atenção ao paciente por meio de boa comunicação, presença e o cuidado a partir da compreensão e acolhimento das angústias do sujeito (Melo, 2022).

Potencialidades e desafios do atendimento psicanalítico on-line

O atendimento psicanalítico on-line surge como um contraponto à ideia tradicional de *setting* psicanalítico. Na clínica winnicottiana com adolescentes, tal mudança é observada no processo de *holding*, por exemplo, o qual demandará um maior investimento por parte do analista, na criação de um espaço potencial sem interrupções externas, onde o adolescente se sinta seguro e acolhido por meio de um ambiente livre de invasões de familiares durante a sessão.

Os limites de privacidade entre os membros da casa podem tornar-se confusos, afetando a construção da identidade do adolescente e seu senso de pertencimento na sociedade (Costa et al., 2021). Dessa forma, é importante abordar com os responsáveis a relevância do sigilo e da privacidade do adolescente durante a análise on-line, além de trabalhar com o paciente para que ele mesmo possa garantir sua privacidade dentro do ambiente familiar.

A partir de um *setting* analítico modificado pelas diferentes TICs, Azevedo et al. (2020) propõem algumas questões a serem consideradas no atendimento de adolescentes em ambiente remoto. O desenvolvimento de uma relação de confiança é primordial para a existência de ambiente seguro e acolhedor, bem como o incentivo à participação ativa por meio de diálogo aberto e respeitoso. Outra questão se refere à adaptação de técnicas terapêuticas (recursos lúdicos virtuais, desenhos e jogos interativos), que podem ser uma ferramenta de auxílio para facilitar a comunicação e expressão dos adolescentes. Destaca-se, ainda, a importância da participação dos responsáveis, envolvendo-os no processo terapêutico quando necessário, por meio de uma comunicação transparente e colaborativa, somada à necessidade de estabelecer limites e combinações para a sessão on-line junto ao analisando, tais como: privacidade, horários, pagamento e procedimentos em caso de imprevistos (Azevedo et al., 2020).

Além disso, ao refletirmos sobre a prática da clínica on-line com adolescentes, especialmente durante a pandemia, em que as experiências próprias da adolescência podem ser mais intensas, é essencial compreender e manejar adequadamente os momentos de silêncio e respostas monossilábicas que podem surgir durante a sessão (Melo, 2022). Winnicott destaca a importância de priorizar o tempo do indivíduo em análise, colocando a capacidade do analista de observar esse ritmo em primeiro plano, o que implica estabelecer uma sintonia gradual com o paciente.

Nesse sentido, o autor reconhece que todos nós enfrentaremos falhas no ambiente em algum momento da vida. No entanto, a capacidade de suportar esses fracassos externos varia entre indivíduos, assim como a gravidade das falhas. O ponto crucial é que, durante o período em que ocorreu a falha, o psiquismo pode ficar estagnado, aguardando a oportunidade de ser descongelado e recuperado pelo próprio indivíduo no futuro. Nesse contexto, o papel do psicanalista é oferecer um ambiente terapêutico previsível e seguro, permitindo ao paciente retroceder aos estágios de desenvolvimento que ficaram estagnados e realizar o processo de descongelamento, retomando sua trajetória de amadurecimento. A abordagem clínica de Winnicott, portanto, representa uma clínica baseada na esperança (De Almeida, 2021). No contexto da pandemia de Covid-19, isso se torna ainda mais relevante, pois muitos indivíduos podem ter experimentado rupturas significativas em suas rotinas e relações, destacando a importância de oferecer um ambiente terapêutico que promova o crescimento e a recuperação emocional.

As particularidades dos adolescentes durante a pandemia impõem a necessidade de desenvolver estratégias de cuidado que minimizem o impacto traumático da situação. É ressaltado que os diversos setores devem buscar maneiras de oferecer suporte às adolescências, especialmente aquelas em situação de alta vulnerabilidade e com acesso limitado à internet, a fim de facilitar a conexão com redes de apoio social e serviços essenciais. Além disso, a desigualdade social no Brasil é um desafio adicional, enfatizando a importância de orientar práticas de parentalidade e convivência que sejam adequadas à realidade do país. Cabe ainda estimular práticas interprofissionais que promovam o acolhimento e sustentação dos adolescentes em todas as dimensões do desenvolvimento, destacando a necessidade de um cuidado integrado e abrangente para essa população vulnerável durante a pandemia (Costa et al., 2021).

Embora os analistas winnicottianos busquem criar um espaço seguro, por meio da capacidade de *holding* e a criação de um espaço potencial para que não seja interrompido por nada do lado de fora, os adolescentes podem ter seus espaços de atendimento invadidos por irmãos ou pais durante a sessão, às vezes, até para simples informes que poderiam ser dados por uma mensagem.

É imperativo desenvolver técnicas eficazes que se adequem às diferentes TICs. O estudo conduzido por Azevedo et al. (2020) suscita reflexões pertinentes para os profissionais da área. É primordial, em primeiro lugar, estabelecer uma relação de confiança com os adolescentes. Isso implica criar um ambiente seguro e acolhedor durante as sessões terapêuticas, onde os jovens se sintam à vontade para compartilhar suas experiências e emoções. Além disso, é essencial incentivar a participação ativa dos adolescentes nas sessões. Isso significa encorajá-los a expressarem seus pensamentos, sentimentos e preocupações, promovendo um diálogo aberto e respeitoso que é crucial para o progresso terapêutico.

Ao adaptar as técnicas terapêuticas para o ambiente on-line, é importante considerar não apenas a idade, mas também as características individuais dos adolescentes. Utilizar recursos lúdicos virtuais, como desenhos ou jogos interativos, pode facilitar a comunicação e a expressão dos jovens nesse contexto. Outro aspecto relevante é o envolvimento dos responsáveis no processo terapêutico. Manter uma comunicação transparente e colaborativa com os pais ou responsáveis dos adolescentes, e envolvê-los quando necessário, é fundamental para garantir o apoio necessário para a continuidade do tratamento.

Por fim, estabelecer limites e combinações claras para as sessões on-line é crucial. Isso inclui definir regras relacionadas à privacidade, pagamento, horários e procedimentos em caso de imprevistos. É essencial que tanto os adolescentes quanto seus responsáveis compreendam e concordem com essas diretrizes para garantir o sucesso do tratamento. Esses elementos, quando integrados de forma coesa, formam uma abordagem abrangente e eficaz para a psicoterapia on-line com adolescentes, priorizando a construção de um ambiente seguro, a participação ativa dos jovens, a adaptação das técnicas terapêuticas, o envolvimento dos responsáveis e o estabelecimento de limites claros.

Quase todos os analistas experimentaram uma dissolução do *setting* terapêutico, pois a situação terapêutica, que é sempre a mesma, já não era um dado. Foi completamente dissolvido. Assim, em vez de os pacientes visitarem as salas de tratamento, agora os terapeutas que visitavam os quartos de seus pacientes, o que, na experiência dos analistas, virou a relação de cabeça para baixo.

Enquanto alguns pacientes estavam na mesma sala confiável durante todas as sessões, outros trocavam de sala a cada sessão, e novamente outros pacientes vagavam por salas diferentes dentro de uma sessão. Assim, em vez do terapeuta, que normalmente fornecia o *setting* de tratamento, agora os adolescentes e seus familiares ficaram responsáveis por fornecer um substituto para a sala de tratamento, mas estar na casa de seus pacientes também era desconfortável para alguns analistas e deixava-os se sentindo como "um intruso em seu espaço interior" ou mesmo como "um *voyeur*".

Considerações finais

Ao considerar o período da adolescência, é necessário localizá-lo em suas mudanças, Winnicott sinaliza a indefinição do período como sua principal característica, por isso a fundamental importância do acolhimento do adolescente em sua busca por pertencimento em um grupo social e na experimentação das angústias oriundas da formação de uma identidade. O período da pandemia da Covid-19 foi um momento em que tais conflitos foram acentuados. Tendo em vista o distanciamento social, a família e o ambiente doméstico tornam-se muitas vezes cenário de conflito e limitador de potencialidades.

A transição para a terapia on-line durante a pandemia trouxe à tona desafios significativos, especialmente no contexto de terapia com adolescentes. A mera expectativa ou preocupação dos pacientes em serem ouvidos por familiares teve um impacto considerável no processo terapêutico, resultando em hesitação em discutir tópicos importantes e até mesmo em mudanças no modo de comunicação, como optar por chat ao invés de falar verbalmente.

Para enfrentar esses desafios, é crucial estar atento a diversos aspectos técnicos e de interação durante as sessões on-line. Isso inclui permitir a captura de comunicação não verbal tanto quanto possível, adaptar o ritmo da fala e usar uma linguagem clara para contornar problemas de conexão, estabelecer contato visual olhando para a câmera e garantir um ambiente adequado com iluminação e fundo apropriados.

Além disso, é importante considerar o impacto psicológico da terapia on-line nos pacientes, como a desinibição comportamental e a possibilidade de desconexões repentinas em momentos de desregulação emocional. Nesses casos, é essencial estar preparado para gerenciar e interpretar tais situações, mantendo sempre o foco no bem-estar e na segurança do paciente.

Em resumo, a terapia on-line oferece oportunidades únicas de intervenção terapêutica, mas também apresenta desafios específicos que exigem sensibilidade e adaptação por parte dos terapeutas. Ao abordar essas considerações, podemos promover uma prática clínica eficaz e centrada no paciente, mesmo em tempos de distanciamento social.

Referências

Azevedo, E. C., Feil, C. F., Riter, H. S., Golbert, R. I., Lotti, L. M., De Souza, L. W., Dall'Agnol, L., Mello, L. F. P., & Menger, S. (2020). Psicoterapia de orientação psicanalítica on-line com crianças e adolescentes em tempos de isolamento social. *Publicação CEAPIA, 29.* https://ceapia.com.br/wp-content/uploads/2021/06/ceapia-2020-v29-n29-13.pdf

Bossi, T. J., & Sehaparini, I. (2021). Desafios na transição dos atendimentos psicoterápicos presenciais para on-line na pandemia de Covid-19: revisão sistemática. *Revista Brasileira de Psicoterapia, 23*(1), 157-165.

Brasil. (2020). Ministério da Saúde. *Portaria n.º 188, de 03 de fevereiro de 2020*. http://www.planalto.gov.br/ccivil_03/Portaria/Portaria-188-20-ms.htm

Costa, L. C. R., Gonçalves, M., Sabino, F. H. O., Oliveira, W. A. D., & Carlos, D. M. (2021). Adolescer em meio à pandemia de Covid-19: um olhar da teoria do amadurecimento de Winnicott. *Interface-Comunicação, Saúde, Educação, 25*, e200801. https://doi.org/10.1590/Interface.200801

Cruz, R. M., & Labiak, F. P. (2021). Implicações éticas na psicoterapia on-line em tempos de Covid-19. *Revista Psicologia e Saúde, 13*(3), 203-216. http://dx.doi.org/10.20435/pssa.v13i3.1576

De Almeida, A. P. (2021). Empatia na psicanálise: um enfoque na teoria de Klein e Winnicott. *Psicanálise & Barroco em Revista, 19*(1), 162-183. https://doi.org/10.9789/1679-9887.2021.v19i1.162-183

Ferreira, B. de O., Resende, G. C., Oliveira, S. S. B. de, Leitão, C. L., & Torres, M. de S. (2021). O desenvolvimento de uma tecnologia leve em saúde mental no contexto da pandemia: acolhimento psicológico on-line no Norte do Brasil. *Revista Brasileira de Psicoterapia, 23*(2), 105-118.

Melo, F. D. R. da C. (2022). *A clínica on-line com adolescentes durante a pandemia: contribuições da teoria Winnicottiana*. (Trabalho de Conclusão de Curso). Universidade Federal de Alagoas.

Miliauskas, C. R., & Faus, D. P. (2020). Saúde mental de adolescentes em tempos de Covid-19: desafios e possibilidades de enfrentamento. *Physis: Revista De Saúde Coletiva, 30*(4), e300402. https://doi.org/10.1590/S0103-73312020300402

World Health Organization. (2020). *Coronavirus disease (Covid-19) outbreak*. Geneva. https://www.who.int/emergencies/diseases/novel-coronavirus-2019

Winnicott, D. W. (1975). *O brincar e a realidade*. Imago Editora.

Winnicott, D. W. (1987). *Privação e delinquência*. Martins Fontes.

Winnicott, D. W. (2005). *Família e o desenvolvimento individual*. Martins Fontes.

Winnicott, D. W. (2022). Os objetivos do tratamento psicanalítico. In D. W. Winnicott. *Donald Woods: O ambiente e os Processos de Maturação* (pp. 212-217). Ubu Editora.

Winnicott, D. W. (2022). Objetos transicionais e fenômenos transicionais. In D. W. Winnicott. *O brincar e a realidade* (pp. 13-14). Ubu Editora.

Zwielewski, G., Oltramari, G., Santos, A. R. S., Nicolazzi, E. M. da S., Moura, J. A. de Sant'ana, V. L. P., ..., & Cruz, R. M. (2020). Protocolos para tratamento psicológico em pandemias: as demandas em saúde mental produzidas pela Covid-19. *Debates em Psiquiatria, 10*(2), 30-37. https://doi.org/10.25118/2236-918X-10-2-4

EDUCAÇÃO E SOCIEDADE: DISPOSITIVOS DE INTERVENÇÃO E FORMAÇÃO

PRÁTICAS SOCIOEDUCATIVAS FEMINISTAS E A PROTEÇÃO INTEGRAL DAS ADOLESCENTES PRIVADAS DE LIBERDADE

Daniela Lemos Pantoja Costa
Regina Lucia Sucupira Pedroza

A proteção integral da adolescente em processo socioeducativo pelo cometimento de ato infracional é um tema que vem conquistando a importância merecida ao longo dos anos. Exemplo disso é a Resolução n.º, 233 de 30/12/2022, do Conselho Nacional dos Direitos da Criança e do Adolescentes (Conanda), que estabelece diretrizes de atendimento socioeducativo às adolescentes privadas de liberdade no Sistema Nacional de Atendimento Socioeducativo (Sinase)[5]. Por meio dessa resolução, o Conanda enfatiza a imprescindibilidade da garantia da proteção integral das adolescentes que estão cumprindo medidas privativas de liberdade, ao colocar em destaque temas como a prevenção e o combate à violência sexual e de gênero e a eliminação de todas as formas de preconceito e discriminação.

Entretanto, na tessitura do sistema de justiça juvenil, nota-se um ciclo de violação dos direitos fundamentais das adolescentes que ingressam no Sinase. Isso porque, na cultura jurídica brasileira, os significados que circunscrevem a infração juvenil são perpassados por valores e ideologias historicamente construídos sobre uma base heterossexista, patriarcal e racista. Em consequência, quando imersas nesse cenário, as adolescentes experienciam diferentes formas de preconceito, em que a cor da pele, o gênero, a sexualidade, a classe, a idade e a trajetória infracional – entre tantas outras especificidades correlatas – interseccionam-se como expressão de violência(s) sobre seus corpos e psiquês, potencializando os riscos aos quais são cotidianamente expostas ao longo do processo socioeducativo (Costa, 2015; Costa & Paiva, 2021; Davis et al., 2023; Diniz, 2017).

Insta considerar que o sistema socioeducativo ainda é pensado como um *universo masculino*, ou seja, é organizado e estruturado para atender às necessidades dos adolescentes. Logo, os contextos socioeducativos

---

[5] No Brasil, o Conselho Nacional dos Direitos da Criança e do Adolescente – Conanda –, é a instância máxima de formulação, deliberação e controle das políticas públicas para a infância e a adolescência na esfera federal.

privativos de liberdades constituem-se como espaços de diálogo e ressignificação subjetiva, mas também de (re)produção de discursos hegemônicos normatizados, como os que naturalizam relações interpessoais autoritárias e opressivas (Costa, 2015; Costa & Pedroza, 2023; Diniz, 2017).

Nesse sentido, entendemos que a implementação de uma prática socioeducativa feminista – portanto crítica, antidiscriminatória e emancipadora – se torna essencial nos contextos que atendem as adolescentes que cumprem medidas privativas de liberdade. Em outras palavras, acreditamos que práticas dialógicas que proporcionem às adolescentes as ferramentas necessárias para a construção de uma consciência crítica feminista são imprescindíveis, especialmente nas instituições socioeducativas femininas. Conforme nos lembra hooks[6] (2018), a conscientização feminista, além de enfatizar a importância de se pensar gênero, raça e classe como sistemas interligados de opressão e dominação, ajuda a entender como esses sistemas se disseminam, se institucionalizam e se mantêm presentes nos dias atuais. Afinal, perceber como o sexismo e o racismo se expressam no dia a dia nos ajuda a questionar (e até mesmo mudar) valores e hábitos institucionais opressivos.

Ademais, vale lembrar que uma educação feminista e emancipadora, além de ser uma excelente ferramenta para a análise crítica dos rígidos padrões de feminilidade e masculinidade que desconsideram a diversidade de gêneros e sexualidades, é *conditio sine qua non* para a proteção integral das adolescentes nos contextos de privação de liberdade, uma vez que a opressão é a materialização de diversas formas de violência e, portanto, incompatível com o respeito aos direitos fundamentais, como o direito à vida, à liberdade e à igualdade.

De acordo com Cury et al. (2002), o princípio da proteção integral é um conceito basilar no campo do direito infantojuvenil que traz em sua essência a compreensão de que crianças e adolescentes, por sua condição peculiar de pessoa em desenvolvimento físico, psíquico e social, devem ser protegidos de todas as formas de violência, abuso, exploração e negligência. Além disso, enfatiza-se a necessidade de articulação das responsabilidades do Estado, da sociedade e da família na garantia dos direitos fundamentais de pessoas menores de 18 anos, independentemente de sua raça, etnia, gênero sexualidade, religião ou qualquer outra característica.

---

[6] bell hooks, grafado com iniciais minúsculas, foi o pseudônimo adotado por Gloria Jean Watkins em homenagem à sua bisavó materna, Bell Blair Hooks. A grafia escolhida representa um posicionamento político de hooks, que sempre buscou deslocar o foco da figura autoral para a teoria feminista.

No Brasil, o Estatuto da Criança e do Adolescente (ECA, Lei n.º 8.069, 1990) é o principal marco regulatório da infância e da juventude. Seu objetivo medular é garantir a proteção integral de crianças e adolescentes[7]. Dessa forma, além da regulamentação das medidas de proteção aos direitos fundamentais da população infantojuvenil, o ECA também estabelece as diretrizes para os processos de responsabilização frente ao cometimento de ato infracional – que é a conduta descrita como crime ou contravenção penal quando praticada por adolescente. Essa responsabilização acontece por meio de medidas socioeducativas previstas nesse Estatuto e determinadas pelo sistema de justiça juvenil, que é composto pelo Poder Judiciário, Ministério Público e Defensoria Pública estaduais ou do Distrito Federal.

Além do ECA (Lei n.º 8.069, 1990), outro marco legal que regulamenta a execução das medidas socioeducativas no Brasil é a Lei n.º 12.594, 2012, que institui o Sistema Nacional de Atendimento Socioeducativo (Sinase). Aprovado pela Resolução n.º 119, de 11/12/2006, do Conanda, o Sinase se constitui como uma política pública destinada à promoção e proteção dos direitos fundamentais de adolescentes responsabilizadas(os) pela prática de ato infracional. Nesse sentido, ele regulamenta a execução, o acompanhamento, a avaliação e a supervisão das entidades e/ou programas de atendimento socioeducativo.

Os dispositivos legais supracitados nos permitem afirmar que as políticas públicas socioeducativas no país visam a novos meios de responsabilização pelo ato infracional, que se distanciem das velhas práticas repressivas e punitivas consubstanciadas nos Códigos de Menores de 1927 e 1979[8]. Nesse sentido, a socioeducação, como uma política pública específica de atendimento à(ao) adolescente que cometeu ato infracional, demanda uma prática cotidiana em estreita relação com os princípios dos Direitos Humanos fundamentais da população infantojuvenil, como o respeito à liberdade de expressão, à dignidade e à diversidade (Constituição da República Federativa do Brasil, 1988; Lei n.º 8.069, 1990; Lei n.º 12.594, 2012).

Com base nessas reflexões introdutórias, ao longo deste capítulo, buscamos analisar de que maneiras o Sistema Socioeducativo do Distrito Federal, no âmbito da proposição e implementação de políticas públicas em

---

[7] Em seu artigo 2º, o ECA dispõe que, para efeitos legais, se considera criança a pessoa até 12 anos de idade incompletos, e adolescente a pessoa entre de 12 e 18 anos de idade incompletos.

[8] Decreto 17.943-A, de 12 de outubro de 1927 – Código de Mello Mattos ou Código de Menores de 1927; Lei Federal n.º 6.697/1979 – Código de Menores de 1979.

socioeducação, contribui para o desenvolvimento de ações e práticas socioeducativas que efetivamente assegurem a proteção integral das adolescentes que estão cumprindo medidas em unidades socioeducativas de internação.

As informações que fundamentam essa análise foram construídas a partir da leitura de documentos oficiais – como resoluções e manuais de atendimento socioeducativo produzidos no âmbito federal e do Governo do Distrito Federal –, da legislação socioeducativa em suas especificidades no atendimento ao público feminino e de estudos acadêmico-científicos sobre o atendimento socioeducativo a adolescentes do sexo feminino no DF realizados pelas autoras e pelos demais pesquisadoras(es).

Como forma de organização, o texto está estruturado em três seções, com exceção das considerações iniciais e finais. Na primeira seção, apresentamos informações sobre o perfil socioeconômico e demográfico das adolescentes privadas de liberdade no Distrito Federal.

Na segunda seção, analisamos, à luz de estudos feministas de perspectiva interseccional, como são significadas as relações entre gênero, raça e classe nos discursos sociais sobre a infração juvenil feminina. Conhecer essas relações ajuda-nos a enxergar os sistemas interligados de dominação que predominam nos contextos femininos de privação de liberdade.

Na terceira seção, exploramos as transformações ocorridas ao longo dos anos nas políticas e práticas de atendimento socioeducativo às adolescentes que cumprem medidas privativas de liberdade no Distrito Federal. Para isso, fizemos um recorte temporal que abrange o período de 1994 – quando foi instituído o Centro de Atendimento Juvenil Especializado (Caje), primeira unidade socioeducativa a ser inaugurada em Brasília após a publicação do ECA –, a 2023 – ano em que foi escrito o presente capítulo. Esse olhar para a história da internação feminina no DF permite-nos analisar de que maneiras estereótipos e desigualdades de gênero impactam o desenvolvimento de ações e práticas socioeducativas feministas nos contextos privativos de liberdade.

As adolescentes em privação de liberdade no Distrito Federal: um perfil socioeconômico e demográfico determinado

O perfil socioeconômico demográfico da maioria das adolescentes em situação de privação de liberdade no DF é o da jovem com idade entre 15 e 18 anos, preta ou parda, de baixa renda – entre um e dois salários mínimos –, autodeclaradas mulheres cis, ou seja, que se identificam com o gênero que lhes foi designado ao nascer, residentes da periferia de Brasília e cumprindo medida de internação provisória ou estrita por ato infracional relacionado ao tráfico de drogas ou contra o patrimônio, como roubo a transeuntes, residências ou estabelecimentos comerciais. Em sua maioria, possuem histórias de vulnerabilidade social muito semelhantes: são majoritariamente responsáveis pelos cuidados de filhas/os, irmãs/os mais novas/os e/ou sobrinhas/os, contribuem com o sustento familiar, possuem baixa escolaridade – ensino fundamental I e anos iniciais do II – e pouco acesso a políticas públicas emancipadoras – como as ligadas às áreas da saúde, escolarização, profissionalização, esporte, cultura e lazer – e ao mercado formal de trabalho. (Brasil, 2019; Costa, 2015; Diniz, 2017; Distrito Federal, 2020, 2022).

No que se refere ao percentual de meninas atendidas pelo Sistema Socioeducativo do Distrito Federal, no ano de 2022, elas representavam 4% do total de adolescentes em cumprimento de medida de internação provisória e 2,7% do total de adolescentes que estavam cumprindo medida socioeducativa de internação estrita; na medida de semiliberdade, elas totalizavam 4%. Nas medidas em meio aberto – Prestação de Serviços à Comunidade (PSC) e Liberdade Assistida (L.A) –, as meninas respondiam por 10,6% do total de adolescentes atendidas(os).

A análise desses dados nos mostra que, no DF, há um número consideravelmente maior de adolescentes do sexo masculino em cumprimento de medidas cautelar e/ou socioeducativas (Distrito Federal, 2023b). Além disso, essas informações corroboram a hipótese de que prevalece, no sistema de justiça juvenil, uma seletividade que tem por base a classe social e a cor da pele.

Ao fazermos um recorte de gênero, raça e classe, evidencia-se que a institucionalização ainda funciona como um mecanismo estatal de controle social que pune especialmente as adolescentes negras e pobres. Ademais, a relevante disparidade no número de adolescentes em processo socioeducativo, em função do gênero, contribui para um processo sociocultural de invisibilização da infração juvenil feminina. Em consequência, as adolescentes são menos representadas na elaboração de políticas públicas socioeducativas – que, via de regra, negligenciam suas necessidades e especificidades (CNJ, 2015; Costa, 2015; Diniz, 2017; Yokoy de Souza & Gratão, 2020).

Dessa forma, se, por um lado, o Estado busca consolidar uma política de proteção integral e efetivação de direitos da população infantojuvenil, por outro, revela, por meio da seletividade penal juvenil, o potencial avassalador de uma cultura de criminalização do gênero, da pobreza e da raça. E, na base dessa contradição, cristaliza-se no imaginário social a concepção de que "certos humanos são mais ou menos humanos do que outros, o que, consequentemente leva à naturalização da desigualdade de direitos" (Carneiro, 2011, p. 15).

A infração juvenil feminina no Distrito Federal à luz do pensamento feminista interseccional: o potencial criminalizador da intersecção gênero ↔ raça ↔ classe

A partir das informações apresentadas na seção anterior, é legítimo afirmar que os sistemas de responsabilização da adolescente que comete ato infracional "...não são alheios aos sistemas políticos e morais" (Borges, 2019, p. 44), mas têm em sua constituição princípios político-ideológicos que alicerçam uma cultura de opressão e dominação sobre corpos específicos.

Embora a infração juvenil feminina seja uma realidade evidente no Distrito Federal, o envolvimento de meninas em atos infracionais é um fenômeno que ainda causa estranheza, especialmente nos meios sociais onde prevalecem valores conservadores neoliberais. Isso porque o fenômeno subverte a lógica heteropatriarcal que entende que força, violência e transgressão são atributos masculinos; a constatação de que meninas também praticam atos de violência contraria as expectativas sociais e culturais do que, sob essa lógica, seriam qualidades inerentes – portanto socialmente aceitáveis – aos sexos masculino e feminino: para o homem, a força, a autoridade e a virilidade; para a mulher, a passividade, a afetividade, a fragilidade física e emocional e a subserviência ao homem.

As adolescentes cujas vozes ecoam neste capítulo são, como dito anteriormente, em grande maioria, meninas negras – pretas e/ou pardas – que vivem nas periferias do Distrito Federal e experienciam desde muito novas os efeitos cruéis do binômio racismo-sexismo na produção de exclusões, especialmente numa sociedade ainda ordenada por uma lógica heteropatriarcal-racista. São meninas que cotidianamente vivenciam o desrespeito e menosprezo de uma expressiva parcela da população brasileira que criminaliza em função da raça, do gênero e da classe, desdenha dos Direitos Humanos e exige do Estado uma ação repressivo-punitiva como resposta ao ato ilegal cometido, em detrimento da garantia da proteção integral de crianças e adolescentes que vivem às margens dos núcleos sociais elitistas (Costa, 2015; Costa & Pedroza, 2023; Diniz, 2017).

Para compreender como são tecidas as relações de poder que não apenas oprimem, mas também inserem as adolescentes nos contextos socioeducativos, não se pode analisar separadamente os efeitos do racismo e/ou do sexismo sobre suas subjetividades, visto que suas experiências são construídas na intersecção de diferentes estruturas de opressão – como o machismo, a misoginia, o cisheterossexismo, o racismo, a homofobia e a exploração de classe, por exemplo. A citação a seguir, de Collins e Bilge (2021), ilustra o pensamento que buscamos apresentar aqui:

> [...] as relações de poder que envolvem raça, classe e gênero, por exemplo, não se manifestam como entidades distintas e mutuamente excludentes. De fato, essas categorias se sobrepõem e funcionam de maneira unificada. Além disso, apesar de geralmente invisíveis, essas relações interseccionais de poder afetam todos os aspectos do convívio social (p. 16).

Estudos feministas de perspectiva interseccional entendem o heteropatriarcado racista como sistemas interligados de opressões. Esses sistemas pressupõem a possibilidade de nomeação, seleção e hierarquização dos corpos, valendo-se de adjetivos social e culturalmente construídos que desqualifiquem e subjuguem determinadas existências humanas (Bento, 2022; Davis, 2016; Diniz & Gebara, 2022; hooks, 2018). Além disso, esses estudos nos mostram que a intersecção racismo/sexismo/classe vem sendo utilizada, desde a colonização, como estratégia para dividir, hierarquizar, subjugar e governar meninas, mulheres e pessoas não brancas; pessoas LGBTQIA+; e pessoas com deficiência, entre outras que difiram do padrão hegemônico do homem branco[9]. Como observa Nascimento (2021): "O homem colonizador cis, ocidental, branco, cristão e heterossexual se entendeu como universal, transformou suas singularidades em padrões universais e subjugou as demais identidades" (p. 63).

A naturalização de hierarquias coercitivas à luz de vieses binários, como pessoa branca *versus* pessoa não branca, homem *versus* mulher, rico *versus* pobre, constitui outro relevante fator a ser considerado quando

---

[9] LGBTQIA+ é uma sigla utilizada para representar a população de lésbicas, *gays*, bissexuais, transgêneros, *queers*, intersexuais, assexuais e as outras sexualidades e identificações de gênero.

utilizamos a interseccionalidade como ferramenta de análise, pois, como lembram Collins & Bilge (2021):

> Em essência, as relações de poder interseccionais utilizam categorias de gênero ou raça, por exemplo, para criar canais para o sucesso ou a marginalização, incentivar, treinar ou coagir as pessoas a seguir os caminhos prescritos (p. 26).

Quando nos amparamos nos estudos feministas de perspectiva interseccional para analisar os contextos femininos de privação de liberdade, percebemos que as relações de poder que ali se estabelecem operam de maneira que as meninas sigam marginalizadas – quando não invisibilizadas – dentro de um sistema misógino e machista, "[...] pensado e organizado para o público masculino, incluindo a lógica masculina dos(as) profissionais que nele atuam" (Yokoy de Souza & Gratão, 2020, p. 65).

Vale lembrar que preconceitos e estereótipos influenciam a autopercepção e implicam a construção de autoimagens *negativas* – ou, em outras palavras, autoimagens que dificultem a prevalência de sentimentos de pertencimento e inclusão social. Da mesma forma, relações de poder opressoras funcionam como demarcadores de (não) lugares e de despertencimento social (Bento, 2022; Carneiro, 2011; hooks, 2018). Logo, às adolescentes em processo socioeducativo, especialmente as que são negras e pertencem aos estratos socioeconômicos mais baixos, restam múltiplos estigmas que se fazem incidir sobre o processo de responsabilização da infração às normas jurídicas.

Estigmatizadas, desrespeitadas, silenciadas ou invisibilizadas, as meninas que passam pela experiência da privação de liberdade seguem expostas às violências simbólica, física e econômica presentes em um sistema de proteção infantojuvenil, cujos valores e práticas – como vimos inferindo até aqui – são orientados por numa lógica heterossexista, patriarcal e racista. Em vista disso, as(os) profissionais que participam do processo socioeducativo de meninas privadas de liberdade encontram-se imersos nas discussões sobre questões interseccionais em gênero, raça e classe e nas implicações dessas ao desenvolvimento subjetivo das adolescentes.

À luz do que precede, é mister considerar os impactos dos estigmas e da invisibilização da infração juvenil feminina na formulação e na implementação de políticas públicas socioeducativas para o público feminino.

A medida socioeducativa de internação e a política de atendimento às adolescentes no Distrito Federal: uma análise dos anos 1994 a 2023

As medidas socioeducativas são medidas aplicáveis a adolescentes envolvidas(os) na prática de ato infracional. Previstas no artigo 112 do ECA (Lei n.º 8.069, 1990), elas são apresentadas de forma gradativa, desde a advertência até a privação de liberdade, podendo o seu cumprimento ser realizado em meio aberto: advertência, obrigação de reparar o dano, prestação de serviços à comunidade e liberdade assistida; ou em meio restritivo ou privativo de liberdade: semiliberdade e internação em estabelecimento educacional, respectivamente.

De acordo com a Resolução n.º 119 do Conanda (2006), as medidas socioeducativas visam, sobretudo, ao acompanhamento das(os) adolescentes por meio de atividades pedagógicas que incentivem a ressignificação do ato infracional e das relações interpessoais. Nesse sentido, é imperativo que o atendimento priorize a via pedagógica em lugar da lógica exclusivamente punitiva-retributiva, cuja finalidade seria tão somente a punição por meio da exclusão social da(o) adolescente que transgrediu a lei. Todavia, vale ressaltar que, apesar de não serem compreendidas como penas e (em tese) apresentarem um caráter predominantemente pedagógico, as medidas socioeducativas são impostas judicialmente à(ao) adolescente, e o seu descumprimento implica sanções previstas no ECA.

A medida de internação em estabelecimento educacional configura-se como uma medida privativa de liberdade. Ainda que a sua aplicação não tenha como objetivo punir a(o) adolescente a quem se atribuiu autoria de ato infracional, é fato que ela penaliza, castiga, ao restringir o convívio familiar e social e limitar direitos individuais, como o direito à liberdade. Nesse sentido, consoante a Volpi (2011, p. 27) "[...] falar de internação significa referir-se a um programa de privação da liberdade, que, por definição, implica contenção do adolescente autor de ato infracional...". Todavia, é importante que se tenha sempre em mente que a contenção, em si, não constitui a medida socioeducativa de internação, mas apenas uma das condições para que ela transcorra conforme prevista no ECA (1990) e no Sinase (2012). Em face disso, os programas e/ou entidades que executam essa medida devem nortear a prática socioeducativa de maneira que assegurem o seu caráter pedagógico, por meio tanto de atividades educativas voltadas para a escolarização e a profissionalização, como do incentivo à prática de esportes, da realização de atividades culturais e de lazer e de dinâmicas de reestabelecimento dos vínculos familiares (Conanda, 2006).

Na atual configuração do Sistema Socioeducativo do Distrito Federal (SSE-DF), há oito unidades de internação de adolescentes, sendo que uma delas, a Unidade de Internação Feminina do Gama (UIFG), é exclusiva para o atendimento de adolescentes do sexo feminino e adolescentes trans privadas de liberdade[10]. De acordo com o *Manual de Atendimento Socioeducativo para as Unidades de Atendimento Inicial, Internação Provisória e Internação do Distrito Federal* (2023a):

> A criação e funcionamento da UIFG é um marco importante no Sistema Socioeducativo do DF, a partir da possibilidade de execução de um modelo de trabalho que contemple especificidades de gênero, desde rotinas básicas da unidade até mesmo no planejamento das atividades sociopsicopedagógicas e práticas interventivas. Desta forma, todo o corpo gestor da UIFG e servidores tem um olhar específico para as adolescentes, desenvolvendo intervenções que levem em consideração as vulnerabilidades que atravessam o gênero feminino na sociedade contemporânea (p. 16).

A inauguração da UIFG representa um avanço para o atendimento às adolescentes em processo socioeducativo no DF, visto que a destinação de um espaço exclusivo para as meninas em cumprimento de medidas privativas de liberdade era uma demanda antiga de diversos órgãos de defesa dos direitos das crianças e dos adolescentes.

Entretanto, a história do atendimento socioeducativo no Distrito Federal mostra-nos que a atenção do Estado às especificidades de gênero, especialmente quando interseccionadas às de raça e classe, é um fato relativamente recente. Isso porque, antes da inauguração dessa unidade, as adolescentes em internação provisória e/ou sentenciadas à medida socioeducativa de internação cumpriam suas medidas em unidades cujas

---

[10] De acordo com a Portaria n.º 4 de 23/01/2020, adolescentes trans são pessoas que não se identificam com o gênero que lhe foi designado em seu nascimento.

estrutura física e organização sociopsicopedagógica pouco atendiam às suas necessidades. Como exemplo, podemos citar o fato de não haver, nessas unidades, espaço físico adequado para o atendimento a adolescentes gestantes e/ou parturientes. A incipiente política de capacitação profissional sobre temas relativos à interseccionalidade de gênero, raça/etnia, classe, sexualidade – entre outros – constituía outro importante fator que interferia na qualidade do atendimento às meninas.

No Distrito Federal, por, aproximadamente, duas décadas, as adolescentes privadas de liberdade eram acauteladas na então denominada Ala Feminina do Caje. Essa unidade de internação foi inaugurada em 1994, como resposta do governo do Distrito Federal ao ECA (Lei n.º 8.069, 1990). Nela eram acauteladas(os) todas(os) as(os) adolescentes que deveriam cumprir medidas privativas de liberdade. No que se refere à sua proposta pedagógica, foram inúmeras as modificações desde a sua inauguração até a sua completa desativação, em 2014[11]. Especificamente em relação ao atendimento às adolescentes, havia períodos em que elas conviviam com os adolescentes, como na escola e nas oficinas profissionalizantes, por exemplo; e outros em que não havia qualquer tipo de interação entre meninas e meninos, ou seja, todas as atividades eram realizadas em horário diferentes. A equipe de profissionais que atuava dentro da ala feminina era composta apenas por mulheres; todavia, o gerente de segurança era um homem – o único autorizado a entrar nessa ala. As(os) demais profissionais que atendiam às adolescentes eram assistentes sociais, psicólogas(os) e pedagogas(os) e professoras(es), e, embora não houvesse uma restrição quanto ao gênero dessas(es) servidoras(es), esses cargos eram normalmente ocupados por mulheres.

Em 2012, em função das medidas de desativação do CAJE, que então se chamava Unidade de Internação do Plano Piloto (Uipp), as adolescentes foram transferidas para a Unidade de Internação do Recanto das Emas (Unire), onde permaneceram por dois anos. Embora a Unire apresentasse uma estrutura física mais adequada para o atendimento socioeducativo em meio fechado, a superlotação logo passou a fazer parte do cotidiano dessa unidade. O módulo feminino, por exemplo, que tinha capacidade para acautelar 20 meninas, durante um longo período acautelou, em média,

---

[11] O CAJE foi palco de inúmeras rebeliões, mortes de adolescentes acautelados e superlotação constante. Além disso, a sua estrutura física, repleta de *puxadinhos*, não atendia às especificações do Sinase. Em face disso, em 2012, iniciou-se o processo de desativação, finalizado em 2014, com a demolição dos prédios.

50 adolescentes ao mesmo tempo, o que inviabilizava um atendimento de boa qualidade (Costa, 2015).

Nesse sentido, a inauguração de um módulo feminino na Unire, que fora planejada para ser um avanço qualitativo no atendimento às adolescentes, tornou-se um *cavalo de troia* para o Sistema Socioeducativo do DF. Isso porque, além do já citado problema de superlotação nas unidades de internação no DF, grande parte dos(as) profissionais que atuavam nessa unidade estavam habituados(as) a lidar apenas com o público masculino, fato que comprometia ainda mais um atendimento adequado às adolescentes, apesar dos esforços da equipe de referência do módulo feminino – psicólogas(os), assistentes sociais e pedagogas(os) – para oferecer um atendimento digno às meninas. Além disso, não houve tempo hábil para que, antes da transferência das adolescentes, fossem realizados cursos e/ou palestras suficientes para a capacitação das(os) profissionais da socioeducação sobre temas essenciais ao trabalho com o público feminino, como discriminação e violência(s) motivadas por razões de gênero, por exemplo.

Desse modo, a transformação da Unire em uma unidade mista, ou seja, que acautelaria concomitantemente meninos e meninas, suscitou uma série de desvantagens para as adolescentes, como nos mostram os estudos de Costa (2015) e Lopes de Oliveira, Costa & Camargo (2018), em que as autoras buscaram construir conhecimento sobre o cotidiano das adolescentes privadas de liberdade a partir de suas próprias perspectivas. Esses estudos revelaram que as interações cotidianas nessa unidade de internação baseavam-se em sistemas de dominação, como o machismo e o cisheterossexismo, e, por esse motivo, os princípios garantistas e protetivos da lei não impediam a ocorrência de episódios de preconceito e discriminação de gênero contra as adolescentes. Em consequência, elas se percebiam sujeitas a um crivo moral e social mais rígido do que seus pares do sexo masculino, o que as impactava subjetivamente e dificultava a tomada de posições identitárias de enfrentamento das opressões e do silenciamento de questões relativas a gênero e à sexualidade, no contexto socioeducativo.

Numa tentativa de reorganizar o atendimento socioeducativo no DF, em 2013, Subsecretaria do Sistema Socioeducativo (Subsis), com apoio da Secretaria de Estado da Criança do DF (Secria-DF), publicou a série *Projeto Político Pedagógico das Medidas Socioeducativas no Distrito Federal*, composta por três volumes, cada um referente a um contexto socioeducativo específico: internação, semiliberdade e meio aberto. A construção desses PPPs teve como objetivo nortear o atendimento socioeducativo nos contextos em questão. Participaram de sua elaboração diferentes atores do processo socioeducativo, como profissionais em socioeducação, adolescentes e jovens socioeducandas(os) e suas famílias. No que se refere a questões interseccionais de gênero, raça, sexualidades e classe, o *Projeto Político Pedagógico da Medida Socioeducativa de Internação no Distrito Federal* (2013) estabeleceu – entre outras especificidades que ultrapassam o foco do presente capítulo – que temas relativos à diversidade étnico-racial, de gênero e de orientação sexual deveriam nortear as ações e práticas socioeducativas em todas as unidades que executam as medidas de internação no DF (Distrito Federal, 2013)[12]. Ou seja, a experiência pouco exitosa de transferência das adolescentes para a Unire, somada às demais dificuldades enfrentadas pelo sistema socioeducativo à época, contribuiu para impulsionar a realização de diálogos que culminariam, futuramente, em ações mais efetivas para o atendimento socioeducativo às adolescentes no Distrito Federal.

Os crescentes problemas gerados em virtude da transferência das meninas para a Unire e da superlotação nessa em outras unidades ocasionaram, em 2014, um novo remanejamento de adolescentes entre as unidades de internação no Distrito Federal. Dessa forma, o acautelamento das meninas privadas de liberdade passou a ser realizado pela Unidade de Internação de Santa Maria (Uism). Diferentemente das demais unidades que acautelaram meninas até então, a estrutura física da Uism possibilitou uma organização institucional que separava integralmente o atendimento ao público feminino do atendimento ao público masculino. Nesse sentido, havia um espaço físico de uso exclusivo das meninas, com uma pequena área para a prática esportiva e atividades de lazer e salas para a realização de oficinas pedagógicas e cursos profissionalizantes. Os espaços de uso comum a meninas e meninos, como as salas de aula e a biblioteca, por exemplo, eram utilizados de acordo com uma jornada pedagógica predefinida, ou seja, quando os meninos estivessem realizando atividades em sala de aula, as meninas poderiam utilizar a biblioteca, e vice-versa. Além disso, na Uism, existiam duas equipes de profissionais vinculados (as)

---

[12] As medidas de internação, portanto privativas de liberdade, são: medida cautelar de internação provisória; internação em estabelecimento educacional (ou internação estrita); internação sanção; internação com benefício de saída sistemática.

ao Sistema Socioeducativo do DF: uma para o atendimento exclusivo às adolescentes, e outra exclusivamente para o atendimento aos adolescentes (Costa, 2015; Machado, 2014). Em face disso, em alguns documentos oficiais produzidos por profissionais do Sistema Socioeducativo do DF, a exemplo do *Anuário Estatístico Ano Base 2020 e 2021: os Anos da Pandemia de Covid-19* (Distrito Federal, 2022a), a Uism é compreendida como uma unidade de internação que, durante o período em que acautelou ao mesmo tempo meninas e meninos, subdividia-se em duas unidades: Uism Feminina e Uism Masculina.

Atualmente, as adolescentes sentenciadas a medidas privativas de liberdade são acauteladas em uma unidade exclusivamente feminina. Inaugurada no ano de 2020, a Unidade de Internação Feminina do Gama (Uifg) recebeu suas primeiras *inquilinas* no auge da pandemia de Covid-19. Durante a pandemia, o distanciamento social foi adotado como medida preventiva principal e de maior eficácia contra a infecção pelo vírus que, segundo a Organização Mundial da Saúde (OMS), entre os anos de 2019 e 2023, causou a morte de quase 7 milhões de pessoas em todo o mundo, sendo pouco mais de 700 mil apenas no Brasil ("Chefe da Organização Mundial da Saúde declara o fim da Covid -19 como uma emergência de saúde global", 2023).

Com a finalidade de evitar a propagação da infecção pelo novo coronavírus (Sars-COV-2) dentro das unidades de internação, o governo do Distrito Federal implementou medidas de segurança que visavam preservar a saúde de agentes públicos, adolescentes e visitantes. Dessa forma, limitou temporariamente o número de pessoas nessas unidades, resultando na suspensão de todas as atividades pedagógicas em grupo e da entrada de visitantes. O contato das(os) adolescentes com suas famílias foi mantido por meio de tecnologias de comunicação a distância, como telefonemas e ambientes virtuais de convivência (Distrito Federal, 2022a).

Passado o período de distanciamento social, as unidades de internação no Distrito Federal retomaram a rotina institucional, e, aos poucos, as ações e atividades socioeducativas voltaram a ocorrer normalmente. Para a Uifg – que, como dissemos, havia sido inaugurada durante o período mais crítico e intenso da pandemia –, esse momento trouxe a possibilidade de, enfim, colocar em prática atividades socioeducativas que atendessem as demandas das adolescentes, como palestras e oficinas pedagógicas e profissionalizantes sobre temas como autocuidado e saúde da mulher.

Ainda no ano de 2020, o governo do Distrito Federal deu outro importante passo na garantia de direitos e na proteção integral de adolescentes privadas(os) de liberdade, ao publicar, no Diário Oficial do DF (DODF), a Portaria n.º 4, de 23/01/2020, da Secretaria de Estado de Justiça e Cidadania do Distrito Federal (Sejus-DF), que regulamenta o tratamento dispensado a adolescentes lésbicas, gays, bissexuais, travestis, transexuais, intersexuais e demais manifestações de sexualidade e gênero, no sistema socioeducativo. Dessa forma, ao estabelecer diretrizes para o atendimento dessa população, a implementação dessa portaria busca consolidar ainda mais uma prática política socioeducativa feminista e antidiscriminatória.

Além disso, visando a apresentar didaticamente as orientações da Portaria n.º 4 da Sejus-DF (2020) – como também ampliar o acesso às informações sobre questões relativas a gênero e sexualidades a adolescentes, seus familiares, servidoras(es) e colaboradoras(es) do Sistema Socioeducativo do DF –, um grupo de trabalho formado por profissionais da Subsis, em parceria com profissionais da Subsecretaria de Políticas de Direitos Humanos e Igualdade Racial (SUBDHIR), elaborou a *Cartilha de Atendimento, Acompanhamento e Tratamento Adequado ao Público LGBTI no Sistema Socioeducativo do Distrito Federal* (Brasília, 2022). De acordo com ela:

> O Sistema Socioeducativo do D.F. tem por premissa a promoção, proteção e garantia de direitos de adolescentes e jovens autores de ato infracional, independente de raça, credo, gênero e orientação sexual. Sendo assim, é imprescindível que as servidoras e os servidores tenham acesso a mais informações, disponham de capacitações profissionais frequentes e possam, com frequência, ler sobre leis e diretrizes que estabelecem acompanhamento adequado na questão da diversidade sexual e de gênero, evitando conflitos e constrangimentos diversos (*Cartilha de Atendimento, Acompanhamento e Tratamento Adequado ao Público LGBTI no Sistema Socioeducativo do Distrito Federal*, 2022, pp. 8-9).

A história da internação feminina no DF mostra-nos que foram muitas as transformações no atendimento socioeducativo às adolescentes privadas de liberdade, desde a promulgação do ECA. Entretanto, ainda que essas transformações indiquem os esforços do Estado para tentar superar as diversas violências a que meninas têm sido historicamente submetidas em razão da intersecção entre gênero, raça, classe e trajetória infracional, a construção de uma nova configuração que respeite igualmente meninas e meninos acauteladas(os) em instituições privativas de liberdade no DF não será possível sem a modificação de crenças e costumes socioculturalmente construídos que atravessam os muros das unidades de internação e se presentificam no cotidiano institucional.

Ademais, é importante considerar que diferentes contextos de desenvolvimento guardam em si especificidades que necessitam ser cuidadosamente observadas na elaboração de políticas e ações que visam a trabalhar com determinados marcadores sociais de desigualdade, como o sexismo e o racismo. Nesse sentido, entendemos que desenvolver ações e práticas socioeducativas com adolescentes privadas de liberdade implica maior atenção aos significados históricos atribuídos à infração juvenil feminina e ao modo como esses influenciam a prática cotidiana nesse contexto específico, no qual estigmas e preconceitos produzem consequências danosas para as subjetividades das adolescentes. Somente assim será possível respeitá-las em seu direito à proteção integral.

Considerações finais

A publicação do ECA, em 1990, potencializou as discussões em torno dos direitos de adolescentes que cometeram atos infracionais. A partir daí, evidenciou-se que uma verdadeira transformação no paradigma do atendimento à criança e ao adolescente como sujeitos de direitos, implicaria também uma série de mudanças que exigiriam a ressignificação dos valores institucionais que até então norteavam o processo de responsabilização de adolescentes pela infração às normas jurídicas.

Todavia, a materialização de uma política pública vai muito além da elaboração de resoluções, legislações ou outros documentos oficiais. Isso porque a prática cotidiana das(os) agentes do Estado é diversa e muitas vezes pautada em crenças e valores morais subjetivos.

Sendo assim, ainda que o objetivo final do processo socioeducativo seja, em tese, o mesmo para meninos e meninas, a dificuldade na implementação de práticas socioeducativas feministas nos contextos privativos de liberdade evidencia a resistência de alguns(mas) profissionais na superação de costumes e práticas sexistas que oprimem e violam o direito à proteção integral das adolescentes acauteladas em unidades socioeducativas.

Além disso, a ainda incipiente elaboração de políticas socioeducativas específicas para o público feminino revela que, na prática, o sistema de responsabilização de adolescentes que cometem ato infracional pune com maior rigor as meninas, tanto em razão da infração à lei como da subversão dos ideais cultural e socialmente construídos sobre o dito *comportamento feminino*.

É nesse sentido que acreditamos que as reflexões que trouxemos neste capítulo são relevantes para a elaboração e implementação de políticas e práticas socioeducativas feministas nos contextos femininos de privação de liberdade no DF.

Referências

Bento, M. A. (2022). *O pacto da branquitude*. Companhia das Letras. (versão digital)

Borges, J. (2019). *Encarceramento em massa* (1a ed.). Sueli Carneiro; Pólen.

Carneiro, S. (2011). *Racismo, sexismo e desigualdade no Brasil* (1a ed.). Selo Negro.

Chefe da Organização Mundial da Saúde declara o fim da Covid-19 como uma emergência de saúde global. (2023, 05 de maio). NUB. https://brasil.un.org/pt-br/230307-chefe-da-organiza%C3%A7%C3%A3o-mundial-da-sa%C3%BAde-declara-o-fim-da-covid-19-como-uma-emerg%C3%AAncia-de-sa%C3%BAde

CNJ – Conselho Nacional de Justiça. (2015). *Dos espaços aos direitos: a realidade da ressocialização na aplicação das medidas socioeducativas de internação das adolescentes do sexo feminino em conflito com a lei nas cinco regiões*. CNJ. https://www.cnj.jus.br/wp-content/uploads/2011/02/cb905d37b1c494f05afc1a14ed56d96b.pdf

Collins, P. H., & Bilge, S. (2021). *Interseccionalidade* (1a ed.). [Intersectionality]. Boitempo.

CONANDA – Conselho Nacional dos Direitos da Criança e do Adolescente (2006). *Sistema Nacional de Atendimento Socioeducativo – SINASE*. Secretaria Especial dos Direitos Humanos. Conanda.

CONANDA – Conselho Nacional dos Direitos da Criança e do Adolescente (2023). *Resolução n.º 233 de 2022*. Estabelece diretrizes e parâmetros de atendimento socioeducativo às adolescentes privadas de liberdade no Sistema Nacional de Atendimento Socioeducativo (Sinase). https://www.mpgo.mp. br/portal/arquivos/2023/01/18/15_08_44_314_4._Resolu_ao_n_233_de_30_de_dezembro_de_2022_Conanda.pdf

Constituição da República Federativa do Brasil de 1998. (1998). http://www.planalto.gov.br/ccivil_03/constituicao/constituicao.htm.

Costa, D. L. P. C de O. (2015). *As adolescentes e a medida socioeducativa de internação: rompendo o silêncio* (Dissertação de Mestrado). Universidade de Brasília. https://www.repositorio.unb.br/bitstream/10482/18108/1/2015_DanielaLemosPantoja-CoelhoOliveiraCosta.pdf

Costa, D. L. P., & Pedroza, R. L. S. (2023). Rodas de conversa feminista com alunas em cumprimento de medida socioeducativa de internação: tecendo sentidos e significados sobre o heteropatriarcado-racista. *Horizontes 42*(1), 1-20. https://doi.org/10.24933/horizontes.v41i1.1530 [DOI].

Costa L. R., & Paiva. I. L. (2021). Reflexões sobre a socioeducação feminina a partir do conceito de sofrimento ético-político. *Revista Psicologia para América Latina, 36*, 149-169. http://pepsic.bvsalud.org/pdf/psilat/n36/a05n36.pdf

Cury, M., Garrido, P. A., & Marçura, J. N. (2002). *Estatuto da criança e do adolescente anotado* (3a ed.). Revista dos Tribunais.

Davis, Y. D., Dente, G., Meiners, E. R., & Richie, B. E. (2023). *Abolicionismo. Feminismo. Já.* (1a ed.) [Abolition. Feminism. Now.]. Companhia das Letras.

Diniz, D. (2017). *Meninas fora da lei: a medida de internação no Distrito Federal* (1a ed.). Letras Livres. http://anis.org.br/wp-content/uploads/2017/09/Anis-Meninas-fora-da-lei-2017-2.pdf

Diniz, D., & Gebara, I. (2022). *Esperança feminista* (1a ed.). Rosa dos Tempos.

Distrito Federal (2013). Secretaria de Estado da Criança do Distrito Federal. *Projeto Político Pedagógico das Medidas Socioeducativas no Distrito Federal: Internação.* Secretaria da Criança do Distrito Federal.

Distrito Federal (2020). Secretaria de Estado de Políticas para Crianças, Adolescentes e Juventude do Distrito Federal. *Anuário do Atendimento Socioeducativo Inicial no Núcleo de Atendimento Integrado – NAI/UAI-DF*. Brasília. https://www.sejus.df.gov.br/wp-conteudo/uploads/2020/10/1.-ANUA%CC%81RIO-2020-revisa%CC%83o-03-10-2020.pdf

Distrito Federal (2022a). Secretaria de Estado de Justiça e Cidadania. *Anuário Estatístico Ano Base 2020 e 2021: os anos de Pandemia de Covid-19*. Brasília. https://www.sejus.df.gov.br/wp-conteudo/uploads/2022/11/ANUARIO-ESTATISTICO--DO-SSE-%E2%80%93-DF-ANO-BASE-2020-E-2021-OS-ANOS-DE-PANDEMIA-DE-COVID-19.pdf

Distrito Federal (2022b). Secretaria de Estado de Justiça e Cidadania. *Cartilha de Atendimento, Acolhimento, Acompanhamento e Tratamento Adequado ao Público LGBTI no Sistema Socioeducativo do Distrito Federal*. Brasília.

Distrito Federal (2023a). Secretaria de Estado de Justiça e Cidadania. *Manual de Atendimento Socioeducativo: unidades de atendimento inicial, internação provisória e internação do Distrito Federal*. Brasília. https://www.sejus.df.gov.br/wp-conteudo/uploads/2023/01/Manual-de-Atendimento-SSE.pdf

Distrito Federal (2023b). Secretaria de Estado de Justiça e Cidadania. *Relatório estatístico Anual 2022*. Brasília.

hooks, b. (2018). *O feminismo é pra todo mundo: políticas arrebatadoras* (1a ed.) [Feminism is for Everybody: Passionate Politics]. Rosa dos Tempos.

Brasil. *Lei Federal n.º 8.069, de 13 de julho de 1990* (1990, 13 de julho). Dispõe sobre o Estatuto da Criança e do Adolescente e dá outras providências. Presidência da República. http://www.planalto.gov.br/ccivil_03/leis/l8069.htm

Brasul. *Lei Federal n.º 12.594, de 18 de janeiro de 2012*. (2012, 18 de janeiro). Institui o Sistema Nacional de Atendimento Socioeducativo (SINASE). Presidência da República. http://www.planalto.gov.br/ccivil_03/_ato2011-2014/2012/lei/l12594.htm

Lopes de Oliveira, M. C. S., Costa, D. L. P., & Camargo, C. K. (2018). Infração juvenil feminina e socioeducação: um enfoque cultural e de gênero. *Estudos e pesquisas em psicologia*, *18*(1), 72-92. https://www.e-publicacoes.uerj.br/index.php/revispsi/article/view/38110

Machado, P. E. G. (2014). *A reprodução dos padrões patriarcais na trajetória da internação socioeducativa de jovens do sexo feminino no DF*. (Monografia de Conclusão de Curso). Universidade de Brasília. https://bdm.unb.br/bitstream/10483/9507/1/2014_PollianaEsmeraldaGon%c3%a7alvesMachado.pdf.

Nascimento, L. C. P. (2021). *Transfeminismo*a (1a ed.). Jandaíra.

Brasil. *Portaria n.º 4, 23 de janeiro de 2020* (2020, 23 de janeiro). Estabelece o direcionamento e regulamentação do tratamento adequado dispensado à população LGBTI no Sistema Socioeducativo, proibindo toda e qualquer forma de discriminação por parte de servidores. Diário Oficial do Distrito Federal, n. 18, 27 de jan. 2020. https://www.sinj.df.gov.br/sinj/Norma/dad7e9a7ed4b48e-9b21150da53a206be/Portaria_4_23_01_2020.html.

Volpi, M. (2011). *O adolescente e o ato infracional* (9a ed.). Cortez.

Yokoy de Souza, T., & Gratão, P. G. (2020). Vulnerabilidades sociais e trajetórias institucionais das adolescentes em uma unidade de semiliberdade feminina. *Revista do Ceam*, 6(2), 60-83. https://doi.org/10.5281/zenodo.4522187 [DOI].

NARRATIVIDADES E SOCIOEDUCAÇÃO: O ENCONTRO DO VERBO COM O SILENCIAMENTO[13]

Thaywane do Nascimento
Deise Matos do Amparo

Trabalhar com adolescências e juventudes encarceradas demanda inventividade, (des)construção constante e uma abordagem crítica, voltadas para as vicissitudes dos silenciamentos, do olhar punitivista, do menorismo estrutural e da despersonalização nas instituições totais. As adolescências são tidas socioculturalmente como momento de escolhas, diferenciações e constituição identitária. Mas como forjar um adolescer sem poder ser?

Afinal de contas, nas unidades socioeducativas de internação, não há espaços concretos e simbólicos para que os jovens possam experimentar possibilidades, papéis e sonhar. O controle, a mortificação psíquica e o enquadramento desses corpos e subjetividades sobressaem-se, demarcando a urgência de desenharmos dispositivos, saberes e fazeres que escrevam linhas de e para a vida e os afetos dos adolescentes e jovens acautelados na medida socioeducativa privativa de liberdade.

No contexto brasileiro, a socioeducação é a política pública voltada para a responsabilização de adolescentes (pessoas entre 12 e 18 anos incompletos) que passaram ao ato infracional, sendo delegadas judicialmente as medidas socioeducativas em meios aberto ou fechado, considerando a gravidade do ato e as reincidências infracionais. Fruto de muitas lutas sociais e debates, o sistema socioeducativo vislumbra a responsabilização calcada no processo educativo e no respeito ao desenvolvimento humano.

Portanto, é preciso empreender caminhos no trabalho clínico-político-social junto a esse público, entendendo que a clínica não está descolada da política e do contexto social, histórico e econômico. Além disso, sinalizamos que as pistas para um atendimento socioeducativo efetiva-

---

[13] Este capítulo faz parte da dissertação de mestrado da primeira autora, "Tipo um oásis: as narratividades dos jovens institucionalizados na medida socioeducativa de internação", defendida em 2021, com adaptações e reformulações.

mente afetivo estão nas potencialidades e historicidade dos jovens e dos/as profissionais, na simplicidade do cotidiano e na relação de respeito e confiança, que contornam afetivamente, ainda que simbolicamente, a possibilidade de falar e ser escutado.

Como apontado por Guerra (2017), faz parte da atuação no sistema socioeducativo aproveitar as linhas de fuga que os adolescentes escreveram antes das medidas socioeducativas para resistir e contornar as trajetórias de aniquilamento das existências e das subjetividades, bem como o apagamento identitário. Os jovens institucionalizados lutam para continuar narrando suas vidas, dores e filiações, cabendo a nós, os adultos referentes, o olhar e a escuta sensíveis, para utilizar isso enquanto pontes, e não como paredes.

Em termos subjetivos, algumas pesquisas (Cairus & Conceição, 2010; Penso et al., 2012; Silva & Passos, 2016) mostraram que as vivências dos jovens envolvidos com a infracionalidade são afetadas pelas violências, inclusive, na etapa das relações primárias, com recordações de agressões na infância, figuras de cuidado não fixas, a ausência ou a apresentação violenta da figura paterna. Na adolescência, a vida que esse jovem percorre, da família ao contexto social, é cheia de percalços, sendo obrigado a equilibrar uma busca identitária, estando em contextos de exclusão e com redes protetivas escassas. Essa trajetória com descompassos na continência afetiva pode ajudar-nos a entender as expectativas de futuro frágeis e as compreensões de mundo enrijecidas quando esses jovens estão institucionalizados nas unidades socioeducativas.

Portanto, notamos que a vida dos adolescentes que passam ao ato infracional orbita em torno de violências não elaboradoras. Penso et al. (2012) sinalizam que esse público "sofre a violência que vem da rua, dos policiais, dos amigos, da instituição que o internou, da falta de perspectiva de vida" (p. 110); demonstrando que a realidade da maioria deles é marcada por experiências reais de traumatismos, envolvendo a fragilização dos vínculos sociais, afetivos, relacionais e de pertencimento social, ou seja, existem distintas formas de abandono. Esse frequente contato com variados modos de violência produz repercussões psíquicas na constituição identitária, na saúde mental dos adolescentes (Duchet, 2006) e nas relações interpessoais estabelecidas.

Apesar das vivências complexas dos jovens institucionalizados e das legislações nacionais que lançam uma perspectiva protetiva para as infâncias e adolescências brasileiras, reiteramos que os estabelecimentos voltados para o cumprimento de medida socioeducativa de internação ainda se organizam como instituições de controle e com foco meramente no ato infracional cometido (Athayde et al., 2005; Costa, 2006; Guerra, 2017), sem espaço para acolher a pluralidade de linguagens narrativas apresentadas pelos jovens institucionalizados. Podemos citar aqui o RAP, o Funk, as tatuagens, entre outras. Infelizmente, a medida socioeducativa ainda não é desenhada para que o jovem possa refletir acerca do seu itinerário de vida, descobrir seus talentos, pensar planos de vida plausíveis e falar abertamente sobre si e seus afetos.

As engrenagens institucional e judicial demandam dos jovens privados de liberdade um projeto de vida coeso e, por vezes, distante da realidade extramuros, apenas para ter elementos indicadores da sua "ressocialização". Porém, para construir intervenções com esse público, é preciso ter um nítido projeto clínico-político-social estabelecido (Costa, 2006; Felício, 2020; Rosa, 2004) com a intencionalidade de travar as peças da máquina social que é organizada para moer e sucumbir às existências desses jovens. Assim, para além desta escrita, questionamos: o nosso compromisso se restringe aos relatórios para o judiciário e textos para as dissertações/teses ou se direciona para as vidas e as reexistências desses jovens?

Assim, objetivamos com este capítulo compreender as múltiplas narratividades e como elas podem ser usadas como dispositivos socioclínicos de reparação subjetiva e social junto a jovens em cumprimento de medida socioeducativa de internação. Partindo de uma experiência etnográfica durante seis anos no interior de um estabelecimento socioeducativo voltado para o cumprimento da medida socioeducativa de internação no Distrito Federal. A seguir, apresentamos alguns delineamentos acerca das concepções de narratividades e como elas podem aparecer na práxis cotidiana na privação de liberdade de adolescentes.

Narr(atividades): compreensões, ligações e inscrições

O narrar é algo inerente às relações humanas, dizendo respeito à capacidade de contar histórias, de falar de si, do outro e do mundo. Todavia, quando falamos de narratividades, há várias tradições, epistemologias e áreas do conhecimento (Onocko et al., 2008; Golse, 2017; Onocko-Campos et al., 2013) que reivindicam entendimentos e delimitações acerca dessa categoria. Tal conjuntura demarca as complexidades e a necessidade de costurar esses vários pontos de vistas.

Em termos filosóficos, destacamos as construções de Paul Ricouer, teórico que olha para a narrativa como ligada à temporalidade. Para ele, tudo o que se pode narrar desenvolve-se em relação ao tempo; e tudo o que transcorre no tempo é passível de ser narrado. Tal qualidade temporal das experiências humanas seria a característica que aproxima a ficção da história, em que a narrativa só existe porque o tempo passa (Laffitte, 2017; Onocko-Campos et al., 2013). Conforme Onocko Campos e Furtado (2008), pela lente de Ricouer, "a narrativa seria uma operação mediadora entre a experiência viva e o discurso. Ela ligaria a explicação à compreensão" (p. 1091).

Um dos principais expoentes dos debates acerca das narrativas é o historiador materialista Walter Benjamim, que entende o narrar como a identificação dos fios que remontam o tempo presente, porém tomando a narrativa como coletiva e histórica, não apenas de sujeitos isolados. Nesse cenário, a narratividade é vista como um modo de desconfiar do presente, apontando as contingências que residem nas histórias oficiais e hegemônicas. Portanto, na leitura de Walter Benjamim, a narrativa seria sempre inconclusa, feita de restos e fragmentos, emergindo a revelia das histórias oficiais e retomando o passado para transformar o presente (Ferreira, 2011; Onocko-Campos et al., 2013). Nesse aspecto, podemos refletir acerca das memórias ancestral e territorial que se apresentam nas narrativas de adolescentes institucionalizados na medida socioeducativa de internação.

Ao olhar para as narratividades pelo prisma benjaminiano, demarcamos o interesse pelos restos, pelos elos construídos às margens, "nos trapos do passado que foram esquecidos e que jazem inúteis, arrancando-os do contexto em que foram encerrados para arranjá-los em novos ordenamentos, consoantes ao presente" (Onocko-Campos et al., 2013, p. 2851). Assim, o ato de narrar serviria à reinscrição histórica e psíquica, pois remontar o passado teria potência para recalcular o presente e o futuro.

Outra tradição das narratividades é a ligada à antropologia médica, que parte da dimensão do vivido, em que a narrativa seria corporificada e situada, balizando que o narrado é a experiência corporificada de um sujeito no mundo, em que as vicissitudes são encarnadas no corpo (Onocko-Campos et al., 2013). Apreendemos que a narrativa não se limita ao que aparece nas vozes e escritas, mas também atravessa e modela corpos, códigos, performances e resistências.

Onocko Campos e Furtado (2008) salientam a delimitação da comunicação acerca das narratividades, abarcando essas como intermediário entre o indivíduo e a sociedade, tratando-se, assim, de um dispositivo poroso de interlocução. Além disso, ressaltamos que nessa área do conhecimento, o viés relacional grifa a ação de afetar e ser afetado na mediação narrativa. Nessa tradição epistemológica, o narrar oferece recursos para o manejo dos acontecimentos de todas as grandezas e importâncias, incluindo os que emergem na aparente repetição da existência cotidiana.

A psicanálise também se debruça sobre as narratividades, tendo no seu escopo inúmeras reflexões e análises acerca da função do narrar, inclusive, apontando a vida como sendo uma narrativa que se partilha com outro, em um jogo de escrita da vida (biografia). Nas raízes psicanalíticas, as narratividades se relacionariam aos processos de vínculo e desdobramentos intersubjetivos, partindo das questões da separabilidade e ligabilidade do objeto, essenciais para os processos de diferenciação e construção de elos (Golse, 2017; Laffitte, 2017; Onocko-Campos et al., 2013).

Todavia, salientamos que as diversas tradições, compreensões e lentes convergem para a função mediadora das narratividades, ponto que particularmente nos interessa, levando em conta a necessidade de construir pontes para a mediação reflexiva junto a jovens privados de liberdade. Portanto, as narrativas são mediadoras em meio a um ponto de partida e um ponto de chegada, entre uma configuração de mundo – um mundo possível, desejável, traduzível em linguagem – e outro. Nessa mediação, as narrativas produzem um conhecimento do mundo e participam de sua configuração, sendo o intermédio entre a ação e a linguagem (Onocko Campos & Furtado, 2008; Ricouer, 2012).

Partindo do exposto, cabe tecer algumas definições acerca das narratividades, que auxiliarão nos entendimentos de como isso apareceu e foi operacionalizado na práxis socioeducativa, bem como a pluralidade de semiologias possíveis para a expressão e reflexividade. Um ponto a ser costurado nessa conceituação é a potência reflexiva das narratividades, em que:

> A expressão narrativa das experiências passa então a ser uma das principais formas de reflexividade, uma recaptura das próprias experiências que enriquece a consciência. A história passa então a ser o suporte de uma compreensão e de uma maior consciência das situações, recentes ou

antigas, que condicionam a nossa relação com o futuro, as nossas escolhas, as nossas orientações e decisões (Pachoud, 2017, pp. 63-64).

Corroborando a ideia assinalada anteriormente, alguns/mas autores/as (Bordini & Sperb, 2012; Bruner, 1997; Lopes de Oliveira, 2006; Rodrigues & Guimarães, 2015) apontam que o papel das narrativas está ligado à possibilidade de construir histórias, acessar as vicissitudes próprias e dos outros, dar sentido ao experienciar e à realidade. No ato de narrar, o indivíduo consegue construir novos significados, pois é impelido a se explicar e olhar para seus atos, posicionamentos e papéis. Dessa maneira, a narrativa é uma ferramenta para acesso aos significados, à memória vivencial e aos testemunhos.

Desse modo, em uma sociedade marcada por um achatamento da subjetividade (Carreteiro, 2012a), as narratividades podem mostrar-se como elementares para o encontro desses jovens com as suas histórias de vida e a sua reelaboração. A utilização da narrativa propicia a expressividade dos sujeitos e das problemáticas internas (Rebelo, 2018), sendo assim, primordiais para a inauguração de um processo socioterapêutico que dificilmente se desenvolveria por outra via. Portanto, as narrativas se mostram como uma potente ferramenta para restauração do eu e de garantia da permanência e da consciência de existir (Rebelo & Thomas, 2016).

Ainda dialogando com a lógica das narratividades como promoção de reflexividade, essas podem ser acolhidas como expressões do afeto por meio do verbo (Rebelo, 2018). Dito de outro modo, diz respeito aos modos de dar sentido ao universo interno por meio de objetos culturais – a escrita, a fotografia, o teatro, a música, entre outros –, que são instrumentos da civilização e que trazem a representação alicerçada em uma língua comum (Birraux, 2012). Desse modo, grifamos que as narratividades podem ser pontes importantes para a expressividade de grupos estigmatizados, silenciados socialmente e que acabam por construir linguagens diversas para se comunicarem entre os seus e externarem os seus afetos e filiações.

Dessa maneira, indagamos: o que acontece para as narratividades serem elos reflexivos? Dialogando a partir das concepções de Pachoud (2017), a possibilidade de narrar seria um dos grandes componentes da relação consigo mesmo, de uma apreensão de si e da sua identidade. Nessa conjuntura, segundo Golse (2017), a análise do narrado poderia iluminar as áreas mais íntimas da vida. Destacamos que o encontro consigo ocorre por intermédio de uma construção narrativa e da escuta do narratário, reforçando que o testemunho, a reescritura e a reconstituição psíquica e social emergem na dialogicidade e no encontro com o outro disponível e presente.

Posto isso, ponderamos a figura do narrador nesse processo construtivo, pois é ele quem produz o discurso narrativo, entretanto atua de maneira diferente de um autor. A pessoa que narra é um ser autônomo e que seleciona o que vai narrar (Paiva, 2015). Contudo, essa seleção se encontra com a vida, os processos psíquicos e a localização sócio-histórica do narrador. É uma mescla de criação com contação; o sujeito tem um lugar central; há uma fusão do passado, do presente e do porvir.

Apesar de a narrativa se assentar na expressão de um tempo amplo e que transcende a figura do narrador, percebemos que a palavra de quem narra é política, levando em conta que:

> Os fragmentos transmitidos pelo narrador são como sementes que mantêm seu poder germinativo para além do tempo cronológico, dependendo dos nexos que os ouvintes consigam reconhecer em suas próprias reminiscências a partir dos perigos com que se confrontem social e politicamente (Ferreira, 2011, p. 131).

A presença de outra pessoa é basilar para pensarmos a construção das narratividades e o papel do narrador, afinal de contas, de acordo com Onocko-Campos et al. (2013), é a condição de ouvinte que cria o narrador. Ou seja, alguém precisa querer ouvir para que o ato de narrar aconteça, haja vista que o narrador é elevado ao lugar de autoridade pelo ouvinte/narratário (Onocko Campos & Furtado, 2008).

Portanto, a narratividade é uma experiência compartilhada, na medida em que a elaboração é comunicada, sendo determinada por uma relação com o outro disponível e orientada pela partilha e reciprocidade (Pachoud, 2017). Essa elaboração é alcançada por um olhar narrativizante, que articula os vários fragmentos em circulação (Onocko-Campos et al., 2013), em um presente de elucidação e compartilhamento do testemunho do vivido, possibilitando considerar aberturas e possibilidades futuras (Pachoud, 2017).

Vale pontuar, considerando as dimensões relacionais, de memória e de elaboração, que as narratividades não constituem uma representação exata e rigorosa das experiências vividas, tratando-se de um meio em que reconfiguramos nossas experiências e identidades, em um elaborar que desenvolve inteligibilidade e ações (Pachoud, 2017). Em diálogo, Onocko-Campos et al. (2013) grifam que é preciso:

> Construir narrativas que possam lidar não só com a sequência dos acontecimentos e as intenções conscientes dos atores, como também com as estruturas— que ele traduz como instituições, modos de pensar— e argumentar se elas retardam ou aceleram acontecimentos. Essa seria uma forma de mediar estrutura e acontecimentos (p. 1093).

Reiteramos que o narrador não caminha solitariamente, ele traz as suas inscrições coletivas. Portanto, no ato de narrar, pensa-se e repensa-se as vidas e os mundos, formando-se junto aos outros, compreendendo que é na conexão entre discursos que se constroem histórias e desconstrói vivências (Franco, 2018; Suárez, 2010).

Assim, a narrativa não traz apenas a voz de quem fala; vozes múltiplas emergem no narrar (Ferreira, 2011; Suárez, 2010). Em consonância com essa proposição, Carreteiro (2012b) argumenta que a narrativa é um modo de entendimento das condições sócio-históricas de produção de vida dos sujeitos, permitindo observar os diversos eixos (psíquicos, coletivos, familiares, econômicos etc.) que atravessam as histórias de vida, pois fará referências implícitas ou explícitas a vários pertencimentos sociais, articulando relações de poder, política, identidades e contextos, denotando a imbricada e complexa relação das narratividades com os discursos sociais, nas quais circulam os dizeres sociais, as ideologias e as realidades cotidianas (Onocko-Campos et al., 2013).

O vértice político das narratividades também é apontado nas pesquisas acadêmicas, partindo da ideia de que o narrar é uma maneira de enunciação ancorada no cenário político do tempo histórico, fundando-se no elo indissociável entre ação e palavra. Portanto, toda narrativa seria política (Ferreira, 2011; Onocko Campos & Furtado, 2008; Onocko-Campos et al., 2013), porque traria para a cena as inscrições e os atravessamentos de um ser social.

Destacamos que a narratividade olhada como produto de uma coletividade pode apoiar-nos a contrapor as linhas mortíferas das necropolíticas e dos silenciamentos impostos a alguns grupos sociais, como é o caso de jovens privados de liberdade no sistema socioeducativo. Desse modo, o narrar seria um ato em prol da vida e das existências:

> É preciso narrar para que os mortos não sejam vencidos mais uma vez. A opção não é meramente estética, mas fundamentalmente política: narra-se para interromper o tempo artificial da produção maquínica, para dedicar-se a uma leitura do tempo.... Narrar para evitar que se negue a palavra aos mortos. Narrar para evitar que os inimigos continuem vencendo e para fortalecer uma perspectiva que se avizinha do olhar da criança: atenção aos detalhes, ao ínfimo, ao transitório, às personagens sempre alocadas nos níveis mais baixos dos monumentos (Ferreira, 2011, pp. 126-128).

Dessa maneira, percebemos que as narratividades auxiliam na escritura e na produção de linhas para a vida, em que a linguagem, em seu modo plural, é usada como laço comunicador e que rompe com a produção de relações desvinculadas e líquidas, assim, convocando as pessoas para uma aliança fraterna e recíproca. Ou seja, há uma reelaboração de si e dos elos comunitários por mediação dos objetos culturais.

Partindo disso, apreendemos que não há uma linguagem unívoca na arte de narrar, a narratividade é maleável e acolhe a pluralidade de comunicações, os modos de ser e as resistências. Segundo Onocko Campos e Furtado (2008), as narrativas inauguram formas de articulação com o cotidiano a partir da pluralidade de jogos de linguagens com vários enunciados. Afinal de contas, as linguagens vão se forjando para perpetuar o existir.

Desse modo, a produção audiovisual, a escrita literária, a fotografia, a poesia, o desenho, a tatuagem, entre outras linguagens, podem ser utilizadas como mediadores relacionais e elaborativos no trabalho junto a grupos historicamente silenciados e apagados socialmente. Nesse sentido, as narrativas podem ser uma ponte (in)visível para acessar e estar com os jovens privados de liberdade em diversos espaços institucionais. Isso significa que, ao usarmos os objetos da cultura como dispositivos narrativos, o foco não é o desenho, a poesia ou qualquer outra linguagem, mas os signos, os ditos e os silenciamentos que se apresentam.

Em uma tentativa de sintetizar e criar costuras acerca de uma conceituação de narratividades, sem fechar ou concluir, ponderamos que as narratividades são "histórias (ainda) não narradas" (Ricouer, 1997, p. 115), na qual o narrar se apresenta como abrigo do inacabamento dos tempos históricos (Ferreira, 2011) e psíquicos. Assim, a narrativa é parte da vida, antes de se exilar na escrita (Onocko-Campos et al., 2013), no desenho, na cena, na pele ou qualquer outra plataforma. Debruçamo-nos agora neste capítulo em tentar construir interfaces entre as narratividades e o trabalho sociclínico junto a jovens privados de liberdade, a partir da nossa experiência interventiva, inventiva e criadora de e nas brechas em uma unidade socioeducativa de internação do Distrito Federal.

Como narrar na privação de liberdades? Narratividades e socioeducação

No cenário da medida socioeducativa privativa de liberdade, notamos que as narratividades diversas podem ser aporte para a expressividade, a reflexividade e o protagonismo. Caminhar dos afetos para o verbo, em uma instituição marcada pelo silenciamento, por intermédio de linguagens múltiplas e que coadunem com a realidade dos jovens periféricos, racializados e das camadas sociais populares, é desafiador, mas igualmente potente e transformador para adolescentes institucionalizados e adultos que operacionalizam a política pública socioeducativa.

Partindo das compreensões e das delimitações acerca das narratividades, questionamo-nos neste trabalho: como transformar as narratividades em um dispositivo de trabalho com jovens institucionalizados? Como utilizar a maleabilidade criativa das narrativas como estratégia na (re)construção subjetiva e identitária de jovens privados de liberdade?

Entendendo que as existências desses jovens trazem elementos de privações e violações de direitos desde a tenra idade, portanto o sofrimento não se inicia na privação de liberdades, mas perpassa suas infâncias, adolescências e ancestralidades, sendo carregado sem elaboração, escuta ou acolhida por anos a fio. Não podemos desconsiderar os impactos de uma vida que o tempo todo é expurgada e desvalorizada socialmente, forjando estratégias de sobrevivência e distanciamentos relacionais.

Em diálogo, Gurski e Strzykalski (2018) apontam que as trajetórias de vida dos adolescentes em cumprimento de medidas socioeducativas são permeadas por violências e significações de si cristalizadas, considerando que, na infracionalidade, não há tempo para refletir e pensar, haja vista que esses espaços são caracterizados pela luta concreta e constante de manutenção da vida.

Outro aspecto importante, ao elaborarmos ferramentas de trabalho junto aos jovens a quem se atribui a autoria de ato infracional, é considerar a escolaridade e a capacidade interpretativa deles. Apesar de a maioria desses jovens ser alfabetizada, boa parte tem dificuldades na escrita e na compreensão de textos. Contudo, a ideia não é ensinar o jovem institucionalizado a escrever, desenhar, fotografar ou ser especialista em qualquer linguagem, e sim colocar as potencialidades oferecidas pela narrativa a favor do mesmo (Rebelo & Thomas, 2016) e de sua (re) inscrição psíquica e social.

Desse modo, é imprescindível a consolidação de espaços de diálogo e escuta para integrar a ação, os sentimentos e os pensamentos suscitados no encontro deles com as narratividades e ações elaborativas. Nesse sentido, os objetos da cultura não são meramente para responder ao lúdico, distrair ou ocupar os jovens na restrição de liberdade, mas propiciam um processo criativo, no qual o sujeito pode recriar-se a partir da intersubjetividade (Brasil, 2016; Rebelo & Thomas, 2016), em um cenário em que as narratividades funcionam como um catalisador potente de questões, a partir da enunciação de si para além do ato infracional (Gurski & Strzykalski, 2018).

A convocação para poder ser coletivamente e se reinventar proveniente das narratividades diverge do cerne da passagem aos atos violentos, que, conforme Vilas Boas et al. (2017), significa uma barreira na conservação dos laços ao silenciar as palavras. Portanto, o processo de construção narrativa cria fissuras nas obstruções e desvinculações consoantes ao ato violento, propiciando uma religadura e espaço para o/a trabalhador/a socioclínico/a intervir e criar caminhos.

Além disso, o narrar pode contornar o cerceamento e a falta de liberdades para ser e se expressar nos estabelecimentos para cumprimento de medida socioeducativa de internação, nos quais o silêncio e o não demandar são tidos como marcadores de bom comportamento e preparo para o contexto extramuros. De que maneira é possível falar em uma "quebrada de silêncio"? A escrita nas paredes da unidade socioeducativa, por exemplo, foi uma maneira de ecoar o silenciamento e reivindicar a fala por parte dos jovens em cumprimento de medida socioeducativa de internação, como vemos na imagem a seguir. A escrita foi singela e com traços sutis no meio de um emaranhado de referências aos territórios e números do código penal, que se referiam aos atos infracionais cometidos (ou não) pelos transeuntes daquele espaço.

Entretanto, tal inscrição nos chama para pensar como o silêncio é regra nos espaços direcionados para jovens envolvidos com a infracionalidade. Como desenhar transformações e possibilidades numa lógica marcada pela não expressividade e amordaçamento das múltiplas vozes?

Figura 1: *Inscrição na parede da instituição "quebrada de silêncio".*

Nota. Registro fotográfico feito pela primeira autora deste capítulo.

Dessa maneira, ressaltamos que o desenho, a poesia, a fotografia ou qualquer outra narrativa por si só não consolidam uma reinvenção do sujeito, mas marcam pertencimentos, possibilidades de expressão e (re)existências, em um cenário no qual o sujeito cria modos próprios para dizer seus sentimentos, localizações e anseios. Como diz Carreteiro (2012b), com as narrativas "não é possível transformar o passado, mas sim mudar as relações que se têm com ele" (p. 37) e formar alianças no presente, que serão basilares para o percurso e (re)configuração psíquica desse jovem.

Em consonância, Marty (2006) apresenta uma importante ponderação acerca do papel da narratividade na reconstituição subjetiva do adolescente que passa ao ato violento:

> O tempo de dizer vai substituir o tempo da ação; a palavra vai criar as ligações associativas que vão reconstruir a trama em cima da qual vai-se poder retomar uma história. A história dessa narrativa, objeto da ligação transferencial ao analista, torna-se o tempo forte dessa reconstrução, como uma história dentro da História. Falar dessa maneira, falar de si mesmo a um outro, devolve a capacidade de experienciar, de reencontrar as emoções que algumas vezes estão ligadas ao primeiro tempo do traumatismo... (p. 128).

Considerando o exposto, o enquadre e os dispositivos socioclínicos demandam outra dimensão e uma inventividade do/a profissional nas unidades de internação. Ou seja, o enquadre está para além dos olhos, não se restringindo ao espaço físico, devendo ser fortemente maleável para ser continente às demandas dos jovens, da instituição e societárias. Por vezes, o encontro com o jovem dar-se-á no banho de sol, nas aulas de Artes, no quarto-cela ou na enfermaria. Já que não é possível modificar a engrenagem institucional instantaneamente, vamos criando interstícios que possibilitem a liberdade, a sensibilidade, o acolhimento e a pluralidade de se narrar a vida e os mundos.

Assim, o enquadre socioclínico na privação de liberdade juvenil tem que ser efetivamente afetivo, ético e continente para possibilitar que o jovem se expresse sem sofrer retaliações institucionais ou se vulnerabilize frente aos demais jovens institucionalizados. É um trabalho de sutilezas e cuidados em um lugar que é tomado por relações de poder, serialização e enquadramento dos corpos e das subjetividades.

No atendimento socioclínico a esse público, a pessoa que acolhe tem que suportar o contato direto com a violência e solicitar, por meio da palavra (escrita, falada, encarnada, cantada, desenhada...), o envolvimento do sujeito (Amparo & Pereira, 2010) consigo, com sua história de vida e com o contexto sócio-histórico, propiciando uma saída da presentificação cristalizada dos discursos e ações.

Enfatizamos que, na nossa jornada no estabelecimento socioeducativo, o uso das narratividades conseguiu transformar questões subjetivas em verbo ou imagem, sendo ponte mediadora para a consolidação de ressignificações e elos. Desse modo, a narrativa construída acabou sendo um suporte para quem acolhia e para o jovem, servindo como uma espécie de chão para uma relação que se construiu no impalpável, na qual o que há de mais concreto são as grades.

Portanto, ao se apropriarem das narratividades, os adolescentes acautelados na medida socioeducativa de internação explanavam acerca das suas vivências de violações de direitos, bem como passavam a compreender de modo complexo o cumprimento da medida socioeducativa, rompendo com o discurso e o afeto de que a internação era um mero castigo. No caso de uma produção audiovisual que realizamos no interior do estabelecimento socioeducativo, os adolescentes institucionalizados conheceram, durante as filmagens, os diversos espaços da instituição e dialogaram com diferentes trabalhadores. Assim, o acautelamento passou a ter um tônus mais humano e integral.

Ainda exemplificando como o uso das narratividades múltiplas reverberam nas vicissitudes de adolescentes privados de liberdade, relatamos as oficinas em que usamos a fotografia como dispositivo socioclínico. Os adolescentes a priori queriam fotografar a si mesmos, como uma maneira de se verem em completude e enxergar as transformações que o seu corpo havia passado. A surpresa em ver a própria compleição física era constante. Dessa maneira, antes de partirmos para um registro dos afetos que permeavam a restrição de liberdade, debatemos acerca do adolescer na medida socioeducativa de internação e das (im)possibilidades de se enxergarem em suas integralidades, seus contornos, suas cores e seus afetos.

Perspectiva corroborada pela experiência de Rebelo e Thomas (2016), na qual as narrativas tinham a função de tela e apoio para as inscrições dos conteúdos concretos e psíquicos dos adolescentes com os quais trabalharam. Nesse cenário, é vital sinalizar a importância da dimensão relacional, levando em conta que funciona como um apoio e acolhimento da produção narrativa (Carreteiro, 2012b).

Considerações finais

No cenário da unidade socioeducativa, as narratividades foram surgindo e sendo utilizadas como ferramentas de reparação subjetiva, social e identitária nas vivências de jovens privados de suas liberdades. Para tal feito, costuramos linguagens, encontros, episódios e histórias de vidas.

Destacamos que a atuação junto a jovens institucionalizados demanda de nós sobreviver à instituição total, aos ataques inconscientes e sobreviventes dos jovens e consolidar estratégias para acolher e ouvi-los, para assim viabilizar uma ligação propiciadora de circulação das palavras. Isso significa que cabe ao profissional reaver a própria liberdade e a potência para trabalhar com esses jovens, haja vista que as contenções e privação também capturam os/as trabalhadores/as e escuta-dores.

Portanto, sinalizamos que os adolescentes privados de liberdade na socioeducação falam de si, de seus contextos e vicissitudes. Todavia, é preciso termos olhos, ouvidos e corpos sensíveis e atentos para ver, escutar e sentir um verbo que não sai somente da boca, mas da pele, passa pelas paredes, folhas de papel, telas e performances.

Referências

Amparo, D. M. do; Pereira, M. S. (2010). Adolescência e passagem ao ato violento: aspectos clínicos e psicodinâmicos. In Amparo, D. M. do, Almeida, S.F. C. de, Brasil, K. T. R., & Marty, F. (org.). *Adolescência e violência- Teorias e práticas nos campos clínico, educacional e jurídico* (pp. 67- 88). Liber Livro Editora.

Athayde, C.; Bill, M. V., & Soares, L. E. (2005). *Cabeça de porco*. Objetiva.

Birraux, A. (2012). Violência e objetos culturais. In Amparo, D. M. do; Almeida, S. F. C. de; Brasil, K. T. R.; Conceição, M. I. G., & Marty, F. (org.). *Adolescência e violência: intervenções e estudos clínicos, psicossociais e educacionais* (pp. 227-238). Liber Livro e Editora Universidade de Brasília.

Bordini, G. S, & Sperb, T. M. (2012). Concepções de gênero nas narrativas de adolescentes. *Psicologia: Reflexão e Crítica*, 25 (4), p. 738-746. doi: https://doi.org/10.1590/S0102-79722012000400013.

Brasil, K. T. (2016). Apresentação. In Brasil, K. T., & Drieu, D. (org.). *Mediação, simbolização e espaço grupal: propostas de intervenções com adolescentes vulneráveis* (pp. 7-10). Liber Livro.

Bruner, J. (1997). *Atos de significação*. Artes Médicas.

Cairus, R., & Conceição, M. I. G. (2010). Adolescentes na corda bamba: aspectos psicossociais na relação com a lei. *Psicologia Política*, *10*(20), 275-292.

Carreteiro, T. C. O. (2012a). Vidas fazendo história e construindo histórias de vida. In Viana, T. de C., Diniz, G. S., Costa, L. F., & Zanello, V. (org.). *Psicologia Clínica e Cultura Contemporânea* (pp. 32- 46). Liber Livros.

Carreteiro, T. C.. (2012b). Adolescências nas malhas dos tráficos sociais. In Amparo, D. M. do, Almeida, S. F. C. de, Brasil, K. T. R., Conceição, Maria Inês Gandolfo, & Marty, François (org.). *Adolescência e Violência: intervenções e estudos clínicos, psicossociais e educacionais* (pp. 267-275), Liber Livro e Editora Universidade de Brasília.

Costa, A. C. G. da. (2006). *Socioeducação: Estrutura e Funcionamento da Comunidade Educativa*. Secretaria Especial dos Direitos Humanos.

Duchet, C. (2006). Du psychotraumatisme à la résilience: perspectives cliniques [Do psicotrauma à resiliência: perspectivas clínicas]. In Jehel, L., & Lopez, G. (ss la dir.) *Psychotraumatologie: Evaluation, clinique, Traitement* (2a ed.). [Psicotraumatologia: Avaliação, clínica e Tratamento]. Dunod.

Felício, T. L. A socioeducação da utopia: construindo histórias de vida em meio à política de morte. (2020). In Pessoa, A. S. G., Rosa, E. M., & Alberto, M. de F. P. (org.). *Atendimento Psicossocial de Adolescentes em Conflito com a lei: resultados de pesquisas e práticas exitosas* (pp. 23-36). CRV.

Ferreira, M. S. (2011). Walter Benjamin e a questão das narratividades. *Mnemosine*, 7(2), p. 121-133.

Golse, B. (2017). Narrativité, séparabilité et ligabilité [Narratividade, separabilidade e ligabilidade]. In Clouard, C., Golse, B., & Vanier, A. *La narrativité: Racines, enjeus et ouvertures* (pp. 47-62) [Narratividades: raízes, apostas e aberturas]. Editions in Press.

Guerra, A. (2017). Educar para a cidadania: nas fronteiras da socioeducação. *Currículo sem Fronteiras*, 17(2), 260-274.

Gurski, R., & Strzykalski, S. (2018). A "invencionática" na pesquisa em psicanálise com adolescentes em contextos de violência e vulnerabilidade: narrando uma trajetória de pesquisa. In Brasil, K. T., Almeida, S. F. C. de, & Drieu, D. *Proteção à infância e à adolescência: intervenções clínicas, educativas e socioculturais* (pp. 127-139). Cátedra UNESCO de Juventude, Educação e Sociedade e Universidade Católica de Brasília.

Laffitte, P.-J. (2017). Parler du sujet sans em parler – La narrativité, modalité de l'intégration et métapsychologie [Falando sobre o assunto sem falar- Narratividade, modalidade de integração e metapsicologia]. In Clouard, C., Golse, B., & Vanier, A. *La narrativité: Racines, enjeus et ouvertures* (pp. 117-134). [Narratividades: raízes, apostas e aberturas]. Editions In Press.

de Oliveira, M. C. S. L. (2006). Identidade, narrativa e desenvolvimento da adolescência: Uma revisão crítica. *Psicologia em Estudo*, 11(2), 427-436. doi: http://dx.doi.org/10.1590/S1413-73722006000200022z

Marty, F. (2006). Adolescência, violência e sociedade. Ágora, *IX*(1). doi: https://doi.org/10.1590/S1516-14982006000100009

Onocko-Campos, R. T., & Furtado, J. P. (2008). Narrativas: utilização na pesquisa em saúde. *Revista de Saúde Pública*, 42(6), 1090-1096.

Onocko-Campos, R. T., Palombini, A. de L.; Leal, E., Junior, O. D. de S., Baccari, I. O. P. F., A. L.; Diaz, A. G., & Xavier, M. A. Z. (2013). Narrativas no estudo das práticas em saúde mental: contribuições das perspectivas de Paul Ricouer, Walter Benjamim e da Antropologia médica. *Ciência & Saúde Coletiva, 18*(10), p. 2857-2857.

Pachoud, B. (2017). Flux des vécus, narrativité et définition réflexive de soi [Fluxo de experiências, narratividade e autodefinição reflexiva]. In Clouard, C., Golse, B., & Vanier, A. *La narrativité: Racines, enjeus et ouvertures* (pp. 63-84) [Narratividades: raízes, apostas e aberturas]. Editions In Press.

Paiva, É. L.. (2015). *Narrativas de histórias de vida como formação de si: um jogo com adolescentes do povoado do Maracujá.* (Tese de Doutorado). Universidade Federal da Bahia.

Penso, M. A., Conceição, M. I. G., Costa, L. F., & Carreteiro, T. C. O.. (2012). *Jovens pedem socorro: o adolescente que praticou ato infracional e o adolescente que cometeu ofensa sexual.* Editora Universa e Liber Livro.

Rebelo, T., & Thomas, M. (2016). Trabalho de narratividade com adolescentes em uma residência terapêutica. In Brasil, K. T., & Drieu, D. (org.). *Mediação, simbolização e espaço grupal: propostas de intervenções com adolescentes vulneráveis* (pp. 153-171). Liber Livro.

Rebelo, T. (2018). Dispositivos de mediação cultural nos espaços educativos e socioculturais com adolescentes vulneráveis. In Brasil, Katia T. A., S. F. C. de, & Drieu, D.. *Proteção à infância e à adolescência: intervenções clínicas, educativas e socioculturais* (pp. 99-113). Cátedra UNESCO de Juventude, Educação e Sociedade e Universidade Católica de Brasília.

Ricouer, P. (1997). *Tempo e narrativa.* Papirus.

Ricoeur, P. (2012). *Tempo e Narrativa 1: a intriga e a narrativa histórica.* Martins Fontes.

Rodrigues, S. C., & Guimarães, Á. M. (2015). Narrativas de adolescentes: um convite para captar subjetividades. *Inter-Ação, 40*(2), 289-305. doi: https://doi.org/10.5216/ia.v40i2.32672

Rosa, M. D. (2004) Uma escuta psicanalítica das vidas secas. In Comissão de Aperiódicos da Associação Psicanalítica de Porto Alegre (org.). *Adolescência: um problema de fronteiras* (pp. 148-161). APPOA.

Silva, G. L. da, & Passos, M. C. (2016). Um lugar para chamar de seu: uso de tatuagens por adolescentes em programas socioeducativos. *Estudos de Psicanálise, 46*, 67-76.

Vilas Boas, L. M., Amparo, D. M. do, Almeida, S. F. C. de, & Brasil, K. T. (2017). Clínica com adolescentes em conflito com a lei: contribuições da psicanálise no trabalho com a demanda. In Amparo, D. M. do, Lazzarini, E. R., Silva, I. M. da, & P., L. (org.) *Psicologia clínica e cultura contemporânea, 3*, 129-158.

DIAGNÓSTICOS DE ADOLESCENTES NA ESCOLARIZAÇÃO: UMA INCURSÃO NA *NOVA ESCOLA*

Layla de Albuquerque Borges Brandão
Laís Macêdo Vilas Boas
Susane Vasconcelos Zanotti

As categorias diagnósticas do *Manual Diagnóstico Estatístico* (DSM) configuram uma via de interpretação do mal-estar na educação que, por vezes, se apresentam como resposta ao que tropeça na escolarização. No contexto exigente que a pandemia da Covid-19 implicou, o mal-estar na educação deu-se pela via do sofrimento psíquico de professores, gestores e estudantes. Neste sentido, a proposta de analisar os enredos discursivos de educadores relacionados aos diagnósticos de adolescentes torna-se pertinente para o aprofundamento da análise dos efeitos da pandemia no processo de escolarização.

O presente capítulo faz uso da noção freudiana de que governar, educar e psicanalisar estariam entre os ofícios que carregam a impossibilidade inerente à linguagem. Governar inspirou a elaboração do discurso do mestre (DM) dentro da obra lacaniana, assim como o ofício de educar foi traduzido no discurso universitário (DU) e o psicanalisar ao discurso do analista (DA). Lacan ainda acrescentou o discurso da histérica (DH) e, anos depois, o discurso capitalista (DC).

A partir de uma incursão pelas publicações da *Nova Escola*[14], objetivou-se analisar os discursos relacionados à adolescência e a diagnósticos. Para tanto, foram extraídos e analisados fragmentos discursivos entre os anos de 2010 e 2022. Neste capítulo, serão explorados dois resultados identificados no referido período de publicações da *Nova Escola*.

O primeiro resultado aponta para o aumento de situações de urgência subjetiva, frequentemente localizadas e debatidas no campo da saúde mental como suicídio, *bullying*, automutilação e, especialmente após o contexto de pandemia da Covid-19, o surgimento do debate sobre agressi-

---

[14] Este trabalho atualiza a investigação abordada na dissertação da autora, "Diagnósticos na escolarização: uma leitura psicanalítica de discursos sobre os adolescentes", e investiga um aspecto do referido trabalho, defendido no Programa de Pós-graduação em Psicologia da Universidade Federal de Alagoas (Ufal).

vidade na escolarização. Assim, surge a prevalência do uso de respostas em ato dos adolescentes, como autolesões no corpo, agressividade e suicídio, levando-nos a investigar uma resposta ao que não cessa de não se escrever nas publicações: o impasse do sentido na adolescência. O segundo resultado se refere à possibilidade de explorar metodologicamente a Teoria dos Quatro Discursos, como operador para análise psicanalítica de discursos.

Teoria dos quatro discursos: caminhos e possibilidades metodológicas

O corpus desta pesquisa é composto por reportagens e notícias de edições da *Nova Escola* disponíveis em seu site. Esta revista possui publicações on-line de grande circulação no campo educacional e foi abordada como via para conhecer como os diagnósticos tocam o que se fala sobre o adolescente de nosso tempo. Ao escolher a *Nova Escola* para investigar como discursos sobre o impossível da educação articulam-se aos diagnósticos de adolescentes, não visa a generalizar o discurso que circula entre educadores. A proposta é conhecer as modalidades de laço social que emergem nos discursos da revista.

A busca no site da *Nova Escola* organizou-se a partir de um recorte temporal entre os anos de 2010 e 2022, e foram identificadas 18 publicações, as quais foram analisadas ao longo do estudo. Dessas, foram identificadas oito que tocam a questão da adolescência associada ao que as políticas de saúde nomeiam como "comportamentos de risco". As publicações foram organizadas no Quadro 1, a seguir.

Quadro 1: *Edições da Nova Escola organizadas a partir da convergência/presença dos termos "adolescência" e "diagnóstico.*

ANO	TÍTULO	EDIÇÃO	AUTOR (A)	"COMPOR-TAMENTO DE RISCO"/ DIAGNÓSTICO
2015	A nova onda de diagnósticos	Site	Catarina Iavelberg,	Transtorno Desafiador Opositor
2017	Cutting: como lidar com uma criança que se automutila	Site	Laís Semis	Autolesão

ANO	TÍTULO	EDIÇÃO	AUTOR (A)	"COMPORTAMENTO DE RISCO"/ DIAGNÓSTICO
2018	Suicídio: o que a escola pode fazer?	315	Pedro Annunciato e outros autores	Suicídio
2018	"Suicídio é uma forma desesperada de construir um sujeito"	315	Pedro Annunciato	Suicídio
2019	Como está a saúde mental nas escolas?	322	Tony Oliveira	Transtornos de ansiedade, depressão e déficit atenção de e hiperatividade
2019	Transtornos Alimentares e a busca pelo corpo ideal: como abordar esse tema na escola?	Site	Ana Carolina D' Agostini	Transtornos alimentares
2019	A saúde mental na escola e a prevenção do suicídio	Site	Martha Maccaferri	Suicídio
2019	8 mitos sobre o suicídio que pais e educadores precisam conhecer	Site	Ana Carolina D' Agostini	Suicídio
2022	Quais são o papel e os limites da escola na promoção da saúde mental dos estudantes?	Site	Tatiana Calixto	Autolesão e Ideação suicida
2022	Como cuidar da saúde mental de crianças e adolescentes na volta ao ensino presencial.	Site	Nairim Bernardo	Agressividade

Nota. A editoria da revista *Perspectiva*.

O Transtorno Desafiador de Oposição (TOD) foi uma categoria diagnóstica discutida em 2015, escrita por Catarina Ivelberg, e a segunda publicação foi elaborada por Ana Carolina D'Agostini, ambas psicólogas com especialização em psicologia escolar. A publicação de 2015 apresenta o TOD como causador de uma "nova onda" de diagnósticos psiquiátricos na escola, relacionando ao aparecimento de um considerável número de diagnósticos de Transtorno do Déficit de Atenção com Hiperatividade (TDAH). Além de situar o debate do TOD em um contexto de crescente medicalização da infância e utilizar a expressão "aluno com esse rótulo" para se referir à nomeação ocasionada pelo diagnóstico, Carolina Ivelberg convida os leitores da revista a indagarem sobre certo excesso por parte dos médicos no diagnóstico de estudantes.

Além do TOD, outras categorias diagnósticas, como transtorno de ansiedade, depressão e TDAH aparecem em uma matéria também de 2019, que parte da pergunta: como está a saúde mental nas escolas? Trazendo dados estatísticos, o autor Tory Oliveira aponta para um ponto de tensão entre a quantidade de alunos diagnosticados em idade escolar e convoca os leitores da revista à "conscientização" sobre a problemática.

A nomeação do mal-estar como uma doença que se apresenta de modo externo ao sujeito, tal como se apresentam nas categorias psicopatológicas, adverte-nos para a possibilidade de abertura para uma dificuldade de situar a criança ou o adolescente dentro de sua própria história, em uma rede simbólica e discursiva que passaria por sua família e pelo contexto que cada estudante responde singularmente (Coutinho, 2009; Coutinho et al., 2018). Diante desse contexto, faz-se necessário estar atento para a elaboração de narrativas sobre a experiência escolar e de como esta se relaciona com o sofrimento psíquico vivenciado por jovens no encontro com a puberdade.

O suicídio vem sendo associado à pressão social, ao *bullying* e à depressão. Educadores se queixam da narrativa de adolescentes sobre a ausência de sentido para a vida. A matéria de capa de setembro de 2018 da revista *Nova Escola* aponta como uma característica específica da adolescência de nosso tempo a perda de sentido pela vida. Somando-se ao contexto apontado pela *Nova Escola*, a queixa de certo esvaziamento do sentido do que se aprende leva-nos a um fenômeno referido como "esvaziamento da palavra", observado no contexto contemporâneo da educação por Coutinho e Pisetta (2014). A escassez de recursos simbólicos para lidar com o que se vivencia na escolarização e até mesmo ao longo da vida é um fenômeno que requer dedicação pela via da linguagem dentro do espaço escolar. Escrita? Arte? Música? Leitura? Historicamente, a educação dispõe de espaços de narrativa importantes para o desenvolvimento de recursos simbólicos.

No mês de setembro dos anos de 2018 e 2019, a revista *Nova Escola* se dedicou a edições temáticas relacionadas ao tema do suicídio e como que esta delicada questão emerge durante a escolarização. É importante assinalar que, no referido mês, há um engajamento de vários setores da sociedade sobre o tema do suicídio a partir da campanha Setembro Amarelo.

Qual o sentido de aprender sobre as funções orgânicas de uma célula? Por que calcular o mínimo divisor comum de um número? Qual o sentido de precisar ir para a escola todos os dias, fazer provas, prestar vestibular, ir para a faculdade? Essas são questões encontradas nas relações "entre" que acontecem nos corredores de uma escola ou até mesmo nos grupos de *chats* virtuais das turmas. A questão do sentido também discutido pelo psicanalista Rinaldo Voltolini (2012), ao indicar que a "falta de sentido" é partilhada em muitos espaços escolares: os alunos já não se sentem mais "estimulados" ao que se apresenta na sala de aula, sendo comum a referência a um hiato entre o que demanda a escola e o estudante de nosso tempo. Nessa direção, nossa investigação corrobora a tese de Voltolini (2012), de que a falta de sentido do conhecimento é uma das grandes mazelas da escola contemporânea, incluindo nesta problemática não apenas os estudantes, mas também os próprios professores, os quais têm dificuldade em justificar e defender a relevância de certos conteúdos apresentados em sala de aula.

A operação psíquica própria do sujeito adolescente produz efeitos que marcam a experiência escolar dos estudantes e convocam a *Nova Escola* a dialogar com os leitores sobre esses efeitos. O sociólogo e antropólogo David Le Breton (2018) diz-nos que o sofrimento próprio da adolescência nasce da diferenciação do advento de si, e, neste sentido, o jovem se vê ameaçado diante de um contexto que limita sua margem de manobra sobre o mundo e que altera de modo substancial seu prazer de viver.

Apesar de não ser um texto dedicado à relação entre psicanálise e educação, e tampouco utilizar o termo "adolescência" em sua obra, a escola aparece como pano de fundo de uma discussão importante da obra de Freud. Porém, o que hoje corresponde ao final do ensino fundamental

– anos iniciais, por volta dos 10 anos de idade é apontado por Freud como um momento interessante para o esclarecimento das questões relacionadas à sexualidade humana, bem como de sua significação dentro do campo social (Freud, 1907/1996). Esse momento da vida estudantil indica a relevância do presente estudo, considerando a escola como um dos espaços em que o encontro com a puberdade opera-se.

Na terceira parte dos três ensaios sobre a teoria da sexualidade, Freud (1905/2016) dá importantes contribuições sobre a puberdade, demarcando que é neste momento que elementos da vida sexual infantil são reeditados e encaminham-se à sua configuração definitiva. Nesse texto, Freud também aponta duas mudanças relevantes ocasionadas pelo advento da puberdade: o primado das zonas genitais e o processo de descoberta do objeto. Diante de demandas que o próprio corpo proporciona, o sujeito é invadido por um excesso pulsional, sobre o qual desconhece como satisfazer, enquanto a sociedade o convoca a assumir um novo estatuto na divisão de papéis e funções dentro de seu contexto social (Coutinho, 2009). Diante dessa trama em que o sujeito adolescente se encontra implicado – e em seu no encontro com outros sujeitos que vivenciam experiências semelhantes –, temos a escola como um espaço que possibilita o exercício na elaboração de um novo lugar na sociedade e no encontro com outros sujeitos que vivenciam essa convocação.

Buscando analisar os fragmentos das publicações que apontam para os equívocos e repetições dos discursos que tocam o tema da presente pesquisa, inspiramo-nos na proposta metodológica de Lerner (2013). Em seu trabalho de investigação sobre os discursos relacionados à educação inclusiva, a referida autora tem como proposta metodológica uma leitura que se orienta em uma matriz da análise e aborda os discursos como efeito das enunciações. Lerner (2013) propõe uma análise de discurso lacaniana para identificar o laço social que se estabelece nos fragmentos discursivos, bem como os efeitos deste laço; converge com o cenário contextual de nossa pesquisa: uma revista escrita e direcionada a profissionais da educação. Os laços sociais são denominados por Lacan como aparelhos de gozo (Quinet, 2012). Por meio deles, há um esvaziamento do gozo quando se instituem formas de relação entre um agente e o outro.

O mal-estar na civilização, derivado das relações estabelecidas com o outro, é expresso nos laços sociais. Diante disto, buscamos estabelecer um campo de investigação que se dá a partir de fragmentos discursivos da *Nova Escola* sobre a relação que os editores da revista estabelecem com os leitores quando o tema das publicações refere-se à escolarização na adolescência.

A análise psicanalítica de discursos orienta-se por uma perspectiva em que o discurso se situa como uma espécie de contorno, pela via da linguagem, daquilo que se apresenta como real, aquilo que não resiste à simbolização por meio de palavras, mas que, ainda assim, também dá as cartas nos enredos discursivos. Dunker et al. (2016) chamam atenção para a potência da tese lacaniana de que o discurso se dá como um contorno para o real, um aparelhamento do gozo, uma forma de "ex-sistência" da linguagem. Assim, os autores também nos fornecem referências para pensar vias de uma análise psicanalítica de discursos, trazendo estes como o que torna possível um conjunto de enunciados e o que circunscreve certo enquadramento das possibilidades às quais o sujeito de encontra submetido.

Nesse sentido, a inscrição do sujeito na linguagem não se dá a partir de um acúmulo de enunciados, mas pela constância nas relações de discordância ou negatividade, por meio das posições que o sujeito se apresenta ali onde há algo que resiste em dizer (Dunker et al., 2016). O enfoque nas posições subjetivas e em suas mudanças aponta para o caráter estrutural da perspectiva discursiva em questão. Assim, as rupturas e os equívocos que surgem no processo de enunciação são de particular interesse à análise psicanalítica de discursos, mais especificamente àquela que se inspira no modelo dos quatro discursos propostos por Lacan. Os discursos como laços sociais em Lacan correspondem às profissões impossíveis citadas por Freud (1925) – governar, educar e psicanalisar. Governar simboliza o Discurso do Mestre (DM); educar, o Discurso Universitário (DU); e psicanalisar, equivale ao Discurso do Analista (DA) (Quinet, 2012). Lacan acrescentou mais dois discursos: fazer desejar, que equivale ao Discurso da Histérica (DH); e o fazer comprar como o Discurso Capitalista (DC) (Quinet, 2012).

Os discursos na perspectiva lacaniana são arranjos produzidos entre significante mestre, o saber, o sujeito e do objeto a. Dunker et al. (2016) nos indicam que a passagem de um discurso a outro gera um efeito residual e que é justamente neste espaço que se pode pensar a transferência, como um efeito da permutação entre os discursos. A possibilidade de desestabilizar certezas cristalizadas e promover espaço para a divisão subjetiva, de modo a privilegiar a construção de um saber próprio de seu inconsciente, são pistas de como o discurso do analista pode surgir e, em certa medida, produzir um novo saber. Orientando-se pelo pressuposto de que a pesquisa em psicanálise só se faz como tal se o pesquisador a operar e privilegiar o discurso do analista – desestabilizando certezas, incluindo aí as suas próprias –, temos um importante desafio de pensar os discursos como formas de ordenação do gozo.

É justamente na passagem de um discurso a outro, nos giros e nas mudanças de posições ocasionadas nas enunciações da revista *Nova Escola*, que buscamos identificar o efeito residual que se apresenta quando a questão são os diagnósticos relacionados aos adolescentes. Esse efeito nos conduz ao que tropeça, o que denuncia a falta, o que nos dá notícias sobre o impossível de educar que se apresenta nas publicações da *Nova Escola*.

Lacan (1969-1970/1992), referindo-se ao discurso do mestre, demarca que "um verdadeiro senhor não deseja saber absolutamente nada – ele deseja que as coisas andem" (p. 22). Este enunciado nos ajuda a marcar o que caracteriza, por exemplo, o DM no contexto da educação. Aquilo que é da ordem do sujeito, ou seja, o que se localiza na parte latente do discurso, fica recalcado. No DM, o saber recalcado é aquilo que é da ordem do singular, do particular de cada um. Isso fica claro a partir da posição do $ abaixo da barra, no lugar da verdade (Lerner, 2013). O sujeito barrado posicionado no lugar da verdade denuncia que algo do singular não pode atravessar o caminho das coisas, uma vez que o estas precisam andar, não podem parar, de acordo com o mestre. Neste sentido, não é incomum identificar o referido discurso associado à implementação de normas em uma instituição, por exemplo.

Se fizermos um giro no sentido horário nos elementos discursivos do DM, surge o DH. Neste discurso, o sujeito barrado está no lugar de agente e endereça ao outro a sua divisão, ou seja, demanda ao outro um significante mestre, que, por sua vez, produz um saber. Lerner (2013) ilustra esse discurso a partir do sintoma da histérica, o qual remete ao inconsciente e, por isso, não se inscreve no discurso médico. Assim, o saber produzido pelo mestre falha, e a histérica se ocupa em denunciar essa falha a fim de destituir o mestre. No laço que o DH institui, o mestre se vê forçado a produzir novos saberes, no entanto, estes jamais poderão recobrir o real do corpo da histérica (Lerner, 2013). No Discurso da Histérica, o que está em jogo é a incompletude. No lugar do agente, está o sujeito, o que produz certo movimento em direção ao saber. O estatuto do saber assume uma posição diferente no DU. Neste discurso, a rede discursiva que constitui o saber (S2) está no lugar do agente do discurso, e o outro a quem esta rede discursiva se endereça é o objeto a, produzindo, assim, um sujeito dividido. O lugar do objeto a como outro aponta para a impossibilidade de se obter um saber formalizado. Assim, no DU, algo sempre escapa e resulta em um sujeito dividido e marcado por uma alienação do mestre (Lerner, 2013). Lacan (1969-1970/1992) nos diz que "a referência de um discurso é aquilo que ele confessa querer dominar, querer amestrar" (p. 72). Em seguida, ele introduz que o DA deve se encontrar "no polo oposto a toda vontade, ao menos confessa, de querer dominar". O enlace que se dá no DA coloca o sujeito em uma posição que viabiliza a produção de significantes mestres singulares. Lacan (1969-1970/1992) ainda nos diz que o que está em questão na experiência de qualquer psicanálise é da ordem do saber, e não do conhecimento ou da representação. Desse modo, o que se apresenta pela via do DA "trata-se precisamente de algo que liga, em uma relação de razão, um significante S1 a um outro significante S2" (Lacan, 1969-1970/1992, p. 30). Assim, a relação que o sujeito faz de um significante a outro é algo que se produz de modo particular, como uma espécie de apropriação do significante que produz um efeito de saber.

O psicanalista Voltolini (2001) remete ao DA como forma de intervenção na escola, quando se busca "escandir" o que aparece como conflito, baseando sua intervenção na possibilidade de advir um saber ainda não sabido. O que está em jogo nos modos de intervenção do mal-estar é o saber. A possibilidade de intervenção diante do mal-estar que considera o DA implica apontar para um saber que não se faz total, fechado, completo. A verdade que está em jogo é a do sujeito, que ocupa a posição de outro no DA.

A última modalidade discursiva apontada na teoria lacaniana refere-se ao DC, proposto em Milão, em 1972, portanto é apontado após a discussão das demais modalidades discursivas abordadas por Lacan no seminário 17. O DC guarda em si uma questão. Ele não promove o laço social entre os seres humanos, uma vez que o laço não se dá entre o sujeito e o outro, como nas demais modalidades discursivas, mas entre o sujeito e o objeto a, fabricado pela ciência e pela tecnologia (Quinet, 2012). A sociedade orientada pelo DC sustenta-se a partir da produção. Diferente do DM, que sempre quis que as coisas funcionassem sem que o sintoma se interpusesse no caminho, a "eficiência" da ciência, com suas generalizações, promete acabar com o que não está funcionando bem (Aflalo, 2012).

Diante do exposto, apontamos para os efeitos que o DC pode ter na forma como se vivencia a adolescência. A engrenagem discursiva, que se orienta a fim de retirar de cena o que não vai bem e, paralelo a isto, se organiza a partir do imperativo "Goze!", produzirá efeitos na forma como o sujeito adolescente contemporâneo se encontra com o real da puberdade.

O "impasse do sentido" e os comportamentos de risco na adolescência

O impasse do sentido associado às publicações da *Nova Escola* sobre a experiência adolescente na escola pôde ser articulado à engrenagem discursiva que opera no discurso capitalista, no qual desejo e necessidade se tornam justapostos. Considerando os efeitos dessa modalidade de (des)enlace social concernente ao discurso capitalista, é possível inferir que a homogeneização dos impasses por meio de significantes dessubjetivados – próprios desse discurso que propõe que um mesmo objeto possa satisfazer a todos, sem um trabalho de particularização – pode ter uma importante relação com a falta de sentido do adolescente de nosso tempo.

O sociólogo e antropólogo David Le Breton (2018) nos diz que, mais do que qualquer outro período da vida, a passagem adolescente é permeada por dúvidas, turbulências e questionamentos sobre o sentido da vida (Le Breton, 2018). A falta de repertório para lidar com as questões ocasionadas nesta travessia da vida, ainda que esta fase seja estabelecida pela sociedade, impõe ao sujeito um investimento considerável para se situar dentro de sua própria história.

Em uma matéria de 2013 da *Nova Escola,* os estudantes do ensino médio aparecem relacionados a uma perda de sentido em estar na escola. O estudo investigou o tipo de relação que os jovens estabelecem com as escolas de ensino médio. Entre os dados colhidos, chama a atenção a dificuldade que eles têm de atribuir sentido às disciplinas e aos conteúdos estudados. "Enquanto os alunos dos anos finais do Fundamental reclamam da indisciplina da própria turma, os do Médio focalizam a insegurança da escola como um todo", compara Gisela Tartuce, uma das coordenadoras da pesquisa. "Mas, em ambos os estudos, mesmo que apareçam restrições à conduta docente, os estudantes valorizam seus professores e reconhecem as dificuldades do trabalho deles." Segundo Gisela, outras pesquisas sustentam que "a perda do sentido de estar na escola" atinge também os educadores. Na visão de alguns, os jovens são, em sua maioria, consumistas, imaturos e alienados (Nova Escola, 2013).

As publicações analisadas na *Nova Escola* indicam o modo como a adolescência se apresenta como enigma aos leitores/educadores, algo que demanda escuta e abertura para espaços de narrativa. A revista se mostra como um desses espaços que possibilitam uma elaboração àquilo que foge ao repertório pedagógico. Assim, os especialistas surgem como vetores ao contribuírem na construção deste espaço elaborativo.

Transtornos alimentares, como a bulimia nervosa e anorexia, são discutidos também no ano de 2019, tendo como principal referencial o DSM-5. Os referidos transtornos são associados à adolescência, mais especificamente às mulheres adolescentes que frequentam a escola.

Pesquisas indicam que as mulheres são as mais afetadas pelos chamados transtornos alimentares não somente no Brasil, como também no mundo. No caso da anorexia, por exemplo, Bordo (2013) aponta que 90% dos casos são diagnosticados em adolescentes e mulheres jovens. Tais dados levam a questionar as razões de um percentual tão alto entre esse grupo e quais são os componentes sociológicos, biológicos e psicológicos que contribuem para o surgimento desses transtornos, muitas vezes, já em idade escolar (Nova Escola, 2019).

Após relacionar uma série de critérios para o diagnóstico da anorexia nervosa, o autor Tory Monteiro cita estudos que abordam a relação entre os transtornos alimentares e o papel das diferentes mídias, acentuando o papel da escola como um espaço de reflexão sobre esse tema. Assim, o enlace entre os fenômenos socioculturais veiculados pela mídia e o desenvolvimento de transtornos alimentares também é pontuado como questão a ser desenvolvida no espaço escolar, a partir de intervenções pedagógicas, como discussão sobre filmes e projetos interdisciplinares.

No mês de setembro dos anos de 2018 e 2019, a revista *Nova Escola* se dedicou a edições temáticas relacionadas ao tema do suicídio. A capa da revista temática de setembro de 2018 convida os leitores à edição que se debruça sobre os limites e as possibilidades de atuação da escola diante de estudantes adolescentes que pensam em se matar. O editor da revista, Pedro Annunciato, foi o autor da matéria de capa e pontuou que, entre os adolescentes de 10 a 19 anos, o aumento foi de 18%. Nessa idade, eles estão enfrentando as primeiras frustrações. Se o pior acontece, o ambiente escolar sofre. As frustrações com a própria vida, o sentimento de não pertencimento, a pressão social pelo sucesso e pelo corpo perfeito, o *bullying*, a depressão: são muitos os fatores que podem explicar por que os suicídios estão aumentando entre os adolescentes (Nova Escola, 2018).

A *Nova Escola* propõe que as instituições de ensino sejam um espaço potencial para a circulação da palavra e a elaboração de narrativas sobre os impasses ocasionados pela puberdade e pelo estatuto social da adolescência. A prevalência do uso de respostas em ato por adolescente, como autolesões no corpo e suicídio, aparecem como um ponto que produz questões relacionadas ao papel do leitor/educador neste cenário que não se constrói necessariamente na escola, porém é nela que, por vezes, toma contornos.

A ausência de sentido para a vida, a falta de sentido de estar na escola em estudantes do ensino médio ou do próprio conteúdo a ser estudado é um ponto que se repete ao longo de nossa incursão na *Nova Escola*. Lacan (1969-1970/1992) nos diz que, diante de nossa fragilidade humana, "temos necessidade de sentido". Assim, surge a questão: quais as implicações da "falta" do sentido para o sujeito adolescente atualmente? O presente estudo destaca a hipótese de que o impasse do sentido pode ter íntima relação com a engrenagem discursiva que opera no discurso capitalista, tal como propõe Lacan.

Diante do exposto, faz-se necessário situar a forma como a experiência de escolarização foi atravessada pela pandemia da Covid-19, mais especificamente, no retorno às aulas presenciais, no qual a emergência do sofrimento psíquico organiza-se a partir de uma gramática violenta e, definitivamente, carente de repertórios do campo da linguagem para dar um contorno à angústia do encontro com o real da puberdade. Assim, a autora Tatiana Calixto aponta, no ano de 2022, que os conflitos entre alunos, casos de depressão e automutilação e relatos de ideação suicida acenderam um sinal de alerta: era preciso olhar com atenção para a saúde mental dos alunos. "Nós esperávamos ter de lidar com questões de saúde mental nesse retorno, mas não imaginávamos enfrentar um abalo tão grande", conta Edna. Os casos de automutilação aumentaram inclusive entre os alunos mais novos. "Tivemos situações com crianças do 3º ano [do ensino fundamental]", lembra a diretora. Infelizmente, o cenário descrito na escola mineira não é algo isolado. Pelo Brasil, casos semelhantes estão desafiando educadores após a retomada das aulas presenciais (Nova Escola, 2022).

Ainda na matéria supracitada, as lacunas no campo pedagógico ocasionadas pelo formato remoto de ensino (para os alunos que tiveram acesso a essa modalidade) potencializaram a "desmotivação com os estudos". Desta forma, temos o contexto de retorno às aulas presenciais como um catalisador para a hipótese do presente estudo de que há impasse do sentido relacionado à adolescência de nosso tempo.

Concordamos com Souza (2021) quando aponta que a pandemia nos ensinou que a escola vai muito além de um local de aprendizagem de matérias traduzidas como notas em boletim. A autora diz que a escola é "lugar de vida" e que o contexto de 2020 proporciona uma rica oportunidade para refletir sobre a escolarização e, além disso, criação a partir do real que a pandemia nos trouxe.

Discurso capitalista e adolescência: entre enredos virtuais e o esvaziamento da palavra

Na estrutura que organiza os discursos em Lacan, há um lugar que passa a ser ocupado, e, assim, interpelamos o outro a partir do lugar de agente, conduzidos por uma verdade, e definimos assim um lugar para o outro (Lerner, 2013). É nesta perspectiva dinâmica que se pressupõe uma movimentação dos agentes discursivos, inferindo-se que os discursos não são fixos. Lerner (2013) chama atenção para a palavra endereçada ao outro, pois esta tem um efeito que se torna o produto do discurso. A partir dessa engrenagem, na qual as posições discursivas não são fixas, Lacan elabora o discurso do mestre, da histérica, do universitário, do analista e, alguns anos mais tarde, o capitalista.

O discurso capitalista (DC), proposto por Lacan, guarda em si uma questão. Ele não promove o laço social entre os seres humanos, uma vez que o laço não se dá entre o sujeito e o outro, como nas demais modalidades discursivas, mas entre o sujeito e o objeto a, fabricado pela ciência e pela tecnologia (Quinet, 2012).

A sociedade orientada pelo DC sustenta-se a partir do imperativo do gozo, o qual provoca sujeitos insaciáveis que, em sua demanda de consumo, nunca conseguem adquirir tudo o que desejam (Quinet, 2012). Assim, O DC posiciona o sujeito dividido como dominante, no entanto essa posição do consumidor, pressionado pelo mais-de-gozar, ou seja, justamente por uma produção calculada para uma insatisfação e pela produção de mais significantes mestres, comunica-se diretamente em sentido invertido com a verdade. Deste modo, a verdade se encontra alienada entre a produção (objeto a) e o consumo (S1) (Dunker et al., 2016). Na perspectiva lacaniana de discurso, a organização dos elementos discursivos é matemizada, e o que está em questão é a posição de quem enuncia algo, como agente do discurso; o endereçamento que é dado a um outro; a verdade que está em questão e, finalmente, o produto do processo discursivo.

Atualmente, vivenciamos uma cultura imersa numa lógica em que o virtual, por exemplo, aparece de forma radical nas relações que os sujeitos estabelecem (ou não) relações entre si. A engrenagem do DC emerge na enorme demanda de consumo das redes virtuais. As informações se apresentam de modo acessível, rápido, e não demandam um esforço específico para serem encontradas. A relação com o que se estuda assume um novo estatuto diante do imenso cardápio que é ofertado no campo de busca dos sites de pesquisa, por exemplo. Deste modo, o lugar atribuído à informação ganha contornos que nos são relevantes para pensar as engrenagens discursivas que permeiam a produção do saber dos estudantes.

Apesar do fracasso escolar ser frequentemente associado ao uso das tecnologias digitais, Lima et al. (2016) apostam que, ao invés de interditar ou censurar a presença da virtualidade na vida dos jovens, é possível conhecer os usos atribuídos às ferramentas digitais para então identificar as limitações e possibilidades do virtual na produção do saber. A posição defendida por Lima et al. (2016) ganha relevo importante no ano de 2020, quando escolas de todo o mundo viram-se impelidas a utilizar exclusivamente as tecnologias digitais como meio de acesso aos estudantes, quando a pandemia do coronavírus ocasionou o isolamento dos corpos, como um meio de contenção da contaminação de um vírus com alta letalidade.

O excesso de informação e seu intenso fluxo podem ser tomados como uma das causas para o esvaziamento do sentido (Lima et al., 2016), e o campo virtual, atravessado pela ostensiva oferta de informações, se torna um contexto privilegiado para se conhecer as estruturas que sustentam as tecnologias digitais dentro do processo de subjetivação do sujeito contemporâneo. O modo como os jovens se relacionam com a internet revela implicações do imperativo de gozo acerca da subjetividade de nossa época (Lima et al., 2016). Trazendo o recorte do presente estudo, faz-se necessário demarcar que a adolescência, como um evento social circunscrito que vem a reboque da puberdade, demanda dos sujeitos a busca por um novo enlace social, assim como a elaboração de uma nova forma de funcionamento psíquico que não passe exclusivamente pela família.

O saber, compreendido como algo a ser tomado do campo do outro, coloca uma apropriação particular de cada sujeito em jogo, em um tempo singular, envolvendo um gozo diante de sua aquisição e durante o seu uso (Lima et al., 2016). A adolescência exige uma operação simbólica minuciosa, que passa pela transmissão do saber, mas ainda mais pelo não saber diante do real da sexualidade (Lima et al., 2016). Neste sentido, o trabalho que envolve a produção de um saber pelo sujeito adolescente toma contornos específicos com o contexto atual em que o uso autoritário da ciência provoca efeitos na subjetividade de nossa época.

Lijtinstens (2020) afirma que as mudanças nos laços sociais e nos regimes de satisfação nos enredos virtuais demandam do psicanalista a busca por novos instrumentos e uma reinvenção nas relações de tempo e espaço. A autora indica ainda que, para o sujeito atual, o desejo e a satisfação ficam colados, condensados, aglomerados em um mesmo tempo e espaço, assemelhando-se a um paradigma da adicção. Essa nova modalidade de tempo e espaço pode ser visualizada quando se pede um carro por aplicativo ou até mesmo na entrega de uma refeição, quando o consumidor tem na palma de sua mão a localização em tempo real de seu pedido; o pronto-atendimento, sem falha, sem espera, um novo manejo do tempo e do espaço e o mais curioso: tudo a um clique de distância.

Quando o desejo e a satisfação se encontram colados, ainda há algum espaço de espera, de elaboração, de não saber fazer? O impulso ao consumo e à satisfação empreendem uma forma de escapar da lei do tempo a qualquer custo (Lijtinstens, 2020). Neste sentido, a lógica do uso e desuso que orienta a as novas formas de laço social entre os sujeitos sedimentam valores mercantilizados, nos quais as datas de validade e os encontros prontamente descartados (Lijtinstens, 2020) acabam por produzir efeitos na relação estabelecida entre sujeito e objeto. Lijtinstens (2020) aponta que os laços sociais nas circunstâncias descritas encontram-se soltos e desvinculados de todo discurso, exceto o DC.

A forma que se apresentam as atuais modalidades do laço social, permeadas pelo imperativo de um gozo irrestrito, trazem consequências para as relações com o saber e com a própria escola. Laurent (2020) se refere à proposição de Miller de que o esforço fundamental de uma criança na escola é justamente para perder algo de seu gozo. No entanto, essa perda se faz remediada diante do que Laurent chama de "plus de gozo", obtido por meio da inserção do sujeito no discurso da escola propriamente dito. Nesta direção, práticas que se propõem a generalizar a relação entre corpo e gozo e que prescindem da singularidade do sintoma não ajudam os sujeitos – grosso modo – a produzir um saber próprio sobre seu gozo.

Há algo do gozo do estudante que a escola não consegue tratar, o que, por vezes, provoca um aumento de energia que pode conduzir o sujeito a um rechaço, uma recusa à escola, à agressividade, incluindo aí o próprio ódio à experiência escolar (Laurent, 2020). A falta de sentido relacionada à presença na escola, e especialmente ao que se aprende lá, poderia ser articulada ao cenário do imperativo de um gozo irrestrito que não articula o sujeito com o objeto, tal como propõe o DC? Essa é uma questão que não poder ser apresentada sem um extenso trabalho de articulação com elementos de nossa cultura contemporânea, na qual a virtualidade impera e permeia as relações dos adolescentes.

Considerações finais

A Associação *Nova Escola*, que produz um conteúdo endereçado a educadores de todo o Brasil e chega a alcançar, aproximadamente, 2 milhões de pessoas mensalmente em sua plataforma, produziu discursos em suas publicações que tocam diretamente o tema da presente pesquisa, contribuindo, assim, para os resultados. Lembramos da perspectiva lacaniana de que os discursos, excetuando-se o do analista, confessam o intento de querer dominar, amestrar a impossibilidade apresentada pela linguagem. Nesta direção, compreendemos que os discursos relacionados à escolarização de adolescentes na *Nova Escola* não possuíam um caráter fixo e, mais ainda, que a emergência deles nas publicações denuncia o movimento recorrente de buscar recobrir o real que esta questão aponta.

Ao propormos uma viagem, uma incursão pela *Nova Escola*, identificamos que a adolescência se apresenta como uma espécie de enigma aos leitores/educadores, especialmente em temas delicados, como o suicídio. Além do suicídio, o impasse com o sentido da vida, dos estudos e da própria escolarização, emerge por meio do fenômeno que os dispositivos de saúde pública apontam como "comportamentos de risco", ou seja, distúrbios alimentares, autolesões, tentativas e passagens ao ato relacionados à vida.

Diante do exposto, uma possibilidade de leitura sobre o impasse do sentido identificado nos discursos relacionados aos adolescentes na *Nova Escola* seria por meio de uma articulação com o discurso capitalista. Essa articulação nos remete ao modo como o discurso universitário, aliado ao discurso capitalista, parte de uma busca pela homogeneização dos impasses (Pisetta, 2020; Lerner, 2013). Nesta direção, é possível inferir que uma homogeneização dos impasses por meio de significantes dessubjetivados, próprios da engrenagem do DC, pode ter uma importante relação com a falta de sentido do adolescente de nosso tempo.

Referências

Aflalo, A. (2012). *O assassinato frustrado da psicanálise.* Opção lacaniana.

Coutinho, L. G. (2009). *Adolescência e errância: destinos do laço social no contemporâneo.* NAU: FAPERJ.

Coutinho, L. G., & Pisetta, M. A. M. (2014). Psicanálise e Educação nos limites da palavra. *Interação em Psicologia, 18*(3), 365-371.

Coutinho, L. G., Carneiro, C., & Salgueiro, L. M. (2018) Vozes de crianças e adolescentes: o que dizem da escola? *Psicol. Esc. Educ., 22*(1) p. 185-193.

Coutinho, L. G., & Poli, M. C. (2019). Adolescência e o Ocupa Escola: retorno de uma questão? *Educação & Realidade, 44*(3), e87596. doi.org/10.1590/2175923687596.

Dunker, C. I., Paulon, C. P., & Milán-Ramos, J. G. (2016). *Análise Psicanalítica de Discursos: perspectivas lacanianas.* Estação das Letras e Cores.

Freud, S. (2016). Três ensaios sobre a teoria da sexualidade. In *Três ensaios sobre a teoria da sexualidade. Análise fragmentária de uma histeria ("O caso Dora") e outros (1901-1905)* (pp.13-172). Companhia das Letra. (Trabalho original publicado em 1905).

Freud, S. (1996). O esclarecimento sexual das crianças (carta aberta ao Dr. M. Fürst). In *"Gradiva" de Jensen e outros trabalhos* (pp. 73-78). Edição Standart Brasileira das Obras Psicológicas Completas de S. Freud. Imago. (Trabalho original publicado em 1907).

Freud, S. (1996). Prefácio A juventude desorientada, de Airchhon. In *O ego e o id e outros trabalhos* (pp. 162-163). Edição Standart Brasileira das Obras Psicológicas Completas de S. Freud. Imago. (Trabalho original publicado em 1925).

Lacan, J. (1992). *O Seminário, livro 17: O avesso da psicanálise*. Jorge Zahar. (Trabalho original publicado em 1969-1970)

Laurent, E. (2020) Los traumatismos del saber. In Miller, J.-A. *De la infancia a la adolescencia* (pp. 113-126). Paidós.

Lerner, A. B. C. (2013). *Consequências éticas da leitura psicanalítica dos Quatro Discursos para a Educação Inclusiva*. (Tese de Doutorado). Universidade de São Paulo.

Lijtinstens, C. (2020). Los lazos, los cuerpos y las nuevas formas de satisfacción em los enredos de lo virtual. Cythère? Acontecimento del cuerpo, afectos y um real inesperado. *Revista da Rede Universitária Americana*, 3, 25-30.

Lima, N. L., Viola, D. T. D., Nobre, M. R., Lisita, H. G., & Kelles, N. F. (2016) Adolescência e saber no contexto das tecnologias digitais: há transmissão possível? *Revista aSEPHallus de Orientação Lacaniana*, 11(21), 42-65.

Le Breton, D. (2018). *Desaparecer de si: uma tentação contemporânea*. Vozes.

Souza, C. A. de. (2021). Notas sobre o fazer de uma psicóloga escolar na pandemia. *Estilos da Clinica*, 26(1), 17-28. https://dx.doi.org/10.11606/issn.1981-1624.v26i1p17-28

Nova Escola. (2013). *O que pensam os jovens sobre o Ensino Médio?* https://novaescola.org.br/conteudo/183/o-que-pensam-os-jovens-sobre-o-ensino-medio.

Nova Escola (2018). *Suicídio: o que a escola pode fazer?* https://novaescola.org.br/conteudo/12462/suicidio-o-que-a-escola-pode-fazer.

Nova Escola. (2019). *Transtornos alimentares e a busca pelo corpo ideal: como abordar esse tema na escola?* https://novaescola.org.br/conteudo/18103/ ranstornos-alimentares-e-a-busca-pelo-corpo-ideal-como-abordar-esse-tema-na-escola.

Nova Escola. (2021). *Quem somos?* https://novaescola.org.br/quem somos.

Nova Escola. (2022). *Quais são o papel e os limites da escola na promoção de saúde mental dos estudantes?* https://novaescola.org.br/conteudo/21334/qual-o-papel-e-os-limites-da-escola-na-promocao-da-saude-mental-dos-estudantes.

Pisetta, M. A. M. Medicalização e discurso universitário: Por uma Política de Cuidado e Escuta do Sujeito na Educação. *Movimento-Revista De educação*, 7(5), 1-16.

Quinet, A. (2012). *Os outros em Lacan*. Zahar.

Voltolini, R. (2001). Do contrato pedagógico ao ato analítico: contribuições à discussão da questão do mal-estar na educação. *Estilos clin., São Paulo, 6*(10), 101-111.

Voltolini, R. (2012) O conhecimento e o discurso do capitalista: a despsicologização do cotidiano social. *Estilos da Clínica. São Paulo, 17*(1), 106-121.

A CLÍNICA NA UNIVERSIDADE: PSICANÁLISE COM ADOLESCENTES, O DESEJO DE SABER

Vanessa Correa Bacelo Scheunemann
Daniela Scheinkman Chatelard

Neste capítulo, pretendemos discorrer sobre as possibilidades atuais de intervenção no contexto do estabelecimento de ensino público universitário, que deixaram rastros após a pandemia de Covid-19. Interessa-nos refletir, particularmente, sobre a clínica que atende os estudantes adolescentes matriculados na universidade que buscam o atendimento psicológico para aplacar o sofrimento mental. Considerando que a adolescência na atualidade, especialmente, nas famílias contemporâneas, tem-se prolongado, iniciando antes dos 10 e ultrapassando os 20 anos. Percebemos que não se trata apenas de uma etapa da vida, mas um estilo de vida objetivado e perseguido nas sociedades urbanas, especialmente nas ocidentais. O sumiço dos adultos é um fato que temos observado nos espaços educacionais (Outeiral, 2007).

Temos como objetivo contextualizar o atendimento a partir da clínica ampliada, conceito desenvolvido como consequência da reforma psiquiátrica e influenciado pela psicanálise. Para fazer uma escuta do sujeito, introduzimos a questão ética do atendimento, problematizando que as práticas realizadas no âmbito educacional assumem uma posição de clínica outra, divergente do consultório privado, mas que se aproxima dele em muitos momentos. Que clínica é essa? É o que desejamos bordejar, acompanhados dos fundamentos deixados por Freud e Lacan.

Significa, então, interrogar os atendimentos levando em consideração a demanda gerada pela instituição de ensino que chega aos psicólogos/psicanalistas e seus estagiários nos serviços disponíveis na universidade. Enlaçar o sofrimento dos estudantes nesses serviços é o primeiro passo para que o atendimento psicológico possa fornecer condições de refletir as escolhas próprias, a construção de um projeto pessoal, a criação de saídas e respostas. O percurso da nova clínica busca inventar alternativas possíveis, como as supervisões on-line, que permitiram que os atendimentos continuassem sendo realizados pelos estudantes de Psicologia e amparados por profissionais mais experientes no que tange às questões psicológicas e às técnicas psicanalíticas.

A Covid-19 e as mudanças na universidade

A partir do início ano de 2020, vimos no mundo e no Brasil a devastação causada pelo novo coronavírus (Covid-19) (Bloj, 2020). Rapidamente, todos precisaram organizar-se para continuar suas atividades laborais, educacionais e formativas. Nas universidades, mudou o rumo das aulas, dos estágios, das supervisões (Soares et al., 2023; Santos & Ratier, 2023).

Se levarmos em consideração que a prática profissional depreende de uma aprendizagem, poderemos considerar a importância de saber sobre o método, as técnicas, mas, especialmente, da participação ativa daquele que se propõe a futuro profissional. Ou seja, as habilidades pessoais interferem, somam-se ao interesse que deverá estar voltado para um campo de ação que está formalizado, uma profissão. Apreender com os mais antigos, na profissão desejada, é uma das formas preconizadas pela psicanálise (Brandt, 2017). Na universidade, a condução dos estágios ocorre sob a responsabilidade de um psicólogo clínico, geralmente um técnico-administrativo em educação: o supervisor de campo, ou melhor, da clínica.

As possibilidades de intervenção no contexto da universidade pública foram-se reorganizando para continuar dando suporte para seus jovens aprendizes avançarem na sua formação profissional. Já que o contato precisou ser por meio das novas ferramentas e tecnologias, tanto com os pacientes como com os próprios estudantes, a pandemia fez ampliar as formas de atendimentos on-line, tornando algumas bastantes presentes na atuação dos psicólogos, atualmente.

Retratamos uma clínica que atende adolescentes universitários, onde os estagiários da Psicologia – em sua maioria – também são adolescentes, interpolados por questões bastantes semelhantes aos seus pacientes, recontando teoricamente o que preconizam os estudos sobre a clínica psicanalítica; a ética da psicanálise; a demanda endereça à instituição de ensino; o sofrimento mental narrado; a nova clínica dentro desta universidade pública brasileira atravessada por inúmeros desafios.

Os estagiários assistidos pelo supervisor de campo recebem auxílio nas rotinas dos registros das assistências, discutem em conjunto a formação profissional, ponderam sobre a técnica, são reforçados acerca da importância da análise pessoal, orientados nas leituras, acolhidos e incentivados a construir seus casos clínicos. Ainda que essa construção de conhecimento não seja uma formação analítica clássica, ela é parte da transmissão da psicanálise em que a universidade tem seu lugar assegurado. Conforme nos relembra Roudinesco (2000), especialmente na América Latina, há um ressurgimento freudiano dentro dos cursos universitários de psicologia, que fomenta o estudo da psicanálise e abre portas para o desejo de mais saber, ao mesmo tempo que essa psicanálise nos adverte que o ensino da universidade não forma psicanalistas (Rosa, 2001).

A população atendida por esses estagiários chega buscando uma consulta baseada no modelo biomédico[15]. Encontra um atendimento a partir de uma visão de clínica ampliada, fundamentada a partir das (des)construções da reforma psiquiátrica, embaladas pela psicanálise, especialmente, a partir de Lacan. Para isso, não podemos pensar em reproduzir um consultório privado na universidade; estamos vivenciando outro tipo de clínica. Uma vez que os focos da clínica psicanalítica e da universidade são bem diferentes, no primeiro, a análise pessoal, a supervisão e o estudo teórico orientam a transmissão, formando o percurso do analista; enquanto no segundo, o ensino, a pesquisa e a prestação de serviços são a razão de sua existência e seu compromisso com a sociedade (Rosa, 2001). O estágio extracurricular dos estudantes de Psicologia permite que se conjugue elementos importantes da clínica psicanalítica com as formalidades universitárias para o desenvolvimento profissional dos estagiários e o atendimento dos pacientes da comunidade onde ela está inserida.

A psicanálise na universidade tecendo prática, tramando teorias

Brandt (2017), convocando Freud, refletiu que o ensino da psicanálise dentro da universidade é revelado a partir de dois ângulos: aquele da psicanálise e este da universidade. Dessa forma, é com imenso prazer que qualquer psicanalista vê sua ciência sendo abordada na universidade, mas ele também sabe que não precisa da universidade para fazê-la. Dar conta da psicanálise significa fazer uso da literatura especializada para conhecer a teoria, trocar com colegas em encontros científicos das sociedades psicanalíticas, onde é possível ainda estar ao lado, ou diante, de seus membros mais experientes. Com relação à prática, em parte, adquire-se com a própria análise pessoal, outra com a condução de tratamentos supervisionados e orientados por psicanalistas experi-

---

[15] Modelo biomédico – modelo de formação dos médicos, no que diz respeito ao reducionismo do ser humano ao seu organismo biológico. Ver Koifman (2001).

mentados. Entretanto, concorda que, pelo fato de existirem esses locais apartados da universidade, sua existência se retroalimenta da exclusão dos bancos universitários.

Tal processo, talvez, possa ser explicado pelo que entendemos de instituição. Calazans & Serpa (2010) retomam a definição de Eric Laurent (2003) para caracterizar a instituição como um sistema que rege uma comunidade de vida. Naquele lugar, há regras específicas para o seu funcionamento. Na instituição universitária, o saber fica a cargo da graduação por meio das aulas mais intensas com sua formalizações específicas, sejam as avaliações, sejam as notas e obrigatoriedades, e na pós-graduação, por meio das pesquisas que necessitam estar ajustadas aos pressupostos acadêmicos (Neto, 2010). E a instituição psicanalítica se ocupa com a transmissão da psicanálise, e não com um saber que forma profissões, pois ela coloca em evidência a função do saber para um sujeito e para a sociedade – na medida em que orienta um diagnóstico psicanalítico com suas estruturas clínicas e direção do tratamento (Alberti, 2010).

Nas linhas de progresso traçadas por Freud, como avanços para a terapia analítica, foram incluídas as evoluções em relação à psicanálise aplicada à terapêutica, propostas por Lacan – psicanálise em extensão e intensão – entre os anos de 1964 e 1967. Essas propostas estão intimamente ligadas à inserção da psicanálise na saúde mental, pois tomam forma numa aplicação de saber em um campo diverso do qual surgiu, atualizando sua forma de estar no mundo. Deixando ainda mais claro, observemos este trecho:

> Em fins da década de 1970, o campo da saúde mental no Brasil iniciou um processo de reconstrução que atingiu seu ápice em 2001 com a aprovação da Lei de Reforma Psiquiátrica, no. 10.216. Esta foi um marco da consolidação de um conjunto de estratégias políticas que visam desconstruir o modelo manicomial de outrora (Calazans & Serpa, 2010, p. 92).

As reformas ao modelo vigente de atendimento em saúde mental põem no divã a forma de cuidado, os profissionais, as técnicas priorizadas. Na atualidade, recomeçamos a fazer esse movimento de pensar nosso saber-fazer, a partir de nosso próprio campo de atuação, marcando a escrita, pelas necessidades de otimizar as intervenções em psicologia clínica, devido à última pandemia.

Refletindo sobre as possibilidades atuais de intervenção no contexto do estabelecimento de ensino público universitário após a pandemia de Covid-19, abordarmos a questão do atendimento on-line em psicologia (Correia et al., 2023; Soares, Scheunemann & Chatelard, 2023), já que as práticas dos futuros psicólogos que chegavam para aprender em serviço com os estágios curriculares, ou não, precisaram ser adaptadas.

O atendimento e a supervisão on-line da clínica psicanalítica na universidade

De acordo com Schmidt et al. (2020), essa pandemia acelerou e expandiu o acesso à comunicação por meio das conexões virtuais de modo que o contato passou a ser quase que exclusivo via internet ou telefone; contatos esses que foram transpostos para a forma como psicólogos e outros profissionais de saúde mental passaram a atender seus pacientes, interagir com colegas, substituindo a modalidade presencial pela modalidade remota. Fato interessante, pois, no Brasil, já havia relatos do quanto essas intervenções on-line tinham sido benéficas. Passamos à oferta generalizada desse tipo de intervenção, para remediar e manter o distanciamento social, primeiramente, para, em seguida, estabelecer-se como uma necessidade, uma conveniência, uma possibilidade excepcional.

Com os estágios, algo se deu da mesma maneira, pois, enquanto só era possível retomar as atividades com essa modalidade durante a vigência da pandemia, metodologia autorizada pelo Conselho Federal de Psicologia (CFP) por meio de normativa específica, assim foi realizado. Imperava naquele momento que os estágios remotos clínicos fossem realizados nas dependências dos serviços-escola, pela necessidade de fortalecer a garantia de privacidade, sigilo, confiança entre as partes e processos de todas as atividades realizadas pelos estagiários-psicólogos. Por isso, uma vez disponibilizado o serviço, coube aos estudantes, supervisores e pacientes domínio sobre as ferramentas (Schmidt et al., 2020).

Assim, uma das intervenções possíveis para viabilizar o acompanhamento dos estudantes que estavam realizando seus estágios práticos de atendimento psicológico foi a supervisão on-line.

O estudo de Silva Neto & Oliveira (2015) corrobora a validade da supervisão acadêmica, pois ressalta que o aprender é uma atividade ligada à prática psicológica que contribui para a formação do psicólogo, integrando saberes e práticas que foram reunidas historicamente, pelas culturas e sociedades. Inclusive, o termo supervisão tem uma estreita ligação com a consistência que é necessária àqueles cuja vida dedicam à formação em saúde. Desde a psicanálise, em que a formação está relacionada com a análise didática, os seminários teóricos e a supervisão clínica de análises, chega-se à formação do psicólogo que traz como uma das diretrizes ser acompanhado para que sua prática seja regulamentada por meio da supervisão. Em outras palavras, a regulamentação da atividade de supervisão enlaça-se ao estágio, pois, nesse momento da formação do estudante, é por esse processo que se inicia a atuação profissional futura por meio do treinamento prático de cada estagiário. Consequentemente, a dupla entre supervisor de campo/estagiário abarca orientação, construção do exercício profissional. Por um lado, o supervisor atua como facilitador, doando sua experiência, desenlaçando as questões institucionais. Por outro lado, está com o estagiário a possibilidade de identificação, a aprendizagem, o primeiro enfrentamento com a técnica e sua forma de atuar. Durante a graduação, o estudante terá a oportunidade de ser tutelado nesse mergulho profissional, refletir sobre a prática de seu serviço, sua formação, por meio das relações que estabelecem no espaço de uma supervisão, ainda que obrigatória nos cursos de Psicologia.

No campo da psicanálise, a partir de Lacan, o ensino universitário é visto como um discurso da impotência, uma vez que a exigência de uma produção que norteia tudo que se faz nos bancos universitários compromete o sentido. Logo, essa passagem que o estudante precisa fazer para se tornar psicólogo não pode ser operada com vistas de produzir mais um profissional. A efetividade da supervisão não se situa na produtividade do sistema universitário (Brandt, 2017).

Depois de conceitualizar a supervisão acadêmica, que, neste trabalho, compartilha dos pressupostos psicanalíticos para embasar a formação e dar corpo à linha teórica que servirá de pano de fundo das práticas profissionais, podemos começar a apresentar as invenções que foram tomando conta dos espaços acadêmicos com a pandemia, a exemplo das supervisões on-line.

Esse tipo de prática foi autorizado em 2012, segundo Schmidt et al. (2020), com anuência do CFP – como uma forma eventual de orientação de psicólogos. Visto no princípio como um procedimento complementar à formação profissional, que, com a erupção da pandemia de Covid-19, pelo menos naquele momento, se torna a única alternativa para não suspender o treinamento dos aspirantes a psicólogos. Se essa prática – de supervisão – obrigatória é um dos instrumentos fundamentais para a formação, contribuindo para a satisfação profissional, manutenção da qualidade dos serviços prestados, meio de aprimorar a prática clínica, seria de se esperar que a modalidade on-line pudesse ser adaptada para que não descontinuassem as trocas entre supervisores e estudantes pelos meios de comunicação diversos: e-mails, telefone, aplicativos de mensagem instantânea ou videoconferências.

As supervisões on-line ocorrem do mesmo modo que as presenciais: iniciando com o relato do estagiário sobre o atendimento realizado com cada paciente, para, em seguida, discutir a conduta com seu supervisor de campo.

Para Brandt (2017), tanto a frequência da supervisão quanto a intensidade são convencionadas de acordo com o tempo em que o estudante vem realizando seus atendimentos, a experiência na assistência clínica e na quantidade de pacientes recebidos em avaliação e tratamento. Geralmente, realiza-se a supervisão semanal, para dar acompanhamento adequado aos conteúdos manifestados pelo paciente e pela implicação que mobiliza no estagiário. Entende-se que as dificuldades na condução do tratamento, aos poucos, vão sendo reconhecidas a partir de cada sessão de atendimento.

Por ser um procedimento da prática clínica, a supervisão pode ser reconhecida como integrante do fazer do psicólogo, bem como um fazer tradicional e frequente que atua como espécie de divulgação do seu trabalho. Subentende-se que a supervisão acadêmica seja um instrumento imprescindível para capacitar o psicólogo no seu saber-fazer, por meio do ensino, da sistematização. O encontro entre supervisor e supervisionado ocorre com esse fim, na medida em que entrecruza a teoria e a prática. Mas é preciso diferenciar essa supervisão do que é tratado em sala de aula, assim como do que se faz num processo psicoterapêutico individual. É uma forma de ensino bem particular, dado que é um ensino permeado por posicionamentos subjetivos entre estagiário e supervisor que estão circunscritos numa prática profissional dentro de uma instituição (Silva Neto & Oliveira, 2015).

Kessler & Silva (2021) colocam a importância dessa supervisão na possibilidade de aprender pela psicanálise. Freud não chega a falar propriamente em supervisão, mas, acompanhando suas cartas em conversas com Fliess, podemos compreender a sua preocupação em rever a técnica constantemente, tanto nas indagações que ele mesmo se coloca, bem como nas realizadas por outros com quem trocava. É Lacan que, seguindo outros estudos, chega a formular algo do que hoje nos propomos como supervisão; seria, em suma, o aprender a aprender (Mendes, 2012). Esta autora, inclusive coloca a supervisão na perspectiva lacaniana como uma superaudição, em que

> o supervisor tem uma visão panorâmica do caso trazido e da relação do analista com o analista sob supervisão, assim como dos impasses deste na condução do tratamento. A supervisão pode trazer à luz as obscuridades relativas às estruturas ou ao tipo clínico do paciente e levar o supervisionando a uma conclusão diagnóstica para orientar a direção do tratamento (Mendes, 2012, p. 53).

Na nossa experiência, podemos apontar que diferentes tipos de supervisão podem suscitar reflexões distintas, da mesma maneira que depende do profissional a habilidade de conduzir as angústias, tanto as relatadas pelos pacientes, quanto pelos estudantes de psicologia; conduzir uma supervisão requer uma formação teórica, o acúmulo de experiência na clínica psicológica e o conhecimento sobre o funcionamento de grupos e equipes (Silva Neto & Oliveira, 2015).

O sofrimento adolescente: pacientes & estagiários

Essa clínica assiste os estudantes adolescentes que frequentam a universidade e se queixam sobre ela. O atendimento psicológico busca aplacar o sofrimento mental, parafraseando uma canção do Ira![16], chamada "Envelheço na cidade", de 1986. Por aqui dizemos *"Sofro na Universidade"* com uma sonoridade tão grande como o alcance de um rock nacional. Os sofrimentos relatados abordam a responsabilidade da formação, a passagem do tempo, a sensação de estar só, as mudanças... como a letra da música.

Dados já descritos em outros estudos, como é o caso da publicação de Santana et al. (2020), que realizaram levantamentos acerca de produções sobre a saúde dos estudantes universitários, vêm mostrando

---

[16] Ira! é uma banda brasileira de rock, nascida em 1981, em de São Paulo. Trecho da música citada: "Mais um ano que se passa... Envelheço na cidade/Essa vida é jogo rápido/Para mim ou pra você/Mais um ano que se passa/Eu não sei o que fazer/Juventude se abraça/Se une pra esquecer...".

que a universidade tem sido localizada como um espaço que intensifica problemas como ansiedade, depressão, dificuldade para dormir, alto consumo de álcool e outras drogas, vulnerabilidade sexual etc. Isso parece indicar que o modelo brasileiro de formação universitária é um fator de risco para a saúde.

Muitas vezes, o sofrimento se manifesta bem cedo, desde o ingresso na universidade. Mota et al. (2023) ressaltam que esse ingresso representa um salto no escuro para a maioria dos estudantes vindos do ensino médio e que estão tentando sair da adolescência. Transtornados pela ruptura e transformação que a vida acadêmica impõe, seja pela complexidade das demandas cognitivas que o estudo contínuo necessita, tal qual a expectativa de desempenho individual ou coletivo inevitáveis no ensino superior, seja pelo distanciamento dos vínculos sociais com as famílias de origem, amigos do colégio, mudanças geográficas para cursar a graduação que geram situações de estresse e enfrentamentos para os quais esses jovens ainda não estão preparados. Se uma das tarefas sociais da adolescência é passar por crises, assumindo um posicionamento, na universidade, isso se torna um imperativo.

Uma importante pesquisa do Centro de Estudos, Pesquisas e Projetos Econômico Sociais (Cepes), de 2016, demonstrou que os estudantes passam por muitas dificuldades durante a graduação, sendo que as mais significativas interferem na vida do discente ou no seu contexto acadêmico. As principais tratam da adaptação em novas cidades, outras moradias, estar sem a família, perda de relacionamentos afetivos/sociais, vivências de violências físicas/sexuais, conflitos religiosos, discriminações e preconceitos, dificuldades financeiras, problemas para estudar, relação com professores. São alguns exemplos dos temas que surgem também durante os atendimentos psicológicos como queixas.

Dessas dificuldades citadas, por serem as mais apontadas nas sessões psicoterapêuticas, as relativas às condições financeiras são as mais problemáticas. Exemplificando, temos aqui, no Centro-Oeste, 40,18% dos graduandos com escassez monetária, seguido pelas reclamações emocionais, frequentemente associadas à ansiedade, tristeza persistente, timidez excessiva, medo ou pânico, alterações no sono e na vigília, problemas alimentares, falta de vontade em desempenhar qualquer atividade até pensamentos suicidas e tentativa de autoextermínio. Essas dificuldades psicológicas nessa região chegam a acometer 80,5% dos entrevistados (Cepes, 2016).

Num estudo do mesmo tipo e um pouco mais recente (Andifes, 2019), os aumentos nos sofrimentos relatados foram significativos e preocupantes, especialmente no que tange à ideação de morte e ao pensamento suicida, visto que os índices de tentativas cresceram, exigindo cada vez mais o desenvolvimento de práticas de cuidado coletivos, como as campanhas do "Setembro Amarelo", para reflexão e combate ao suicídio.

Essas pesquisas e esses dados são cotidianamente confirmados pelos profissionais que atendem na clínica psicológica dentro da universidade federal, infelizmente, mediante as falas dos estudantes em sofrimento. Num serviço da diretoria de atenção à saúde universitária estabelecido dentro de uma universidade pública do Centro-Oeste, atualmente, a demanda de atendimento é para esse tipo de intervenção em crise.

Ainda que o modelo de condução seja a partir da clínica ampliada, atende-se diariamente às solicitações de socorro psicológico, se é que possível nomear esse atendimento. Uma das consequências desse tipo de atendimento é que, assim como temos adolescentes (estagiários) atendendo pacientes (adolescentes), ambos se encontram atravessados pelas questões descritas, pois também são jovens que passam por dificuldades financeiras, sentimentos de solidão, relacionamentos afetivos difíceis, alta exigência dos estudos e cobranças nos estágios pela aproximação da formatura, características que os aproximam, os identificam com seus próprios pacientes, especialmente na elaboração do luto. Enquanto os pacientes lidam com a perda do corpo infantil, a sua própria identidade e de seus pais (Sei & Zuanazzi, 2016), os estagiários que vivenciaram essas perdas lidam profundamente com questões além dessas, tais como o papel profissional a ser assumido, a interrogação sobre o modelo de teoria que desejam ser amparados e a autoridade do supervisor que lhes acompanha. Esses aspirantes a psicólogos clínicos estão diante da vontade de saber mais, aprender mais, ter mais experiências de atendimento. As intervenções psicológicas auxiliam a lidar com o sofrimento dos primeiros e aplacam as questões da impotência colocada na vivência profissional dos segundos.

A psicanálise implica (com) a universidade

Retomando, o serviço dos psicólogos tem sido defendido em várias posições; desde o começo da pandemia, modificou-se por vezes, ampliado por parcerias no atendimento psicológico conforme a situação permitiu. Nestes escritos, procuramos retratar a clínica psicanalítica, sustentada pelo desejo do analista em ser mais além do que um psicólogo clínico, atuar como supervisor de campo acadêmico, amparado pela ética da psicanálise dentro da universidade para ser atravessado pela transmissão de trabalho. Essa prática que pôde ser sustentada pela supervisão on-line, em plataforma digital, bem como boa parte dos atendimentos prestados à comunidade universitária.

    A forma de se trabalhar em uma instituição universitária tem suas particularidades. Ainda que seja pelo discurso do analista, tem sua lógica subvertida pelo atravessamento da lógica institucional, restando nos casos clínicos a construção de um particular que permite o espaço aberto para o sujeito da palavra. Calazans & Serpa (2010) defendem que o discurso do analista é uma forma de estar dentro da instituição universitária, introduzindo o particular no universal da organização acadêmica.

    A questão ética nesses atendimentos coloca-se também pela forma de prestar o serviço psicológico, pois, nesse âmbito, tudo se constrói no semestre letivo – cerca de quatro meses cronológicos –, no qual o aprendiz se coloca à frente do seu treinamento. Bem como a supervisão acadêmica que, assumindo um dos formatos, tem suas rotinas e seus objetivos calcados pelas instituições e acompanham os estágios curriculares. Nesses momentos de acompanhamento, são incluídos o planejamento das intervenções realizadas pelos estudantes-estagiários para com os estudantes-pacientes, favorecendo as trocas e a inserção das questões para pensarmos juntos a partir da ciência psicológica, especificamente, da psicanálise (Silva Neto & Oliveira, 2015; Rosa, 2001).

    Pensar pela via da psicanálise, quer dizer operar a partir da clínica, de forma que o ensino está articulado, habilitando a caracterização do saber psicanalítico. Percebemos que são abundantes os atravessamentos institucionais na existência da clínica como uma escola, às vezes, travestidos pela fiscalização que irrompe no supervisor, da fragilidade da não obrigatoriedade da análise pessoal, do confronto entre o clínico e o estudante (Kessler & Silva, 2021), da formalidade esperada de ambas partes na funcionalidade do estágio, da insurgência dos processos avaliativos, da finalidade do atendimento que não segue um tempo cronometrado e do diálogo escasso com outros atores do atendimento de saúde que atrapalham deveras a condução analítica, desejosa e não prescrita.

    Por isso, postulamos que as práticas realizadas no âmbito educacional assumem uma posição de clínica outra, não recente. Kessler & Silva (2021) chamam a atenção que a psicanálise está inserida oficialmente na universidade brasileira desde os anos 1950, com reconhecimento de grandes mentes psicanalíticas, tal como Roudinesco, que propagandeava, inclusive, a relevância dessa bem-vinda intromissão, por vezes, mais gloriosa dos que as das instituições psicanalíticas na vanguarda do movimento freudiano a ser preservado dentro dos departamentos de Psicologia. Porém, não sobreviverá à psicanálise universitária apenas com os louros da fama de tempos já passados. Nosso olhar deve permitir-nos ver que esse é o começo da caminhada, a graduação, despertando o chamado de encantamento teórico para um público que, uma vez coaptado pela psicanálise, buscará formação continuada, já que a transmissão tem sua missão limitada pelos requisitos da própria universidade (Brandt, 2017).

A Psicologia, como um dos cursos de graduação, é a área de conhecimento que mais recebe influência da prática psicanalítica. Os eixos teóricos são os sustentáculos dentro das matrizes curriculares, bem como as disciplinas teóricas. Atualmente, cada vez menos nas grades curriculares, mas ainda aparecem disciplinas como Psicopatologia para manter a raiz psicanalítica. Já os estágios curriculares dependem da abordagem teórica do supervisor, dando espaço ou não para psicanálise, postura que será refletida nos atendimentos clínicos, comunitários, institucionais (Rosa, 2001).

Coutinho et al. (2013) relembram que Freud considerou a psicanálise um novo tipo de psicologia. Ele propunha que era uma ciência nova, por isso, sempre incompleta, disponível para ajustes na teorização e capaz de se constituir mais precisa à medida de seu caminhar de acordo com a sua época, confirmando que a vontade de seu mestre era fazê-la experimentar-se nos espaços universitários – na formação universitária. Lacan reafirma esse compromisso de um ensino digno. E ponderamos que a supervisão on-line é uma ferramenta, uma nova tecnologia que nos permite o compromisso de ensino-formação de novos psicólogos.

Essa é a clínica que decorre dos rastros da pandemia, uma clínica dentro da universidade, feita por universitários de diferentes instituições de ensino, supervisionados por psicólogos/analistas, seguidores de Freud e Lacan. Fernandes (2017) afirma que as recomendações de Freud englobavam o caráter didático da psicanálise pessoal, algo que Lacan também reforçava. Contudo, tornar-se analista permeia conduzir análises sob supervisão. A transmissão da psicanálise não pode ser entregue facilmente às malhas do ensino, visto que não se trata de doutrina, mas de um saber fazer com o inconsciente. E é isso que teremos com a prática clínica, respondendo com uma ética de sua extensão em intensão na atualidade que a distingue de outros métodos. Na visão lacaniana, Coutinho et al., (2013) categorizam que o ensino nas universidades dá-se pela transferência de trabalho, ou seja, pela transferência, ele é transmitido, marcado pela dimensão da falta, onde algo sempre escapa do alcance de tudo compreender.

Podemos depreender que, mesmo nas falhas das conexões que cortam significados durante as supervisões on-line, na falta de sentido de adolescente/estudantes/estagiários que atendem adolescentes/estudantes/pacientes, o ensino da psicanálise aponta para o saber, não aquele forjado pela lógica do discurso universitário totalizante e universal, mas por aquele produzido com e para o sujeito (Coutinho et al., 2013). Assim, escutar a existência do sujeito é olhar os atendimentos a partir da demanda endereçada à instituição de ensino, todavia reconhecemos também os pedidos de análise. Basicamente, os atendimentos, neste serviço ao qual nos referimos, são realizados para adolescentes que não podem pagar pela escuta particular, ou preço social, e que não possuem convênio.

Rosa (2001) destaca esses atendimentos, pelo lado dos estagiários e supervisor, numa perspectiva de emprestar, num primeiro momento, nossos ouvidos para ajudar os aspirantes a psicólogos/psicanalistas a escutarem a demanda trazida. Nessa orientação do supervisor, discrimina-se e analisa-se quais questões estão sendo queixadas e relatadas. Diante disso, chegam as queixas das manifestações da subjetividade com a realidade social, oferecendo iscas nada atraentes, mascaradas e que requerem dos estagiários construir seu próprio conhecimento, pesquisando para poder melhor intervir.

Intervir é diferente de observar. A psicanálise é uma prática, afirma Harari, citado por Rosa (2001). Distanciando a noção de empirismo, não é exclusivamente por uma prática que se produz sabedoria, mas, por meio dela, surgem as ideias que constroem os conceitos que nunca estarão prontos. Nessa prática, o trabalho teórico jamais é desconsiderado, causando uma interdependência que "não se sustenta em uma linearidade (e) em que teoria e prática não têm autonomia" (Rosa & Domingues, 2010, p. 184).

O processo de atendimento nesse serviço ocorre com os estudantes dessa instituição universitária buscando o atendimento psicológico por meio de um e-mail de solicitação, ou são encaminhados pela psiquiatria do hospital universitário, ou orientados pelos professores, ou coordenadores da graduação para a assistência psicológica da universidade.

Nosso contraponto vai além de fornecer um espaço de escuta aos estudantes/pacientes para oferecer igualmente um espaço de treinamento em serviço aos estudantes/estagiários. Nesse caminho de formação, o estudante/estagiário se capacita para refletir sobre os aspectos individuais, coletivos e da sociedade a que pertence, enfim o fenômeno psicológico, e, por conseguinte, antever as questões sociais que bem lhe atravessam. Nessa escuta, fundada no saber do psicanalista, é pelo método que o saber posto é decomposto para que, da transferência, surja um saber que ele não sabe, que o paciente ainda não sabe que tem, e se veja como um iceberg (Silva Neto & Oliveira, 2015). Ou seja, há uma transformação conjunta entre paciente e estagiário.

Todavia, nesse campo de estágio que é novo para os estudantes e para o supervisor, ocasionalmente, ocorrem confrontos entre a psicanálise e as outras abordagens, demostrando que o importante é que se fortaleçam a integração entre teoria, prática e pesquisa, como forma de instigar a formação profissional, mesmo quando a opção não for pela psicanálise (Rosa, 2001); ressaltando que o papel da supervisão é esse de olhar do alto para dar uma nova forma, ajudar na formação do futuro psicólogo. Até porque, na graduação, o máximo que se faz é ensinar um saber sobre a psicanálise (Coutinho et al., 2013).

De outra forma, advertimos que, mantendo o foco na castração, estaremos prevenidos de achar que esse ensino da teoria psicanalítica assuma o caráter de plenitude, a possibilidade de resolver todas as questões, que só fazem reforçar as defesas do inconsciente. É pelo caminho, apenas da transmissão, que estaremos acautelados de um saber que rume em direção à verdade própria (Rosa, 2001), sendo que aquilo que se pode transmitir é um desejo de saber que assume para o sujeito os percursos mais distintos (Coutinho et al., 2013).

Pautados em toda essa compreensão que a escuta do supervisor dá-se no campo da clínica psicanalítica, Alberti (2010) estabelece que o lugar da legitimação do saber, mesmo na universidade, é o terreno fértil para subverter o discurso estruturado.

Considerações finais

Ainda que perdurem limitações à supervisão acadêmica durante a graduação de Psicologia, é fundamental para a formação do estudante. Mas só ela não basta, precisa da associação das construções teóricas e práticas.

Vimos, ao longo deste relato, que é possível subverter a ordem. Aqui estivemos circunscritos à pandemia e à necessidade de uma forma adequada ao momento. Passado o imperativo do distanciamento social, tivemos na supervisão on-line a possibilidade de alcançar estudantes em formação em diferentes universidades, mas com um objetivo comum: treinar em serviço sob a tutela de um psicólogo experiente e experimentado em psicanálise.

Ademais, durante as supervisões, foi possível observar o encontro dos estagiários com o real da clínica: sua dureza nas trajetórias narradas pelos pacientes, as imperfeições dos atendimentos, os erros cometidos, o amadurecimento diante da condução dos tratamentos,

> compreender o que é essa ação do psicanalista de escutar o sofrimento e descobrir que não se deve insistir em eliminá-lo, mas em compreender o seu sentido... pelo contrário, o sintoma neurótico revela-se justamente como uma das soluções humanas para dar conta das duas tarefas a que o homem se vê confrontado: a construção de uma subjetividade e a integração à cultura. Tais tarefas trazem o foco do conflito humano fundamental e sem cura possível: a incompatibilidade entre a lei, que permite ao homem pertencer a uma cultura, e o desejo, a conquista da singularidade (Rosa, 2001, p. 197).

Pois, como sabemos, a psicanálise é a única que se dirige ao sujeito do inconsciente, ao desejo inconsciente, resguardada de que a universidade não forma analistas, forma psicólogos, essa é a sua pretensão (Barros, 2006). Apostamos na mudança de posição do estudante de graduação para a de analista em formação. Pleiteamos a supervisão on-line – como invenção durante a pandemia de Covid-19 –, estratégia de sucesso de intervenção que persiste em nossas práticas, arriscando dizer que é possível uma transmissão de saber e de trabalho, entre experientes e iniciantes nas ondas que antes eram do rádio, as mesmas que escutávamos a música do Ira!, para as ondas eletromagnéticas da internet, se as antenas continuarem ligadas.

Isso não encerra o debate das diferenças permeadas pela pandemia. Ressalta a aposta da psicanálise na universidade, on-line ou presencial, como optativa ou obrigatória, como resistência ou tentação. A psicanálise, na releitura de Lacan, sempre esteve ligada a um modo de desvio para dar passada ao real da clínica psicanalítica durante o tratamento que só pode ser feito na medida em que se mantém vivo o discurso analítico (Fernandes, 2017).

A discussão permanente talvez seja o caminho da nova clínica que aborda a dimensão política do atendimento e toca a condição subjetiva, ponderando que a pesquisa, o tratamento, a teorização, a supervisão de campo acadêmica não podem ceder às premissas de um discurso universitário formatando a psicanálise (Calazans & Serpa, 2010).

O sofrimento enunciado pelos universitários que localizamos entre adolescentes – os pacientes e os estagiários – é algo posto; relatos como este apenas refletem a atualidade do tema, demonstrando como a necessidade de adequação geradas pela pandemia de Covid-19, como uma crise, fez apontar soluções que continuam válidas, inaugurando formatos de intervenção junto à universidade, à prática profissional e ao saber dos adolescentes.

Referências

Alberti, S. (2010). Pesquisa e transmissão da psicanálise no contexto universitário. In F. Kyrillos Neto, & J. O. Moreira (org.). *Pesquisa em Psicanálise: transmissão na Universidade* (pp. 113-129). EdUEMG.

ANDIFES. Associação Nacional dos Dirigentes das Instituições Federais de Ensino Superior. (2019). *Fórum Nacional de Pró-reitores. V pesquisa nacional de perfil socioeconômico e cultural dos(as) graduandos(as) das IFES*. http://www.andifes.org.br/wp-content/uploads/2019/05/V-Pesquisa-do-Perfil-Socioecon%C3%B4mico-dos-Estudantes-de-Gradua%C3%A7%C3%A3o-das-Universidades-Federais-1.pdf.

Barros, R. M. M. (2006). A psicanálise e sua transmissão: Da supervisão em clínica-escola. In S. Alberti & A. C. Figueiredo (orgs.), *Psicanálise e saúde mental: Uma aposta*. Companhia de Freud.

Bloj, A. (2020). Aspectos económicos del psiquismo en pandemia: Displacer de percepción en una realidad inesperada. *Tempo psicanalitico, 52*(2), 258-276. http://pepsic.bvsalud.org/scielo.php?script=sci_arttext&pid=S0101-48382020000200012&lng=pt&tlng=es.

Brandt, J. A. (2017). Supervisão em grupo da prática clínica psicanalítica: algumas reflexões. *Vínculo, 14*(1), 1-10. http://pepsic.bvsalud.org/scielo.php?script=sci_arttext&pid=S1806-24902017000100006&lng=pt&tlng=pt.

Calazans, R., & Serpa, T. (2010). Psicanálise e método científico: pesquisa de campo. In Kyrillos, F., & Moreira, J. O. (org.). *Pesquisa em psicanálise: transmissão na universidade* (pp. 81-90). EdUEMG.

CEPES (2016). *Pesquisa do perfil socioeconômico e cultural dos estudantes de graduação das instituições federais de ensino superior brasileiras*. Andifes.

Correia, K. C. R., Araújo, J. L., Barreto, S. R. V., Bloc, L., Melo, A. K., & Moreira, V. (2023). Saúde mental na universidade: Atendimento psicológico on-line na pandemia da covid-19. *Psicologia: Ciência e Profissão, 43*, 1-16. https://doi.org/10.1590/1982-3703003245664

Coutinho, D. M. B., Mattos, A. S., Monteiro, C. F. d'A., Virgens, P. A. das, & Almeida Filho, N. M. de. (2013). Ensino da psicanálise na universidade brasileira: retorno à proposta freudiana. *Arquivos Brasileiros de Psicologia, 65*(1), 103-120. http://pepsic.bvsalud.org/scielo.php?script=sci_arttext&pid=S1809-52672013000100008&lng=pt&tlng=pt.

Fernandes, A. H. (2017). O ensino e a transmissão da psicanálise. *Stylus, 34*, 93-102. http://pepsic.bvsalud.org/scielo.php?script=sci_arttext&pid=S1676-157X2017000100007&lng=pt&tlng=pt.

Kessler, C. H., & Silva, T. P. da (2021). Psicanálise, Clínica e Universidade: Impasses e Possibilidades. *Psicologia: Teoria E Pesquisa, 37*, e37415. https://doi.org/10.1590/0102.3772e37415

Koifman, L. (2001.) O modelo biomédico e a reformulação do currículo médico da Universidade Federal Fluminense. *História, Ciências, Saúde, VIII*(1), 48-70.

Laurent, E. (2003). Dois aspectos da torção entre sintoma e instituição. In Harari, A. *Os usos da psicanálise: Primeiro Encontro Americano do Campo Freudiano* (pp. 83-96). Contracapa.

Mendes, E. R. P. (2012). Sobre a supervisão. *Reverso, 34*(64), 49-55. http://pepsic.bvsalud.org/scielo.php?script=sci_arttext&pid=S0102-73952012000300007&lng=pt&tlng=pt.

Mota, A. A. S., Pimentel, S. M., & Mota, M. R. S. (2023). Expressões de sofrimento psíquico de estudantes da Universidade Federal do Tocantins. *Educação E Pesquisa, 49*(contínuo), e254990. https://doi.org/10.1590/S1678-4634202349254990

Neto, F. K. (2010). Psicanálise na universidade e sua relação com as instituições formadoras. In Kyrillos, Neto F.; Moreira, J. (org.). *Pesquisa em psicanálise: transmissão na universidade* (1a ed., pp. 156-166). EdUEMG.

Outeiral, J. (2007). Famílias e contemporaneidade. *Jornal de Psicanálise, 40*(72), 63-73.

Rosa, M. D. (2001). Psicanálise na Universidade: considerações sobre o ensino de Psicanálise nos cursos de Psicologia. *Psicologia USP, 12*(2), 189-199. https://doi.org/10.1590/S0103-65642001000200016

Rosa, M. D., & Domingues, E. (2010). O método na pesquisa psicanalítica de fenômenos sociais e políticos: a utilização da entrevista e da observação. *Psicologia & Sociedade, 22*(1), 180-188. https://doi.org/10.1590/S0102-71822010000100021

Roudinesco, E. (2000). *Por que a psicanálise?* Jorge Zahar.

Santana, E. R. de ., Pimentel, A. M., & Véras, R. M. (2020). A experiência do adoecimento na universidade: narrativas de estudantes do campo da saúde. *Interface Comunicação, Saúde, Educação, 24*, e190587. https://doi.org/10.1590/Interface.190587

Santos, B. M. dos, & Ratier, L. N. (2023). Saúde mental de estudantes universitários em tempos de restrição pandêmica. *Interações (campo Grande), 24*(3), 817-828. https://doi.org/10.20435/inter.v24i3.3967

Schmidt, B., Silva, I. M. da, Pieta, M. A. M., Crepaldi, M. A., & Wagner, A. (2020). Terapia On-line com Casais e Famílias: Prática e Formação na Pandemia de Covid-19. *Psicologia: Ciência E Profissão, 40*, e243001. https://doi.org/10.1590/1982-3703003243001

Sei, M. B., & Zuanazzi, A. C. (2016). A clínica psicanalítica com adolescentes: considerações sobre a psicoterapia individual e a psicoterapia familiar. *Psicologia Clínica, 28*(2), 89-108. http://pepsic.bvsalud.org/scielo.php?script=sci_arttext&pid=S0103-56652016000200006&lng=pt&tlng=pt

Silva Neto, W. M. de F., & Oliveira, W. A. de. (2015). Práticas do Supervisor Acadêmico na Formação do Psicólogo: Estudo Bibliométrico. *Psicologia: Ciência E Profissão, 35*(4), 1042-1058. https://doi.org/10.1590/1982-3703001632014

Soares, R. P., Scheunemann, V. C. B., & Chatelard, D. S. (2023). Plantão psicológico na universidade em tempos de pandemia Covid-19: Intervenção com acadêmicos. In R. T. K. Brasil, C. Leandro-França, R. L. S. Pedroza, & S. R. Lordello (Orgs.), *Pandemia e saúde mental: Desafios clínicos, educacionais e institucionais* (1ª ed., Vol. 1, pp. 37-54). Techno Politik.

CORPO E GÊNERO NA ADOLESCÊNCIA

INQUIETANTES ADOLESCÊNCIAS: IDENTIFICAÇÃO, CORPOREIDADE, SEXUALIDADE E SOCIEDADE

Paola Amendoeira
Veridiana Canezin Guimarães

A reflexão que propomos neste texto parte do pressuposto de que a adolescência é uma experiência constitutiva da relação com o outro, com a cultura de determinada época, que imprime determinadas formas de funcionar mentalmente, de se relacionar e de sofrer. Nesse sentido, "a realidade psíquica não existe num vazio" (Mezan, 2002, p. 266), ou seja, as condições para a constituição das formas de subjetivação na adolescência residem não apenas em fundamentos eminentemente singulares, por assim dizer, vinculados a uma realidade interior. Segundo Mezan (2002), os aspectos culturais e sociais, que *plasmam a realidade tout court*, são elementos que devem ser considerados também como condições essenciais para que se compreenda a constituição psíquica, de forma a entender também que as relações que o sujeito constitui com a realidade sinalizam para as possibilidades de apreender os impasses e os destinos do sujeito na cultura.

Minerbo (2013), no artigo "Ser e sofrer, hoje", apresenta as diferenças entre os valores instituídos na modernidade e na pós-modernidade e os efeitos dessas contingências nos modos de ser e de sofrer. Se a modernidade era regida por valores instituídos como absolutos e universais, diante de referências sólidas e confiáveis, a cultura só poderia produzir uma subjetividade que se esforçara para caber dentro do que era considerado legítimo. Nesse sentido, o sofrimento neurótico era a tradução da impossibilidade de viver conforme a demanda desse tempo, sendo o signo do mal-estar de uma época produzido pela obrigatoriedade de se adequar a uns poucos modos de ser. A neurose corresponderia ao resultado da incapacidade de o sujeito viver sob o domínio da coerção das pulsões promovida pela própria sociedade.

A pós-modernidade trouxe a crise generalizada das instituições (família, educação, política, religião), retratando novas formas de sofrimento psíquico, que refletiram novas formas de laço social. Os valores e significados que sustentavam o modo de ser na modernidade revelaram-se frágeis, dando margem para uma infinidade de possibilidades de sentido. A vantagem dessa fragilidade do símbolo é a abertura para novas formas de ser; as pessoas não necessariamente estariam fixadas a valores absolutos e poderiam reinventar-se. Dessa forma, se a constituição subjetiva está atrelada à cultura, a forma de viver do adolescente depende também das significações oferecidas por ela na construção de sentido e de compreensão da realidade e de como poderá simbolizar suas experiências emocionais. A desvantagem se refere ao fato de que cada um tem que *se reinventar a partir de si mesmo*, sem o apoio das instituições, refletindo uma tarefa trabalhosa e atravessada por angústias. Como aponta Minerbo (2013):

> Na ausência de verdades absolutas, tudo é possível; há liberdade, mas também há a obrigação de encontrar seu próprio caminho. Quem não consegue, fica perdido, sem chão, sem rumo, sem projeto de vida. A insuficiência/fragilidade das instituições e do símbolo também produz as várias formas do mal-estar na pós-modernidade. (p. 32).

Como o adolescente se encontra diante desse contexto? Como se configura a relação que o adolescente hoje tem construído com o laço social que o constitui? Quais os desafios que enfrenta nesse processo de subjetivação?

Os processos identificatórios

Sabemos que Freud (1921/1996) sinaliza a identificação com um dos genitores como a herança e, ao mesmo tempo, saída do Complexo de Édipo – a representação da renúncia das satisfações que a criança teve que fazer para sua inserção/papel no grupo familiar e, consequentemente, na sociedade. As tendências libidinais vão sendo dessexualizadas pelos fluxos identificatórios, que paulatinamente tomam o lugar da escolha objetal. Nesse sentido, as identificações nomeiam um processo pelo qual parte do mundo externo foi abandonada como objeto e incluída no ego, tornando-se parte do mundo interno. É nesse momento e nesse sentido que o superego se constitui como o herdeiro do somatório dessas vinculações afetivas tão importantes na infância, que é a relação entre pais e filhos. Mezan (1998) assinala:

> Direi apenas que talvez o ponto de intersecção entre o social e o psíquico não passa necessariamente pelo superego, ou apenas pelo superego; ele pode residir também nas

> identificações que organizam o ego; caso em que o social não apareceria somente como instância repressora de uma suposta espontaneidade pulsional, mas sobretudo como organizador da própria subjetividade, através da oferta de modelos identificatórios tanto para o ego como para o ideal do ego (p. 83).

Na medida em que há um investimento como força de ligação libidinal, dá-se a emergência de um vínculo com a realidade, sendo a identificação um organizador da subjetividade, que mobiliza uma "operação de abertura à realidade externa, constituída por fatores estranhos à vida puramente pulsional do indivíduo" (Mezan, 1998, p. 456). Nesse sentido, pode-se dizer que a identificação é um processo indispensável para a constituição do humano, ou seja, é por intermédio da identificação que a relação com o outro é internalizada e se efetiva em busca de individuação e de socialização. A cultura, a sociedade, as instituições, a família, a escola, as redes sociais, a mídia representam o lócus de subjetivação humana, responsável pela oferta de modelos identificatórios, que sustentam e orientam os modelos de ser e de sofrer hoje.

A experiencia da adolescência coloca em movimento um processo de elaboração psíquica diante das perdas e dos lutos que serão mobilizados na construção de um novo modo de ser no mundo: a aquisição de recursos emocionais para a assunção da vida adulta, que, do ponto de vista psicanalítico, conduz a restos e rastros do infantil que permanecem no modo de funcionar do adulto. Aberastury e Knobel (1981) identificam, nesse processo da adolescência, a elaboração de lutos pela perda do corpo infantil, da identidade e da referência dos pais da infância. O contexto social na contemporaneidade marca também novas formas de viver a adolescência, o que torna indissociável pensar nas formas de intervenção e tratamento para o sofrimento psíquico do adolescente.

Kupermann (2007), no artigo "Sobre o final da análise com crianças e adolescentes", pontua, a partir das contribuições Winnicott (1958/1990), que o que há de comum no final das análises de crianças e adolescentes é a conquista da "capacidade para estar só", que compreende uma experiência de autonomia em relação aos pais, em busca de sua independência, com a possibilidade de estar sozinho, mas sem a vivência de abandono. *Acompanhar* o adolescente é, assim, dispor-se a uma comunicação direta com seu silêncio e sua solidão, estabelecendo uma ressonância afetiva que lhe permite ficar só, mas não traumaticamente abandonado (Kupermann, 2007). Esse acompanhar faz referência à leitura do lugar social, da particularidade histórica, por meio da qual o adolescente pode fazer sua travessia para a vida adulta, e à importância de suportes sociais e modelos identificatórios que colaborem nos processos de subjetivação para o adolescente. Mas como podemos compreender esse tempo contemporâneo e seus efeitos na vida subjetiva do adolescente? Sem a consistência do compromisso social, dificulta-se o processo de autonomia e amadurecimento do sujeito, que, de acordo com Winnicott, está intimamente relacionado à presença de um ambiente suficientemente bom para suportar que ele se discrimine sem risco de ruptura e solidão.

A escuta da adolescência aponta para o testemunho da fragilidade dos modelos identificatórios, que parecem não sustentar os sabores e dissabores desse tempo. Há uma queixa muito presente de tédio, de apatia, um olhar desafetado para o mundo e suas relações e que impossibilita o adolescente de se enlaçar, com criatividade e vitalidade, nas descobertas desse momento de vida. No entanto, a adolescência é testemunho de uma travessia importante para a conquista de autonomia e laços com o mundo.

O adolescente e o corpo em movimento

O início de tudo é um corpo, no qual estamos envelopados. Do corpo e pelo corpo, começamos a existir como uma ideia que sente e pulsa. Espalhamo-nos, espelhamo-nos e experimentamo-nos nesse e por esse entorno de nós, que ora sustenta, contém e permanece; ora nos desespera, faz agonizar, nos quebra. De repente, esse corpo cresce, amadurece, urge.

Adolescer é entrar num turbilhão transformativo que conduz à transição entre o mundo da criança e o do adulto; uma experiência de ruptura; um equilíbrio interno e anterior é quebrado, pondo em movimento uma avalanche de sentimentos, sensações, prazeres, medos e inseguranças, como há muito já não se vivia, muito menos, se lembrava.

Costumamos dar uma grande atenção (necessária, diga-se de passagem) às experiências da infância e, sobretudo, da primeira infância. É comum sentirmos que alcançamos uma compreensão do seu desenvolvimento emocional (psicológico e sexual), suficientemente boa para oferecermos aos nossos pequenos pacientes um alimento psíquico capaz de ajudá-los a enfrentar seus terrores, ampliar sua capacidade de acolher as frustrações de modo a poder retirar dessa experiência ânimo para seguir expandindo suas habilidades emocionais criativamente, a partir do encontro conosco.

Já a adolescência é tão menos compreendida quanto mais complexa. É enorme a multiplicidade de fenômenos e mudanças de todo tipo que concorrem nessa fase da vida. Acompanhar e compreender a adolescência é acompanhar suas manifestações fisiológicas, psicológicas e sociológicas em uma variedade infinita de experiências individuais, atravessadas pelas dimensões físicas/corporais, sociais, culturais e históricas.

Os trabalhos sobre adolescência, durante muito tempo, ocuparam espaços marginais na psicanálise, enquanto as investigações sobre crianças e adultos ocuparam um lugar de destaque na teoria e na clínica. É apenas no ensaio "As Transformações da Puberdade", no livro *Três ensaios sobre a teoria da sexualidade*, escrito em 1905, que Freud discorre pela primeira vez sobre a adolescência, como um ponto de inflexão do desenvolvimento da libido. As configurações edipianas da infância e seus conflitos emergem, reativam-se e são revividas, relembradas. Certo vértice pode ampliar em muito a nossa percepção e aprofundar nossos questionamentos, se pudermos considerar que essa revivescência se dá a partir de um Eu diferente daquele da infância. Neste retorno, o Complexo de Édipo trabalha em conjunto com um Eu que tem "dimensões, conteúdos, capacidades e dependências diferentes daquelas da infância" (Freud, 1936/1996, p. 137)

A adolescência representa também o terreno das identificações com os ideais da cultura, o que implica afirmar que as relações humanas libidinalmente imbuídas precisam estar regidas pela inibição ou pela dessexualização desses impulsos sexuais, o que torna efetivos os laços entre as pessoas. Como a civilização tende a reunir indivíduos em grupos cada vez maiores, deve-se conceder especial atenção à qualidade desses vínculos, desde que, para que esses objetivos sejam realizados, se faz inevitável uma restrição à vida sexual (Freud, 1930/1996).

Compreende-se, assim, que a identificação se configura importante argumento da socialização e da vinculação humanas, um mecanismo estruturante e organizador do Eu, no qual o social surge não somente como uma instância que recalca os desejos infantis, mas também como organizador da própria vida da criança, por meio da oferta de modelos identificatórios, tanto para o Eu quanto para o ideal-de-Eu. Sugere-se compreender aqui que a identificação, além de estruturar o Eu, lança o sujeito nos vínculos sociais. Importante ressaltar que a ideia do social representada pelos pais ou pela cultura necessita ser delimitada, pois, inversamente, a qualidade do vínculo dos pais com a criança pode exatamente dessocializá-la, por assim dizer. Os vínculos podem lançar o sujeito aos adoecimentos psíquicos. Portanto, as identificações não somente organizam o Eu, mas podem constituí-lo desorganizadamente, empreendendo nele verdadeiras fragmentações e cisões.

Para evitar as constantes tentações que brotam de seus próprios desejos e de seu ambiente, esse Eu, agora mais fortalecido, lança mão de dois mecanismos de defesa específicos: o ascetismo e a intelectualização. Ambos estão ativos, com o principal propósito de manter a distância necessária dos objetos do amor infantil de modo a permitir o desenvolvimento do Eu. Se seguimos a cartilha freudiana, seria durante essa recapitulação que a sexualidade alcançaria sua maturidade, organizando-se em torno de uma genitalidade capaz de escolher, como objeto de amor, pessoas que não pertençam ao núcleo familiar. Esse ressurgimento dos impulsos, antes adormecidos, é responsável pela constante mutabilidade que observamos nos adolescentes. Mudam de estilo, de padrões de fala, de rotina, de gosto e sistemas de valores. Em meio a tantas mudanças, um processo se mantém tenazmente: o da identificação. E é aqui que os amigos e os grupos têm um lugar especial, e fundamental, para a integração da personalidade e o incremento do senso de quem somos, que essas relações vão proporcionando.

Sugere-se, então, entender os processos identificatórios como mecanismos que revelam o quanto o outro é onipresente na experiência subjetiva, o quanto a apropriação de um elemento que provém do outro tem ressonâncias na subjetividade. Nessa premissa é que se fundamenta a ideia de que "o princípio da identificação é o enganche pulsional com uma ponta de mundo – ação crucial para que o sujeito produza algo que o implique junto e diante dos outros" (Selaibe, 2008, p. 37); e o que caracteriza o *enganche pulsional com uma ponta do mundo* é a natureza libidinal dos laços, ou seja, o fato de que cada sujeito está libidinalmente ligado aos demais, embora por meio da inibição dos impulsos sexuais.

Então, afinal, quais são os impactos da adolescência no desenvolvimento das capacidades psíquicas criativas, para a construção de uma autonomia integrada em si e em relação ao ambiente e ao mundo em que vive? Por quais novos caminhos as sexualidades vão procurando, testando, experimentando e encontrando expressão na corporeidade da satisfação? São tantas as inquietações que nos habitam. É preciso cuidar para que elas não acabem por obliterar nossa curiosidade, impedir hospitalidade, atrapalhar uma escuta sensível e parceira e, sobretudo, evitar o contato. Já dizia Freud (1913/1996): "a extraordinária diversidade das constelações envolvidas, a plasticidade de todos os processos mentais e a riqueza dos fatores determinantes opõem-se a qualquer mecanização da técnica" (p. 164).

A psicanálise não deve ficar reduzida e circunscrita a um único modelo de constituição familiar – vitoriano, patriarcal, heteronormativo e etc. Para podermos entender/compreender o estranhamento que vivemos, teremos que desconstruir conceitos. Repensar o nosso conjunto de valores, assumir e desconstruir preconceitos, refletir sobre as regras preestabelecidas de como as coisas podem e devem ser. Quando a psicanálise surgiu com Freud, constituiu-se uma possibilidade, uma capacidade de manter esse estado, a mente aberta para a escuta do inconsciente. De certa forma, mais do que o conteúdo, Freud nos indicou uma forma, uma postura a partir da qual podemos identificar, reconhecer e nomear as violências vividas e tirar do silenciamento essas dores, escutando-as, dando voz e, a partir daí, munidos de uma curiosidade e de um compromisso com a verdade, encontrar compreensão.

A atualidade das relações humanas avançou ao ponto de ser possível a constituição de um terceiro que prescinde do encontro de dois corpos que se complementem criativamente. Neste caso, nossa criatividade nos conduziu até aqui. Há quem diga, estarmos perto de dominar a capacidade de reproduzir seres humanos a partir da carga genética de apenas um indivíduo. E sim, eles serão, ainda, humanos. De que modo essas mudanças incrementam a experiência humana? O que elas tentam comunicar que, em algumas situações, nós não suportamos escutar?

Que a adolescência é, por definição, um momento de radical inquietação, todos sabemos. A novidade é que, de uns tempos para cá, essa inquietação afetou e se espraiou em nossos interiores. Para os colegas que ainda não haviam sido contaminados por esse vírus, da dita pós-modernidade, a pandemia tratou de fazer um chamado contundente. Assim, como os adolescentes, a psicanálise também parece estar adolescendo. Passada sua primeira infância, vemo-nos discutindo, defendendo, argumentando e exaltando. Ora defendemos terminantemente uma posição e, em seguida, já passamos à outra. Tudo isso faz parte do processo de ganho de autonomia e liberdade para estabelecer vínculos afetivos significativos, finalmente despregados da condenação de repetirem as experiências familiares.

Faz parte da vida adolescer. É desejável que todos consigamos passar por esta segunda rodada de fogo edípica para, enfim, poder construir um destino autêntico e nos alimentar dessas realizações, que vão constituir os alicerces e o pavimento para esse destino. E a eles também.

Enfim, chegou o tempo no qual podemos pensar essa inquietação brutal compartilhada quando estamos frente à irrupção do novo. Nos dias de hoje, em nossa caixa interna de ferramentas psicanalíticas, além da natural disposição e capacidade afetiva interna para junto do adolescente viver as fortes, intensas e instáveis regressões desse período, somou-se o imperativo de uma disposição radical e urgente para um estar junto despojado de classificações, julgamentos, enquadramentos, que, ao mesmo tempo, possa funcionar como um exercício conjunto da dupla em criar bordas e contornos que possam, enfim, canalizar construtivamente a agressividade de modo a permitir uma integração interna maior, a partir da experiência partilhada do encontro.

E no meio disso tudo, a pandemia de Covid-19.

De repente, ausência de encontros, ausência dos outros corpos, ausência dos grupos que permitem aos adolescentes se experimentarem, agora, em relações com pessoas que eles escolheram e em relação às quais vai poder viver as suas sexualidades livres das ansiedades incestuosas, que são levantadas nas relações familiares.

A pandemia parece ter acelerado algo que já vínhamos observando; um ganho de espaço privilegiado às relações virtuais; um excesso de entranhamento, que busca na virtualidade ora um alimento que se mostra vazio de nutrientes, ora faz dela a plataforma para novas conexões e expressões de um viver criativo, mas ainda assim protovirtual.

Acompanhamos junto deles o custo da pandemia que intervém e os atrapalha de viver e desenvolver o luto do corpo infantil, do lugar de criança, de filho dos pais. A dificuldade natural desse processo de luto do corpo e do lugar que ocupa na economia emocional em relação aos pais pode agravar-se, e esse percurso rumo à conquista de si mesmo fica estacionada e não se constitui.

A inquietação deles é a nossa? E a nossa inquietação? É a deles?

Um breve recorte clínico

Ana é uma paciente que todos que trabalhamos com adolescentes reconhecemos. Ela acabara de fazer 14 anos quando começou o isolamento como medida preventiva contra o avanço da pandemia de Covid-19. A mudança foi abrupta e radical para a estudante ativa, envolvida em atividades esportivas e com uma vida social agitada. Seus pais procuram a psicanalista em busca de ajuda, pois notavam, nos últimos meses, uma queda atípica para a trajetória de Ana no desempenho escolar, um isolamento social importante e certas mudanças na relação dela com o próprio corpo, que não reconheciam como sendo naturais da menina. Os primeiros encontros com Ana revelam sua profunda sensação de desconforto em relação ao seu próprio corpo. Subitamente, seu contato com o mundo externo passou a ser mediado fundamentalmente por uma sequência infinita de imagens, corpos, modelos e, sobretudo, camadas de filtros que transformam qualquer imagem comum em semblantes da perfeição e do sucesso. Sentia-se pressionada constantemente pelas redes sociais a atender àqueles padrões de beleza inatingíveis. As mudanças físicas da adolescência, agravadas pelo confinamento, trouxeram à tona questões sobre sua identidade e aceitação social. Ana enfrenta a ausência de encontros e experimentações sociais com uma sensação de desconexão e muita inquietação. Descreve essa virtualidade ora como um espaço vazio de nutrientes, ora protovirtual, em que as conexões parecem forçadas e superficiais.

Da fala de Ana, emergem as dores causadas pela ausência de um ambiente social consistente durante a pandemia. As atividades sociais que antes funcionavam como suportes identitários foram interrompidas, e Ana se vê e sente isolada; sem contar o quanto a falta de interações fora do ambiente familiar contribuiu para uma sensação de solidão e perda de referências, afetando sua autonomia e maturidade emocional.

Nesse contexto, sua relação com o próprio corpo e a sexualidade intensificou-se e tornou-se um terreno fértil para a expressão de suas angústias. Sonhos recorrentes, que envolvem situações embaraçosas relacionadas ao corpo, indicam uma miríade conflitiva.

Considerações finais

O espaço oferecido pelo encontro analítico pode favorecer a expressão e compreensão de suas emoções e a lenta, mas persistente, elaboração de suas inquietações. A escuta psicanalítica permite manter o foco, explorar os conteúdos do inconsciente relacionados à sua corporeidade e sexualidade, ajudando-a a compreender e aceitar as transformações naturais de seu corpo, ao mesmo tempo que vai encontrando formas de compreender os impactos da sua experiência atual e adquirindo mais consciência de si e do lugar a partir de onde está experimentado cada situação vivida.

Enfim, por meio das ideias compartilhadas e do breve estudo clínico construído artificialmente para representar a problemática aqui levantada, pudemos destacar o quanto as situações sociais compartilhadas e traumáticas, como a pandemia de Covid-19, amplificam as vulnerabilidades da adolescência, impactando não apenas a vida cotidiana, mas também a construção da identidade e a relação com o próprio corpo.

Temos acompanhado nossos pacientes chegando até o encontro analítico cada vez mais regressivos e com menos capacidade simbólica. Vemo-nos convocados como analistas a dar crédito ao relato do paciente que abriga no seu íntimo a criança traumatizada e procura pelo nosso testemunho; uma relação possível para que as nossas Anas, Joãos e Elos possam conhecer o interesse e a experiência que é se conhecer, possam aceitar e se deixar escutar para juntos, examinarmos os acontecidos e seus desdobramentos emocionais.

A abordagem psicanalítica emerge como uma ferramenta valiosa para auxiliar os adolescentes a enfrentarem as mudanças emocionais e físicas, oferecendo um espaço para reflexão e elaboração das complexidades inerentes a essa fase da vida e que os capacitam a pensar sobre si mesmos e o mundo que os rodeia.

Referências

Aberastury, A., & Knobel, M. (1981). *Adolescência normal: um enfoque psicanalítico*. Artes Médicas.

Bion, W. (1994). Uma teoria sobre o pensar. In Wilfred R. Bion *Estudos psicanalíticos revisados – Secondthougts* (pp. 127-137). Imago.(Trabalho original publicado em 1962).

Freud, A. (1996). *O ego e os mecanismos de defesa*. Artmed. (Trabalho original publicado em 1936).

Freud, S. (1996). Três ensaios sobre a teoria da sexualidade. In S. Freud. *Edição standard brasileira das obras psicológicas completas de Sigmund Freud* (Vol. 7, pp. 119-231). Imago. (Trabalho original publicado em 1905).

Freud, S. (1996). Sobre o início do tratamento (Novas recomendações sobre a técnica da psicanálise I). In S. Freud. *Edição standard brasileira das obras psicológicas completas de Sigmund Freud.* (Vol. 12, p. 164). Imago. (Trabalho original publicado em 1913).

Freud, S. (1996). Psicologia das massas e análise do ego. In Freud, S. *Edição standard brasileira das obras psicológicas completas de Sigmund Freud* (Vol. 18, pp. 89-179) Imago. (Trabalho original publicado em 1921).

Freud, S. (1996). O mal-estar na civilização. In Freud, S. *Edição standard brasileira das obras psicológicas completas de Sigmund Freud* (Vol. 21, pp. 75-174). ESB. (Trabalho original publicado em 1930).

Kupermann, D. (2007). Sobre o final da análise com crianças e adolescentes. *Estilos da Clínica, 12*(23), 182-197.

Minerbo, M. (2013). Ser e sofrer, hoje. *Ide, 35*(55), 31-42. http://pepsic.bvsalud.org/scielo.php?script=sci_arttext&pid=S0101-31062013000100004&lng=pt&tlng=pt.

Mezan, R. (1998). *Tempo de muda: ensaios de psicanálise.* Companhia das letras

Mezan, R. (2002). *Interfaces da psicanálise.* Companhia das Letras.

Selaibe, M. (2008). Enlace libidinal e tolerância. Em *Percurso, 40*, 33-42.

Winnicott, D. (1990). A capacidade para estar só. In D. Winnicott, *O ambiente e os processos de maturação* (pp. 31-37). Artes médicas. (Trabalho original publicado em 1958).

Winnicott, D. (1980). O primeiro ano de vida: uma nova visão sobre o desenvolvimento emocional. In D. Winnicott. *A família e o desenvolvimento do indivíduo* (pp. 13-26). Interlivros. (Trabalho original publicado em 1965).

ATAQUES AO CORPO NA ADOLESCÊNCIA E REPARAÇÃO DAS FALHAS DAS FUNÇÕES DO EU-PELE

Fernando Márcio de Souza Ferreira
Carlos Eduardo dos Santos Sudário
Deise Matos do Amparo

O adolescente contemporâneo e o comportamento autolesivo

Atualmente, temos acompanhado um número crescente de adolescentes, sobretudo do sexo feminino, que comparecem para tratamento psicológico apresentando comportamentos autolesivos. Estes atos não estão restritos somente a cortes sobre a superfície da pele, mas englobam uma extensa gama de comportamentos autoinfrigidos, como se arranhar, se bater, se perfurar e arrancar pequenos pedaços de si. Os ataques à pele, como as escarificações, são provocados intencionalmente em seus corpos como tentativa de lidar com algum mal-estar que comparece no plano psíquico, transbordando a capacidade de elaboração do indivíduo.

Apesar de não encontrarmos números precisos sobre o comportamento autolesivo entre os adolescentes, Sousa et al. (2023) apontam que, na faixa etária da adolescência, a estimativa é de que, no mundo, a prevalência das automutilações esteja entre 60% dos adolescentes. No Reino Unido, uma pesquisa publicada no ano de 2017 revelou aumento de 68% no número de episódios de autolesões provocadas por meninas com idade entre 13 e 16 anos, entre os anos 2011 e 2014 (Morgan et al., 2017). A adolescência contemporânea, com suas formas de produção sintomáticas colocando em relevo o corpo e ato, não pode ser entendida senão dentro de um contexto cultural.

Conforme Lasch (1983), o modo de um indivíduo expressar seu mal-estar deve ser compreendido dentro do contexto de sua cultura e tende a expressar, de forma extrema, o traço de caráter subjacente em cada período da história. Assim como o século XX, as histerias e neuroses obsessivas expressavam traços extremos de questões como devoção ao trabalho e forte repressão à sexualidade, atualmente, há uma prevalência de traços pré-esquizofrênicos ou desordens fronteiriças de personalidade.

Haveria, neste contexto, uma mudança de paradigma com o surgimento de um mundo cada vez mais individualizado, caracterizado pela perda da autoridade dos pais e seus representantes sociais, em que as relações são cada vez mais verticalizadas com uma falsa promessa de satisfação pessoal. Com o advento da virtualização e a popularização das redes sociais, esses ideais e promessas ganharam relevo, uma vez que há forte apelo para que haja sucesso e uma compreensão de mundo em que cada sujeito deve ser o responsável direto pelas conquistas e pelos fracassos, esvaziando as narrativas comunitárias.

As neuroses histéricas e obsessivas, características da clínica freudiana no início do século passado, deram lugar aos pacientes que comumente se queixam de sentimento de vazio e distúrbios de autoestima e autoimagem, assim como certa desorganização narcísica e indiferenciação entre o Eu e o outro. As fronteiras entre o privado e o público afrouxaram-se, tornando a vida um grande espetáculo onde qualquer pessoa de qualquer lugar do globo consegue projetar-se em performances sempre de sucesso. Essas características, que podem ser pensadas a partir de uma nosografia, apontam para uma subjetividade contemporânea que se apresenta de forma essencialmente narcísica (Birman, 2003). Estes pacientes apresentam um modo de funcionamento-limite ou fronteiriço e recebem essa nomeação porque podem ser entendidos como indivíduos que estariam num limite imaginário, localizado entre a neurose e a psicose, ou ainda porque apresentam modo de funcionamento que pode ser visto em determinadas condições ambientais ou contexto regressivo de terapia (Chagnon, 2009).

Este contexto também exercerá influências nas relações sociais desses indivíduos, mas também nos seus corpos. Isso porque a experiência corporal também é sempre atravessada pela cultura. O corpo é um espaço simbólico de construção e de expressão da subjetividade de uma época, inserido em um contexto histórico, fonte de símbolos, estilo de vida e expressão de identidades. O corpo é da cultura e, na contemporaneidade, está marcado pelo consumismo, individualismo, busca desenfreada pelo prazer, vigor e boa forma (Castro, 2007; Dantas, 2011), além de estar sempre à luz dos holofotes (Le Breton, 2007).

Temos acompanhado uma fetichização do corpo e uma preocupação não apenas com seu funcionamento, mas também com sua forma e aparência. É o que se observa na obsessão pela magreza, nas intervenções cirúrgicas plásticas para remodelar o corpo e na fuga da velhice. Por outro lado, com a busca pela perfeição e o aumento de sua exposição, o corpo acaba] tornando-se fonte de frustração e angústia, passando a ser veículo de manifestação de dor e sofrimento. Com isso, assistimos a um aumento nos quadros de mal-estares contemporâneos, com predomínio das patologias do agir e patologias do corporal, particularmente na adolescência (Fernandes, 2011).

Presenciamos muitos adolescentes que têm utilizado seus corpos como via de expressão de seu sofrimento. Gomes e Amparo (2023) destacam que a corporeidade é um espaço de expressividade de fantasias, desejos e tela para projeção da identidade, bem como dos fracassos e as falhas no que diz respeito à possibilidade de elaboração do sofrimento. Assim, esse se tornou um espaço possível para ataques diretos ou indiretos aos limites de seus corpos, como a pele. Esses ataques geralmente são influenciados pela efração pubertária que muitas vezes vem acompanhada por fontes traumáticas e violências transgeracionais (Drieu et al., 2011). Ganham destaque os ataques ao corpo ou as autolesões, que se apresentam na forma de escarificações ou cortes na pele de diferentes partes do corpo, que, geralmente, buscam alívio por algum sofrimento que transborda o próprio indivíduo, sobretudo de um grupo específico de indivíduos, os adolescentes (Le Breton, 2012).

Compreende-se que o recurso ao ato, como no caso das automutilações, evidencia falhas nos processos de representação/simbolização (Levy, 2022), bem como um "curto-circuito" entre o impulso e a ação (Cidade & Zornig, 2022). O ato, nesse sentido, tem a função tanto de contenção quanto de descarga para o sujeito, estabelecendo um limite do suportável. Acaba por se constituir em uma tentativa de elaboração da dor psíquica.

A adolescência e o corpo erotizado do processo pubertário

A puberdade, processo de mudanças físicas e fisiológicas do corpo, põe em marcha modificações tanto na relação do sujeito consigo quanto com o outro. A adolescência, que representa o impacto dessas modificações sobre o psiquismo do sujeito, é entendida como um período fundamental do desenvolvimento humano, caracterizada pela transição da infância para a idade adulta. A puberdade, a partir das modificações efetuadas no corpo, põe em marcha alterações no plano relacional, promovendo mudanças no modo de agir, pensar e sentir, em que o adolescente experimentará jogos complexos de amor e ódio do Édipo. A puberdade é momento de reorganização pulsional e da vida sexual do indivíduo que o conduzirá a sua forma definitiva marcada pelo primado da genitalidade (Freud, 1905/1996).

Nesse período, o adolescente terá que lidar com a problemática da separação das figuras de autoridade, com a elaboração do Édipo e do narcisismo. Os pares "narcisismo/relação de objeto" e "dependência/autonomia" são postos em relevo, uma vez que há um trabalho de reordenamento pulsional com demandas novas feitas como corolário do processo de amadurecimento. Há um processo de ressignificação narcísica-identitária com identificação com o grupo que lhe confere um olhar de reconhecimento e pertença, validando sua autonomia (Emmanuelli, 2011).

Com a entrada brusca e violenta da paixão adulta na ternura da criança, o adolescente sente um arrombamento dos limites de si, das diferenças entre os sexos, das diferenças e dos limites entre o Eu e o outro, mas também da diferença de gerações. Parte desse arrombamento diz respeito às falhas provocadas pela perda das representações que eram vigentes até então na vida infantil. A adolescência provoca um desmonte das representações de si, dos pais e do lugar que essa criança ou esse adolescente ocupa na família, necessitando da construção de novas representações que deem conta de um sujeito com corpo modificado (Levy, 2022).

Dessa forma, a adolescência pode ser entendida como, antes de tudo, um processo pubertário de arrombamento que ameaça o Eu, submetendo o adolescente a um bombardeio psíquico provocado por excitações internas e externas que serão sentidas pelo adolescente como abalo em seu corpo. Levy (2022), discute a diferença ocorrida na economia psíquica da criança que se torna adolescente, destacando que há a ocorrência de excitações provenientes de um corpo, e que há uma atualização das questões edípicas, mas agora sem o amparo das defesas e representações que ora coordenavam libidinalmente o pré-púbere. O excesso pulsional, a falha das representações, junto do risco da perda de si (Jeammet, 2005), podem apresentar-se para o indivíduo como traumático, pois o coloca como passivo frente à força pulsional que transgride a capacidade de elaboração do Eu. Uma das problemáticas da adolescência trata, portanto, de elaborar esse traumatismo do pubertário (Gutton, 1991; Marty, 2006; Cardoso et al., 2016).

O corpo do adolescente aparece, então, como campo de batalha da identidade, mas também meio para retomar o controle da própria existência, pela via dos ataques violentos contra si na forma de lesões, anorexias ou doenças autoimunes, por exemplo (Le Breton, 2010; Le Breton, 2012). Esses ataques, que sinalizam dificuldades no processo de subjetivação, mobilizam o ambiente no qual o adolescente está inserido, revelando traumas e buscando a reconstrução de envoltórios psíquicos a partir de um trabalho de intersubjetividade do adolescente com o grupo envolvido (Drieu et al., 2011). Jeammet & Corcos (2005) discutem o risco à integridade psíquica do sujeito durante a adolescência, e Marty (2006) destaca que o corpo, possuindo uma potência diferente do corpo infantil, promove uma ameaça interior para alguns sujeitos, os quais podem encontrar na violência uma solução que apazigue esse afluxo ou excedente de excitações. Cidade & Zornig (2022) discutem que a violência voltada contra o corpo é uma das mais radicais defesas frente ao risco de desintegração do Eu.

Como forma de habitar seu corpo e lidar com as transformações pubertárias, no processo de construção de identidade, o adolescente acaba utilizando de diferentes maneiras de adornar e marcar seu corpo, seja pelo uso de roupas específicas, tatuagens, piercings, seja por outras formas de inscrições feitas na pele. Essas são formas de os adolescentes se apropriarem de seus corpos, mas também fazer marcações ou delimitações entre os espaços internos e externos, o Eu e o outro. Neste processo de estranheza frente à entrada na vida adulta, o corpo é campo de "batalha de identidade" e amado e odiado, ora cuidado, ora maltratado. Em alguns casos, esse processo é vivenciado com grande sofrimento pelo adolescente que, frente às dificuldades de seu processo de subjetivação, acaba utilizando-se de ataques ao corpo, como lesões ou cortes propositais na própria pele, como tentativa de lidar com este mal-estar (Le Breton 2010; Le Breton, 2012).

Os ataques ao corpo na adolescência

O corpo é canal de expressão de afetos, identidade, mas também de mal-estares. Vemos isso nas tatuagens, no uso de piercings, nas roupas da moda, nos cortes de cabelo, nas maquiagens e nas situações que expressam algum descompasso entre o indivíduo e seu corpo, seja pela via de cortes na pele, seja por escarificações, dismorfias, anorexias, dentre outros. No que tange aos ataques à pele, é possível encontrar diferentes termos para nomear esse fenômeno que é abordado aqui como ataque ao corpo. Em diferentes referências, podemos encontrar os termos autoagressão, automutilação, escarificação, autolesão sem intenção suicida, autodano, autoinjúria, *cutting*, parassuicídio, dentre outros (Santos & Faro, 2018).

Podemos verificar diferentes modos de expressão dos ataques ao corpo. A variedade dos ataques ao corpo pode traduzir diversidade estética, social, funcional, comunicacional e psicodinâmica (Cardoso & Amparo, 2021). Há, por exemplo, em algumas culturas, uma modalidade de ataque ao corpo, na forma de escarificações, que fazem de cerimônias ritualísticas e servem como ritos de passagem para permitir aos jovens a entrada em determinados grupos (Le Breton, 2010).

Mas há também uma modalidade de ataque ao corpo que é utilizado com finalidade de aplacar o mal-estar ou a angústia. Um ponto que deve ser destacado é que esses ataques ao corpo são "violências autoinfligidas, somáticas, de sofrimentos na dinâmica da apropriação subjetiva" (Drieu et al., 2011, p. 10). Conforme este autor, esses ataques não podem ser compreendidos como parte de uma manifestação cultural como ritos de passagem, marcas de pertencimento ou identificação grupal. Eles podem acontecer diretamente ao envelope corporal ou de forma indireta, quando há exposição a situações de risco (alcoolismo, drogas, transtornos alimentares etc.).

O *Manual Estatístico e Diagnóstico dos Transtornos Mentais* – DSM 5 (APA, 2014) define esse fenômeno como "autolesão não suicida" e o descreve como um "dano intencional autoinfligido à superfície do corpo provavelmente induzindo sangramento, contusão ou dor" (APA, 2014, p. 803). Entre os comportamentos possíveis, estão o ato de se cortar, se queimar, se bater, por exemplo. Contudo, é importante destacar que esses comportamentos autolesivos nem sempre são acompanhados por ideação suicida.

Matha (2010) faz uma importante discussão a respeito da terminologia empregada, frisando que a "automutilação" faz referência ao evento violento em si e que, tendo em vista os paradigmas sociais, disso decorre seu aspecto de incompreensão e inaceitabilidade. Já na questão do "auto", indica que há uma tentativa de recuperar a atividade sobre alguma vivência da qual tenha-se sentido apassivado. Outros autores, como Cidade e Zorning (2022) concordam com essa posição, indicando que o intuito é um domínio ainda que precário sobre uma forma de dor psíquica. Ainda segundo as mesmas autoras, as automutilações proporcionam uma concomitante possibilidade de o sujeito ser tanto ativo (se provocando feridas) quanto passivo, experimentando "na pele" os machucados e as feridas.

Os ataques podem ritualizar a entrada na vida adulta, mas também se apresentar como respostas a diferentes violências sofridas pelo adolescente (maus-tratos, abusos, violências físicas, competições, exclusões etc.), ao interrogarem simbolicamente os limites que faltam na relação com o outro, sacrificando parte de si para salvar o essencial. Esses ataques, geralmente, não têm como objetivo final dar cabo à própria existência, mas buscam um apagamento ou desligamento provisório de si, uma contenção de um mal-estar com o qual não conseguem lidar, além de uma "busca tateada por limites" (Le Breton, 2012, p. 39). Aqui o domínio sobre a dor também estabelece limite no que diz respeito ao esvaziamento das tensões internas, por meio do extravasamento pela pele.

Para Anzieu (1989), os ataques contra o corpo e o pensamento tratam de ataques inconscientes contra o envelope psíquico. Isto porque, em muitos casos, não se evidencia uma separação clara entre o Eu e o outro, tampouco uma demarcação clara ou o estabelecimento dos limites psíquicos dos indivíduos que promovem os ataques contra si mesmos (Moretto, Kupermann & Hoffmann, 2017).

Esse recurso ao ato de se cortar, ainda que de maneira paradoxal, pode ser pensado como uma busca em sair de uma posição apenas passiva de alguém que sofre para uma posição ativa de alguém que busca o controle da situação, transformando o mal-estar psíquico em uma dor localizável no corpo e colocando o adolescente numa posição heroica em relação ao seu ato. O apelo ao ato violento tenta conter uma invasão e/ou descarga pulsional que acomete o sujeito, colocando seu narcisismo à prova. São tentativas ativas de dominar ou apaziguar os excessos pulsionais (Cardoso & Garcia, 2011), mas também uma luta contra a ameaça de desmoronamento narcísico, uma tentativa de solução e busca de tranquilidade frente ao desamparo no processo de subjetivação do adolescente (Marty, 2006).

A adolescência trata, portanto, de um período em que o sujeito adolescente terá que lidar com as exigências pulsionais provocadas pelo arrombamento pubertário (Marty, 2008), na medida em que seu narcisismo e os limites serão confrontados. Como consequências possíveis, estão o aparecimento de fragilidades nas funções do Eu-pele do adolescente. Assim, os ataques ao envelope corporal promovido pelo adolescente podem operar, dentre outras formas, como tentativas de reparação de falhas das funções do Eu-pele.

Eu-pele: o limite psíquico, do corpo e do Eu

Ao analisar os seres vivos, é possível observar que estes são dotados, em sua composição, de algo que recobre e faz contorno em seu corpo, como se o envelopasse. Esse material pode ser uma casca, uma carapaça, uma membrana, uma pleura, escama ou algo que, ao recobrir todo o corpo de um indivíduo, lhe dá a noção de uma unidade na medida em que estabelece seu contorno, seu limite. No humano, o órgão que tem essa função é a pele. Para Anzieu (1989), a pele apresenta funções de bolsa, retendo conteúdo interno; função de interface, delimitando interno e externo, mas também protegendo da penetração dos objetos externos; e comunicação, partindo da inscrição de traços sensoriais, mas a pele também respira, secreta, participa da função metabólica, elimina. A pele envelopa o corpo como uma bolsa, um envoltório; é a pele que estabelece uma noção de interno e externo e, ao mesmo tempo, que é o palco de percepções sensoriais. Assim, a pele pode ser "simbolicamente relacionada com as fronteiras da imagem do corpo" (Anzieu, 1989, p. 35). Cidade e Zorning (2022, p. 649) ,em consonância com o pensamento de Anzieu, sublinham que a pele é ao mesmo tempo substrato orgânico e imaginário, que tem a função de "proteger a individualidade".

Tomando como base a discussão freudiana da vesícula, envolvida por uma camada que faz fronteira entre o externo e o interno (Freud, 1920/2010), pode-se fazer referência ao envoltório que o corpo representa. A pele, neste caso, seria o limite com uma face voltada para dentro, para o interior do corpo, e outra para fora, sendo o contato com o externo ao corpo. Ela funcionaria, neste modelo, como um escudo de proteção e filtragem dos estímulos. Freud, falando a respeito da vesícula, aponta que, quando há intensidades superiores à capacidade de proteção, esta se rompe, denotando que ali está representado um excesso que transborda a capacidade de representação e contenção de estímulos.

Partindo da noção da pele como um representante simbólico do Eu corporal, Anzieu (1989) cria o conceito de Eu-pele que trata de uma metáfora para designar uma noção do Eu psíquico a partir das experiências sensoriais da superfície do corpo, a pele (Anzieu, 1989). Para este autor, a pele do bebê, com sua sensorialidade, promove uma possibilidade de estabelecimento de um Eu a partir de suas experiências. O bebê pensa a partir do corpo e das experiências de manipulação deste, via cuidados aplicados sobre este corpo e, consequentemente, sobre a pele (Cidade & Zorning, 2022, p. 650). O Eu-pele seria uma metáfora de uma unidade do sujeito, sendo possível a continência dos conteúdos internos e uma forma de representação dessa unidade.

Se Freud (1923/19960, p. 60) descreve o Eu como um Eu corporal, uma "projeção mental da superfície do corpo", Anzieu (1989) descreve o Eu-pele como uma capa protetora, um envelope ou bolsa que corresponde a uma representação psíquica da pele (Durski & Safra, 2016). O Eu-pele trata, portanto de um envelope psíquico que se origina apoiado por um envelope corporal. Anzieu (1989) elenca que toda atividade psíquica se ancora numa atividade biológica e enuncia três principais funções da pele, que fomentam a metáfora do Eu-pele. Assim, conforme Anzieu (1989, p. 60):

> primeira função, é a bolsa que contém e retém em seu interior o bom e o pleno aí armazenados com o aleitamento, os cuidados, o banho de palavras. A pele, segunda função, é a interface que marca o limite com o de fora e o mantém no exterior, é a barreira que protege da penetração pela cobiça e pelas agressões vindas dos outros, seres ou objetos. A pele, enfim, terceira função, ao mesmo tempo que a boca e, pelo menos, tanto quanto ela, é um lugar e um meio primário de comunicação com os outros, de estabelecimento de relações significantes; é, além disso, uma superfície de inscrição de traços deixados por tais relações.

Ainda para Anzieu (1989), a constituição do Eu-pele é uma das condições para que ocorra a passagem do narcisismo primário para o narcisismo secundário. Há de se pensar em dois momentos distintos: num primeiro momento (simbiose), em que haveria no bebê uma fantasia na qual a mãe e ele compartilhariam uma mesma pele; num segundo momento, de desfusão e separação entre mãe e bebê, haveria uma ruptura dessa pele comum.

A mãe, em sua função primordial (Winnicott, 1990), funciona para o bebê como paraexcitação contra estímulos do mundo externo, mas, também, como estímulos de cuidado (toque, limpeza, por exemplo) – *handling* –, que podem ser sentidos como excitatórios para o bebê. A mãe suficientemente boa (Winnicott, 1990; Winnicott, 1956/2000) deve estar atenta às necessidades físicas, mas também psíquicas do bebê, interpretando suas necessidades e favorecendo a construção de um envelope de bem-estar narcisicamente investido, necessário para estabelecer o Eu-pele.

A partir dos cuidados maternos, o bebê experimentaria uma fantasia de pele comum, grudada à mãe. Com o desenvolvimento narcísico do Eu-pele, a fantasia originária de pele comum dá origem a uma fantasia de pele reforçada e invulnerável, mas se o Eu-pele se desenvolve no plano masoquista, a fantasia originária de pele comum vai dar lugar a uma fantasia de pele arrancada ou ferida. Alguns pacientes, em sua primeira infância, vivenciaram eventos reais de agressões físicas à sua pele. Alguns eventos podem ter ocorrido na forma de dermatoses, escoriações e pele arrancada e podem ter se tornado material decisivo na organização fantasmática destes indivíduos (Anzieu, 1989).

A mãe deve estar atenta às necessidades tanto psíquicas quanto corporais do bebê, interpretando corretamente as suas necessidades. A mãe, ou quem exerce esta função, opera para o bebê, dentre outras funções, como uma paraexcitação em relação ao mundo externo, mas também auxiliando o bebê a lidar com as exigências e excitações pulsionais internas a ele, que podem ser sentidas como desagradáveis. Os contatos físicos que a mãe exercerá no corpo do bebê – *handling* (Winnicott, 1945/1982) –, se forem excessivos em relação ao grau de desenvolvimento psíquico dele, podem ser sentidos por ele como demasiado intensas, ou, ao contrário, se muito restritas, podem significar grandes ausências. São as experiências que o bebê experienciará com a mãe, como sentir seu calor, ser afagado ou ser apertado contra seu corpo, ser segurado em seus braços e colocado em seu colo, sentir seu cheiro, seu balanço, seus movimentos quando é carregado por ela, ser acariciado, tocado, manipulado (momentos de banho, higiene pessoal, colocar a roupa, fazer cócegas, brincar com os pezinhos, pentear os cabelos etc.), acompanhados por um banho de palavras, um cantarolar da mãe, seu sussurro, que permitirão ao bebê adquirir a percepção de sua pele (lugar das sensações) como a superfície, envelope, e o limite do seu corpo garantindo a percepção no que lhe é interno e externo, fora e dentro (Anzieu, 1989).

A partir de sua experiência de clínica, Anzieu percebeu que muitos dos seus pacientes sofriam do que chamou de "patologias do envelope", ou seja, eram indivíduos que apresentavam sentimentos de indiferenciação entre o Eu e o não-Eu, com percepções como despersonalização, esvaziamento e fantasias persecutórias de invasão do outro (Durski & Safra, 2016).

Um ponto que merece destaque diz respeito ao papel que a dor ocupa no processo de percepção do indivíduo e na experiência dos ataques ao corpo. Isso porque a dor pode sinalizar uma desordem orgânica (como uma doença ou um machucado), mas pode sinalizar, também, a presença do corpo para o Eu ou uma representação verbal de um registro sensorial do corpo (Fortes, 2013). Um fator importante a ser observado nos relatos dos adolescentes que se cortam, por exemplo, é a sensação de alívio provocada pelos cortes na pele nos momentos em que encontram em grande angústia. Há aqui um sofrimento que transborda a capacidade de elaboração do Eu perturbando sua fragilidade e ameaçando destruí-lo. Nesse momento, o papel de barreira de excitação da pele é ultrapassado frente à invasão do afeto que é sentido como uma asfixia, algo sufocante, e o corte é o recurso utilizado para conter esse afeto ou essa evasão pulsional.

Dessa forma, reestabelecem uma contenção para a pele a partir de um "invólucro de sofrimento", já que as lesões provocadas na pele localizam o mal-estar no corpo. As escarificações e autolesões de adolescentes podem ser, portanto, um recurso à dor para não sofrer mais; é uma dor que protege, pois mascara o sofrimento que o adolescente está enfrentando; são tentativas passageiras de lidar com o sofrimento e a angústia de existir (Le Breton, 2012; Le Breton, 2018).Assim, pensar a partir de uma perspectiva que aborde a partir da pele e do apoio psíquico sobre esta encaixa-se nas problemáticas dos limites, tanto no que diz respeito à pele como um limite entre interno/externo, quanto das capacidades de continência do sofrimento e da capacidade de representação e simbolização.

Nesse sentido, partindo da noção de que toda função psíquica se desenvolve apoiada em uma função corporal, Anzieu propõe nove funções do Eu-pele que podem ser resumidas da seguinte forma: 1) função de manutenção do psiquismo – aqui o Eu-pele tem a função de sustentar o psiquismo como os cuidados, ou *holding* (Winnicott, 1945/1982), exercidos pela mãe; 2) função continente – nesta função, o Eu-pele opera como uma casca que faz contenção às pulsões do Isso que agem como núcleo gerador de tensão e excitação; 3) função de paraexcitação – nesta função, o Eu-pele funciona como uma barreira que identifica o que é permitido entrar ou não, o que pode ser tocado ou não; 4) função de individuação – esta função garante a noção de uma unidade limitando o corpo e dando a noção de um indivíduo; 5) função de intersetorialidade – aqui o Eu-pele utiliza a função da pele convergindo, a pele, em um envelope tátil possibilitando as conexões sensoriais dos órgãos e sentidos; 6) função de sustentação da excitação sexual – esta função situa a pele como local das sensações prazerosas e agradáveis que sustentam a excitação sexual; 7) função de recarga libidinal – esta função se refere a uma manutenção da energia interna e distribuição no sistema psíquico; 8) função de inscrição de traços sensoriais – esta função se refere às inscrições sociais impressas na pele (biológica), como vemos nos casos de escarificações tribais, tatuagens, maquiagens, dentre outros; 9) função de autodestruição ou função tóxica: esta função representa a função autodestrutiva e mortífera do Isso que é projetada na pele, extremidade do Eu, gera a sensação de uma roupagem envenenada que asfixia e desagrega o indivíduo, sendo, isto, perceptível nas doenças psicossomáticas (Anzieu, 1989).

Ataques ao corpo na adolescência e tentativa de reparação das funções do Eu-pele

A seguir, será apresentado o caso de uma adolescente com histórico de ataques ao corpo, pensando os ataques ao invólucro do corpo como tentativas de reparar falhas em algumas funções do Eu-pele. Esses ataques, com cortes e escarificações, evidenciam uma tentativa de simbolização dramática na cena corporal.

Breve resumo do caso Vitória:

Vitória (nome fictício), 16 anos, é uma adolescente que procura atendimento em um Centro de Atendimento Psicológico Universitário, em decorrência das escarificações que fazia em sua pele na região dos braços, coxas e barriga, desde os 13 anos. Apesar de as autolesões terem motivado a procura pelo tratamento, antes das escarificações, Vitória apresentou outras formas de ataques contra seu corpo: primeiro, aos 9 anos, teve um quadro de anorexia seguido por bulimia, posteriormente, apareceram rituais de limpeza e uma psicodermatose que foi sucedida pelas escarificações em seu corpo. Essa metamorfose dos sintomas é algo que chamou atenção nos relatos da adolescente. Uma hipótese levantada é que essas diferentes formas de ataques ao corpo possam estar relacionadas com tentativas de reparação e/ou simbolização do seu mal-estar na medida em que a adolescente metamorfoseia os ataques, passando de um ataque ao corpo com maior índice de mortalidade, como é o caso da anorexia (APA, 2014), para outros ataques com menores potenciais mortíferos.

Vitória apresenta histórico de agressões sofridas, contudo o evento mais marcante e associado por ela como desencadeador das diferentes formas de mal-estar no corpo trata de um abuso sexual sofrido aos 9 anos de idade. Esse abuso sexual configura, para a adolescente, o evento traumático desencadeador dos ataques promovidos por si em seu corpo. Um trauma psíquico decorre de uma vivência (uma violência, uma falha ambiental, um arrebatamento por um fator externo) que excede a capacidade de defesa e de elaboração de um indivíduo, modificando seu psiquismo antes que ele possa regulá-lo psiquicamente (Dunker, 2006). Quando se fala em trauma, busca-se enfatizar um estrago causado na capacidade de simbolizar do indivíduo, que afetará suas escolhas amorosas e outras respostas às demandas externas (Bokanowski, 2005).

Quando há uma situação de violência ou abuso sexual que envolve uma criança, ainda em desenvolvimento de personalidade, ela reage bruscamente a essa experiência, submetendo-se automaticamente à vontade do agressor, identificando-se com ele. Nessa identificação com o agressor, a criança acaba por introjetá-lo no plano intrapsíquico, assim como faz com o sentimento de culpa pelo ocorrido (que deveria estar do lado do agressor/abusador) e, com isso, passa a se ver como merecedora de punição (Ferenczi, 1933). Vitória, sentindo-se culpada pelo abuso, passou a se odiar e odiar seu corpo, objeto de olhar e desejo do outro. Passou a se sentir suja e, para lidar com essa sensação, desenvolveu um ritual de tomar vários banhos, chegando a se ferir com as buchas que utilizava para se limpar. Apresentou sintomas anoréxicos que foram seguidos por cortes na pele, que objetivavam aliviar uma dor subjetiva que a invadia.

A anorexia pode ser pensada, dentre outras formas, como uma defesa em relação à sexualidade, uma forma de aversão ou negação dela (Freud, 1905/1996). Vemos aqui que o quadro anoréxico delineia um corpo esquálido em uma menina vítima de um abuso sexual, a fim de evitar o olhar e desejo do outro. A bulimia, por sua vez, aparece muito ligada à forma de lidar com a culpa. A esse respeito, Pimenta Filho (2006) discute a mistura entre gozo e culpa na bulimia. Esse sintoma parece ser um ataque ao corpo como "culpado", bem como ao objeto oral, uma vez que ele é consequência da interação do sujeito com um cuidador que oferta o alimento. A recusa parece ser dupla, nesse caso.

Contudo, o quadro anoréxico e bulímico, assim como os rituais de limpeza da pele, não foram suficientes para aliviar os sentimentos de mal-estar de Vitória, levando a adolescente a provocar cortes na pele. Para a adolescente, era *"uma dor tão ruim que a única coisa que faz passar estas sensações são os cortes"*. A dor provocada fazia esquecer as sensações incômodas que invadiam seu corpo e seus pensamentos, sensações que

Vitória não conseguia explicar muito bem como eram, apenas sentia. Quando se cortava e via o sangue correr pelo seu corpo, dizia que se sentia purificada, como se seu corpo passasse por uma limpeza ou purificação.

Os ataques ao corpo como tentativas de reparação a falhas do Eu-pele

Buscando compreender a função psíquica dos diferentes ataques ao corpo provocados por Vitória, e tendo como referência a noção de Eu-pele proposta por Anzieu (1989), tem-se a hipótese que esses ataques operavam como tentativas de reparar falhas das funções do Eu-pele.

A partir do fragmento do caso citado, é possível observar falhas em, pelo menos, três funções do Eu-pele:

a. falha na função paraexcitação: essa função diz respeito ao que é permitido ou não entrar no plano intrapsíquico do indivíduo; trata-se de uma defesa que opera como um escudo protetor do Eu contra estímulos internos e externos que têm capacidade de gerar angústia excessiva no Eu, algo que poderia provocar um efeito de devastação e dificuldade no processo de simbolização (Almeida-Prado & Féres-Carneiro, 2005). A angústia, característica da falha desta função, remete a uma angústia paranoica frente à possibilidade de uma invasão psíquica. Observamos, no caso de Vitória, que os cortes operam na diminuição da excitação psíquica, sendo eles *"os únicos meios de passar as sensações ruins"*, como ela relata. Em certo atendimento, chegou a dizer: *"quando me corto é como se eu estivesse sendo purificada, como se me limpasse"*. Aqui, o ato de se cortar, assim como ver o sangue escorrendo pela sua pele, funciona como tentativa de se defender da evasão pulsional, localizando seu mal-estar num ponto-limite do corpo.

b. falha na função continente: esta função é responsável pela sensação de capa protetora, contorno – as sensações de dor provocadas pelos cortes possibilitam estabelecer os limites do corpo, sua fronteira, seu envelope. As autolesões carregam consigo uma tentativa de delimitar essa fronteira (Douville, 2004). Assim, os cortes de Vitória operariam tentando recuperar a falha da função continente, restabelecendo o limite entre o plano intrapsíquico e mundo externo, entre o Eu e o outro, fazendo, assim, contenção da evasão pulsional na medida em que impede invasão do outro no plano intrapsíquico. É como se Vitória quisesse barrar a invasão do outro, ao passo que tenta extrair do campo psíquico o outro (ora abusador), que fora introjetado junto da representação do sentimento de culpa pela violência sofrida.

c. A função de autodestruição ou tóxica: aqui, esta função autodestrutiva do Isso é projetada para a pele, a extremidade do Eu. Com isso, esse envelopamento ou essa cobertura corporal, a pele, é sentida como uma roupa envenenada, ardente, que asfixia, sufoca e desagrega o Eu. Ao se cortar, sentia que o sangue que corria em sua pele limpava-a, mesmo efeito provocado quando tomava vários banhos por dia, por se sentir suja, esfregando-se com a bucha até se ferir. Temos aqui uma dimensão masoquista do ato que permite que a dor sentida pela adolescente materialize no corpo esse sofrimento, tentando recuperar o controle de sua existência (Matha, 2010). Os ataques ao corpo de Vitória, neste caso, operariam como uma tentativa de purificação de si e do seu corpo pela via dos ataques à pele.

d. falha na função de recarga libidinal: a falha desta função produz uma sensação de explosão e sobrecarga do aparelho psíquico. Com os ataques à pele, Vitória busca a reparação da função de recarga libidinal, uma vez que conter a sensação de explosão e sobrecarga de excitação no aparelho psíquico permite-lhe "manter a cabeça fora d'água para não se afogar" (Le Breton, 2012, p. 42). Desta forma, o recurso ao ato apresenta-se como uma tentativa de recuperação desta função, evitando que o psiquismo entre em colapso.

Considerações finais

Cada cultura apresentará um mal-estar típico de seu tempo (Lasch, 1983). Na atualidade, presenciamos um aumento nos casos de adolescentes que utilizam seus corpos como veículo de expressão de seu mal--estar, dentre outras formas, pela via das autolesões ou ataques ao corpo próprio. Estes ataques ao próprio corpo colocam-se como tentativas de lidar com conflitos internos ou com as exigências do mundo externo (Brasil et al., 2015).

Há, na adolescência, uma evasão pulsional típica desta fase que, provocada pelo arrombamento pubertário (Marty, 2006), coloca o narcisismo e os limites do adolescente à prova, fragilizando e/ou evidenciando fragilidades nas funções do Eu-pele do indivíduo. Desta forma, os ataques ao envelope corporal podem operar de diferentes formas e sentidos, como: estabelecimento de "freio identitário", reparação narcísica, recurso de simbolização, construção identitária, estabelecimento de laço social, recurso para aplacar a angústia, separação entre Eu e o outro (Le Breton, 2010; Le Breton, 2012; Drieu et al., 2011), mas também como tentativas de reparação de falhas nas funções do Eu-pele (Anzieu, 1989).

Esses ataques possibilitam ao adolescente uma mudança de posição ao passar de uma posição passiva para a posição ativa, que busca dominar um excesso pulsional pela via das atuações no corpo (Cardoso & Garcia, 2011), na medida em que a dor provocada pelo corte na pele permite localizar, em um ponto específico do invólucro corporal, o mal-estar psíquico, ao passo que permite realçar os limites do corpo, operando como tentativas de reparação às falhas das funções do Eu-pele.

Referências

Almeida-Prado, M. C. C., & Féres-Carneiro, T. (2005). Abuso sexual e traumatismo psíquico. *Interações, 10*, 11-34. http://pepsic.bvsalud.org/scielo.php?script=sci_arttext&pid=S1413-29072005000200002&lng=pt&tlng=pt.

Amparo, D. M., Morais, R. A. O., & Alves, A. C. O. (2020). Adolescentes nos limites e a clínica do sensível como dispositivo psicoterapêutico. In *Adolescência: psicoterapias e mediações terapêuticas na clínica dos extremo s*(pp. 15-30). Technopolitik.

Anzieu, D. (1989). *O Eu-Pele*. Casa do Psicólogo.

Anzieu, D. (2002). *O Pensar – Do Eu-Pele ao Eu-Pensante*. Casa do Psicólogo.

APA. Associação Americana de Psiquiatria (2014). *Manual Diagnóstico e Estatístico de Transtornos Mentais DSM-5*. Artmed.

Birman, J. (2003). Dor e sofrimento num mundo sem mediação In *Estados Gerais da Psicanálise: II Encontro Mundial* (pp. 1-7). https://www.ufrgs.br/psicoeduc/chasqueweb/psicanalise/birman-dor.rtf

Bokanowski, T. (2005). Variações do conceito de traumatismo: traumatismo, traumático, trauma. *Revista Brasileira de Psicanálise, 39*(1), 27-38.

Brasil, K. C. T. R., Almeida, S. F. C., Amparo, D. M., & Pereira, A.M. R. (2015). Adolescência, violência e objetos culturais: uma intervenção entre o educativo e o terapêutico no espaço escolar. *Estilos da Clínica, 20*(2), 205-225.

Cardoso, B. C. C., & Amparo, D. M. do. (2021). Por uma escuta sensível: a escarificação na adolescência como fenômeno multifacetado. *Jornal de Psicanálise, 54*(101), 221-237. http://pepsic.bvsalud.org/scielo.php?script=sci_arttext&pid=S0103-58352021000200017&lng=pt&tlng=pt.

Cardoso, M. R., Demantova, A. G., & Maia, G. D. C. S. (2016). Corpo e dor nas condutas escarificatórias na adolescência. *Estudos de Psicanálise, 46*, 115-123. http://pepsic.bvsalud.org/scielo.php?script=sci_arttext&pid=S0100-34372016000200012&lng=pt&tlng=pt.

Cardoso, M. R., & Garcia, C. A. (2011). *Limites da Clínica – Clínica dos Limites.* Companhia de Freud.

Castro, A. L. (2007). *Culto ao corpo e sociedade: mídia, estilos de vida e cultura de consumo.* Annablume – Fapesp.

Chagnon, J. Y. (2009). Os estados-limite nos trabalhos psicanalíticos franceses. *Psicologia USP, 20*(2), 173-192. https://doi.org/10.1590/S0103-65642009000200003.

Cidade, N. de O. de P., & Zornig, S. M. A. J. (2022). Automutilações: uma problemática dos limites. *Revista Latinoamericana de Psicopatologia Fundamental, 25*(3), 643-665. https://doi.org/10.1590/1415-4714.2022v25n3p643.8.

Dantas, J. B. (2011). Um ensaio sobre o culto ao corpo na contemporaneidade. *Estudos e Pesquisas em Psicologia,11*(3), 898-912. https://doi.org/10.12957/epp.2011.8342.

Douville, O. (2004). L'automutilation, miseen perspectives de quelquesquestions. *Champpsy, 36*, 7-24.

Drieu, D., Proia-Lelouey, N., & Zanello, F. (2011). Ataques ao corpo e traumatofilia na adolescência. *Ágora: Estudos em Teoria Psicanalítica, 14*(1), 09-20.

Dunker, C. I. L. (2006). A função terapêutica do real: entre trauma e fantasia. In Pulsional Revista *de* Psicanálise, 19(186), 15-24.

Durski, L. M., & Safra, G. (2016). O Eu-pele: contribuições de Didier Anzieu para a clínica da psicanálise. *Reverso, 38*(71), 107-113. http://pepsic.bvsalud.org/scielo.php?script=sci_arttext&pid=S0102-73952016000100012&lng=pt&tlng=pt.

Emmanuelli, M. (2011). As Saídas para o trabalho psíquico da adolescência. *Psicologia em Estudo, 16*(1), 51-60.

Ferenczi, S. A. (1992). Confusão de línguas entre os adultos e a criança. In S. A. Ferenczi. *Obras Completas* (pp. 97-108). Livraria Martins Fontes Editora. (Trabalho original publicado em 1933).

Fernandes, M. H. (2011). As relações entre o psíquico e o somático: o corpo na clínica psicanalítica. In C. A. Garcia, & M. R. Cardoso (org.). *Limites da clínica. Clínica dos limites* (pp. 47-62). Cia de Freud: Faperj.

Fortes, I. (2013). A dor como sinal da presença do corpo. *Tempo psicanalítico, 45*(2), 287-301. http://pepsic.bvsalud.org/scielo.php?script=sci_arttext&pid=S0101-48382013000200004&lng=pt&tlng=pt.

Freud, S. (1912). A dinâmica da transferência. In S. Freud. *Obras Psicológicas de Sigmund Freud* (Vol. XII, pp. 107-120). Imago.

Freud, S. (1996). Três ensaios sobre a teoria da sexualidade. In S. Freud. *Edição standard brasileira das obras psicológicas completas de Sigmund Freud* (Vol. VII, pp. 163-195). Imago. (Trabalho original publicado em 1905).

Freud, S. (1920/2010). Além do princípio do prazer. In S. Freud, *Obras completas* (Vol. 14, pp. 161-239). São Paulo: Companhia das Letras.

Freud, S. (1923/2011). *O Eu e o Id*. In Obras Completas (Vol. 6, pp. 9-64). São Paulo: Companhia das Letras.

Gomes, T. do N., & Amparo, D. M. do. (2023). Narrativas na carne: as tatuagens dos jovens na socioeducação. *Estudos de Psicologia, 27*(1), 46-56. https://doi.org/10.22491/1678-4669.20220005.

Gutton, P. (1991). *Lo Puberal*. Le pubertaire. PUF.

Jeammet, P. , & Corcos, M. (2005). *Novas problemáticas da adolescência: evolução e manejo da dependência.* Casa do Psicólogo.

Lasch, C. (1983). *A cultura do narcisismo: a vida americana numa era de esperanças em Declínio.* Imago.

Le Breton, D. (2007). *A sociologia do corpo.* (2a ed.). Vozes.

Le Breton, D. (2010). Escarificações na adolescência: uma abordagem antropológica. *Horizontes Antropológicos, 16*(33), 25-40. https://doi.org/10.1590/S0104-71832010000100003.

Le Breton, D. (2012). O risco deliberado: Sobre o sofrimento dos adolescentes. *Revista de ciências sociais – política & trabalho, 2*(37), 33-44.

Le Breton, D. (2018). Da construção do corpo aos significados da dor: antropologia do "risco", do silêncio e da palavra: uma entrevista com David Le Breton. *Revista Café com Sociologia, 7*(2), 88-98.

Levy, R. (2022). *A simbolização na psicanálise: os processos de subjetivação e a dimensão estética da psicanálise.* Blucher.

Marty, F. (2006). Adolescência, violência e sociedade. *Ágora: Estudos em Teoria Psicanalítica, 9*(1), 119-131. https://dx.doi.org/10.1590/S1516-14982006000100009

Matha, C. (2010). Figures traumatiques de laséparation à l'adolescence: de larépétition à l'élaboration. *Psychologie clinique et projective, 16,* 103-144.

Morgan, C. et al. (2017). Incidence, clinical management, andmortalityriskfollowing self harmamongchildrenandadolescents: cohortstudy in primarycare. *BMJ.* doi: 10.1136/bmj.j4351. PMID: 29046278; PMCID: PMC5641980.

Moretto, M. L. T., Kupermann, D., & Hoffmann, C. (2017). Sobre os casos e os limites das práticas de cuidado em psicanálise. *Rev. Latino-americana de Psicopatologia. Fundamental, 20*(1), 97-112.

Pimenta Filho, J. (2006). O feminino, o corpo e a solução bulímica. *Revista Brasileira de Psicanalise, 46*(2).

Romaro, R. (2017). A autoagressão na infância e na adolescência. [Apresentação de trabalho na mesa redonda: Autoagressão: significados e sua presença na escola]. In *X Encontro de Saúde Mental e Educação: o espaço do professor*]. Laboratório de Saúde Mental Coletiva – LASAMEC, Faculdade de Saúde Pública – USP.

Santos, L. C. S., & Faro, A. (2018). Aspectos conceituais da conduta autolesiva: Uma revisão teórica Theoreticalaspectsof self-injuriousbehavior. *Psicologia em Pesquisa, 12*(1), 5-14.

Sousa A. E. P., Haviaras A. C., Carvalho E. R. (2023). Análise epidemiológica de crianças e adolescentes com autolesão atendidas em um hospital referência em

Santa Catarina nos anos de 2018-2021. *Debates em Psiquiatria*, Rio de Janeiro, 13:1-19. https://doi.org/10.25118/27639037.2023.v13.424.

Winnicott, D. W. (1982). Desenvolvimento emocional primitivo. In D. W. Winnicott. *Textos selecionados da pediatria à psicanálise* (pp. 247-268). Francisco Alves. (Trabalho original publicado em 1945).

Winnicott, D. W. (2000). A preocupação materna primária. In D. W. Winnicott. *Da pediatria à psicanálise: obras escolhidas* (pp. 399-405). Imago. (Trabalho original publicado em 1956).

Winnicott, D. W. (1990). *O ambiente e os processos de maturação*. Artes Médicas.

CLÍNICA DA ADOLESCÊNCIA E DISSIDÊNCIA DE GÊNERO

Saturno Fernandes Rezende Nunes
Cibele Gugel Silva

O presente capítulo tem como objetivo apontar questões cruciais para a psiquiatria, a psicologia e a psicanálise, chamadas de ciências "psi" (Bento, 2011b), acerca do regime da diferença sexual e suas imposições normativas em relação às experiências de dissidência de gênero na adolescência – um fenômeno com registros históricos que não se dão única e exclusivamente em nosso recorte histórico e social atual, mas sobre o qual podemos, enfim, escutar pessoas dissidentes de gênero falarem do outro lado da mesa, da poltrona ou do divã. Nesse sentido, é proposta como questão central: como podemos realizar uma escuta que nos permita acessar as complexidades das vivências de adolescentes dissidentes de gênero, a fim de construir um espaço de reflexão e de diminuição do sofrimento que não reitere violências sofridas na sociedade?

Para tanto, na primeira parte do texto, "Contexto histórico da diferença sexual e as ciências psi", é feita a contextualização acerca do histórico da diferença sexual nas ciências psis, em especial, a psicanálise. O surgimento da noção de "gênero", assim como sua abordagem por meio dos Manuais Diagnósticos e Estatísticos (DSM), é discutido, sendo destacada a necessidade de interlocução entre o campo da psicanálise e os estudos *queer* para uma visão precisa do fenômeno de dissidência de gênero.

Na segunda parte do texto, "Adolescência e a construção de identidades pelo diagnóstico-ofensa", é pensada a construção de identidade na sociedade por meio do "diagnóstico-ofensa", que envolve construir um senso de si a partir dos diagnósticos ofertados ou das ofensas proferidas por pessoas ao redor e como ambos (diagnóstico e ofensa) se conectam nessa construção. A produção de identificações é essencial para a existência generificada, que confere sensação de unidade do eu para os sujeitos. Nesse sentido, as ofensas que denunciam a dissidência da ontologização dos sujeitos com base na diferença sexual afetam as subjetividades. É proposto o questionamento: o que acontece quando há a produção de identificações não normativas?

Na terceira parte do texto, "A clínica com adolescentes", a adolescência é abordada pelos diferentes significados advindos dos processos específicos de cada cultura. A psicanálise é tensionada em questões éticas relacionadas à diminuição do sofrimento nas clínicas das dissidências de gênero e orientação sexual.

Contexto histórico da diferença sexual e as ciências psi

Preciado (2022), em *Eu sou o monstro que vos fala*, transcreve e amplia uma fala realizada no dia 17 de novembro de 2019, para 3,5 mil psicanalistas reunidos nos Dias Internacionais da Escola da Causa Freudiana, sobre o tema de "Mulheres em Psicanálise". Aponta para uma construção histórica na psicanálise em que as teorizações são, em sua maioria, acerca de homens brancos heterossexuais e "tendem a confundir o 'humano universal', e que permanece, até o presente, o sujeito da enunciação central nos discursos e nas instituições psicanalíticas" (Preciado, 2022, p. 15). Freud (1924/1966) admite que seus estudos acerca do complexo de Édipo embasaram-se na escuta e no atendimento de meninos, em sua maioria. Podemos compreender essa construção histórica dos conceitos psicanalíticos a partir do paradigma científico (que determina como cada campo de conhecimento estabelece a ontologia do que existe e do que não existe socialmente) vigente na época de sua criação, assim como compreendemos suas transformações e seus questionamentos como necessários com o decorrer dos processos históricos e as disputas teóricas e políticas em jogo, uma vez que toda teoria psicanalítica supõe um sujeito, e, portanto, devemos nos perguntar: quem e como é esse sujeito? Para a psicanálise, a epistemologia do ser vivo (a interpretação dos dados sensoriais que enquadram a experiência do conhecer) é o regime da diferença sexual, que realiza uma cartografia anatômica e uma economia política dos corpos. Trata-se de uma epistemologia decorrente do período de expansão mercantil e colonial europeu, que data da metade do século XIX e fornece um quadro de representações, discursos, instituições e práticas sociais que estabelecem o que é verdadeiro, sendo tratada aqui como o patriarcado heterocolonial (Preciado, 2022).

O regime da diferença sexual é uma epistemologia histórica que substituiu a epistemologia "monossexual", na qual os corpos masculinos eram considerados como anatomicamente perfeitos, e os corpos femininos careciam de calor interno, com os mesmos aparatos anatômicos, porém invertidos (por isso, a genitália masculina era exposta, e a feminina permanecia no interior do corpo) – tratava-se de uma epistemologia que justificava a inferioridade das mulheres com base em uma falta (Laqueur, 2001). Ao longo dos séculos XVIII e XIX, novas técnicas médicas surgem, em meio a processos de emancipação política dos corpos das mulheres, para opor e contrapor a anatomia do pênis e testículos à da vagina e dos ovários, cromossomos X e Y, assim como o trabalho produtivo e político masculino e a domesticidade reprodutiva feminina, produzindo uma nova epistemologia, binária, baseada na oposição entre os sexos:

> Apesar de suas diferenças de metodologia e análise, a maioria dos historiadores concordam que, ao final do século XVIII, a invenção da estética anatômica da diferença sexual serviu para sustentar a ontologia política do patriarcado, estabelecendo as diferenças "naturais" entre homens e mulheres, em uma época em que a universalização de um só corpo humano vivo poderia ter vindo a legitimar o acesso das mulheres às tecnologias de governo e à vida política (Preciado, 2022, p. 55).

A psicanálise freudiana, como teoria do inconsciente da diferença sexual, é inventada no ápice da cristalização da epistemologia das diferenças sexuais e raciais e contribuiu para a fabricação e consolidação de "psiques" femininas e masculinas e das tipologias heterossexuais e homossexuais. Trata-se de um conjunto de práticas e tecnologias discursivas e terapêuticas que permitiram normalizar as posições de "homem" e "mulher" com suas decorrentes identificações sexuais dominantes e desviantes (Preciado, 2022).

Após a Segunda Guerra Mundial, essa epistemologia começa a entrar em crise:

> A politização das subjetividades e corpos considerados abjetos ou monstruosos nessa epistemologia, a organização de movimentos de luta pela soberania reprodutiva e política dos corpos femininos e pela despatologização da homossexualidade, assim como a invenção de novas técnicas de representação e manipulação das estruturas bioquímicas do ser vivo (mapeamento cromossômico, diagnóstico pré-natal, administração de hormônios etc.) vão conduzir a uma situação sem precedente nos anos 1940 (Preciado, 2022, p. 65).

Psiquiatras passam a utilizar a noção de "gênero", a partir da fundação da endocrinologia pediátrica, para se referir à possibilidade de produzir a diferença sexual a partir de intervenções técnicas nos corpos, fazendo surgir a noção moderna de transexualidade, entre os anos de 1947 e 1960. O deslocamento das técnicas de manipulação do corpo humano de forma bioquímica e farmacológica introduz uma nova forma de tratamento das crianças e dos adolescentes transsexuais e faz com que as antigas chamadas "doenças mentais" passem a ser tratadas como "transtornos de comportamento" (Preciado, 2022, p. 72).

Segundo Russo e Venâncio (2006), os distúrbios de personalidade presentes nos Manuais Diagnósticos e Estatísticos (DSM), utilizados para diagnosticar e tratar transtornos mentais, referem-se historicamente aos transtornos ligados à "moralidade", de maneira que não eram apenas as práticas consideradas "doentias", mas o sujeito como um todo era condenado, devido à sua atitude imoral.

O DSM III (APA, 1980), ao abandonar os estudos de caso clínico próprios da psicanálise e se aliar ao *modus operandi* da indústria farmacêutica (o ensaio clínico randomizado exigido para a testagem de novas drogas), promoveu um crescimento no número de diagnósticos e adotou a causa biológica (veremos, mais à frente, em que isso se assemelha ao determinismo biológico) como explicação dos transtornos (Russo & Venâncio, 2006). É a partir do DSM III (APA,1980) que se inicia o uso da categoria "transexualismo" e a categoria da "disfunção psicossexual". Se pudermos fazer um diálogo entre esses diagnósticos e os nomes que a comunidade LGBTQIAPN+ adota, estaríamos falando de vivências transidentitárias e vivências assexuais, respectivamente.

Na psicanálise, o campo se dividiu entre o viés conservador, que defende as proposições tomadas ao início das formulações teóricas, e o viés aberto ao diálogo, com os estudos transviados (estudos *queer*) e demais produções dos campos das humanidades, como a antropologia e a sociologia (Cunha, 2016). A vertente conservadora vincula as experiências transidentitárias às estruturas psicóticas ou perversas, ou mesmo como sintomas de uma sociedade que se organiza de forma perversa e se alia aos estudos transviados para desmentir a castração, o real, a partir de mecanismos imaginários, ou, ainda, uma psicose social que busca a materialização de um "impossível". A pessoa transexual associada pela psicanálise conservadora à psicose é aquela que demonstra necessidade de passar pela cirurgia de transgenitalização, sendo esta responsável por evitar a perda da realidade; por outro lado, a pessoa transexual associada ao funcionamento social perverso é aquela que prescinde da cirurgia e cuja demanda não se traduz em modificações anatômicas, essa, sim, considerada perigosa para a sociedade por ameaçar a desestruturação da ordem simbólica (Cunha, 2016).

O outro viés psicanalítico, que no presente texto é defendida sua importância para uma escuta não violenta das dissidências de gênero, compartilha com outras teorias a ideia da singularidade dos processos de subjetivação, compreendendo como cada sujeito lida com a normatividade, os limites impostos e as possibilidades de liberdade no que existe de "indeterminado" concernente à pulsão (Cunha, 2016).

Cunha (2016) aponta para a relevância de concepções morais presentes no debate sobre os limites para a manipulação do corpo e sobre o quanto de autonomia é permitida aos indivíduos, de forma que os debates impactam e são impactados pela esfera jurídica em termos de direitos e pela esfera médica em termos de patologização e acesso à saúde. Identifica que, no centro da discussão, está a defesa do que seria a "essência humana", ou o "invariante antropológico", questões herdadas da moral naturalista e do estruturalismo, e que o viés conservador parece construir a psicanálise como um campo detentor e defensor da norma.

É possível observar o escasso diálogo entre o que se reproduz em termos médicos, que influencia as ciências psi como um todo, e o que é produzido no escopo dos estudos transviados (estudos *queer*) e as pessoas dissidentes de gênero e orientação sexual no geral. O DSM e, consequentemente, instituições que se pautam nesse tipo de documento continuam reforçando a ideia de que é possível encontrar uma causa biológica para a existência de pessoas trans (Bento, 2015). Ayouch (2015) aponta para diversas violências contra pessoas trans que se estendem da França ao Brasil, entre elas, a exigência de que, para que o diagnóstico de "disforia de gênero" ou "transtorno de identidade de gênero" seja dado (o que é condição para o acesso à hormonização e às cirurgias), é preciso que a pessoa a quem esse diagnóstico se refere não apresente outros diagnósticos. A resolução mais atual do Conselho Federal de Medicina sobre o processo "transexualizador" (CFM, 2019) dispõe que tanto a cirurgia quando a hormonioterapia são contraindicadas em caso de "transtornos psicóticos graves, transtornos de personalidade graves, retardo mental e transtornos globais do desenvolvimento graves" (p. 8).

No Brasil, a violência e o descompasso com os estudos transviados começa pelo nome que se dá à hormonioterapia e às cirurgias: processo "transexualizador". O que é uma pessoa transexualizada? Antes da cirurgia ou hormonização, pessoas trans são deslegitimadas pelo Estado e pela medicina em suas vivências trans, as quais só podem ser consideradas transexuais após a cirurgia (foram "transexualizadas" pela cirurgia), portanto desejar e realizar os procedimentos cirúrgicos torna-se mandatório para assegurar uma identidade trans perante as instituições. Novamente isso aponta para o biologicismo com que as vivências de gênero são tratadas, sendo que o Estado se responsabiliza por operar biologicamente as pessoas para que possam aparecer de acordo com o que a norma cis-hétero define como "mulher" ou "homem" e, assim, serem legitimadas (a comunidade trans se refere a essa questão como "passabilidade"; quanto mais se parecer com uma pessoa cisgênero, mais será bem aceito/a/e em ambientes cisnormativos). Trata-se de uma ideia em debate dentro da própria comunidade, já que as violências não cessam, mas são diferentes.

Butler (2021) aponta para o fato de o gênero ser utilizado como um meio discursivo e cultural, por meio do qual um "sexo natural" será produzido e reproduzido como "pré-discursivo", uma superfície completamente neutra sobre a qual a cultura agirá; no entanto, o gênero e o sexo são funções de um discurso que os enquadra e, portanto, produz e limita suas construções, sendo que tais limites não são tratados pela produção de conhecimento normativa:

> Se o gênero ou o sexo são fixos ou livres, é função de um discurso que, como se irá sugerir, busca estabelecer certos limites à análise ou salvaguardar certos dogmas do humanismo como um pressuposto de qualquer análise do gênero. O locus de intratabilidade, tanto na noção de "sexo" como na de "gênero", bem como no próprio significado da noção de "construção", fornece indicações sobre as possibilidades culturais que podem e não podem ser mobilizadas por meio de quaisquer análises posteriores (Butler, 2021, p. 30).

A questão se torna justamente explicitar como as práticas que regulam e formam a divisão do gênero a partir da epistemologia da diferença sexual constituem a subjetivação de coerência interna de um sujeito, sua identidade, sua possibilidade de ser normativamente reconhecido como sujeito. De acordo com a autora, o efeito substantivo do gênero é performativamente produzido, reiterado e imposto por práticas reguladoras do gênero que coagem o sujeito a agir de acordo com os limites impostos culturalmente:

> Os limites da análise discursiva do gênero pressupõem e definem por antecipação as possibilidades das configurações imagináveis e realizáveis do gênero na cultura. Isso não quer dizer que toda e qualquer possibilidade de gênero seja facultada, mas que as fronteiras analíticas sugerem os limites de uma experiência discursivamente condicionada. Tais limites se estabelecem sempre nos termos de um discurso cultural hegemônico, baseado em estruturas binárias que se apresentam como a linguagem da racionalidade universal. Assim, a coerção é introduzida naquilo que a linguagem constitui como o domínio imaginável do gênero (Butler, 2021, pp. 30-31).

O domínio imaginável do gênero coloca a identidade de gênero como uma experiência discursivamente condicionada a partir de um discurso cultural hegemônico, coagindo os corpos a performarem a cisnormatividade. A identidade passa a ser um ideal normativo, formado a partir de normas de inteligibilidade, que são mantidas e reiteradas socialmente, e exclui alguns seres que não correspondem a ele:

> Em sendo a "identidade" assegurada por conceitos estabilizadores de sexo, gênero e sexualidade, a própria noção de "pessoa" se veria questionada pela emergência cultural daqueles seres cujo gênero é "incoerente" ou "descontínuo", os quais parecem ser pessoas, mas não se conformam às normas de gênero da inteligibilidade cultural pelas quais as pessoas são definidas (Butler, 2021, p. 43).

Aqui, é tratada a dimensão da abjeção, que designa a exclusão da norma de corpos e sujeitos que não cumprem os critérios normativos para serem reconhecidos por outros sujeitos. Gêneros inteligíveis em uma sociedade são aqueles que mantêm relações normativas entre "sexo, gênero, prática sexual e desejo" (Butler, 2021, p. 43), sendo eles: ser cisgênero (gênero corresponder a uma constatação anatômica do corpo no momento do nascimento, além de ter genitais classificáveis segundo o sistema da diferença sexual), e ser heterossexual (desejar e relacionar-se com pessoas do sexo oposto). A descontinuidade e incoerência entre esses termos produz o espectro da abjeção, quando os requisitos normativos não são cumpridos. Com esse panorama histórico e normativo em vista, é preciso ocupar-se das especificidades trazidas por esses sujeitos por meio da clínica: como podemos realizar uma escuta que não se alie ao resto da sociedade que reproduz esses sujeitos como abjetos ou monstruosidades?

Adolescência e a construção de identidades pelo diagnóstico-ofensa

No prefácio de *Tornar-se negro: ou as vicissitudes da identidade do negro brasileiro em ascensão social,* de Neusa Santos Sousa (1983), Jurandir Freire Costa fornece comentários e um breve resumo das ideias desenvolvidas pela autora em relação à construção da identidade a partir da dor de ser negro no Brasil. O autor destaca que o livro-tese trata de um tipo de violência que pode ajudar a compreender o "fardo imposto a todos os excluídos da norma psicossomática criada pela classe dominante..." (Sousa, 1983, p. 2). Essa violência se trata da destruição da identidade de um sujeito não normativo por sujeitos normativos, de forma que, estendendo à questão de gênero, as pessoas gênero-dissidentes internalizam compulsoriamente um ideal de Eu (Supereu) normativo, que vai exigir o cumprimento da normatividade (cisgênero e heterossexual) para que esse sujeito seja digno de amor.

Bento (2011a) aponta para o discurso médico no momento da sexagem fetal que produz um corpo-sexual e um gênero, fazendo com que, a partir dessas definições, aquele corpo adentre a categoria de humanidade. Aponta para o ato discursivo médico de criar uma expectativa no que se refere ao corpo, aos comportamentos, aos gostos e a tudo mais a que as normas de gênero permeiam, de forma que não existe uma "representação da realidade" ao dizer "é um menino", mas, sim, uma interpretação de uma imagem de um genital que constrói significados e produz uma masculinidade condicionada ao órgão genital.

A produção das identificações, segundo a psicanálise, ocorre a partir do olhar de um outro, repleto de desejos, e a percepção de uma unidade corporal. Ambas as perspectivas estão imersas em uma cultura que prega as normas de gênero desde o útero (em todos os sentidos). Para Butler (2021), Freud (1914-1916/2010) descreve o mecanismo da melancolia, em *Luto e Melancolia,* como o processo pelo qual a "formação do eu", do "caráter", e ela adiciona, "de gênero" são consolidados para um sujeito. A perda de um outro amado pode colocar o sujeito em um estado melancólico, no qual a saída é um tipo específico de identificação com o objeto no qual o sujeito assume seus atributos em sua própria estrutura, fazendo com que haja sua preservação. Trata-se de uma identificação narcísica com o objeto que substitui o investimento erótico realizado quando em relação com ele (o investimento em uma pessoa amada).

As identificações são essenciais para a construção de um eu como unidade e se dão a partir dessa substituição da identificação narcísica (que assume contornos próprios, de acordo com o sujeito que a realiza) pelo objeto perdido. O objeto perdido passa a ser reinstaurado no Eu quando a identificação substitui o investimento realizado no objeto. Essa reinstauração não se dá sem a construção, pelo sujeito, de sua interpretação acerca da realidade em que está inserido.

Para o sujeito universal do complexo de Édipo (o homem branco, cisgênero e heterossexual), a bissexualidade psíquica primária faz com que a criança escolha entre dois objetos (a mãe, ou o pai, na família burguesa patriarcal) e entre predisposições sexuais (a masculina e a feminina). De acordo com Butler (2021), a saída heterossexual resulta do medo da castração realizada pela mãe (que não teria o órgão genital masculino) e a ameaça de feminização. O primeiro desejo punido é o homossexual (pelo pai), que deve ser subordinado a uma heterossexualidade cultural. O repúdio consolida o gênero: o menino renuncia à mãe como objeto do desejo e, com o mecanismo da melancolia, se identifica com ela, assumindo uma posição "feminina", ou se identifica ao pai, consolidando uma posição "masculina".

No mecanismo da melancolia, o objeto é internalizado, colocado para dentro do psiquismo, e se estrutura como voz ou agência crítica que analisa o Eu e suas ações. Trata-se da única condição sob a qual o id permite perder seus objetos: a preservação do objeto dentro do Eu. Tem-se a origem do escrutínio moral, em que o Supereu passa a comparar o Eu com base no ideal do Eu, ambos resultantes desse processo (Butler, 2021).

Para a autora, a internalização de identidades de gênero reflete-se no ideal do Eu e na régua que o Supereu passa a usar para comparar o Eu: ter como dever ser cisgênero e heterossexual, e não deve ser transgênero, homossexual ou bissexual. Os desejos são reorientados e sublimados por meio desse processo que é, em sua essência, relacional, cultural, social e histórico.

O acesso à ordem da cultura, segundo Jurandir Costa (Sousa, 1983), faz com que a identidade da criança passe a ter outras fontes de definição para além da função materna que a nomeia. A mediação entre sujeito e cultura acontece a partir das identificações normativo-estruturantes, dadas por meio de relações intrafamiliares e dos significados linguísticos que se colocam à disposição do sujeito.

É no compartilhar dos significantes e dos significados que as crianças começam a transitar entre o elogio e a ofensa – o que é normativo, seja a brancura, seja a heteronormatividade (guardadas as especificidades), é colocado como algo "natural" ou uma realidade autônoma, uma essência que precede a própria linguagem, um determinismo biológico que busca no corpo a verdade, apagando a história mesma dessas construções (Bento, 2011b). O que foge à normatividade é transformado em uma alteridade que não pode ser reconhecida, a não ser que seja dentro dos manuais diagnósticos, comprovando que são patologias, antinaturais, e que, por terem causa orgânica, podem ser readequadas à norma (curadas) por procedimentos de hormonização e cirurgia.

O discurso médico usa o poder de decidir sobre o acesso aos procedimentos como uma forma de reafirmar a normativa de gênero de que as pessoas "transexuais" "nasceram no corpo errado", e é esse o discurso que mais se adota, sendo uma das causas o retorno à justificativa biológica: o de que é possível corrigir esse erro, readequar essa pessoa à norma e que, com isso, o sofrimento seria sanado. Muito mais trabalhoso é abdicar o conforto da naturalização das normas e perceber como as teorias ortodoxas são construídas a partir de normas, adequadas a ela, e as reproduzem às custas, muitas vezes, da aniquilação e do silenciamento de inúmeras existências. As ciências psi têm-se negado a considerar a história dos restos abjetos que fazem parte do exterior constitutivo das posições normativas e, como consequência, a compreender as subjetividades dissidentes. Cunha (2016) aponta para o risco da produção de uma antropologia psicanalítica pautada na defesa de uma "essência" humana que parte de um ideal genérico de "homem", a própria defesa da diferença sexual, ou a divisão binária de gênero, como invariante antropológico. Trata-se, como afirmou Preciado (2022), de uma ontologização da diferença sexual e de gênero que passa a guiar a possibilidade de existência de um sujeito no mundo: "sou homem ou mulher?".

Instituições como as escolas, que se utilizam desse discurso médico-jurídico pautado no invariante antropológico, são, por vezes, as primeiras a "denunciar" os desvios das crianças e dos adolescentes aos pais, na expectativa de que seja feita a operação de readequação dos comportamentos às normativas de gênero. Bento (2011a) reúne relatos das experiências de dissidência de gênero no ambiente escolar e usa o termo "heteroTerrorismo" para se referir aos violentos processos de tentativa de readequação das/des/dos alunas/es/os a partir do *bullying* (advindo de toda a comunidade escolar), que a instituição escola finge não ver, não interferir ou ainda culpabilizar as/es/os alunas/es/os dissidentes de gênero e orientação sexual. É no contato com a cultura que insultos como "veadinho", "mulher macho" (Bento, 2011a), entre outros, começam a aparecer e se vinculam à identidade em construção de crianças e adolescentes, por vezes, antes que entendam o significado real das orientações sexuais e das questões de gênero. O cunho pejorativo do que foi identificado por outrem em si é o suficiente para que o sujeito entenda que não é digno de amor ou apoio, nem dos outros (que não são capazes de assegurar uma identificação positiva) e, posteriormente, nem de si (fazer do Eu um objeto digno do amor do ideal de Eu, como colocado por Jurandir Costa). A estrutura "ofensa-diagnóstico" é usada aqui para se referir à forma com que pessoas não médicas identificam como anormalidade (diagnosticam) as dissidências de gênero e orientação sexual a partir da nomeação pela ofensa. Fora dos consultórios psiquiátricos, psicológicos ou psicanalíticos, o diagnóstico é feito pegando de empréstimo a nosologia dos distúrbios de personalidade, dos transtornos psicossexuais e das perversões, adaptando-as a outras formas de linguagem, mas com o mesmo teor, o de diagnosticar um sujeito que precisa ser remediado no sentido de preservar a ideologia da diferença e complementaridade entre os sexos e excluir o que não a reforça.

Em *Meu corpo daria um romance,* Daniel Herbert (1984) fornece um exemplo do que chamamos de ofensa-diagnóstico, ao contar a entrada em um ônibus cheio de homens cisgênero após se despedir do namorado com um beijo, descrevendo os olhares que recebe como "... *todos que me averiguavam cínicos, clínicos, diagnósticos: olha a bicha!*" (p. 14).

O diagnóstico tem também outra função: a médico-jurídica na vida de pessoas dissidentes de gênero quando se trata do acesso à hormonização e às cirurgias, sendo o direito às cirurgias condicionado à avaliação extensa, multiprofissional e, por fim, a um diagnóstico. Levanta-se uma questão: qual a importância das medidas hormonais e cirúrgicas para os dispositivos de controle dos corpos em relação à "correção" ou "cura" da condição (considerada em termos biológicos) que impede a pessoa transidentificada ou transviada a vivenciar o encadeamento, tratado como natural, entre sexo, gênero e desejo? Pessoas dissidentes de gênero podem ou não desejar passar por hormonização e cirurgia para se adequar à norma cisgênera – ademais, nem toda pessoa que deseja passar por cirurgia e hormonização está obrigada a manter certa "coerência" performativa de um gênero para o resto da vida. Condicionar o uso do corpo que o sujeito decide fazer e cobrar uma performance permanente e sem falhas da "feminilidade" ou "masculinidade" é novamente recorrer à norma e à ideia de que existe uma essência que garante as performances de gênero, e não que são, de fato, formas de atuação e papéis fluídos. Os sofrimentos relacionados à norma são também encontrados na clínica com pessoas cisgênero, por exemplo, quando as pessoas se percebem cobradas por serem mais femininas ou masculinas, por cumprirem melhor seus papéis de gênero como o de mãe ou de provedor. Os sofrimentos relacionados às normas de gênero e orientação sexual não são exclusivos das clínicas das dissidências.

Abordar as dissidências pelo viés de mudanças biológicas a serem realizadas para que se tenha uma identidade estável e de acordo com padrões normativos tem consequências delicadas, como a tentativa de retorno às "curas gays" ou "terapias de conversão", ferindo à Resolução 01/99, do Conselho Federal de Psicologia. Essa tentativa de retorno a essas práticas aponta para a crença de uma parcela da sociedade na possibilidade de "corrigir", "curar" ou "reprogramar" determinado funcionamento para que se adeque ao que é tido como "saudável", de acordo com o paradigma de normatividade vigente. Nesse sentido, é adotado neste texto um termo que se trata também de um posicionamento compartilhado por aquelas/es/us que se opõem à patologização dos gêneros, explicado por Cunha (2021), que é a "transidentidade":

> Falar de identidade, ao invés de sexo, ressalta de modo específico o lugar central da problemática identitária nessas experiências, enquanto o acréscimo do prefixo 'trans' possibilita a associação não apenas a uma ideia de transição, a qual, aliás, pode não contemplar nenhum horizonte de realização definitiva, mas também a ideia de transgressão das normas que sustentam e legitimam tanto formações identitárias quanto sua patologização (pp. 16-17).

Das mitologias ao pecado e, atualmente, ao diagnóstico, a identificação da alteridade, ainda que de forma pejorativa, produziu um elo político-identitário (Russo & Venâncio, 2006; Cunha, 2016) entre as pessoas que foram encaixadas nesses "pecados-diagnósticos-ofensas", para reivindicar direitos e espaço político para não serem tratadas como abjetas. Preciado (2022) propõe a necessidade de mudança de paradigma urgente, para que possam ser escutadas essas vivências:

> Os movimentos *queer*, transfeministas, *#MeToo*, *Ni una a menos*, *Handi*, *Black Lives Matter*, indígenas operam deslocamentos decisivos. Vocês não podem mais continuar a falar de complexo de édipo ou de nome do pai em uma sociedade que pela primeira vez na história reconhece seu funcionamento feminicida, onde as vítimas da violência patriarcal se expressam para denunciar pais, maridos, chefes, melhores amigos; onde mulheres denunciam a política institucionalizada do estupro, onde milhares de corpos ocupam as ruas para denunciar as agressões homofóbicas e as mortes quase cotidianas de mulheres trans, assim como as formas institucionais de racismo. As senhoras e os senhores não podem mais continuar a afirmar a universalidade da diferença sexual e a estabilidade das identificações heterossexuais e homossexuais em uma sociedade na qual mudar de gênero ou se identificar como uma pessoa de gênero não binário é uma possibilidade legal, em uma sociedade na qual já há milhares de crianças nascidas em famílias não heterossexuais e não binárias. Continuar a praticar a psicanálise a partir da noção de diferença sexual, e usando instrumentos clínicos como complexo de édipo, é hoje tão aberrante como pretender continuar a navegar no universo com uma carta geocêntrica ptolomaica, negar as mudanças climáticas ou afirmar que a Terra é plana (Preciado, 2022, p. 86).

A clínica com adolescentes

A adolescência é condicionada "às definições que cada cultura oferta" (Moraes & Weinmann, 2020); portanto se adequa melhor o plural "adolescências", já que são construídas e transformadas por cada cultura. As adolescências são parte do desenvolvimento humano, e a produção acerca dela é fundamental para o pensamento ocidental e suas práticas; elas são, no entanto, vividas e pensadas de múltiplas maneiras, mas são marcadas pela puberdade e as transformações corporais. Trata-se de categorias sociais tipicamente modernas que englobam as adolescências desde a perspectiva dos jovens como delinquentes até sua idealização como sementes do progresso social (ou seja, depende das condições sócio-históricas existentes na cultura que aborda o fenômeno).

As adolescências são entendidas como um momento de solicitação do corpo pelas questões pubertárias, mas também pela reinterpretação que esse corpo passa nos discursos e nos olhares, o que pode constituir um período desafiador para adolescentes que se situam nas diversas possibilidades de dissidência de gênero e orientação sexual. A nomeação de vivências e experiências faz parte da construção da identidade e da convivência entre os grupos disponíveis para as trocas sociais, de forma que a questão diagnóstica tem sido colocada por pacientes em diversas clínicas, como não deixa de ser com a clínica com adolescentes.

A família também é parte importante na análise com adolescentes e, ao se deparar com as dissidências, os questionamentos ou mesmo as pressões em relação à identidade da/e/o paciente, ela pode precisar de apoio; e, novamente, o trabalho da/e/o analista é requisitado. É preciso entender a família como a instituição principal a passar para frente as normas de gênero e orientação sexual e a divisão dos trabalhos entre homens e mulheres (Bento, 2012), sendo a identidade da família também possivelmente afetada pelas vivências dissidentes da norma cis-heterossexual. O entendimento do conjunto de instituições que se abala pela existência do que está "fora da norma" só se dá pelo diálogo com outras áreas das humanidades, sendo importante para abrir a interpretação e as intervenções a partir de uma escuta de possíveis sofrimentos, mas também de possíveis recursos que podem ser encontrados e construídos dentro e fora das instituições e quais seus impactos na/e/o paciente, na família, na escola e na sociedade.

Para situar a história do sujeito em sua complexidade no contexto sociocultural, é necessária uma posição ética de abertura ao desconhecido, inusitado e novo. Tendo a possibilidade de atender pessoas dissidentes de gênero, faz-se imprescindível atentar-se ao que significa realizar construções na análise, tendo em vista a reprodução de violência que visões normativas impõem sobre sujeitos. É de suma importância reconhecer as novas produções e construções teóricas dos diversos campos de conhecimento sobre as ciências humanas e compreender a situação política e histórica dos fenômenos que são relatados e vividos nos nossos consultórios.

Para Miller (1987), em sua leitura de Lacan, o analisando é convidado pela/e/o analista a entregar suas falas sem omitir nada, sob livre-associação. O analisante se coloca disposto a procurar pela verdade sobre si mesmo, sobre sua identidade, seu verdadeiro desejo por meio do endereçamento de sua fala a uma ouvinte, que ocupa o lugar de Outro. O silêncio da/e/o analista é fundamental para que a palavra do analisando possa desdobrar-se sem uma resposta imediata à demanda sobre "quem sou? "ou "qual o meu desejo"? A/e/o analista, a partir da sua posição como ouvinte, se torna intérprete do que é escutado, e não pode esquivar-se disso – suas interpretações e construções se dão por meio do ato analítico, que constitui o enquadramento realizado acerca do trabalho psíquico.

Defendemos a posição de que é necessário "enquadrar o enquadramento", como diria Butler (2020, p. 23), pois os enquadramentos sempre deixam algo de fora para que o fenômeno se torne reconhecível, ou seja, algo sempre extrapola e ultrapassa o nosso senso de realidade e de compreensão acerca do mundo. Partindo de Freud (1937/1996) e da ideia das construções em análise, colocam-se as questões: como se dá uma construção em análise de uma pessoa dissidente de gênero quando a/e/o analista utiliza como fonte autores que perpetuam ações públicas transfóbicas? Como se pretende uma escuta neutra se conhecemos os efeitos dos impactos das ideologias na subjetividade humana? Como acreditar que possui um enquadramento ideal, sem questionar o enquadramento que realiza? Quais as especificidades da clínica com pessoas dissidentes de gênero fazem enquadrar o enquadramento normativo? Trata-se de um fenômeno social complexo que precisa ser interpretado a partir de diferentes abordagens, tendo como horizonte o compromisso do campo psicanalítico com a diminuição do sofrimento humano e das violências na sociedade.

Uma escuta analítica ou mesmo psicológica que se propõe a investigar a história de seu desenvolvimento e a ampliar os limites da capacidade de ouvir passa pelo entendimento das intersecções que atravessam os discursos e as identidades de quem se apresenta e representa como paciente. Nesse sentido, compreender como o corpo da pessoa adolescente é imaginado e sentido por cada paciente, em quais contextos esse corpo-psiquismo se insere, quais adjetivos são incorporados e quais recursos existem interna e externamente a essa pessoa, são alcançados pela ampliação da escuta em termos de diálogo com outros campos, para que questões importantes não sejam deixadas de fora pela incapacidade de entendê-las, de se sensibilizar a elas, ou sejam "tratadas" em sentidos não emancipatórios, como acontece com a questão de gênero, ao ser lida a partir do "invariável antropológico".

Considerações finais

Em *A psicanálise e o perigo trans (ou, por que psicanalistas têm medo de travestis?)*, Cunha (2016) alerta para o risco clínico-político para a clínica psicanalítica, caso a atitude ética não possa ser sustentada ao nível que uma análise exige. Esse perigo pode ser estendido também à psiquiatria e à psicologia, por se tratar da discussão sobre as classificações psicopatológicas e os limites da inteligibilidade que a teoria construída até então fornece e que podem reduzir a capacidade de escuta e a sensibilidade a vivências que denunciam um sistema, ou *"cis-tema"*, como usa Cunha (2021), que as exclui por denunciarem em suas próprias existências, performances e histórias, a normatividade arbitrária, histórica, não generalizável e não natural, que fundamenta os processos de violência, como o heteroterrorismo.

O risco para as clínicas que são herdeiras diretas das construções teóricas que historicamente patologizaram as dissidências de gênero e orientação sexual é que a falta de diálogo com as atualizações em outros campos faz com que continuem alimentando a busca por vivências homogêneas. Buscam explicar etiologicamente a existência das dissidências desconsiderando os processos singulares e reproduzindo violências em sentido "correcional" e diagnóstico com o objetivo de proteger a ideia da "diferença entre os sexos".

A normatividade das teorias que embasam esses campos, ao ser reconhecida, torna possível reconhecer os limites da própria teoria em relação à inteligibilidade dos sujeitos e, uma vez identificados os limites, possibilita o alargamento dos horizontes de escuta clínica para abarcar as singularidades sem violentar os sujeitos e não mais enxergar as dissidências como ameaças à teoria, mas como oportunidades para repensar, atualizar, criticar e ler historicamente acerca dessa construção que embasa tanto a psiquiatria quanto a psicologia e a psicanálise. A enunciação de si (como sujeito e campo teórico que se analisa) e a inteligibilidade do outro (como contato com outros sujeitos e com outros campos teóricos) multiplicam-se em possibilidades, que são complexas e multifacetadas e urgem ser tratadas como tais.

Referências

Ayouch, T. (2015). Da transexualidade às transidentidades: psicanálise e gêneros plurais. *Percurso, Exigências da clínica e da cultura à psicanálise, 54*, 23-32.

Bento, B. (2011a). Na escola se aprende que a diferença faz a diferença. *Estudos Feministas, 19*, 549-559.

Bento, B. (2011b). *Quem são os "transtornados de gênero"?*. Centro Latino-Americano em Sexualidade e Direitos Humanos.

Bento, B. (2012). As famílias que habitam "a família". *Sociedade e Cultura, 15*, 275-283.

Bento, B. (2015). *Determinismo biológico revisitado: gênero e raça*. Cult.

Butler, J. (2019). *Corpos que importam: os limites discursivos do "sexo"*. n-1 edições; Crocodilo Edições.

Butler, J. (2020). *Quadros de Guerra – quando a vida é passível de luto?*. Civilização Brasileira.

Butler, J. (2021). *Problemas de Gênero: feminismo e subversão da identidade* (21a ed.). Civilização Brasileira.

Conselho Federal de Medicina (2019). *Resolução CFM n. 2265/2019*. https://sistemas.cfm.org.br/normas/visualizar/resolucoes/BR/2019/2265

Conselho Federal de Psicologia (1999). *Resolução CFP n. 01/99*. https://site.cfp.org.br/wp-content/uploads/1999/03/resolucao1999_1.pdf

Cunha, E. L. (2016). A psicanálise e o perigo trans (ou: por que psicanalistas têm medo de travestis?). *Revista Periódicus, 1*(5), 7-22. https://doi.org/10.9771/peri.v1i5.17172

Cunha, E. L. (2021). *O que aprender com as transidentidades*. Criação Humana.

Daniel, H. (1984). *Meu corpo daria um romance*. Rocco.

Freud, S. (1975) *Construções em análise*. In Edição Standard Brasileira das Obras Psicológicas Completas de Sigmund Freud (pp. 289-304). Imago. (Trabalho original publicado em 1937).

Freud, S. (1996). *A dissolução do complexo de Édipo*. In *Edição Standard Brasileira das Obras Psicológicas Completas de Sigmund Freud* (pp. 189-199). Imago. (Trabalho original publicado em 1924).

Freud, S. (2010) *Luto e Melancolia*. In *Obras completas volume* (Vol. 12, pp. 106-120). Companhia das Letras. (Trabalho original publicado em 1914-1916).

Laqueur, T. W. (2001). *Inventando o sexo: corpo e gênero dos gregos a Freud*. Zahar.

Miller, J-A. (1987). *Percurso de Lacan: Uma introdução*. Zahar.

Moraes, B. R. de, & Weinmann, A. de O. (2020). Notas sobre a história da adolescência: transformações e repetições. *Estilos Da Clinica*, 25(2), 280-296. https://doi.org/10.11606/issn.1981-1624.v25i2p280-296.

Preciado, B., & Marcondes Nogueira, F. F. (2018). Quem defende a criança queer?. *Jangada crítica | Literatura | Artes*, 1(1), 96-99. https://doi.org/10.35921/jangada.v0i1.17

Preciado, P. B. (2022). *Eu sou o monstro que vos fala: Relatório para uma academia de psicanalistas* (1a ed.). Zahar.

Russo, J., & Venâncio A. T. (2006). Classificando as pessoas e suas perturbações: a "revolução terminológica" do DSM III. *Rev. Latinoam. Psicopat.*, v.9(3), 460-483.

Sousa, N. S. (1983). *Tornar-se negro: Ou as vicissitudes da identidade do negro brasileiro em ascensão social*. Graal.

SOBRE OS AUTORES

Adriana Silveira Gobbi
Psicóloga. Psicanalista em Formação – Sigmund Freud Associação Psicanalítica. Mestre em Psicologia Clínica.
Orcid: 0009-0001-6499-8354

Alexandre Alves Costa Neto
Possui doutorado em Psicologia Clínica e Cultura (2021) e mestrado (2013) pelo PPGPsicCC-UnB. Atualmente, é Psicólogo Clínico do Centro de Atendimento e Estudos Psicológicos- CAEP/IP/UnB. Tem experiência na área de Psicologia, atuando principalmente nos temas de Psicanálise, Psicopatologia, Intervenção em Crise e Extensão Universitária. Supervisor do Vipas (Violências e Psicopatologias na Contemporaneidade).
Orcid: 0000-0002-9324-9870

Álvaro José Lelé
Psicólogo clínico, psicoterapeuta, doutor em Psicologia (UFMG), mestre em Psicologia Clínica e Patológica, em Aconselhamento Psicológico e Formação em Técnicas Projetivas (Sorbonne-Paris V), mestre em Engenharia de Produção (UFSC). Perito Examinador do Trânsito (UEMG). Pesquisador associado das Manifestações do sofrimento humano-avaliação, compreensão e formas de intervenção (USP).
Orcid: 0009-0008-4013-4130

Andreza de Souza Martins
Mestranda em Processos Psicológicos e Saúde no Programa de Pós-graduação em Psicologia (PPGPSI) da Universidade Federal do Amazonas (UFAM). Membro do Grupo de Pesquisa em Contextos Clínicos e Avaliativos (GPECCA).
Orcid: 0000-0002-9026-221X

Ana Clara de Oliveira Alves

Psicóloga pela Universidade de Brasília (UnB), mestre em Psicologia Clínica e Cultura pela UnB, professora da Universidade Católica de Brasília.

Orcid: 0000-0002-3940-3603

Ana Luiza Pereira Chianelli

Formada em Psicologia (UDF), pós-graduada em Psicanálise e Clínica Contemporânea: sujeito, sofrimento e sintoma (IPOG) e mestranda em Psicologia Clínica e Cultura (UNB).

Orcid: 0000-0002-1555-5215

Bruno Cavaignac Campos Cardoso

Psicólogo formado pela Universidade de Brasília, concluiu mestrado e doutorado no Programa de Pós-graduação em Psicologia Clínica e Cultura da Universidade de Brasília (UnB), tendo defendido a tese "Escarificação e Simbolização: Clínica e Método de Rorschach (Escola de Paris). É membro da Rede Internacional de Pesquisa em Métodos Projetivos e Psicanálise (Réseau Internacional de Recherche in Méthodes Projectives et Psychanalyse), pesquisador em Psicopatologia, Psicanálise e em Métodos projetivos, atua como psicólogo clínico, professor universitário (IESB-DF) e supervisor do Vipas-UnB (Violências e Psicopatologias na Contemporaneidade).

Orcid: 0000-0003-2886-9755

Carlos Eduardo dos Santos Sudário

Psicólogo; mestre em Psicologia Clínica e Cultura – UnB; especialista em Teoria Psicanalítica – Unileya (2020).

Orcid: 0009-0000-4532-045

Cibele Gurgel

Psicóloga formada pela Universidade de Brasília. Mestranda em Filosofia pela Universidade de Brasília. Psicanalista em formação. Membro do GERPOR/UnB Grupo de Pesquisa de Retóricas do Poder e Resistências.

ORCID: https://orcid.org/0009-0008-0217-0499

Clara Alves Diniz

Psicóloga e mestranda pelo Programa de Pós-graduação em Psicologia Clínica e Cultura da Universidade de Brasília.

Orcid: 0000-0001-9245-5376

Daniela Scheinkman Chatelard

Doutorado. Professora titular da UnB e no PPGPsiCC na UnB. Membro da Escola de Psicanálise dos Fóruns do Campo Lacaniano. Membro do GT da Anpepp Psicanálise, Política e Clínica. Pesquisadora do CNPq com o Projeto: Temporalidade e Elaboração do Sofrimento Psíquico na Pandemia da Covid-19: Corpo e trauma na psicanálise.

Orcid: 0000-0002-7925-57

Daniela Lemos Pantoja Costa

Doutoranda em Psicologia do Desenvolvimento e Escolar e mestre em Processos de Desenvolvimento Humano e Saúde pela UnB. Especialista em Metodologia de Ensino da Língua Portuguesa pela UGF/RJ. Professora de Educação Básica da SEE-DF.

Orcid: 0000-0002-7225-1832

Deise Matos do Amparo

Professora associada do Departamento de Psicologia Clínica – Universidade de Brasília – Instituto de Psicologia – Programa de Pós-graduação em Psicologia Clínica e Cultura. Doutora em Psicologia com doutorado-sanduíche pela Université Jules Verne – França. Pós-doutorado pela Université Paris V e Paris XIII. Coordenadora do Vipas – Violências e Psicopatologias na Contemporaneidade.

Orcid: 0000-0003-4155-9559

Fernando Márcio de Souza Ferreira

Psicólogo; mestre em Psicologia Clínica e Cultura -UnB (2021); especialista em Saúde Mental – FASI (2010).

Orcid: 0009-0009-8671-3290

Geovanna Ferreira Gontijo

Psicóloga clínica, graduada pela Universidade de Brasília (UnB), especialista em Psicologia Junguiana pelo Instituto Junguiano de Ensino e Pesquisa (IJEP) e mestranda em Psicologia Clínica e Cultura pela Universidade de Brasília (UnB).

Orcid: 0009-0006-8400-910X

Jordana Beatriz De Marco Carneiro

Psicóloga clínica, graduada pelo Instituto de Educação Superior de Brasília (IESB), especialista em Teoria Psicanalítica pelo Centro Universitário de Brasília (CEUB) e mestranda em Psicologia Clínica e Cultura pela Universidade de Brasília (UNB).

Orcid: 0009-0007-6154-3921

Karla Nunes Froz de Borba

Psicóloga, graduada em Psicologia pela Universidade Federal do Amazonas (UFAM). Atuou como Psicologia Clínica atendendo crianças e adultos, e em Psicologia Escolar como psicóloga e consultora para pais e alunos.

Orcid: 0009-0003-9518-311X

Laís Macêdo Vilas Boas

Professora de Psicologia no Centro Universitário CESMAC. Mestre e doutora em Psicologia (UnB).

Orcid: 0000-0002-5360-8429

Layla de Albuquerque Borges Brandão

Professora de Psicologia no Centro Universitário CESMAC. Mestre em Psicologia (UFAL). Especialista em Psicologia Escolar e Educacional (Conselho Federal de Psicologia).

Orcid: 0009-0005-5880-5375

Lizandra Oliveira de Araújo

Psicóloga, graduada em Psicologia pela Universidade Federal do Amazonas (UFAM) e pós-graduanda em Avaliação Psicológica pelo Instituto de Pós-graduação e Graduação (IPOG).

Orcid: 0009-0008-1070-0795

Marck de Souza Torres
Doutor em Psicologia Clínica pela Pontifícia Universidade Católica do Rio Grande do Sul (PUCRS). Professor permanente do Programa de Pós-graduação em Psicologia (PPGPsi/UFAM).
Orcid: 0000-0002-0717-982X

Mariana Lima Martini Bonaldo
Mini CV: Formada na Faculdade Anhanguera de Brasília e atualmente atuo como psicóloga clínica de forma autônoma.
Orcid: 0009-0009-1605-0743

Marjorie Roques
Professora da Universidade da Borgonha. Professora universitária de Psicopatologia Clínica, vice-reitora de Ciências Humanas da UFR e co-chefe do M2 de psicopatologia clínica, psicologia médica e psicoterapias.
Orcid: 0000-0003-2958-9624

Mônica Medeiros Kother Macedo
Psicanalista. Doutora em Psicologia. Bolsista Produtividade em Pesquisa do CNPq – Nível 1D. Professora do Programa de Pós-graduação Psicanálise – Clínica e Cultura da Universidade Federal do Rio Grande do Sul (UFRGS).
Orcid: 0000-0001-9347-8537

Nayanne da Ponte Meneses
Psicóloga, psicanalista e mestranda do PPGPsiCC da Universidade de Brasília. As áreas de pesquisa de interesses são voltadas para o psicodiagnóstico interventivo com os métodos projetivos (Rorschach e TAT) pela Escola de Paris, a clínica dos pacientes limítrofes e dispositivos plurifocal de atendimento clínico.
Orcid: 0000-0002-8947-9606

Paola Amendoeira
Psicanalista Membro da IPA Associado à Sociedade de Psicanálise de Brasília (SPB/Br). É especialista em Saúde Mental da Criança e do Adolescente. Atualmente é copresidente da Subcomissão da IPA para as Nações Unidas.
Orcid: 0000-0003-2265-7161

Pedro Martini Bonaldo

Professor na Faculdade Uniprojeção. Doutorando na Pós-graduação em Psicologia Clínica e Cultura da Universidade de Brasília – UnB.

Orcid: 0000-0003-3452-5991

Regina Lucia Sucupira Pedroza

Psicóloga graduada, com mestrado e doutorado pela UnB. Professora associada do Instituto de Psicologia da UnB e pós-doutorado em Sciences de l'Education pela Universidade Paris V, René Descartes. Orientadora de mestrado e doutorado na Psicologia e no curso de Direitos Humanos e Cidadania.

Orcid: 0000-0003-2251-5040

Roberto Menezes de Oliveira

Possui graduação (1992), mestrado (1997) e doutorado (2002) em Psicologia pela Universidade de Brasília. É professor do ensino superior desde 1996. Tem experiência na área de Psicologia, com ênfase em Psicologia Clínica e Cultura, Avaliação Psicodiagnóstica e Métodos Projetivos: Psicodiagnóstico de Rorschach, Teste de Zulliger, TAT e HTP.

Orcid: 0009-0004-6987-3667

Saturno Fernandes Rezende Nunes

Não binário (pronomes ele/elu), psicólogo pela Universidade de Brasília, especialista em fundamentos da psicanálise pelo Instituto ESPE, residente em saúde mental, álcool e outras drogas pela Fiocruz Brasília.

Orcid: 0000-0003-2779-1917

Sebastião Venâncio Pereira Júnior

Psicólogo e mestre em Psicologia Clínica e Cultura pela Universidade de Brasília. Professor do curso de graduação em Psicologia na Faculdade Anhanguera de Brasília. Orcid: 0000-0002-8242-3490

Susane Vasconcelos Zanotti

Professora titular do Instituto de Psicologia, PPGP da Universidade Federal de Alagoas (UFAL). Mestre e doutora em Psicologia (UFRJ) e pós-doutorado (Université Rennes 2). Psicanalista. Membro da Escola Brasileira de Psicanálise (EBP/AMP).

Orcid: 0000-0002-2695-5476

Thaywane Gomes

Doutoranda em Psicologia Clínica e Cultura pela Universidade de Brasília (UnB); mestra em Psicologia Clínica e Cultura (UnB); especialista em Políticas Públicas e Socioeducação (UnB); Psicóloga pela Universidade Católica de Brasília e Bacharel em Serviço Social pela UnB. É pesquisadora do sistema socioeducativo e, atualmente, é Psicóloga escolar na Secretaria de Estado de Educação do Distrito Federal.

Orcid: 0000-0002-3448-1987

Vanessa Correa Bacelo Scheunemann

Psicóloga Clínica. Psicanalista. Especialista em Saúde (UFPel). Mestra em Psicanálise (UK/Argentina). Doutoranda do Programa de Pós-graduação em Psicologia Clínica e Cultura. Psicóloga técnica da Universidade de Brasília – DASU/CoAP.

Orcid: 0009-0009-0544-6080

Veridiana Canezin Guimarães

Psicóloga/ Psicanalista. Mestre e doutora em Psicologia Clínica e Cultura pela Universidade de Brasília. Membro associado da Sociedade Brasileira de Psicanálise de Brasília. Membro do Grupo Brasileiro de Pesquisas Sandor Ferenczi. Professora do curso de Psicologia do Centro universitário do Distrito Federal – UDF. Editora da Revista Alter de estudos psicanalíticos – SBPBsb.

Orcid: 0000-0002-7381-1838

Wilma Zuriel de Faria Maschke

Bacharela em Direito; Bacharela em Psicologia e Psicóloga clínica; mestre e doutoranda em Psicologia Clínica e Cultura pela Universidade de Brasília; Psicanalista em formação continuada pelo Círculo Psicanalítico do Pará – CPPA, filiado ao CBP e à IFPS; Integrante do corpo gestor e clínico da Clínica Social de Psicanálise Hélio Pellegrino; Servidora Pública.

Orcid: 0009-0004-0687-9308

ÍNDICE REMISSIVO

A

Adolescência 9-11, 13, 15-20, 22-26, 30-33, 35-47, 50, 54-56, 77, 81, 83-86, 89, 92, 94, 98-102, 105-109, 114, 115, 125-127, 129, 144, 145, 158, 159, 161, 162, 179, 180, 182, 186-188, 192, 194, 201, 222, 235-237, 239, 240, 242, 243, 245, 248-256, 259, 267, 277, 279, 281-285, 287, 288, 291, 293-295, 297, 302, 306-309, 311, 312, 318, 323, 328

Alteridade 27, 32, 37-39, 42, 43, 48, 68, 73, 77, 83, 84, 101, 154, 171, 320, 322

Atendimento on-line 10, 125, 167-169, 177, 179-181, 188, 190, 191, 263

Autolesão 295, 296, 309

Avaliação Psicodiagnóstica 30, 334

B

Borderline 25, 134

C

Casos Limites 9

Clínica 9-11, 13, 15, 21-23, 25-31, 33, 35-37, 41, 43, 45, 54-62, 64-67, 70, 76-79, 81, 84, 88, 106-113, 115, 124-127, 130, 134-138, 140-145, 151, 152, 160, 161, 163, 168, 169, 171-179, 182-184, 191, 192, 195, 196, 221, 235, 236, 238, 257, 259-266, 268-276, 283, 289, 292, 300, 306-308, 311, 312, 318, 322-327, 329-335

Clínica dos extremos 9, 15, 25-27, 29, 31, 58-62, 65, 77, 108, 109, 125, 145, 161, 182

Comportamentos de risco 240, 248, 254

Complexo de Édipo 17, 94, 146, 156, 280, 283, 312, 319, 323, 327

Complexo da Mãe Morta 145, 152, 155-157, 159

Contratransferência 59, 76, 107, 109, 168-170, 175-177, 180, 182, 184

Consultas terapêuticas familiares 30, 58, 63, 113, 124, 127

Corpo 9, 11, 17-20, 23-26, 30, 31, 40, 41, 45-47, 53, 70, 72, 77, 83, 85, 98, 99, 101, 108, 114, 133, 137, 149, 167, 175, 177, 178, 210, 224, 234, 240, 244, 246,

250, 254, 256, 264, 268, 277, 281, 282, 286-288, 291-309, 313-315, 317, 318, 320-322, 324, 325, 327, 328, 331, 335

Corporeidade   11, 22, 279, 284, 288, 293

Covid-19   10, 11, 15-18, 31, 35, 37, 43-45, 55, 118, 125, 167, 182, 185, 188, 189, 193, 195-197, 214, 217, 218, 239, 250, 259, 260, 263, 264, 273-276, 286-288, 331

Consultas terapêuticas   10, 30, 58, 59, 62, 63, 66, 67, 73, 75, 79, 103, 105, 106, 109-116, 118, 119, 121-124, 126, 127

Cultura   11, 18, 36, 43, 53, 65, 77, 85, 89, 95, 146, 201, 205, 206, 229, 231, 235, 238, 252, 254, 273, 279-281, 283, 291, 292, 305, 307, 308, 312, 316-321, 323, 324, 327, 329-335

D

Diagnóstico   11, 79, 90, 170, 239, 240, 242, 249, 262, 296, 306, 311, 313, 315, 321, 322, 326

Dispositivo   9, 10, 15, 28, 29, 31, 58, 62, 77, 83, 86, 88, 89, 95, 101, 108, 109, 112, 113, 115, 124, 125, 129, 135, 138, 141, 161, 168, 170, 173-177, 181, 182, 225, 230, 234, 306

Dispositivo Clínico   9, 10, 15, 28, 108, 109, 129, 141, 168, 170, 175

Dispositivo Plurifocal   28, 29, 31, 77, 124

Dispositivo Grupal   10, 83, 86, 88, 101

Dispositivos sociclínicos   223, 233

Dissidência de gênero   11, 311, 321, 324

Dor Psíquica   36, 43, 45, 50, 51, 53-55, 293, 296

Drogas   126, 129-131, 133, 134, 139, 142, 143, 184, 205, 267, 296, 314, 334

E

Educação   9-11, 118, 124, 136, 196, 199, 202, 236, 237, 239, 240, 242-244, 246, 255-257, 260, 275, 276, 279, 309, 331, 332, 335

Enquadre   10, 88, 101, 105-114, 123, 124, 127, 167-172, 174-182, 184, 233

Enquadre interno   127, 178, 180, 184

Escuta Psicanalítica   237, 287

Escola de Paris   9, 30, 57-65, 75-78, 330, 333

Espaço potencial   111, 178, 183, 191, 193, 250

Eu-pele 11, 32, 291, 297-302, 304, 306, 307
Estudos transviados 314-316
Expressividade 226, 230, 231, 293

F

Fronteiriços 40, 48

G

Gênero 9, 11, 19, 201, 202, 204-208, 210-213, 215, 219, 235, 277, 311, 312, 314-328

I

Identificação 11, 20, 22, 26, 38, 61, 74, 75, 85, 87, 91, 92, 95-97, 109, 146-149, 153-155, 157, 159, 224, 264, 279-281, 283, 284, 294, 296, 303, 318, 319, 321, 322
Interseccionalidade 208, 211, 217
Intersubjetividade 25, 83-85, 101, 102, 138, 169, 181, 182, 231, 295

L

Limites 9, 15, 18, 22-24, 26, 27, 30, 31, 39, 40, 48, 57, 58, 60, 61, 68, 69, 71, 72, 76, 77, 96, 100, 103, 105, 108, 112, 113, 125, 137, 138, 143, 158, 161, 169, 170, 180, 182, 183, 191, 192, 194, 249, 255, 256, 293, 294, 297, 301, 304, 306-309, 315-317, 325-327

M

Mal-estar 20, 21, 31-33, 120, 126, 239, 242, 244, 247, 257, 279, 280, 289, 291, 295-297, 301-306
Maldição 10, 145, 147-152, 155, 157-159
Metapsicologia dos limites 22, 183
Método Projetivo 68, 76

N

Narcisismo 23, 38, 39, 42, 46, 48, 49, 55, 56, 61, 78, 84, 85, 87, 94, 102, 108, 137, 140, 145, 146, 152-155, 158, 160-162, 294, 297, 299, 306, 308
Narratividades 10, 221, 223-231, 233, 234, 236, 237

Neoliberalismo 15, 19

P
Parentalidade 10, 93, 193
Práticas Socioeducativas Feministas 10, 201, 204, 216, 217
Proteção Integral 10, 201-204, 206, 207, 215, 216
Privação da Liberdade 209
Psicanálise 9, 21, 32, 33, 35-37, 40, 55, 56, 58, 60, 77, 78, 102, 103, 105, 109, 110, 114, 125-127, 129, 130, 134, 135, 140, 142-144, 152, 162, 167-172, 174, 175, 177-179, 181-184, 196, 225, 236, 238, 243, 246, 247, 255, 256, 259-262, 264, 265, 268-276, 283, 285, 289, 306, 307, 309-315, 318, 323, 326, 327, 329-331, 333-335
Psicodiagnóstico Interventivo 9, 57-59, 65, 77, 116, 333
Psicologia clínica 26, 77, 141, 182, 235, 238, 262, 276, 329-335
Psicoterapia on-line 194, 196
Pulsão de Morte 108, 151-153, 155, 162

Q
Queer 311, 314, 315, 323, 328

R
Recurso ao Ato 41, 43, 51, 293, 297, 305
Recusa a Agir 47, 49
Reparação 11, 72, 85, 148, 153, 223, 234, 291, 297, 302, 304-306
Reflexividade 22, 25, 28, 31, 84, 88, 136, 140, 141, 225, 226, 230
Rorschach 58-60, 63-65, 67-69, 73, 77, 78, 330, 333, 334

S
Saúde mental 29, 60, 126, 135, 155, 184-186, 196, 197, 222, 237, 239, 242, 250, 256, 262, 263, 274-276, 309, 331, 333, 334
Serviço-escola 10, 28, 89, 105, 106, 112, 116, 119, 123
Setting analítico 192

Sexualidade   11, 18, 19, 32, 38, 39, 46, 47, 53, 71, 83, 96, 106, 126, 131, 142, 201, 202, 211, 212, 215, 244, 253, 255, 279, 283, 284, 287, 288, 291, 303, 308, 317, 327

Socioeducação   10, 203, 204, 212, 213, 218, 219, 221, 230, 234-236, 308, 335

Sociedade   9-11, 19, 85, 103, 126, 133, 143, 162, 167, 188, 191, 199, 202, 206, 210, 225, 226, 236, 237, 243, 244, 247, 248, 251, 261, 262, 272, 276, 279-281, 307, 309, 311, 314, 315, 317, 318, 322-325, 327, 333, 335

T

TAT   59-61, 63-66, 73-75, 77, 78, 333, 334

Traumatismo   22, 25, 26, 31, 65, 66, 70, 73, 75, 76, 108, 124, 132, 133, 161, 232, 294, 306

Traumático   9, 13, 18, 25, 26, 30, 35, 37, 43-46, 54, 55, 59, 74, 76, 84, 86, 122, 153, 154, 193, 294, 302, 306

Transexualidade   314, 327

Transferência   59, 84, 88, 103, 107, 109, 111, 113, 115-117, 122, 124, 143, 156, 167-170, 172-178, 180, 181, 183, 184, 191, 212, 213, 245, 271, 272, 308

Transgeracionalidade   10, 145, 148

Transicionalidade   24, 140

Transidentidade   322

Tratamento   23, 24, 62, 67, 105-107, 109, 113-117, 119, 124, 125, 127, 129, 130, 134, 135, 140, 161, 175-177, 179-183, 190, 194, 197, 215, 219, 236, 262, 265, 266, 273, 274, 281, 289, 291, 302, 314

Toxicomania   10, 129-134, 136, 137, 140, 143, 144

U

Universidade   11, 28, 57, 63, 78, 89, 90, 112, 184, 196, 218, 219, 235-237, 239, 256, 259-263, 266-276, 329-335